«Ich horchte in die Nacht hinaus, ob da nicht irgendwo ein Kind weine.»

Marie Meierhofer über ihre Kindheit

Marco Hüttenmoser, Sabine Kleiner

EIN LEBEN IM DIENST DER KINDER
MARIE MEIERHOFER
1909–1998

2009 hier+jetzt, Verlag für Kultur und Geschichte

Inhalt

6 Grusswort von Bundesrätin Doris Leuthard
7 Einleitung

11 **Herkunft und Geburt**
37 **Aufwachsen in Turgi**
93 **Faszination Natur und Technik**
115 **Wilde, traurige Jahre**
177 **Sterile, weisse Welt**
207 **Einsätze für kriegsgeschädigte Kinder**
233 **Das Ägerital – Wiege des Kinderdorfes**
261 **Ärztin und Forscherin**
299 **Heimkehr und Rückblick**

Anhang
318 Zeittafel
321 Anmerkungen
326 Bibliografie
327 Personenregister
332 Die Stiftung Archiv Marie Meierhofer
333 Die Autoren
334 Die Stiftung Archiv Marie Meierhofer dankt
335 Bildnachweis

Ein Leben für die Kinder
Grusswort von Bundesrätin Doris Leuthard

Kinder brauchen Schutz, Wärme und Geborgenheit, damit sie sich entfalten können. Sie brauchen Sicherheit und Stabilität, damit sie Vertrauen gewinnen und sich in unserer Gesellschaft zurecht finden. Sie brauchen einen Ort zum Heimkommen – sie brauchen ein Zuhause.

Das Lebenswerk der Zürcher Kinderärztin und Kinderpsychiaterin Marie Meierhofer dreht sich um diese Erkenntnis. So stellte sich Marie Meierhofer zeitlebens die Frage, was Kinder benötigen, damit sie sich zu tatkräftigen und mutigen Menschen entwickeln können. Ihr Ansatz war, das Kind von Geburt an in ein intaktes Umfeld einzubetten. Um das Urvertrauen zu fördern, setzte sich die Kleinkind-Forscherin zum Beispiel dafür ein, dass Mutter und Neugeborenes so viel als möglich zusammen sein können – trotz damaliger Gefahr vor Infektionskrankheiten. Marie Meierhofer half weiter mit, die heutige, ganzheitliche Mütter- und Väterberatung aufzubauen. Ihr Interesse galt ferner auch der ausserfamiliären Betreuung von Kindern. Sie war überzeugt, dass ein gesundes Aufwachsen der Kinder in der Familie wie in ausserfamiliären Institutionen nicht nur von emotionalen Faktoren, sondern auch von guten Rahmenbedingungen wie professioneller Ausbildung der Betreuungspersonen, geeigneten Räumlichkeiten und einer angemessenen Gruppengrösse abhängt.

Die Anliegen von Marie Meierhofer sind heute aktueller denn je, denn die Ansprüche an die Kinderbetreuung sind in der Gegenwart nicht kleiner geworden. Im Gegenteil. Deshalb sind Eltern und die verschiedenen Institutionen auf Unterstützung aus der Politik, der Wirtschaft und der Gesellschaft angewiesen: Die Politik muss Bedingungen schaffen, die das Betreiben von Ganztagesschulen, Kindertagesstätten und Mittagstischen unterstützen und Kinder vor Gewalt jeder Art schützen. In der Wirtschaft müssen flexible Arbeitszeitmodelle, welche die Vereinbarkeit von Beruf und Familie erleichtern, zur Normalität werden. Das intakte Umfeld eines Kindes muss in der Gesellschaft als wichtigster Schritt zur Sozialisation anerkannt sein. Die Pionierarbeit von Marie Meierhofer ist für uns alle eine Verpflichtung. Die vorliegende Publikation zum 100. Geburtstag ruft dies auf anschauliche Weise in Erinnerung.

Einleitung

Das Leben prägt

Das bekannteste Werk der im Jahr 1998 verstorbenen Kinderpsychiaterin und Kinderärztin Dr. med. und Dr. h. c. Marie Meierhofer trägt den Titel *Frühe Prägung der Persönlichkeit*. Diese Überschrift könnte auch über dem Leben von Marie Meierhofer stehen, dem sich die vorliegende Publikation widmet.

Marie Meierhofer hat in ihren autobiografischen Schriften und Notizen immer wieder auf den Zusammenhang zwischen dem eigenen Leben und ihrem Werk aufmerksam gemacht. Betrachtet man dieses Leben, so wird deutlich, dass der Ausdruck «Prägung» nicht im biologistischen Sinne als unwiderrufbare Formung verstanden werden darf, sondern als andauernder Prozess. Das Leben prägt, es hinterlässt tiefe Spuren, die bedeutende Auswirkungen auf das Handeln haben. Zugleich wirkt das Handeln zurück und verändert die Spuren, vertieft sie, schwächt sie ab.

Marie Meierhofer wuchs in einer schwierigen, ja krisenhaften familiären Situation auf und wurde von zahlreichen tief greifenden Verlusten geprägt. Dank vielen Freundschaften mit Kindern und Erwachsenen, einem Halt bietenden Beziehungsnetz und guter Integration in der Schule ist es Marie Meierhofer gelungen, ein grosses Potenzial an Widerstandsfähigkeit aufzubauen. Sie hat daraus die Kraft geschöpft, ein bedeutendes Werk zu gestalten und ihr ganzes aktives Leben lang daran zu arbeiten.

Wie wichtig für Kinder in schwierigen Situationen das weitere Umfeld ist, zeigt der Vergleich des Lebens von Marie Meierhofer mit jenem ihrer jüngsten Schwester Albertine. Als eher schwächliches Kind in die gleiche konfliktreiche familiäre Situation hineingeboren, blieb es Albertine im Gegensatz zur Schwester Marie verwehrt, ausserhalb der Familie ein genügend absicherndes und heilend wirkendes Umfeld zu finden. Ihre von Anfang an vorhandene schwache Konstitution wurde durch die Probleme in der Familie verstärkt. Dadurch wurden Albertine die Möglichkeiten der Integration in ein weiteres Umfeld verbaut. Sie starb im Alter von 20 Jahren in der psychiatrischen Klinik Waldau in Bern. Die eigentliche Todesursache blieb ungeklärt.

Das vorliegende Buch will nicht nur die Stationen im Leben von Marie Meierhofer aufzählen, sondern anhand von zahlreichen schriftlichen und fotografischen Dokumenten aufzeigen, wie das Leben das Handeln lenkt und wie sich aus einer äusserst schwierigen Situation die Kraft für Veränderungen und Verbesserungen schöpfen lässt.

Tief getroffen hat Marie Meierhofer der Tod des kleinen Bruders, der beim Spiel im Gartenteich ertrank. Die siebenjährige Marie suchte in der Folge immer wieder Kinder in der näheren Umgebung auf und betreute diese. Sie setzte sich in den Kopf, einmal ein grosses Haus für Kinder zu bauen. Das Vorbild der Mutter, die sich vielfach für Kinder eingesetzt hat, und das Schicksal der Schwester Albertine haben dazu geführt, dass es nicht bei kindlichen Vorstellungen geblieben ist: Marie Meierhofer hat in ihrem Leben ein solides Fundament für ein grosses Kinderhaus aufgebaut. Ein Fundament, das uns fordert, ja zwingt, daran weiterzubauen.

Ein Lebenswerk von historischer Bedeutung

Der Versuch eines tieferen Verständnisses zwischen Leben und Werk darf nicht übergehen, dass das von Marie Meierhofer geschaffene Lebenswerk von historischer Bedeutung ist. Dass dies leicht in Vergessenheit gerät, hat mit der grossen Zurückhaltung und Bescheidenheit von Marie Meierhofer zu tun. Sie hat um ihre Ansichten und Ziele zwar mit einer geradezu rebellischen Hartnäckigkeit gekämpft, trat jedoch, wenn ein Ziel erreicht war, bescheiden in den Hintergrund.

Die vorliegende Publikation möchte, als zweites wichtiges Ziel, die historische Bedeutung des Werkes von Marie Meierhofer hervorheben und vor dem Vergessen bewahren. Dabei geht es nicht um Ahnenkult: Unsere Gesellschaft und insbesondere die Jugend braucht überzeugende Vorbilder, um auf uns zukommende Probleme zu bewältigen.

Die Schrecken des Zweiten Weltkriegs rufen Marie Meierhofer an die Front. Sie meldet sich 1942 für einen Einsatz als Rotkreuzärztin in Cruseilles nahe bei Genf. In die Schweiz zurückgekehrt, stellt sich Marie Meierhofer 1944 für einen zweiten Einsatz im stark zerstörten Caen zur Verfügung. Wieder in der Schweiz, gründet sie gemeinsam mit Walter Robert Corti, mit dem sie ihr Leben lang freundschaftlich verbunden blieb, das Kinderdorf Pestalozzi in Trogen. Marie Meierhofer wird Stadtärztin in Zürich und erlebt die Missstände in Kinderheimen. Anlässlich eines längeren Studienaufenthalts in den Vereinigten Staaten 1952/53 lernt sie fortschrittliche Methoden der Beobachtung und Betreuung von Kindern kennen. Zurück in der Schweiz, gelingt es Marie Meierhofer, trotz grossen Widerständen, das «Institut für Psychohygiene im Kindesalter», heute Marie Meierhofer-Institut für das Kind, zu gründen. Grosse finanzielle Probleme und mangelnde offizielle Unterstützung hindern Marie Meierhofer und ihr Team nicht daran, eine tief greifende Reform der Kinderheime und Krippen in der Schweiz und in verschiedenen Ländern Europas einzuleiten.

Im Jahr 1974 erhält Marie Meierhofer den Ehrendoktor der philosophischen Fakultät der Universität Zürich. Wenig später gibt sie die Leitung des Institutes ab und zieht sich ins Ägerital zurück, wo sie 1998 stirbt.

Herkunft und Geburt

Albert Meierhofer – Bauernsohn und Unternehmer

Albert Meierhofer – erste Ehe mit Emma Brodbeck

Marie Lang – Wirtstochter und Künstlerin

Verlobung und Heirat

Hochzeitsreise in die Berge

Erste gemeinsame Zeit … Probleme ohne Ende

Marie Meierhofer-Lang als Stiefmutter

Zunehmende Isolation

Geburt der Tochter Marie

Albert Meierhofer – Bauernsohn und Unternehmer

Albert Meierhofer wird am 10. September 1863 als letztes von acht Kindern in Weiach im Zürcher Unterland geboren. Vielleicht mag ihn der Umstand, dass er als Jüngster der Familie kaum Aussichten darauf hat, einmal das elterliche Gehöft zu übernehmen, dazu bewegen, andere Wege als seine Brüder zu gehen. Seinen Töchtern erzählt er verschiedene Anekdoten zu seiner Berufswahl. Emmi Maier-Meierhofer berichtet: «Papa erzählte mir, wie ihm das Bauern zuwider wurde. Er besuchte in Dielsdorf die Sekundarschule und wohnte bei einem Vetter. Am frühen Morgen musste er die Kühe füttern, die in zwei Ställen untergebracht waren. Wenn er einen Teil der Kühe fütterte, muhten die anderen und umgekehrt.»[1]

Während der Sekundarschulzeit lernt Albert Meierhofer Stenografie. Er beschreibt den Brunnentrog vor dem Haus mit stenografischen Kürzeln, worüber sich die Dorfbuben, denen die Zeichen ein Rätsel sind, sehr amüsieren.

Nach Abschluss der Schule macht er eine kaufmännische Lehre bei den *Moos'schen Eisenwerken* in Luzern, welche Drähte, Nägel und Schrauben herstellen. Dazu erzählt Emmi Maier-Meierhofer eine weitere Geschichte: «Er wurde informiert, dass er bei Arbeitsbeginn zuerst das Büro putzen und

Vorangehende Seite

Marie Meierhofer-Lang auf der Hochzeitsreise (Herbst 1908).

1

Albert Meierhofer macht ein Selbstporträt vor dem Gartenhaus (um 1908).

2

Der väterliche Hof Bedmen in Weiach (ohne Datum). Vor dem Hof haben sich verschiedene Verwandte von Albert Meierhofer für die Aufnahme aufgestellt.

HERKUNFT UND GEBURT

abstauben müsse. Am ersten Arbeitstag stand er schon um 5 Uhr auf, wie er es von zu Hause her gewöhnt war, zog sein Sennetschöpli an und marschierte an die Arbeit. Er wurde sehr ausgelacht und hat das Geschichtlein immer wieder erzählt.»[2]

Als Lehrling erhält Albert Meierhofer einen Preis des *Kaufmännischen Vereins* für eine Arbeit auf dem Gebiet der Nationalökonomie und wird Korrespondent der Handelszeitung *Zürcher Post* für die Themenbereiche Eisenbahnen und Binnenverkehr. Der Lehre folgen ein Sprachaufenthalt in Como und mehrere Jahre Arbeit im Weinhandel in Bordeaux und Reims. Der Aufenthalt in Frankreich macht ihn zum Weinkenner und -liebhaber. Er lernt nicht nur die französische Sprache perfekt sprechen, sondern verinnerlicht derart die dortige Mentalität, dass die Leute ihn für einen Südfranzosen halten.[3]

Nach seiner Rückkehr in die Schweiz arbeitet Albert Meierhofer bei der Firma *Egloff & Co.* in Zürich, welche Haushaltartikel herstellt. Diese vergrössert sich und eröffnet 1901 eine zweite Fabrik in Turgi, die *Leuchterfabrik W. Egloff & Co. Turgi-Limmatthal.* Albert Meierhofer wird Teilhaber und scheidet dann gemeinsam mit seinem Freund und Geschäftspartner Hermann Gaiser aus der Firma Egloff aus, um zusammen die Firma *Meierhofer, Gaiser & Co.* zu gründen. Der neu entstehende Betrieb ist im Begriff, ein Konkurrenzunternehmen für die Firma Egloff zu werden. Dem Bankier Gustav Irniger gelingt es, beide Parteien zu Verhandlungen einzuladen, welche schliesslich zur Einigung und zur Gründung der *Schweizerischen Bronzewarenfabrik AG Turgi,* der späteren *BAG,* führen.[4]

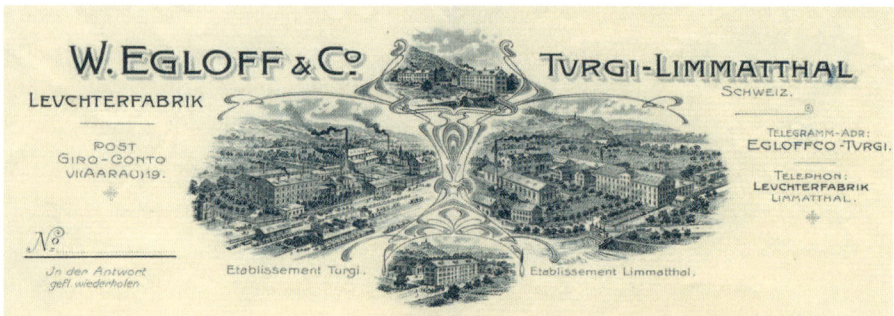

3

4

6

3
Briefkopf der Firma Egloff.
4
Albert Meierhofer mit 19 Jahren.
5
Visitenkarte von Albert Meierhofer.
6
Kleiderhaken aus Bronze der Bronzewarenfabrik Turgi AG.
7
Albert Meierhofer mit Emma Brodbeck um 1887 (vermutlich Verlobungsfoto).
8
Albert mit Sohn Hansli um 1901.
9
Familie Meierhofer-Brodbeck mit Hansli und den beiden Pflegekindern Eduard und Delli.
10
Pauline Goldinger mit Hans um 1907.
11
Albert Meierhofer (hinten) mit Pflegesohn Eduard (links hinten), Delli (links vorne) und zwei Verwandten der verstorbenen Emma Brodbeck vor dem Eingang des neuen Hauses in Turgi (um 1906).

HERKUNFT UND GEBURT

Albert Meierhofer – erste Ehe mit Emma Brodbeck

In Luzern lernt Albert seine erste Frau Emma Brodbeck kennen, bei deren Mutter er Untermieter ist. Nach seiner Rückkehr aus Reims 1887 heiraten die beiden, doch die Ehe bleibt lange ungewollt kinderlos. Als eine Verwandte von Emma kurz nach der Geburt ihres zweiten Kindes stirbt, nimmt das Paar die Geschwister Eduard und Adèle (genannt Delli) Furrer als Pflegekinder auf. 1900 kommt dann der lang ersehnte Sohn Hans zur Welt. Doch das Familienglück ist nicht von langer Dauer. Emma Brodbeck erkrankt an Krebs und stirbt im Oktober 1904. Eduard und Delli erfahren erst spät durch einen Zufall, dass sie weder die leiblichen Kinder von Albert Meierhofer sind, noch von ihm adoptiert wurden.

Albert Meierhofer plant, sich ein Haus in Turgi zu bauen. 1906 zieht er zusammen mit seinen Kindern Eduard, Delli und Hans darin ein. Zur Hausgemeinschaft gehört auch die Diakonissin Pauline Goldinger, welche die kranke Emma Meierhofer-

HERKUNFT UND GEBURT

12

12
Hans mit Sennenkappe und Hund vor dem Gartenhaus im Stil einer Alphütte.

13
Familie Meierhofer in der Stube. Von links nach rechts: Eduard Furrer mit dem Auslöser des Fotoapparats in der Hand, Albert Meierhofer mit Sohn Hans, Pauline Goldinger und Delli Furrer.

14
Brief an den Vater vom 3. Februar 1907:
Lieber Papa!
I will dir no es Grüssli schicke vor i is Bett muss. Mir hend hüt alli gschlittet. Tante Mina u. Erika sind au mit cho. Mir sind alle gsund u. hoffe du hebist en schöne Suntig gha ohne Kopfweh. Wenn chunst wieder hei?
Herzli grüssti und alli din
Hansli[5]

13

HERKUNFT UND GEBURT

Brodbeck bis zu ihrem Tod gepflegt hat und danach Haushälterin, Kindermädchen und Ersatzmutter für den vierjährigen Hansli geworden ist.

Der kleine Junge wird zum Mittelpunkt der Familie, was auf Fotos aus dieser Zeit besonders deutlich zum Ausdruck kommt. Der Vater ist oft auf Geschäftsreisen oder macht eine seiner geliebten Bergtouren. Hans schreibt ihm regelmässig Briefe, die meist mit der bangen Frage schliessen, wann der Papa wieder nach Hause komme. Albert Meierhofer wird von Schwester Pauline über das Wohlergehen der Kinder informiert, deren Leistungen in der Schule, über ihre Streiche und die Arbeiten in Haus und Garten. Von seinen Reisen bringt er Blumen oder Geschenke mit. Ein besonderes Präsent für Hansli scheinen eine Sennenkutte und Sennenkappe gewesen zu sein. Hansli ist öfters damit bekleidet fotografiert worden, mit einer Heugabel in der Hand als passende Requisite. Marie Meierhofer berichtet, dass Hans Senn werden wollte, als kleiner Bub immer mit Sennenkäppi herumlief und dass ihm der Vater im Garten ein *Hüttli* im Stil einer Alphütte baute.

Marie Lang – Wirtstochter und Künstlerin

Die Mutter von Marie Meierhofer, Marie Lang, kommt 1884 als zweites Kind des Wirtepaars Damian (geboren 1855) und Marie Lang (geboren 1859) zur Welt. Ihre Eltern führen das Buffet des Bahnhofs Baden.

Der Betrieb des Bahnhofbuffets ist umstritten. Auf Antrag der Kasinogesellschaft, verschiedener Ärzte und Wirte will der Regierungsrat Damian Lang die Wirtebewilligung verweigern. Der Entscheid der Aargauer Regierung wird schliesslich durch einen Bundesratsbeschluss aufgehoben.[6]

Marie Lang ist eine selbstbewusste und lebensfrohe junge Frau, die gut in der Gesellschaft der Stadt Baden integriert ist. Sie liebt das pulsierende Leben der Bäderstadt und nimmt aktiv am öffentlichen Leben – beispielsweise an Theateraufführungen und an der Fasnacht – teil.

Marie Lang gilt als Künstlerin, die gerne zeichnet. Gäste des Bahnhofbuffets, darunter auch verschiedene Parlamentarier, die auf dem Weg nach Bern in Baden Halt machen, lassen sich von ihr porträtieren. Mit 18 hat sie die Möglichkeit, in München Malerei zu studieren, muss den Aufenthalt aber abbrechen, weil die Eltern ihre Mithilfe in der Wirtschaft benötigen. Ein derartiger Auslandaufenthalt ist für eine junge Frau ungewöhnlich. Die Quellen sagen nichts darüber aus, ob sie allein in München war und an welcher Schule sie studierte. Möglicherweise war sie an einer Privatschule, denn an der *Akademie der bildenden Künste* waren Frauen erst ab 1920 zugelassen.

14

15
Ein Porträt von Marie Lang, um 1910.

16
Marie Lang mit ihren Brüdern Willy (geboren 1885) und Damian (geboren 1882), fotografiert um 1887.

17
Familienfoto im Jahr der Hochzeit von Marie Lang, 1908, von links nach rechts: Willy Lang, Marie Lang (Mutter), Damian Lang, Damian Lang (Vater) und Marie Lang.

18
Bahnhof Baden mit dem Buffet rechts. (Bild: Verkehrsarchiv, Verkehrshaus der Schweiz)

19
Marie Lang als 13-Jährige in einem
Schultheater am 26. Februar 1897.

20
Schulzeichnung von Marie Lang
ebenfalls mit 13 Jahren.[7]

21
Marie Lang als junge selbstbewusste Dame 1899.

22
Marie Lang als Jägerin mit Hase und
Flinte in einem Theater um 1900/01.

23
Marie Lang als Malerin zu Hause
vor ihrer Staffelei um 1902.

HERKUNFT UND GEBURT

Bereits die einzige erhaltene Schulzeichnung (Bild 20) verweist auf ein beachtliches Talent. Von den Porträts, die Marie Lang von verschiedenen Persönlichkeiten gezeichnet hat, sind in vier Skizzenbüchern nur die Namen der Porträtierten überliefert.

Einige seien hier – soweit lesbar – erwähnt:

– Skizzenbuch 1902: Dr. Fleury; Arthur Möller (Kapellmeister Baden); Herr Amsler Baden; Prof. Frey.

– Skizzenbuch 1902/03: M. Eberhard, Aarau; Dr. Zehnder Baden; Dir. Pfister; Herr Schulthess; Oberleutnant Räber; W. (?) Moser [evtl. Grossrat Eduard Moser, Würenlos], Neapel (Betriebschef der Vesuvbahn); Fritz Stalder Bern; W. Kommer, Bern (Meisterschütz).

– Skizzenbuch 1903: Herr Robert, Basel; Hermann Diethelm; Chr. Trümpy, Glarus; Lory-Zioé; Albert Bech; Vasco d'Ornelles (Bruges).

– Skizzenbuch 1906: Grossrat Moser (?); Eric Hommel, Basel; Anna Schär, Bern; Herr Egli (Besitzer v. Eglisee); Dr. Rudi, Basel.[8]

Erhalten geblieben ist eine Zeichnung des Vaters Papa Lang und von Onkel Bär, einem im Schwarzwald lebenden Verwandten.

Auch ein Notizbuch von Marie Lang aus dem Jahre 1906 zeichnet das Bild einer eigenständigen jungen Frau. So wird dort etwa ein längerer Aufenthalt in Peiden (bei Lenzerheide) beschrieben. Marie Lang hat für diese Reise nicht nur verschiedenste Zugverbindungen und Adressen herausgeschrieben, sondern auch ein genaues Tagesprogramm aufgestellt, in welchem das Zeichnen eine bedeutende Rolle einnimmt.

27

24–26

HERKUNFT UND GEBURT

24–26
Papa Lang, Onkel Bär und unbekannte Person.[9]

27
Auf einer Reise oder Wanderung hat Marie Lang möglicherweise auch den Fischer (undatiert) gezeichnet.[10]

28
Links der Umschlag der Agenda aus dem Jahre 1906, daneben das mehrseitige Tagesprogramm.[11]

HERKUNFT UND GEBURT

Verlobung und Heirat

Es ist nicht bekannt, wie sich Albert Meierhofer und Marie Lang kennenlernen. Denkbar ist, dass Albert als Gast im Bahnhofbuffet Baden verkehrt und so ein erster Kontakt stattfindet. Albert Meierhofer hält beim Vater seiner Auserwählten schriftlich um ihre Hand an. Am 2. April 1908 schreibt ihm der Brautvater Damian Lang zurück: «Geehrter Herr. Im Besitze Ihres Werten Schreiben v. 12 passato, wo erlauben wir uns Ihnen mitzuteilen, dass wir Ihrem Gesuche betreff Verehelichung unserer Tochter Marie einverstanden! Jedoch mit dem Einverständnis wie gebräuchlich, dass ein Ehevertrag abgeschlossen wird.» Albert Meierhofer antwortet höflich und förmlich, dass er für die Zusage dankt und dass diese für ihn und Marie Lang eine grosse Freude sei. Er schlägt vor, dass die Braut mit ihrem Vater einen Ehevertrag nach ihren eigenen Intentionen entwerfen soll.[12] Der Inhalt dieses Vertrages ist nicht bekannt, denn das betreffende Schriftstück ist nicht erhalten oder gar nie erstellt worden.

Marie Lang und Albert Meierhofer künden für den 8. Mai 1908 ihre Verlobung an. Die Braut notiert in ihrer Agenda eine Liste von Personen, die eine Verlobungsanzeige erhalten. Unter den Gratulanten finden sich Persönlichkeiten wie der schweizerische Konsul für das Königreich Bayern G. Fischer, das Ehepaar Charles Brown in Baden, der Bundespräsident Dr. Ernst Brenner und Regierungsrat Dr. Stoessel. Der damalige Präsident des Schweizerischen Ständerats schreibt Marie Lang: «Paul Scherrer entbietet Ihnen die herzlichsten Glückwünsche zur Verlobung mit dem aufrichtigen Wunsche, dass Ihr idealer und künstlerischer Sinn Ihnen auch als spätere Hausfrau erhalten bleibe.»[13]

Von einem Juwelier in Zürich lässt sich der Bräutigam sechs goldene Trauringe, verschiedene mit Brillanten, Rubinen oder Perlen bestückte Colliers und Medaillons zur Ansicht kommen und wählt daraus ein Geschenk für seine Braut zur Verlobung oder zur Hochzeit aus.[14]

Der Hochzeitstag, der 28. Juli 1908, beginnt morgens um zehn mit einem Znüni im *Rothen Huus* in Brugg, dann werden die Gäste mit Leiterwagen nach Gebenstorf gefahren, wo die Trauung stattfindet. Nach dem Jawort fährt die ganze Gesellschaft zu einem Trunk ins *Öpfelbäumli,* dem künftigen Heim der Frischvermählten. Um drei wird das Mittagessen, wiederum in Brugg im *Rothen Huus,* aufgetragen, und der Rest des Tages vergeht mit Speis, Trank, Tanz und Unterhaltung. Das Programm endet mit der Aufforderung: «... z'Nacht am elfi. Aber dänn isch Firabig und jede'n ufrecht Ma tuet si Jumpfere hei, wenn er na cha.» Ein Blick auf das Mittagsmenu verrät, dass an nichts gespart wird.[15]

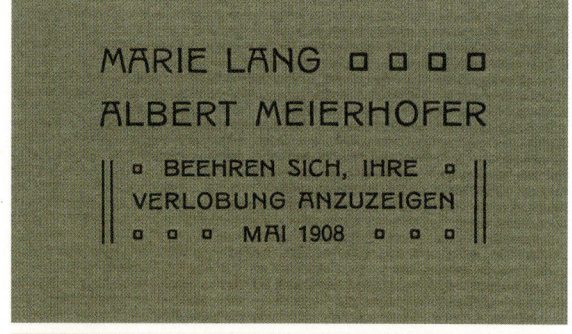

29
Ausschnitt aus der Verlobungsanzeige.[16]

30
Briefkopf des Juweliers Baltensperger, Zürich.[17]

31
Gratulationskarte von Dr. Paul Scherrer, Präsident des Ständerates.[18]

Albert Meierhofer entspricht mit dieser zweiten Eheschliessung auch den Erwartungen seiner Verwandten, die mehr oder weniger offen ausdrücken, dass es sich nicht gehört, dass ein Witwer zusammen mit seinen Kindern und seiner Haushälterin allein unter einem Dach lebt. Die Normen verlangen, dass die Kinder eine Mutter haben und der Mann eine Gattin.[19] Ein Freund von Albert Meierhofer, Ingenieur Denzler, schreibt als Antwort auf die Ankündigung der Verlobung: «Ihr Schreiben hat mich recht gefreut, weil ich daraus entnehmen kann, dass Sie nach all den Stürmen in Ihrer besten Lebenszeit, zufrieden und in lieber, wenn auch schmerzlicher wehmütiger Erinnerung, eingelaufen sind in einen Hafen, der sie schützt, und Ihnen Frieden verheisst, soweit das Geschäft Ihnen ausruhen und beschauliches Leben gestattet!»[20]

Die Hochzeit ist ausführlich dokumentiert. Eingeladen sind 42 Gäste, die mit Kutschen vom Bahnhof abgeholt werden. Der Bräutigam plant genau, wer wann wo abgeholt werden muss und wer neben wem in der Kutsche sitzt.[21] Die Fahrt ist fotografisch festgehalten. Fotograf ist wahrscheinlich Albert Meierhofer selbst, denn auf dem Bild ist der Platz neben der Braut leer. Hansli Meierhofer darf den für ihn ursprünglich vorgesehenen Platz auf dem Bock nicht einnehmen.

Die Traupredigt hält ein Freund von Albert Meierhofer, Pfarrer E. Riggenbach. Er vermerkt, die Frau sei weder «Herrin» noch «Sklavin des Mannes», sondern dessen «Gehülfin». Er mahnt das Brautpaar zur Einheit, auch im Glauben. Eine Mischehe zwischen Protestanten und Katholiken, wie sie beim Brautpaar zustande kommt, sei nicht problemlos. Man dürfe die Probleme nicht verschweigen, sondern müsse sie immer wieder diskutieren.

32
«Tages-Ornig» (Vorderseite).

33
Rückseite der «Tages-Ornig» mit Tagesablauf und Menuplan.

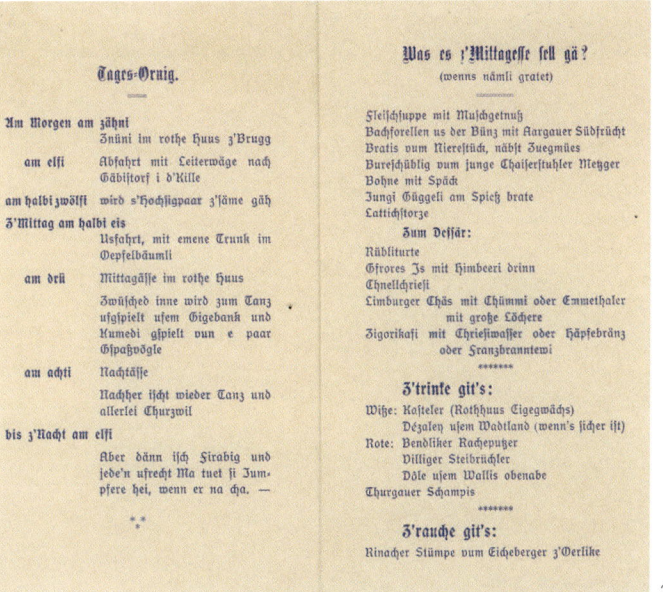

HERKUNFT UND GEBURT

34

35

34
Der Hochzeitszug mit den Kutschen. Da Albert Meierhofer nicht in der Kutsche sitzt, kann man davon ausgehen, dass er ausgestiegen ist, um die Fotografie zu machen. Hansli sitzt nicht, wie in der Ordnung vorgesehen, auf dem Kutschenbock. Er hat neben Erica Furrer gegenüber seiner neuen Mutter Platz genommen. Die Kutschenkolonne hat für die Fotografie angehalten.

35
Im Garten des *Öpfelbäumli* posiert die Hochzeitsgesellschaft für den Fotografen. Diese Fotografie wird an Freunde und Verwandte verschickt.[22]

Der letzte Passus in der Ansprache warnt vor der Einmischung fremder Menschen in die Beziehung: «Hütet Euch auch vor den anderen Menschen, dass sie Euch nicht scheiden können!» Es stellt sich hier die Frage, ob sich diese Mahnung auf die Kinder, die Albert Meierhofer in die Ehe einbringt, bezieht, und ob die Probleme zwischen ihnen und der neuen Mutter schon aktuell und auch dem Pfarrer bekannt sind.[23]

Hochzeitsreise in die Berge

Anstelle einer Hochzeitsreise unternimmt das Paar verschiedene grössere Wanderungen in die Berge, was sowohl dem erfahrenen Berggänger Albert wie der wanderfreudigen Marie entspricht. Beide kennen und schätzen intensive Naturerlebnisse. Das Besondere an dieser Art von Hochzeitsreise liegt darin, wie sie vom Bräutigam fotografisch festgehalten respektive inszeniert wird. Das frisch verheiratete Paar, das sich auf dem Bergkamm zwischen zwei steil abfallenden Abhängen umarmt und küsst, ist zwar bereits als Kulisse ungewöhnlich. Hinzu kommt, dass die energisch geballte Faust, mit der Albert die Aufnahme auslöst, eine grosse Bedeutung gewinnt: Albert Meierhofer erweist sich, wie dies auch in vielen anderen Aufnahmen der Fall ist, als zielstrebiger Regisseur, der das Geschehen bewusst gestaltet und damit auch in einem gewissen Sinne mitbestimmen will.

36
Ausschnitte aus dem handschriftlichen Original der Traupredigt.

37
Marie Meierhofer-Lang auf der Hochzeitsreise.

38, 39
Bei diesen Aufnahmen beachte man die rechte Hand von Albert Meierhofer. Sie hält einen Gummiball, mit dem er die Aufnahmen auslöst.

40
Marie Meierhofer mit Zeichnungsblock auf einem Berggipfel (die Aufnahme entstand vermutlich ebenfalls auf der Hochzeitsreise).

HERKUNFT UND GEBURT

40

HERKUNFT UND GEBURT

Erste gemeinsame Zeit – Probleme ohne Ende

Die Eheschliessung der 24-jährigen Marie Lang mit dem 21 Jahre älteren Witwer Albert Meierhofer, dem Bauernsohn, der sich zum angesehenen Industriellen emporgearbeitet hat, bedeutet für Marie Lang nicht zuletzt einen sozialen Aufstieg. Sie ist fortan Frau Direktor und wohnt in einem stattlichen Haus in Turgi. Gleichzeitig findet Marie Meierhofer-Lang eine höchst schwierige Situation vor. Sie tritt nicht nur einen grossen Haushalt an, sondern übernimmt auch die Erziehung des achtjährigen Hans aus der ersten Ehe ihres Gatten. Die Pflegekinder Eduard und Delli sind bereits 20 und 17 Jahre alt.

Eduard und Delli akzeptieren die neue Frau ihres Pflegevaters nicht, zumal sie nur wenig älter ist als sie selbst. Auf diese Schwierigkeiten weist auch Marie Meierhofer in ihrer Autobiografie hin: «Auch die Pflegegeschwister von Hans, Delli und Eduard, opponierten gegen Mama, besonders Letzterer. Alle versuchten immer, Hans auf ihre Seite zu ziehen, und er und Mama hatten es schwer. […] Ihre Beziehung zu Hans war hauptsächlich gestört durch eine ständige Aufhetzung von Seitens Eduard.»[24]

Die junge Marie Meierhofer-Lang ist durchaus gewillt, den Haushalt zu übernehmen. Wenn sie aber in ihrem Notizbuch einige einfache «Hausregeln» notiert, so wirkt dies angesichts der äusserst komplexen Situation geradezu hilflos.

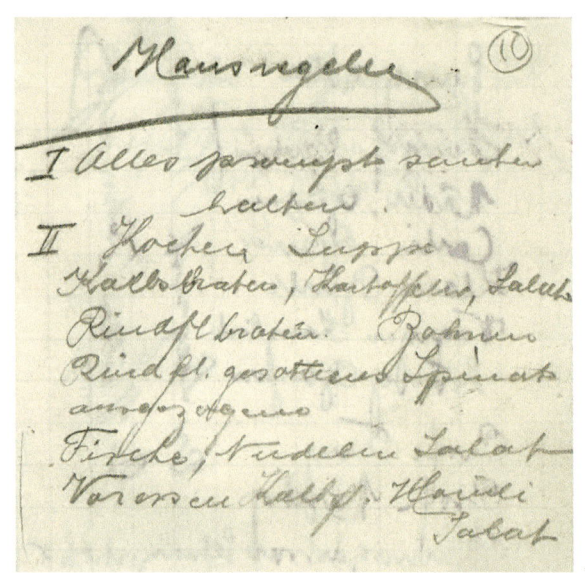

41
Der Pflegesohn Eduard (links) löst mit dem Gummiball die Aufnahme aus. Neben Eduard sitzt die Pflegetochter Delli. Es folgen Marie und Albert Meierhofer, daneben Hansli. Ganz rechts Damian Lang, der ältere Bruder von Marie Meierhofer-Lang, mit seiner Braut Berthe.

42
Ausschnitt aus dem Notizbuch 1908.[25]

43
Marie Meierhofer-Lang mit Hund kurz vor der Hochzeit. Die Aufnahme trägt den an den Stiefsohn Hans gerichteten Vermerk: «Zum Andenken an Deine neue Mama. Marie Meierhofer-Lang, Turgi 28. July 08».

44
Marie Meierhofer-Lang 1908 vor dem Haus *Öpfelbäumli* in Turgi.

Marie Meierhofer-Lang als Stiefmutter

Marie Meierhofer-Lang freut sich darauf, das Kind ihres Mannes zu übernehmen, es zu pflegen und zu lieben. Sie versucht von Anfang an, eine gute Beziehung zu Hans aufzubauen. Zu ihrer Hochzeit, die auch das Datum ihres Einzuges ins *Öpfelbäumli* ist, schenkt sie ihm eine den Betrachter direkt ansprechende Fotografie, die sie mit einem herzigen jungen Hund zeigt. Ein Vorgehen, hinter dem sich wohl auch eine gewisse Hilflosigkeit verbirgt. Die Annäherung erweist sich als schwierig, da sich – ausser dem Vater – alle Vertrauten von Hansli, insbesondere Delli und Eduard, gegen die neue Mutter wenden. Der oft abwesende Vater ist keine grosse Hilfe.

Albert Meierhofer setzt sich, wie hier im Beispiel eines Briefes an Hanslis Lehrer, deutlich für seinen Sohn ein, versucht aber damit wohl auch von den eigentlichen Problemen abzulenken.

43

44

Unser Hansli wird heute & in den nächsten Tagen die Schule nicht besuchen können, da er an einer starken Hals-Mandel-Entzündung erkrankt ist. – Sie haben dem kleinen Manne mit Ihrer Bestrafung offenbar Unrecht getan, denn es ist anzunehmen, dass er nicht in Folge schlechten Willens, sondern nur durch seine krankhafte Disposition Ihnen nicht laut genug antworten konnte. – Ich möchte Sie überhaupt bitten, bei diesem ja sehr docilen Kinde, das zu Hause ganz gut ohne Schläge erzogen wurde, von körperlicher Züchtigung Abstand zu nehmen, da diese nach meiner Ansicht sein psychisches Empfinden nur ungünstig beeinflussen kann. Sollten Sie sich je über diesen Schüler zu beklagen haben, wird eine Benachrichtigung an mich jedenfalls schon von Erfolg begleitet sein. Gleichzeitig muss ich Ihnen empfehlen, für eine bessere Lüftung des Schulzimmers besorgt sein zu wollen. Bei der grossen Schülerzahl, die Sie mir angaben, ist eine fortwährende Lufterneuerung unbedingt notwendig & wenn die vorhandenen Einrichtungen dies nicht ermöglichen, so wird es Pflicht der Schulpflege sein, für geeignete Vorrichtungen zu sorgen. Bei der Luft, wie ich sie in Ihrem Schulzimmer angetroffen habe, muss man sich nur wundern, dass nicht noch mehr Erkrankungen vorkommen. – So lange [Worte fehlen] ist, werde ich mich weigern, mein Kind in die Schule zu schicken.
Achtungsvoll – Albert Meierhofer[26]

45

46

47

45, 46
Die Fotografien, die Albert Meierhofer von seiner Frau und seinem Sohn Hans macht, sprechen eine deutliche Sprache. Hans wendet sich konsequent ab.

47
Im Gegensatz dazu bilden in älteren Aufnahmen Hans und Pauline Goldinger eine «Einheit» (vgl. Bilder Nr. 10 und 13, S. 15f.).

HERKUNFT UND GEBURT

Marie Meierhofer analysiert die Schwierigkeiten ihres Bruders wie folgt: «Hans hatte keine ungetrübte Jugend infolge unglücklicher Umstände. Als seine Mutter starb, war er vier Jahre alt. Sie war vorher schon länger krank gewesen und musste zuletzt von einer Krankenschwester zu Hause gepflegt werden. Diese übernahm es dann, Hans zu betreuen. Meine Mama erzählte mir öfters, wie sehr sie sich gefreut habe, das Kind von Papa zu übernehmen, es zu lieben und zu pflegen. Aber sie kam nicht an es heran. […] Sie [die Pflegerin] hatte Hansli so verwöhnt und verpäppelt, dass er ganz unselbständig war. Er nahm noch den Schoppen mit in die Schule und wurde teilweise noch gefüttert. Obwohl er intelligent war, hatte er Mühe mit Lernen, wahrscheinlich auch Schwierigkeiten mit den Kameraden.»[27]

Von Marie Meierhofer-Lang fehlen Hinweise, wie sie auf die Schulprobleme ihres Stiefsohnes reagiert hat.

48

Klassenfoto der Primarschule Turgi (1907). Hans sitzt in der vordersten Reihe, der vierte von rechts.

HERKUNFT UND GEBURT

Zunehmende Isolation

Die Umstände einer schwierigen Familiensituation, verstärkt durch die häufige berufliche Abwesenheit von Albert Meierhofer, führen die überforderte junge Frau zunehmend in die Isolation. Dass der Ehemann es auch noch an den Wochenenden vorzieht, sich seinen Hobbys zu widmen, und Bergtouren unternimmt, statt sich Zeit für seine Familie zu nehmen, provoziert eine heftige Reaktion von Marie Meierhofer-Lang:

Turgi, den 30. März 1909
Mein lieber, lieber Albert
Deinen lieben Brief habe ich erhalten, heute Abend & es freute mich sehr, dass Du so bald ein schriftliches Zeichen gabst, dass Du an uns alle & besonders an Dein Frauchen gedacht hast. Wie es scheint, bist Du wieder tief im Schneelande, doch man wird bald satt sein davon, denn man sehnt sich schliesslich auch auf den Frühling, besonders aber auf den Frühling, welcher dem Herzen bis ins tiefste den Frieden & Freude gibt, durchleuchtet von dem Sonnenstrahl der Liebe und Herzlichkeit. [...] In unserer Küche ist alles durcheinander, die Speisekammer, Terrasse, Kästen alles wird ausgeräumt & geputzt auf Tod und Leben, ich habe Delli und Leonie noch nie in einem solchen Putzeifer gesehen, alles muss blank sein, es ist gut, dass Du nicht da bist, sonst kämest Du aus der Ordnung & da müsstest Du Armer Dich wieder ärgern, was Du ja so viel thust, wenn Du heimkommst. Aber gewiss wir thun immer unser möglichstes & ich kann oft keinen Grund finden warum Du Dich oft über Sachen aufregst, welche gewiss selten einen Ehemann mit Humor & Liebe aufregen. Glaubst Du dadurch kommen sich unsere Herzen näher, unser Leben soll doch froh & freundlich sein & nicht so oft von Missmut durchdrungen. Glaube ja gerne, dass Du oft so viel Unangenehmes hast, doch dafür kann ich nichts, aber alle leiden darunter. Liebster, süsser Albert ich bitte Dich innig, lass doch den Frühling in Dein Herz kommen. Erfreue Dein Weib, Dein Mütterchen mit frohen und lieben Gedanken & denke, dass dabei unser liebes Kindchen auch den Hauch der Liebe im Frühlingsduft bekommt [...].[28]

Die zunehmende Isolation von Marie Meierhofer-Lang kommt nirgends besser zum Ausdruck als in Fotografien, die Albert Meierhofer im Herbst 1908 und im Frühsommer 1909 von seiner bereits hochschwangeren Frau gemacht hat. Insbesondere in der nebenstehenden Fotografie ist die Inszenierung überdeutlich. Die schwangere Frau steht im Zentrum, Albert Meierhofer stellt sich ganz in den Hintergrund mit Blick an die Gartenmauer.

49
Marie Meierhofer-Lang vor der imposanten Bergkulisse des Pilatus (Herbst 1908).

50
Marie Meierhofer-Lang im Garten in Turgi. Die Fotografie entstand im Frühjahr 1909. Marie Meierhofer ist schwanger. Albert Meierhofer steht ganz im Hintergrund an der Gartenmauer.

HERKUNFT UND GEBURT

Geburt der Tochter Marie

Ende 1908 kündigt sich bei Marie Meierhofer-Lang Nachwuchs an. Sie nimmt ihre neue Aufgabe sehr ernst und besucht in den ersten Monaten des Jahres 1909 als Vorbereitung auf ihre erste Geburt einen Kinderpflegekurs, der vom Samariterverein Neumünster Zürich organisiert und vom Arzt Dr. Hoppeler durchgeführt wird.[29] Die Kursinhalte hält sie handschriftlich in einem Notizbuch sowie in einem Schulheft fest.[30] Es war damals eher ungewöhnlich, dass sich eine werdende Mutter in Kursen auf die Mutterschaft und die damit verbundenen Pflichten vorbereitet hat.

Albert Meierhofer erhält von seiner Frau den Auftrag, Erziehungsbücher zur Ansicht mitzubringen. Im geschäftlichen Auftragsbuch des Jahres 1909[31] von Albert hat sie Folgendes vermerkt: «Für Sonntag 1 Schafbraten. Das Buch *Die Frau als Erzieherin* v. Klencke; *Die Frau als Hausärztin*. Zur Auswahl.»[32]

Frische Luft und Bewegung sind gemäss Hoppeler für das gesunde Aufwachsen der Kinder von grösster Bedeutung. Während er allerdings zur Vorsicht mahnt, etwa in Bezug auf die Sonnenbestrahlung, vertritt Albert Meierhofer eine harte Linie, wie dies nachstehende Ausführungen seiner Tochter schildern. Man kann daraus wohl schliessen, dass sich das Ehepaar Meierhofer in Bezug auf die Kindererziehung oft nicht einig war.

53

54

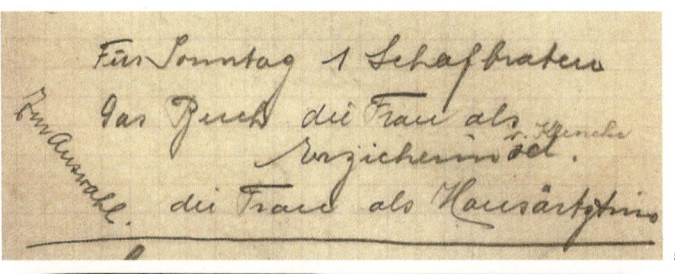

51

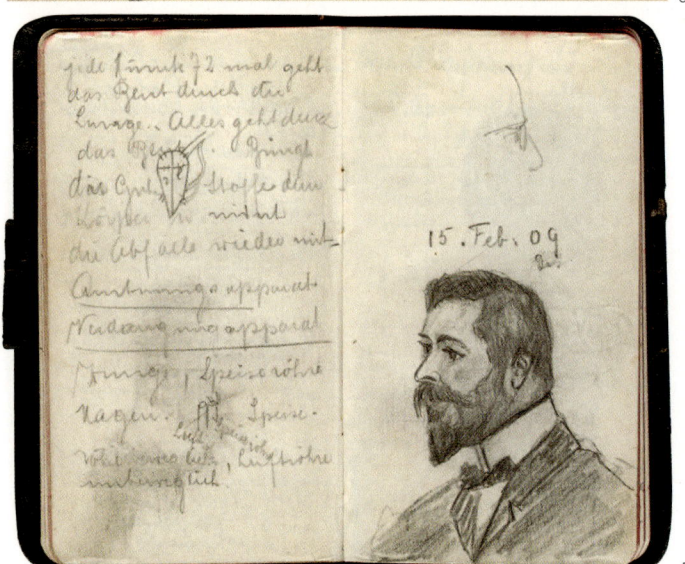

52

51
Aus dem Auftragsbuch von Albert Meierhofer 1909 mit einem Vermerk in der Schrift von Marie Meierhofer-Lang (Auftrag zum Einkaufen in Zürich).

52
Ausschnitt aus dem Notizbuch von Marie Meierhofer-Lang mit Aufzeichnungen aus dem Vorbereitungskurs und einem Porträt von Dr. Hoppeler. Das Notizbuch von Marie Meierhofer-Lang zeigt, wie gerne sie trotz hohen Ansprüchen als Hausfrau und werdende Mutter nach wie vor zeichnet. Verschiedentlich tauchen Bilder der Vortragenden oder auch weiterer anwesender Frauen auf (vgl. Bild Nr. 56).[33]

53
Ausschnitt aus der Glückwunschkarte zur Geburt.

54
Gratulationskarte.

«Papas Gesundheitsdevise beinhaltete in erster Linie: Kalte Dusche, Sonne, Bewegung und Haferbrei. Auf seinen Rat hin legte Mama mich als Baby in die Sonne. Als sie nachschaute, war ich bewusstlos und blass. Papa schrieb auf meine Karteikarte: ‹12. August 1909. Hitzschlag im Garten.› Darnach war ich damals 52 Tage alt. Seither habe ich noch manchen Sonnenstich erlitten.»[34]

Marie Meierhofer kommt am 21. Juni 1909 in der Pflegerinnenschule des Frauenspitals Zürich, wo eine Verwandte der Mutter arbeitet, zur Welt. Für die Familie ist dies ein freudiges Ereignis. Die Eltern heben alle Gratulationskarten von Verwandten und Bekannten sorgsam auf.[35] Dazu Marie Meierhofer in ihrer Autobiografie:

«Das muss eine grosse Freude gewesen sein, als ich als erstes Mädchen in die Familie kam. Mein Halbbruder Hans war damals neun Jahre alt, meine Pflegeschwester Delli Furrer etwa siebzehn Jahre alt, aber sie war meist nicht mehr zu Hause.
Papa legte gleich eine neue Karte ein in seine Kartothek,[36] oder hat sie vielleicht erst damals neu eingerichtet. Er und Mama haben für jedes Kind die frühen Ereignisse in ihrem Leben aufgezeichnet. Sie haben auch alles aufgehoben, was an meine Geburt erinnerte; ich besitze heute noch ausser diesen Karteikarten meine Geburtsanzeige und die Gratulationskärtchen mit allen Engeln und Störchen, welche damals den Eltern die Babies brachten.»[37]

55
Pflegerinnenschule des Frauenspitals Zürich (Postkarte).

56
Ausschnitt aus dem Notizbuch von Marie Meierhofer-Lang von 1908 mit Notizen aus dem Vorbereitungskurs und dem Porträt einer weiteren Kursteilnehmerin.[38]

HERKUNFT UND GEBURT

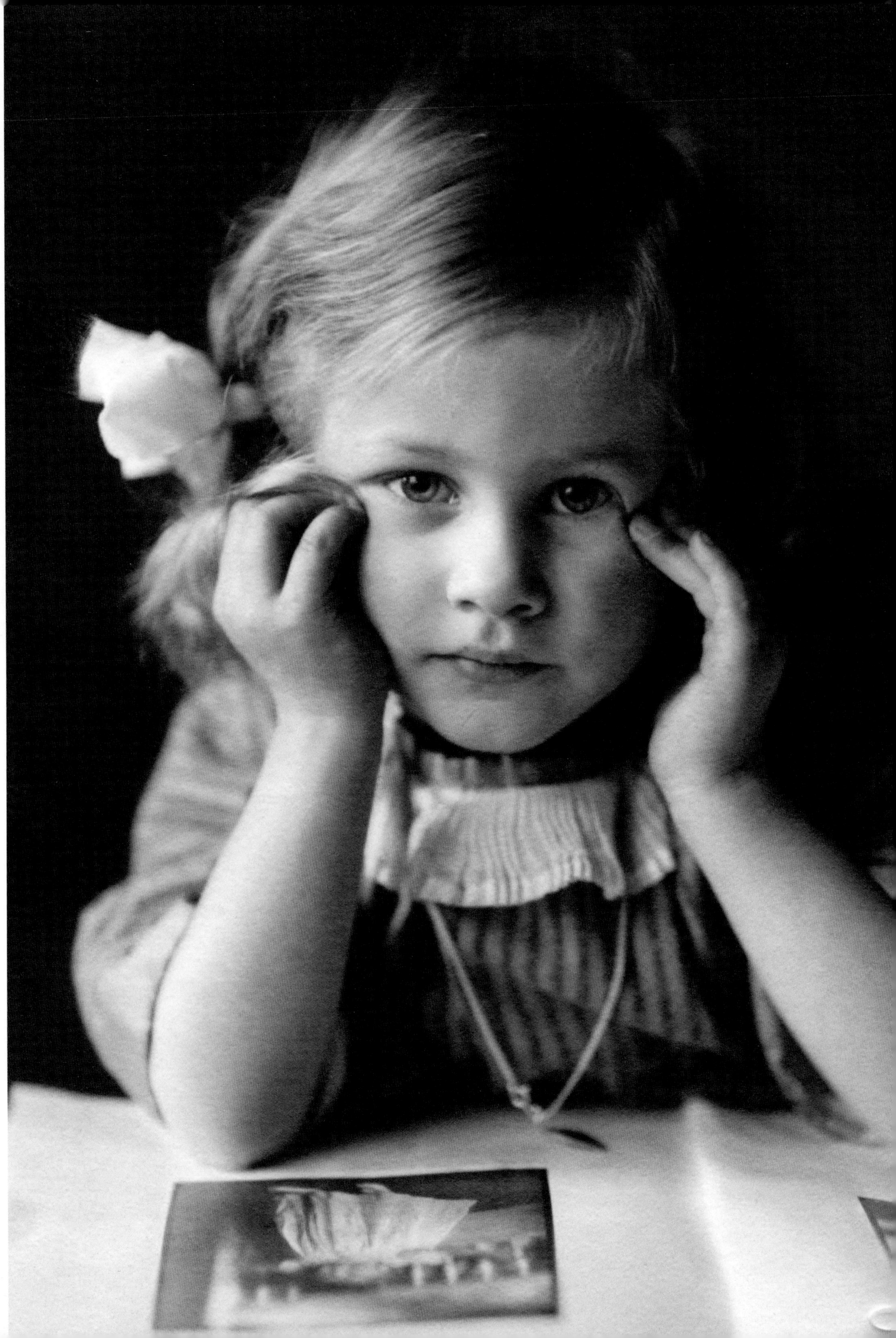

Aufwachsen in Turgi

Turgi – Heimat zwischen Flüssen und Bahnschienen

Die ersten zwei Lebensjahre

Geburt der Schwester Emmi

Marie und Emmi

Geburt von Albertine – Ankunft von Germaine Borgeaud

Ausbruch des Ersten Weltkriegs

Erste Freundschaften – Gartenarbeit während des Krieges

Geschäftsreisen während der Kriegsjahre

Bergsteigen mit dem Schweizerischen Alpenclub

Ferien in Oberägeri

Geburt von Robert, genannt Bubi

Robert verunglückt

Ohne Bruder

Krankheiten und Spitalaufenthalt

Als «Heugümper» auf dem Weg in die Schule

Nach Paris: Marie Meierhofer-Lang verlässt die Familie

Die grosse Kinderfasnacht 1923

Marie Meierhofer in Paris

Marie Meierhofer-Lang will ihre Tochter von Paris zurück-
    holen und wird Opfer eines Flugzeugunglücks

Turgi – Heimat zwischen Flüssen und Bahnschienen

Die Flüsse und die Bahnlinien prägen nicht nur die kindlichen Fantasien der jungen Marie, sie sind auch für Turgi selbst von zentraler Bedeutung. Zu Beginn des 19. Jahrhunderts wird die Wasserkraft für die aufstrebende Industrie genutzt, und entlang der Flüsse eröffnen viele Fabriken ihre Tore. Turgi verdankt seine Entstehung der Spinnerei, die 1826 von den Brüdern Heinrich, Kaspar und Rudolf Bebié gegründet worden ist.[1] Der günstige Standort zieht rasch auch andere Industrielle an. Mit der Verlängerung der Strecke der Spanisch-Brötli-Bahn (Zürich–Baden) bis nach Brugg wird Turgi an den grossen Verkehr angeschlossen. Der Bau der Bahnlinie Basel–Waldshut und das Teilstück von Turgi nach Waldshut machen es 1857 zum Eisenbahnknotenpunkt.[2]

«Ich bin mit meinen Geschwistern aufgewachsen in einem Einfamilienhaus *zum Öpfelbäumli,* das der Vater Anfang des Jahrhunderts in Turgi gebaut hatte. Das Haus mit grossem Garten lag zwischen dem bewaldeten Steilufer der Limmat und der staubbedeckten Landstrasse nach Vogelsang. Am Ende des Gartens liefen die Limmat und die Landstrasse im Spitz zusammen. Der Spitz war zugleich das Ende des Dorfes. Neben

Vorangehende Seite
Maiti beim Lesen, 1913.
57
Turgi mit dem *Öpfelbäumli* im Vordergrund (ohne Datum).

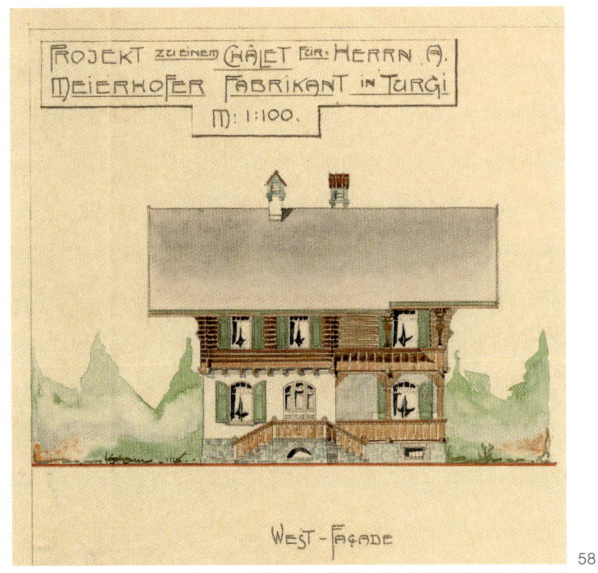

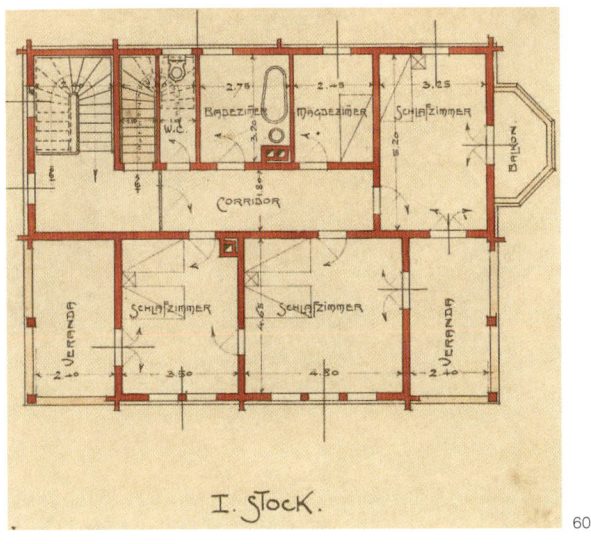

der Landstrasse war der erhöhte Bahndamm der Strecke Zürich–Bern und Zürich–Basel (über Baden–Brugg). Gegen Osten grenzte der Garten anfänglich an den Bahndamm der Linie Turgi–Waldshut. [...] Mein Leben und meine Phantasien als Kind wurden sehr geprägt durch die Landschaft. Drei Flussläufe, nämlich Limmat, Reuss und Aare flossen unterhalb unseres Limmatabschnittes zusammen und mündeten weiter unten in den Rhein.»[3]

Turgi wächst rasch und zählt 1910 bereits 244 Haushaltungen und 1119 Einwohner. Dank der Industrie kommt Turgi im Jahr 1891 schon relativ früh zu einer elektrischen Strassenbeleuchtung. Die Einführung der Wasser- und Gasversorgung lässt länger auf sich warten. 1893 beschliesst die Gemeinde die Erstellung einer eigenen Wasserversorgung mit Hydrantenanlage, der Bau der Kanalisation beginnt 25 Jahre später. Die Gasversorgung wird 1910 eingeführt, versorgt noch 1925 aber erst wenige Haushalte.

Das Geburtshaus von Marie Meierhofer, das *Öpfelbäumli,* lässt Albert Meierhofer 1906 für sich und seine Kinder bauen. Er wünscht sich ein einfaches Objekt, das er schnell wieder verkaufen kann, wenn es die Umstände erfordern. Zum Zeitpunkt des Baus ist er Witwer, erst die Wiederverheiratung und die Gründung der *B.A.G.* bringen den Entscheid, sich in Turgi fest niederzulassen. Albert Meierhofer arbeitet selbst an der Gestaltung und am Ausbau seines neuen Heimes mit. Im Februar informiert er den Architekten: «Nachdem ich neuerdings über die Bauart nachgedacht habe, glaube ich doch, dass ich einem Chaletbau oder doch einem solchen mit möglichst viel Holz den Vorzug geben werde.»[4] Wie aus den zahlreich erhaltenen Dossiers zum Chalet *Öpfelbäumli* hervorgeht, wählt er Materialien selbst aus und holt verschiedene Offerten ein, bevor er einen Auftrag vergibt. Das Haus ist schnell fertiggestellt, und am 30. November 1906 zieht die Familie Meierhofer mit der Erzieherin Pauline Goldinger darin ein.[5]

Albert Meierhofer interessiert sich sehr für alles Technische. Er informiert sich in Büchern und Vorträgen, erfindet selbst einen elektrischen Kochherd, den er 1914 patentieren lässt, und beschafft sich die neuesten Apparate. So ist es zu erklären, dass sein Haus manche technische Details aufweist, die damals sehr modern und fortschrittlich waren.

58–60

Pläne für das Haus zum *Öpfelbäumli*:
von oben: Westfassade, Nordfassade
und Grundriss 1. Stock.[6]

AUFWACHSEN IN TURGI

Emmi Meierhofer erinnert sich noch Jahrzehnte später an viele Einzelheiten:

«Im ersten Stock waren die Schlafzimmer, ein kleineres für Tineli und Germaine, unser Kinderfräulein, ein grosses für Maiti und mich sowie das Elternschlafzimmer und Badezimmer. Vorgelagert zum Elternschlafzimmer und unserem Zimmer war ein überdachter, mit vielen Geranienkistchen versehener Balkon, gleich gross wie die darunterliegende verglaste Veranda. Es hatte Zentralheizung im Haus und fliessendes Wasser in allen Schlafzimmern – eine Modernität zu jenem Zeitpunkt. Im Badezimmer waren eine Zinkbadewanne und ein eiserner Ofen. Am Samstag war Badetag! Dann wurde der Ofen mit Holzscheiten gefüttert und produzierte warmes Wasser. Als man elektrische Boiler kaufen konnte, bestellte Papa bei der Firma Therma in Schwanden einen weissen 200 l. Boiler für uns und einen grauen für die Schweinezucht des Au-Bauern. Bei der Lieferung wurden die Boiler verwechselt, die Schweine bekamen den weissen Boiler und wir den grauen. Man baute die Boiler nicht ein, sondern stellte sie einfach auf den Boden.»[7]

Besondere Aufmerksamkeit schenkt Albert Meierhofer der Gestaltung des Gartens. Die Liste der Bäume, die für den Obstgarten bestellt werden, ist lang: Äpfel, Birnen, Quitten, Pfirsiche, Aprikosen, Mirabellen, Reineclaudes, Pflaumen. Unter den Äpfeln sind zahlreiche alte Sorten mit wohlklingenden Namen wie Roter Astrachan, Winter-Zitrone, Souvenir du Congrès oder Grosser Katzenkopf, um nur ein paar Beispiele zu nennen.[8] Der Obstgarten liegt Albert Meierhofer sehr am Herzen. Er sammelt Ratgeber zum Thema Obstbau und tauscht auch mit seinen Kunden Empfehlungen für hilfreiche Literatur zum Thema aus.

«Papa bildete sich stetig weiter. Er war ein fleissiger Teilnehmer der Volkshochschule, er ging mit auf Exkursionen und befreundete sich mit verschiedenen Professoren, zum Beispiel Prof. Schinz, dem Botaniker, Prof. Albert Heim, dem Biologen, Dr. Bircher-Benner und anderen. Er besuchte Fachausstellungen, zum Beispiel landwirtschaftliche Ausstellungen, und machte selbst Versuche mit nächtlicher Beleuchtung seiner Tomatenpflanzung. Er sah voraus, dass man mit elektrischer Heizung Frühgemüse und Früchte das ganze Jahr hindurch ziehen könnte.»[9]

61
Albert Meierhofer beim Schneiden seiner Obstbäume, 1. Januar 1908.

62
Delli auf der mit Geranien reich ausgestatteten Veranda des Hauses, 1908.

AUFWACHSEN IN TURGI

Die ersten zwei Lebensjahre

Fasziniert vom neuen Medium Fotografie, hält Albert Meierhofer das Leben seiner kleinen Tochter immer wieder fest. Dabei gelingen ihm im Vergleich zu den üblichen Studioaufnahmen der Berufsfotografen überraschende Bilder, wie etwa seine Frau beim Stillen. Albert Meierhofer stösst dabei auch an die Grenzen der damaligen Technik, die er als Amateur ganz einfach missachtet. Innenaufnahmen ohne Kunstlicht sind kaum möglich, da es noch keine hochempfindlichen Filme gibt. Dies führt vor allem bei Kinderaufnahmen zu unscharfen und verschwommenen Bildern.

63

Marie Meierhofer-Lang beim Stillen der Tochter Marie.

AUFWACHSEN IN TURGI

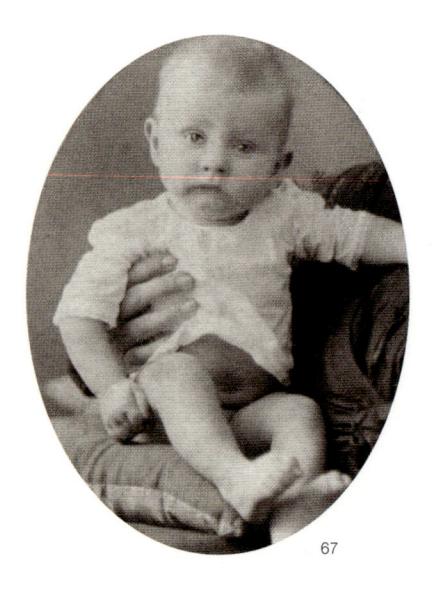

64–66

Karteikarten von der Tochter Marie Seiten 1–3.[10]

67

Marie Meierhofer im ersten Lebensjahr.

AUFWACHSEN IN TURGI

Die wichtigsten Ereignisse der ersten Lebensjahre von Marie Meierhofer sind auf Karteikarten festgehalten, die Albert Meierhofer bei der Geburt angelegt hat und die in der Folge von Marie Meierhofer-Lang ergänzt werden.

Am 5. Juli 1909 kehrt die Mutter mit ihrer Tochter aus der Pflegerinnenschule Zürich nach Turgi zurück. Am 12. August kommt der bestellte Kinderwagen in Turgi an – damals keine Selbstverständlichkeit. Er wird gleich am Tag danach zu einer Ausfahrt benutzt. Am 12. August hat die Tochter einen Hitzschlag, der, wie schon erwähnt, mit der rigiden Erziehungseinstellung von Albert Meierhofer zusammenhängt. Er will seine Kinder abhärten.

Im Alter von 8 Monaten steht «Maiti», wie Marie von allen genannt wird, gut und plaudert «ma, ma, pa, pa, ta, ta, hans...». Etwa zwei Monate später probiert sie zu gehen, und der zweite Zahn schaut hervor.

Am ersten Geburtstag wird auf der Karteikarte vermerkt: «Maiti hat vier obere Zähnchen, es spricht sehr deutlich Papa, Mama, alle, alle Zähni, zeigt sein Herzli, Beinli, probiert seine Schühlein und läuft allein an einer Hand geführt. – Sein Geburtstag wurde gefeiert, es war ein schöner Tag, ein Freudentag.» Am 17. August 1910 läuft Maiti allein. Anfang 1911 wird die ganze Familie geimpft.[11]

Obwohl Albert Meierhofer oft abwesend ist, macht er von Zeit zu Zeit Aufnahmen von seiner Familie. Mit den zunehmenden Ehekonflikten werden die Familienfotos seltener. Die Familienbilder sind arrangiert. In den Anfängen lässt Albert oft Eduard Furrer die von ihm vorbereitete Aufnahme auslösen. Später werden Apparate verwendet, die über einen Zeitauslöser verfügen. Man kann die Familienbilder auch so verstehen, dass Albert Meierhofer seine vom Auseinanderbrechen bedrohte Familie zumindest fotografisch festhalten möchte.

Die frühe Entwicklung der kleinen Marie wird nicht nur auf Karteikarten, sondern auch fotografisch festgehalten. Allerdings stösst der Fotograf, vermutlich zumeist der Vater, auf grosse Probleme. Da Kinder in diesem Alter nicht still sitzen, sind die meisten Aufnahmen unscharf.

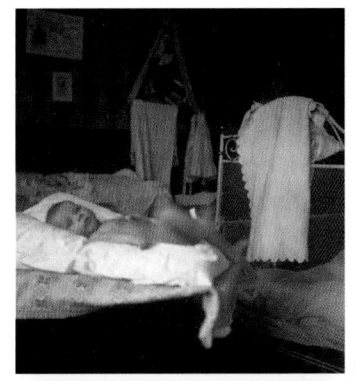

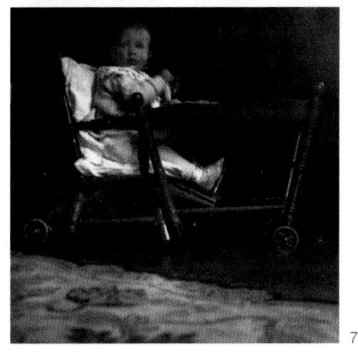

68

Marie Meierhofer auf der Wickelkommode.

69, 70

Ausschnitte aus dem «bewegten Alltag» von Marie Meierhofer und den damit verbundenen Schwierigkeiten des Fotografen, diesen festzuhalten. Die Bilder stammen aus dem Jahr 1910, in dem Marie Meierhofer allmählich gehen lernt.

«Ich habe schon ganz frühe Erinnerungen. So weiss ich noch, wie ich gehen gelernt habe; ich sehe das Bild noch genau vor mir. Gegen den Salon hin war eine Schiebetüre, die meistens offen stand. Dort hatte Mama eine Reihe Stühle mit steilen Lehnen aufgestellt. Ich ging diesen Stühlen entlang und schlug mit den Händchen auf jeden Stuhlsitz. Ich erinnere mich, dass ich mit meinem Arm nur knapp auf die Stuhlsitze reichen konnte. Meine Mutter hatte Tränen vor Freude. [...] Noch etwas aus dieser Zeit hat mir tiefen Eindruck gemacht. Ich war immer

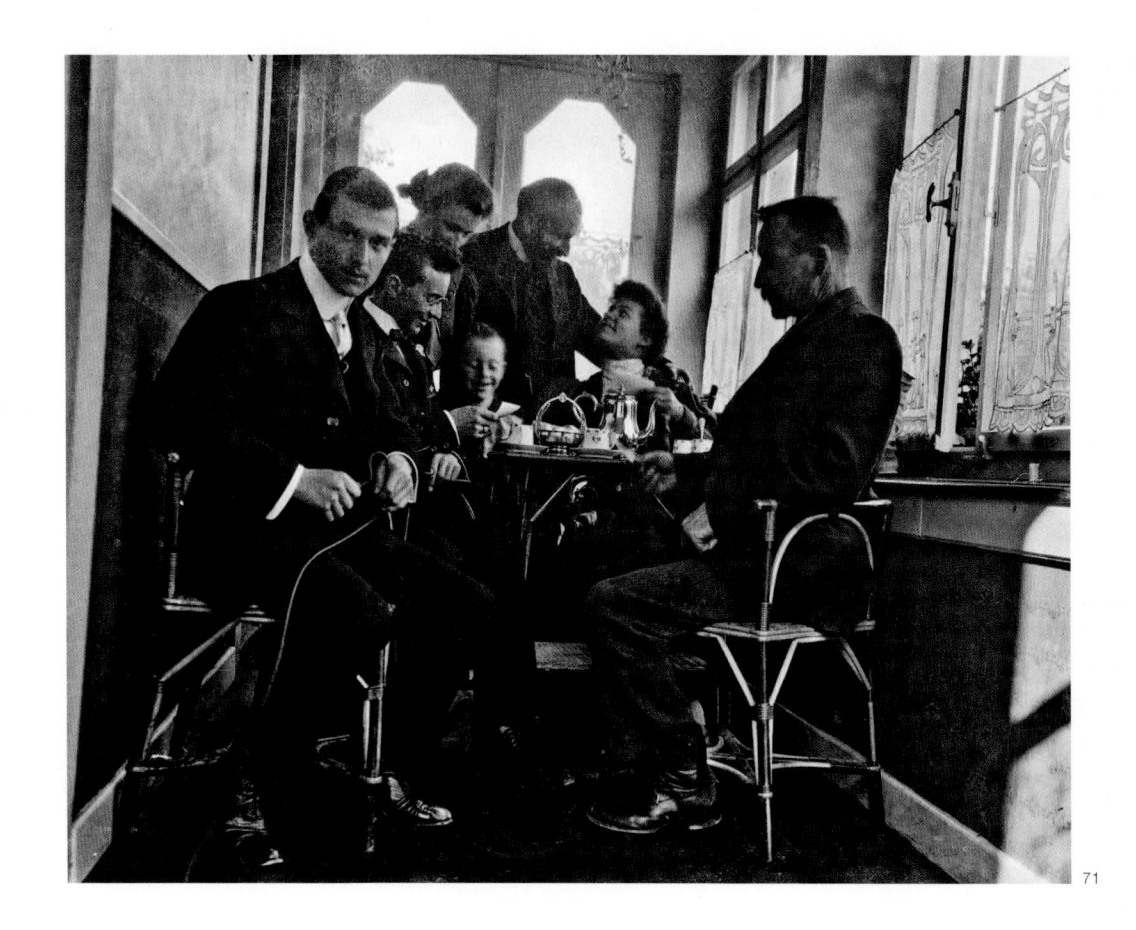

71
Die Familie Meierhofer beim Tee und beim Betrachten von Fotografien in der Laube des *Öpfelbäumli*. Eduard löst die Fotografie mit dem Gummischlauch aus. Neben ihm sitzt ein Gast (vermutlich der ältere Bruder von Marie Meierhofer-Lang, Damian Lang). Im Hintergrund Delli, Hans, Albert Meierhofer und seine Frau. Rechts im Bild ein weiterer Gast. Die Aufnahme ist 1910 datiert.

furchtbar neugierig, was alles auf dem Tisch stand. Mit den Händen reichte ich grad bis zur Tischkante. Ich versuchte immer wieder, mich höher hinaufzuziehen.»[12]

Maries wichtigste Bezugspersonen in den ersten zwei Lebensjahren sind neben der Mutter die Pflegeschwester Delli und der Stiefbruder Hans. Sobald sie richtig gehen kann, spielt sie oft mit Hans im Garten des *Öpfelbäumli*. Im Winter wird im Schnee gespielt. Man baut Schneefiguren, etwa einen Bären. Mit dabei ist oft der Haushund *Bärli*.

Zwei für Marie Meierhofer wichtige Erlebnisse in den ersten zwei Lebensjahren sind die Operation eines Abszesses am Knie und der Tod des Grossvaters mütterlicherseits. Laut Agenda von Marie Meierhofer-Lang wird Maiti in den Ferien im Wallis von einem Insekt ins Knie gestochen. Dies führt zu einer Entzündung und zu einem Abszess, welcher aufgeschnitten werden muss: «23. Juli 1912. Abreise nach Lac des Chavonnes. Mama mit Maiti Zusammentreffen mit Delli in Aigle u. übernachten in Bex. Sonntag [28.7.] Maiti hat Fieber von einem Insektenstich im Knie, es muss im Bett bleiben. Donnerstag Heimreise Maiti mit viel Schmerzen. Zu Hause. Freitag [2.8.] öffnet Dr. Heer die Wunde.»[13]

Die Erinnerung von Marie Meierhofer ist etwas anders sowohl in Bezug auf die Reihenfolge wie auf den Ort: «Im Alter von etwa zwei Jahren wurde mir vom Arzt ein Abszess am rechten Knie aufgeschnitten. Ich liege auf Papas Bett und schreie fürchterlich und wehre mich. Alle reden auf mich ein. Etwas später ist Mama mit mir in den Jura zur Erholung gegangen. Bild: wir sind auf einem Pferdekarren und fahren eine steile Strasse herunter. Ich habe Angst. Davon existiert noch ein Foto.»[14]

Den Tod des Grossvaters erlebt die kleine Marie direkt mit. Die grosse Nähe zum Tod in der damaligen Zeit kommt auch darin zum Ausdruck, dass die Toten auf dem Sterbebett fotografiert werden. «Als mein Grossvater mütterlicherseits starb, setzte man mich auf sein Bett. Ich sehe mich auf einem hohen alten Bett, und jemand röchelt oder atmet schwer. Ich habe grosse Angst, und diese Angst ist mir nachher eine Weile geblieben. Mama wollte eine kranke Tante im Schwarzwald mit mir besuchen. Ich wollte einfach nicht die Treppe hinaufsteigen wegen ganz grosser Angst vor Kranken. Ich blieb lieber unten auf der Treppe des fremden Hauses und weinte; um keinen Preis wäre ich hinaufgegangen.»[15]

72
Delli mit Maiti und Hansli (Fotografenaufnahme um 1909/10).

73
Hans mit Maiti beim Spiel im Garten, 1910.

74
Die von Marie Meierhofer angesprochene Fotografie mit dem Pferdewagen. Maiti sitzt auf dem Schoss der Mutter. Ganz links Delli und im Vordergrund Hans.

75

Delli mit Maiti und Marie Meierhofer-Lang demonstrieren den Schneebären im Garten. Vor Marie Meierhofer-Lang der Haushund *Bärli*, 1910.

76

Der Vater von Marie Meierhofer-Lang auf dem Totenbett. Foto von Albert Meierhofer.

AUFWACHSEN IN TURGI

Geburt der Schwester Emmi

Im Februar 1911 liegt Marie Meierhofer-Lang in Erwartung ihres zweiten Kindes erneut in der Pflegerinnenschule in Zürich. Wie sehr sie sich einen Knaben wünscht, kommt in einer Karte zum Ausdruck, die sie ihrer Tochter übermittelt. Sie schreibt: «Nicht wahr, Montag kommst Du wieder zu mir, ich zeige Dir dann wieder kleine Bubis, die Dir so gut gefallen.»[17]

Die Erinnerung an die Ankündigung des Geschwisterchens ist in Marie Meierhofer auch nach fast 80 Jahren lebendig: «Meine Mutter und ich standen vor der Post, meine Mutter erschien mir riesig gross und dick. Ich musste mich strecken, um ihre Hand zu erreichen. Sie erzählte mir, dass sie jetzt dann nach Zürich fahren und ein Geschwister holen werde. Dabei zeigte sie auf den Bahnhof, der rechts von uns lag. Ich war damals etwa anderthalb Jahre alt. Mama hat auch mich in Zürich geboren, in der Pflegerinnenschule, wo eine Verwandte von ihr Ärztin war.»[18]

Marie Meierhofer erinnert sich an das Neugeborene: «Das winzige schwarzhaarige Wesen Emmi (sie war auch am Rücken behaart) liegt auf Mamas Bett und schreit fürchterlich. Mama lächelt und erklärt, es habe Hunger. Sie legt es an die Brust, worauf es sofort ruhig wird. Ich soll eifersüchtig gewesen sein auf Emmi und soll sie in den kleinen Finger gebissen haben, aber ich weiss davon nichts.»[19]

Albert Meierhofer ist zum Zeitpunkt der Geburt von Emmi am 6. März 1911 abwesend. Nach seiner Rückkehr organisiert er, wie er dies oft bei besonderen Anlässen tut, ein Familienfoto. In der Fotografie sitzt der Säugling Emmi auf dem Schoss von Delli Furrer. Maiti sitzt bei ihrer Patin Berthe Beguin, der Braut des Bruders von Marie Meierhofer-Lang. Hans sitzt gähnend neben seiner Stiefmutter Marie Meierhofer-Lang. Der Gesichtsausdruck der Anwesenden lässt nicht unbedingt auf ein freudiges Ereignis schliessen.

Informiert wird Albert Meierhofer über die Geburt des zweiten Mädchens Emmi von seinem Sohn Hans. Er schickt seinem Vater zwei verschiedene Blätter, das eine mit Schulaufgaben, das andere mit der Ankündigung von Emmi: «Lieber Papa! – Ich schreibe jetzt die Aufgabe, aber auf ein anderes Blatt. Wir haben jetzt ein Mädchen, ein zweites Maiti. – Es grüsst Dich. Dein Hansli.»[20]

Der Briefkontakt zwischen Albert Meierhofer und Hans ist recht intensiv. Bekommt der Sohn keine Post vom Vater, protestiert er. «Warum schreibst Du mir nie.»[21] Hans schickt, wie bereits erwähnt, seinem Vater regelmässig Schulaufgaben – Diktate und Rechnungen – zur Kontrolle. Der Vater korrigiert sie in seinen Antworten, wie dies etwa auf einer Postkarte aus München vom 31. Mai 1911 der Fall ist.[22]

77
Karte von Marie Meierhofer-Lang an ihre Tochter aus der Pflegerinnenschule, mit von der Mutter gemalter Katze.[16]

78
Familienfoto von Albert Meierhofer nach der Geburt von Emmi. Emmi sitzt auf dem Schoss von Delli.

Aus Marseilles (5. Dezember 1911) schickt Albert Meierhofer seinem Sohn Hans eine farbige Postkarte mit einer Abbildung von Matrosen. Am Ende des an «Herr Hans Meierhofer» adressierten Briefes heisst es: «Viele Grüsse an Mama, Maiti, Emmi, Eduard. Papa.»[23]

Albert Meierhofer reist, wie seine Auftragsbücher zeigen, für das Geschäft für mehrere Tage ins Ausland, insbesondere nach Deutschland und Frankreich. Weilt er in der Schweiz, so stehen an Wochenenden häufig Bergtouren auf dem Programm. Im Sommer 1911 steigt er mit Hans, einem Freund von Hans und einer nicht bekannten Frau auf die Hochfluh. Für das Gruppenfoto vor einem alten Stall rüsten sie sich passend zur Umgebung mit Mistgabeln, Milchkessel und Hutte aus.

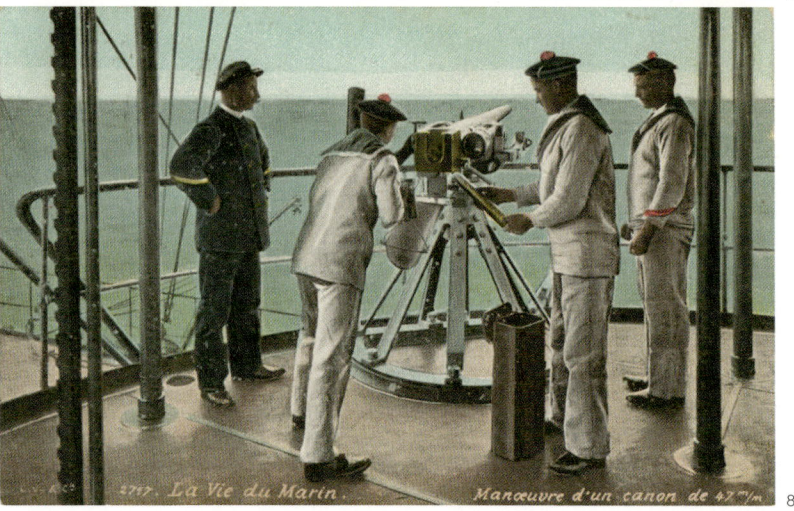

79
Rückseite einer Postkarte vom 31. Mai 1911 aus München mit Korrekturen von Rechenaufgaben.[24]

80
Vorderseite der Postkarte, die Albert Meierhofer am 5. Dezember 1911 aus Marseilles seinem Sohn Hans schickt.[25]

81
Bild von einem Ausflug im Sommer 1911. Von links nach rechts: Albert Meierhofer mit Hutte (ganz links), eine unbekannte Frau mit Milchkessel. Hans und ein weiterer Knabe mit Mistgabeln.

82
Maiti und Emmi 1911 (Fotografenaufnahme).

Marie und Emmi

In den folgenden Jahren wird Schwester Emmi zur wichtigsten Spiel- und Streitkameradin von Marie Meierhofer. Hans ist weniger oft zu Hause. Er besucht für kurze Zeit die Bezirksschule in Baden und tritt am 21. April 1914 ins Landerziehungsheim Glarisegg ein.

Emmi und Marie sind gute Kumpel und unternehmen vieles zusammen, geraten aber auch manchmal in Streit. Emmi versteht es, auf geschickte Weise die Vorteile, die ihre Schwester als Älteste geniesst, auch zu erlangen. Sie hat einen ausgesprochenen Eigenwillen. Sie kann sehr trotzig auftreten und weiss ihre Wünsche durchzusetzen.

«Emmi war ein rassiges, dunkelhaariges, eigenwilliges Kleinkind gewesen. Wenn sie etwas im Kopf hatte, setzte sie es durch. Sie konnte sich auch hartnäckig weigern. Als sie einmal in einem Wutanfall die Puppe und den Inhalt des Puppenwagens zu Boden warf, weigerte sie sich strikte, ihn wieder einzuräumen. Sie blieb den ganzen Nachmittag neben dem Wagen stehen, bis Mama mir endlich erlaubte, ihn einzuräumen. Später hatte sie auch ein Talent, sich um ungeliebte Arbeiten zu drücken. Am meisten hat sie mich geärgert, wenn sie, statt beim Abtrocknen zu helfen, auf dem W.C. sass und sang. Es setzte mir zu, dass sie immer falsch sang; sie fand jeweils nicht die richtigen Töne.»[26]

AUFWACHSEN IN TURGI

Der Kinderwagen spielt in der Familie Meierhofer eine wichtige Rolle. Bereits auf der Karteikarte von Marie ist seine Lieferung (12. August 1909) vermerkt. Schwester Emmi wird am 20. April 1911 zum ersten Mal damit ausgefahren. «Ich hatte überhaupt Freude an den Geschwistern. Emmi und Tineli fuhr ich schon früh mit dem hohen Kinderwagen im Garten umher. Als dieser einmal kippte und die Kinder schreiend in den Garten fielen, erlitt ich panischen Schrecken. Mama hatte viel mehr Mühe, mich zu beruhigen, als mit den verunglückten Kindern, welche sehr schnell wieder vergnügt waren. Es war ihnen wirklich nichts geschehen.»[27]

Weitere, sehr anschauliche Episoden aus der Kindheit mit Emmi schildert Marie Meierhofer in einem Interview:

«Emmi erfand ein schönes Spiel: Tag und Nacht. Über dem Esstisch gab es eine alte Gaslampe von rechteckiger Form und mit schrägen Glasflächen. Sie war nachträglich elektrifiziert worden, besass aber immer noch die alten Gasanschlüsse. Wenn ich auf dem Tisch stand, konnte ich mit jeder Hand eine Glühbirne fassen und aus- und wieder eindrehen. ‹Nacht. Tag›, kommandierte Emmi. Plötzlich gab es einen grossen Knall, es wurde dunkel, und ich flog vom Tisch und hatte beide kleine Finger verbrannt. Mama und Germaine stürzten herein. Es roch nach Gas, weil ich beim Kurzschluss auch noch den Gashahn aufgedreht hatte. Emmi bekam Tätsch und schrie fürchterlich, und ich brüllte auch, weil ich dies ungerecht fand. Mama tröstete mich aber, ich sei mit den Schmerzen der Verbrennung genug gestraft.[28]

83
Marie führt ihre Schwester Emma im Kinderwagen spazieren, um 1912.

84
Die einzige überlieferte Fotografie von Albert Meierhofer mit seinen Töchtern aus diesen Jahren.

85
Maiti beim «Lesen», 1913.

AUFWACHSEN IN TURGI

86
Hans, Emmi und Maiti spielen am Teich und lassen dort ihre Schifflein fahren, 1913. Der Gartenteich erscheint häufig auf Fotografien der Familie Meierhofer.

AUFWACHSEN IN TURGI

Tagsüber waren Emmi und ich nicht immer einig, aber abends sagten wir zueinander: ‹Ich zanke nur, wenn ich dein Gesicht sehe, aber abends bist du lieb.› Und dann sagte das andere: ‹Mir geht es genau so.› So versöhnen wir uns wieder vor dem Einschlafen. Wir nehmen uns vor, morgen nicht zu zanken.»[29]

Von Albert Meierhofer gibt es in dieser Zeit nur eine Aufnahme, die ihn mit seinen beiden Mädchen zeigt. Er war wohl ein strenger Erzieher, obwohl Albert in einem Brief an Lehrer Hitz vermerkt, er würde nie schlagen (vgl. Seite 29). Am 27. Mai 1912 vermerkt Marie Meierhofer-Lang in der Agenda: «Emmi von Papa die erste Ohrfeige erhalten.»[30]

Geburt von Albertine – Ankunft von Germaine Borgeaud

Am 10. Dezember 1913 kommt in Turgi ein weiteres Mädchen zur Welt. Der Geburt assistieren Dr. Heer aus Turgi und die Hebamme Fräulein Müller.[31] Das Neugeborene erhält den Namen Albertine und wird von allen Tineli genannt. «Als ich noch nicht ganz dreieinhalb Jahre alt war, gebar Mama Tineli zu Hause. Ich hörte durch die Türe des Schlafzimmers ihre Schmerzenslaute und wollte zu ihr, als Germaine, unser neues Kindermädchen, mich zurückhielt. Auf einmal rief Mama: Gott sei Dank, und ich sah den Engel hereinschweben und ihr das Kindlein in den Arm legen.»[32]

Noch während der Schwangerschaft wird ein Kindermädchen gesucht.[33]

«Als Mama 1913 Tineli erwartete, kam Germaine Borgeaud zu uns als Kindermädchen. Sie war erst sechzehn Jahre alt und sprach nur Französisch. Sie stammte aus dem Wallis, von St. Maurice, und war die Jüngste einer grossen Familie. Bei ihrer Geburt war ihr ältester Bruder bereits erwachsen. Germaine schloss sich unserer Familie, und vor allem Mama, ganz an, und nannte sie auch Mama. Sie war eine rassige Walliserin mit einer Fülle schwarzen Haares und braunen Augen. Mama und wir alle wünschten uns und beteten darum, dass das neue Kindlein solche braunen Augen hätte. Tatsächlich war Tineli die einzige von unserer Familie, welche braune Augen hatte.»[34]

Germaine Borgeaud ist bald mehr Familienmitglied als Angestellte. Marie Meierhofer-Lang wiederum findet in ihr mehr Verständnis für ihre Sorgen und ihre Liebe zur Kunst als bei ihrem Mann. Besonders eng ist die Beziehung zwischen Tineli Meierhofer und dem Kindermädchen, welches sehr gut mit dem sensiblen Mädchen umzugehen weiss. Marie Meierhofer

87
Marie Meierhofer-Lang beim Stillen von Albertine, Rufname «Tineli», rechts davon Maiti und ein Gabentisch, links Emmeli an der Hand einer weiteren Person. Der Gabentisch rechts könnte darauf verweisen, dass die Aufnahme an Weihnachten 1913 entstanden ist. Bei den beiden Erwachsenen im Hintergrund könnte es sich um Delli und Germaine Borgeaud handeln.

88
Marie Meierhofer-Lang mit Kinderwagen. Im Hintergrund erscheint erstmals auf Fotografien das Kindermädchen Germaine Borgeaud.

89
Albertine 1916.

spricht später davon, dass ihre jüngste Schwester mehr Germaines als Mamas Kind war.

Hinter der Wahl eines Kindermädchens aus der welschen Schweiz steht der Wunsch der Eltern, dass die Kinder die französische Sprache lernen sollten. Die Idee funktioniert, bis Marie und Emmi Meierhofer in die Schule kommen und nur noch auf Schweizerdeutsch antworten. Eine andere Sprachentwicklung erfolgt bei Tineli: Ihre ersten Worte sind französisch. Am 1. März 1915 vermerkt die Mutter in der Karteikarte: «Tineli versteht nur französisch und sagt veux pas, bobo, pot, pis dans l'eau...» Im Oktober steht in der Karte: «Tineli spricht nun gut französisch. Germaine pflegt es immer gut.» Am 13. März 1916: «Tineli spricht gut französisch mit deutschen Brocken gemischt.»[35]

Die Kindheit von Albertine wird in den Lebenserinnerungen von Marie Meierhofer eingehend beschrieben, wobei die verschiedenen Krankheiten dieses «zarten Geschöpfes» besonders hervorgehoben werden:

«Tineli hingegen war ein zartes Geschöpf. Als Kleinkind hatte sie eine Darmstörung, wahrscheinlich eine Hertersche Krankheit.[36] Sie hatte Durchfall und war extrem appetitlos. Sie bekam Diät, was im ersten Weltkrieg ein schwieriges Unterfangen war; auch mit Hilfe der Ärzte gelang es nicht immer, das Nötige zu bekommen. Emmi und ich hofften immer, dass von dem gehackten Kalbfleisch oder dem Schokoladenbrei etwas für uns abfalle; leider blieb fast alles für uns übrig. Das kleine Mädchen war mager und blass, aber lebendig und begabt, auch musikalisch. Sie konnte klar und rein wunderhübsch die Kinderlieder singen. Mehr als die Menschen liebte sie die Tiere und ritt lange Zeit immer auf ihrem grauen Stoffeselchen umher. Bei unseren Puppen- und Spitalspielen übernahm sie meist die Beerdigung der gestorbenen Patienten mit dem entsprechenden Zeremoniell.

Tineli hatte ausserdem im Alter von etwa drei Jahren so genannte Schreikrämpfe, das heisst, wenn es zu weinen anfing und schrie, wurde es blass und bewusstlos. Dies war für Mama und Germaine und uns alle ein aufregender Moment. Sie versuchten dann mit Erfolg, Tineli mit nassen Tüchern wieder ins Bewusstsein zurückzuholen. Es war aber klar, dass man versuchen müsste, das Weinen zu vermeiden, und so wurde das Kind verwöhnt, das heisst, es setzte seinen Willen durch. Tineli missbrauchte aber diese Möglichkeit nicht besonders. Sie blieb still und bescheiden. Ich liebte dieses zarte Schwesterchen sehr und versuchte, es meinerseits zu beschützen und zu erfreuen und es so weit wie möglich in unsere Spiele einzubeziehen.»[37]

AUFWACHSEN IN TURGI

Ausbruch des Ersten Weltkriegs

Der Ausbruch des Ersten Weltkriegs und das Einrücken des Landsturmes ist sowohl in der Agenda von Marie Meierhofer-Lang wie in den Karteikarten der Kinder vermerkt. Albert Meierhofer muss nicht einrücken, da er schon über 50 Jahre alt ist. Eduard Furrer hingegen wird am 10. August nach Schaffhausen in die Armee eingezogen, und der Bruder von Marie Meierhofer-Lang Damian Lang beschreitet die Karriere als Berufsmilitär.[38]

In einem Bild aus der Zeit des Kriegsbeginns demonstriert die Familie Meierhofer Wehrhaftigkeit. Vater und Schwager Damian Lang posieren bewaffnet, auch Hansli wird für die Aufnahme mit Uniform und Gewehr ausgestattet.

Marie Meierhofer erinnert sich an den Ausbruch des Kriegs:

«Ich war fünf Jahre alt, als Mama mir versuchte zu erklären, dass der Krieg ausgebrochen sei. Ich meinte zuerst, dass die Soldaten andere Wesen waren, wie zum Beispiel die Engel. Papa war damals zu alt, um eingezogen zu werden, und so ging es einige Zeit, bis ich merkte, dass die Soldaten gewöhnliche Männer sind. Trotzdem schmeckte das Brot oder die Suppe, die sie uns oft schenkten, irgendwie himmlisch. Aber die moralische Last des Kriegs lag auf uns allen.[39]

90

Damian Lang (ganz links), Albert Meierhofer und Hans in Uniformen, um 1914.

91

Vermerk des Kriegsbeginns in der Agenda von Marie Meierhofer-Lang.

AUFWACHSEN IN TURGI

Wir hörten die Kanonen aus dem Elsass und sahen die Verwundeten in den Lazarettzügen. In zweistöckigen Betten waren sie durch die Wagenfenster zu sehen mit ihren Verbänden und blassen Gesichtern. [...] Im Dorf waren ständig unsere Soldaten, bald mehr, bald weniger. Die Eisenbahnbrücke der Waldshuter Linie wurde immer vom Militär überwacht.»[40]

Auch Marie Meierhofer-Lang setzt sich aktiv zur Linderung der Not ein. Sie hat bereits als ledige junge Frau den Ruf, eine ausgezeichnete Samariterin zu sein, und wird oft herbeigeholt, wenn Erste Hilfe geleistet werden muss. Sie ist Mitglied des Samaritervereins von Baden,[41] hilft mit beim Aufbau eines Notspitals und engagiert sich im Evakuiertenkomitee. Für dieses schreibt sie folgenden Aufruf: «Täglich fahren über 1000 französische Evakuierte in Zürich durch, wo sie [...] einen Aufenthalt machen. Die armen heimatlosen Leute sind nur mit dem Notwendigsten bekleidet. Um sie zu erfrischen und einigermassen zu bekleiden braucht es viel Hilfe und Mittel. Deshalb sind hier einige Gäste so freundlich und arrangieren einen kleinen Soirée [sic], dessen Ertrag diesen Armen zu Gunsten kommt. Jedes trage ein kleines Scherflein bei. Mit herzlichem Dank – Das Evakuierten Comité Zürich.»[42]

Erste Freundschaften – Gartenarbeit während des Krieges

Nach dem Ausbruch des Ersten Weltkriegs erhält, wie Marie Meierhofer berichtet, der eigene Garten eine grosse Bedeutung. Die Agenda von Marie Meierhofer-Lang enthält bereits im Jahr 1912 ausführliche Anbaupläne. Während Albert Meierhofer den ganzen Monat Mai in Berlin weilt, werden in Turgi verschiedene Beete hergerichtet und vor allem mit Gemüse und Salaten bepflanzt. So steckt Marie Meierhofer-Lang vier verschiedene Sorten von Bohnen, und Maiti hilft dabei.[43]

Sie hat bereits erste Spielkameraden. Zu ihnen gehört Klärli Mettauer, die Tochter des Bahnhofvorstandes von Turgi. Maiti erhält ein eigenes Gärtchen, das die Mutter in ihrem Plan einzeichnet.[44] In einem Gespräch im Jahr 1989 kommt Marie Meierhofer ausführlich auf die Bedeutung des Gartens während des Ersten Weltkriegs zu sprechen. Dabei wird erwähnt, dass auch sie, obwohl wohlhabend, die Rationierung zu spüren bekommen haben.[45]

«Beim Ausbruch des 1. Weltkriegs weinte Mama. Sie sagte mir, es sei Krieg und versuchte, dies zu erklären, da ich nicht verstand, um was es sich handelte. Ich verstand nur die Aufregung und die Sorge der Erwachsenen. Die Lebensmittel waren knapp, vor allem fehlte es an Mehl, Brot, Zucker und Fleisch.

92
Die Spielkameradinnen von Marie Meierhofer, unter ihnen Klärli Mettauer, Maitis spätere Schulfreundin, 1914.

AUFWACHSEN IN TURGI

Wegen höherer Zuteilungen für kleine Kinder hatten wir aber genügend Milch. Sie wurde abgerahmt und zu Butter geschwungen. Zusätzliches Fleisch lieferten uns die Kaninchen, welche wir zwar liebten und über ihren Tod traurig waren. [...] Wir lernten auch, die Getränke ohne Zucker zu trinken oder mit Saccharin zu süssen. Im Garten gab es viel Gemüse, und wir pflanzten auch Hafer und Mais an. Wir hatten viele Früchte. Tineli war damals krank, mochte nicht essen und hatte immer Durchfall. Sie bekam mit ärztlichem Zeugnis gehacktes Kalbfleisch und musste viel Schokoladebrei essen. Emmi und ich lauerten deshalb immer auf die Resten, die für uns etwas Besonderes waren. [...]

Vom 1. Weltkrieg habe ich noch viele Erinnerungen, vor allem auch an die Rationierung, die ja damals nicht sehr gut war. Mama pflanzte im Garten Mais an, und als sie das erste Maismehl in den Händen hielt, hat sie es geküsst und hatte Tränen vor Freude. Von da an war überall Mais drin, im Brot, in den Kuchen [...]. Papa liess in der Fabrik für jedes von uns eine kleine Blechdose machen. Dort bewahrten wir unsere Tagesration Brot auf. Hans war damals im Wachstum und hatte nie genug, sodass wir jeweils etwas von unserem Brot in seine Dose legten. Im Garten hatten wir viel Gemüse und vor allem Früchte. Papa verlangte von uns, dass wir auch die faulen Äpfel zusammensuchten. Aus dem wurde Apfelmus gekocht. Dann hatten wir auch herrliche Kirschen – es war überhaupt ein wunderbarer Garten.»⁴⁶

Geschäftsreisen während der Kriegsjahre

Zu Beginn des Jahres 1914 vermerkt Albert Meierhofer in sein Auftragsbuch: «Le monde est plein de sottise et si tu n'en veux voir enferme toi et casse ton miroir.» Albert ist bereits zu alt, um Militärdienst zu leisten, und er kann weiterhin seinen Geschäften nachgehen. Er erhält weniger Aufträge im Ausland und weilt öfters bei Kunden in der Schweiz. Zu diesen gehören insbesondere grössere Hotels in Tourismusgebieten des Engadins und der Westschweiz. Dank seinen guten Beziehungen zum Ausland, insbesondere zu Frankreich, gelingt es ihm aber auch, im Ausland für die Schweiz Rohstoffe einzukaufen.

Am 7. August 1914 führt Albert Meierhofer Gespräche in Bern. Er hat Kontakt mit verschiedenen wichtigen Persönlichkeiten der Bundesverwaltung.⁴⁷

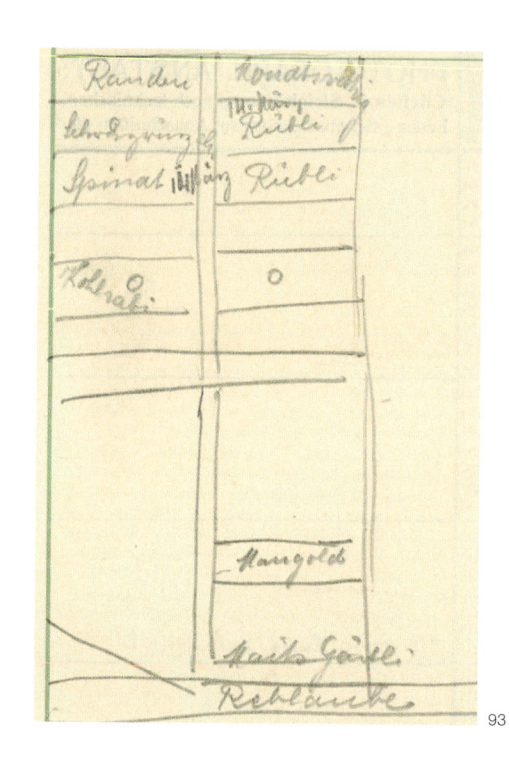

93
Ausschnitt aus der Agenda von Marie Meierhofer-Lang mit einer Skizze des Gartens und der vorgesehenen Bepflanzung. Ganz unten im Bild ist «Maitis Gärtli» eingezeichnet.

94
Das Bildarchiv von Albert Meierhofer enthält zahlreiche Architekturaufnahmen. Oft sind Hotels abgebildet, für die er Bronzewaren liefert. Im Bild die Decke eines Hotelinnenraumes mit einem Bronzeleuchter an der Decke.

95
Alpweide beim Aufstieg auf den Fronalpstock, 1914.

Bergsteigen mit dem Schweizerischen Alpenclub

Seine Leidenschaft Bergsteigen pflegt Albert Meierhofer auch während des Kriegs weiter. Oft nimmt er Hans mit. In der Agenda von 1914 findet sich im Oktober eine ganze Liste mit Bergtouren des Schweizerischen Alpenclubs S.A.C.[48] Einzelne Bergtouren hat Albert in seinen Auftragsbüchern beschrieben, wie jene im Kiental vom 15./16. Mai 1915.[49] Die Route wird zum Teil verpasst. Man muss zurückkehren. Auf der Rückreise möchte Albert bei Damian Lang übernachten. Dieser ist aber nicht zu Hause. Albert übernachtet im Hotel Monopol in Bern und reist am nächsten Tag nach Turgi zurück.

Interessant ist, dass in den Reisebeschreibungen verschiedentlich Adressen auftauchen. Der S.A.C. wird von Albert auch genutzt, um geschäftliche Beziehungen zu knüpfen. Die Aufnahme, die Albert Meierhofer auf dem Weg zum Fronalpstock macht, zeigt, dass er auch bei schlechtem Wetter fotografiert. Dabei entstehen überraschend stimmungsvolle Fotografien.

Ferien in Oberägeri

Im Mai 1914 erkranken Marie und Emmi an Keuchhusten. Den sollen sie in der guten Luft am Ägerisee auskurieren. Marie Meierhofer-Lang nimmt ihre drei Töchter und das Kindermädchen Germaine mit ins Ägerital, wo sie im Chalet des Hauptmanns Letter, eines alten Bekannten der Familie, logieren.[50] Die Reise Turgi–Oberägeri dauert mit dem Zug fünf Stunden. Marie Meierhofer-Lang bleibt mit den Töchtern und mit Germaine bis am 21. Juni.[51]

In diesen Ferien beginnt Marie Meierhofer-Lang nach längerem Unterbruch wieder zu zeichnen. Vom Aufenthalt im Ägerital ist ein Skizzenbuch überliefert. Es zeigt neben Landschaften vorwiegend Porträts von Germaine und Maiti. In den Skizzen kommt die bereits erwähnte gute Beziehung zwischen Marie Meierhofer-Lang und Germaine Borgeaud deutlich zum Ausdruck.

96
Aquarell des Chalets von Hauptmann Letter am Ägerisee.

97
Germaine beim Lesen in Oberägeri (Fotografenaufnahme).

98
Porträt von Maiti (Kreidezeichnung).

99
Porträt von Germaine (Farbstiftzeichnung).

AUFWACHSEN IN TURGI

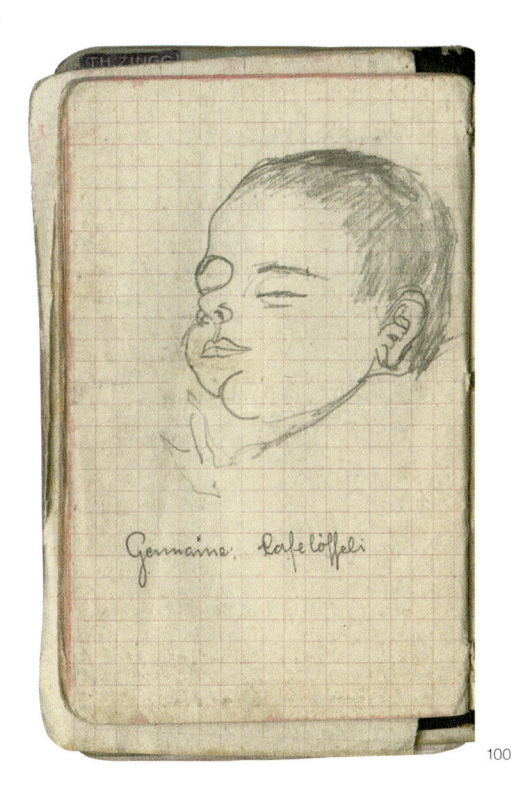

Geburt von Robert, genannt Bubi

1915 erwartet Marie Meierhofer-Lang ihr viertes Kind. Die letzten Wochen vor der Geburt verlaufen für die Hochschwangere hektisch, ja dramatisch. Am 22. April 1914 hat sie das Stichwort «Untreue» in die Agenda geschrieben, ein Jahr später vermerkt sie «Verjährung der Untreue».[53] Am 27. Juli 1915 schreibt sie ihrem Mann: «Nun wird bald die Zeit heranrücken, wo ich von neuem um Leben und Tod kämpfen muss, um einem neuen Menschenkind das Leben zu schenken oder zu unterliegen und in eine bessere Ewigkeit einzugehen. Wie ganz anders ist es mir diesmal zu Mute, wie schmerzvoll ist der Gedanke, dass ich in einer seelisch so traurigen Zeit mit Tod und Leben kämpfen muss.»[54] Ende Juli 1915 kommt es zum Streit mit der Pflegetochter Delli. Sie hat einen Freund. Es stellt sich heraus, dass er krank ist. Die Bekanntschaft wird aufgelöst. Kurz danach kommt es zum offenen Konflikt zwischen Delli und Marie Meierhofer-Lang: «Grosse Szene im Sonnenbad. Delli beleidigt mich tief. Trennung.» Kurz danach (1. und 2. August) heisst es in der Agenda: «Hans und Albert abgereist an den Genfersee.» Marie Meierhofer-Lang selbst verreist am 8. August nach Bern. Damian Lang wird später bestätigen, dass seine Schwester Marie ihn über die Untreue ihres Mannes informiert hat.[55]

Am 21. August kommt der Knabe Robert zur Welt: «Um 10 Uhr bekam ich einen kleinen Bubi Robert, Albert, Damian. Anwesend sind: Dr. Zellweger, Frl. Müller, Albert, Germaine.»[56]

Im Gespräch aus dem Jahre 1989 mit Marie Meierhofer kommt zum Ausdruck, wie sehr sich die Familie einen Knaben gewünscht hat. Die Umstände der Geburt sind ihr bestens in Erinnerung geblieben.

«Als unsere Mutter wieder schwanger war, wünschten wir uns alle ein Brüderchen. Wir beteten jeden Abend, dass das Neugeborene doch ein Knäblein wäre und hofften, dass unser Wunsch erfüllt werde.

Eines Nachts hörte ich aus dem Schlafzimmer der Eltern nebenan ein grausiges Stöhnen meiner Mutter, ein Stimmengewirr, und ich wollte hineingehen. Unser Kinderfräulein hielt mich davon ab und sagte, es sei nichts Schlimmes, aber ich zitterte vor Angst ob dieser Geräusche. Sie sagte mir, dass nun mein Brüderchen auf die Welt käme. Und ich stellte mir vor, so wie man es uns erzählt hatte, dass ein Engel durch das Fenster das Kindlein bringen würde. In dem Moment sagte meine Mutter: ‹Gott sei Dank.› Es war still, und ich hörte ein Kindlein schreien. Unser Glück war gross, dass es ein Brüderchen war. Schnell wurde das vorbereitete Bettchen ins Badezimmer hinüber gebracht, wo offenbar dann das Kleine gewa-

100

Zeichnung des schlafenden «Bubi» in einem Notizbuch von Marie Meierhofer-Lang. Entstanden vor dem 6. Dezember 1916.[52] Es handelt sich hier um das einzige Bilddokument von Robert zu seinen Lebzeiten. Der Vermerk «Germaine: Cafelöffeli» verweist vermutlich auf Weihnachten. Germaine wird – im Hinblick auf eine mögliche spätere Heirat – etwas an ihre Aussteuer erhalten, wie dies insbesondere für Patenkinder früher üblich war.

schen und ins Bett gelegt wurde, sodass wir es anschauen durften. Ich war damals enttäuscht, weil Bubeli so rot und runzlig war.»[57]

Am 7. November 1915 wird Robert getauft. Die weitere Entwicklung von Robert ist auf den Karteikarten festgehalten. Sie verläuft erfreulich, und alle sind begeistert. Marie Meierhofer bringt ihre grosse Freude und Zuneigung in ihrer Selbstbiografie deutlich zum Ausdruck:

«Frisch, fröhlich und gesund war hingegen unser Robertli, genannt Bubi. Er hatte blaue Augen und blonde Löckli wie ich. Als er die ersten freien Schritte auf mich zumachte, schloss ich ihn in die Arme und weinte vor Glück. Er war gefährlich unternehmungslustig und konnte blitzschnell rückwärts die Treppe hinunter kriechen und verschwinden. Einmal fanden wir ihn auf dem Eisenbahngeleise. Er sprach schon viel und drückte sich wie wir alle teils auf Schweizerdeutsch und teils auf Französisch aus. [...] Bubi erfasste schon rasch Situationen. Als einmal eine einzige Lokomotive auf dem Geleise daherkam, rief er: Tschitschi gâté.»[58]

Am 25. Oktober 1916 notiert Marie Meierhofer-Lang auf die Karteikarte: «Bubeli läuft ganz allein, überall hin. Kann sogar über die Türschwellen, das ist eine unbeschreibliche Freude. Maiti und Emmi sind so närrisch in den Bubi, sie möchten ihn immer verküssen...»[59]

Am 24. Februar 1917 notiert Marie Meierhofer-Lang in ihrer Agenda: «Bubeli schüttet Emmi sein Waschwasser aus im Bett. [...] Bubeli öffnet die Schublade von Germaine und wirft alle Hemden heraus, er steigt alle Treppen hinauf und hinunter steigt auf die Stühle und Tische, geht ins Bureau, steigt auf den Bureautisch und taucht seinen Finger in die Tinte. Enfant terrible.»[60]

Marie Meierhofer kümmert sich aktiv um die Pflege des kleinen Bruders: «Obwohl ich erst sechs Jahre alt war, durfte ich es wickeln, ihm die Flasche geben und sein Bettchen richten. Ich passte immer auf, dass man das Bettzeug von der Strasse aus nicht sehen konnte, in der Sorge, dass jemand uns das Brüderchen stehlen könnte.»[61]

Marie Meierhofer-Lang skizziert für das Fest ein Programm:[62]

1 Uhr:	Essen in Brugg
¼ 3 Uhr:	Holen des Täuflings
3 Uhr:	Taufe
3 ½–4 Uhr:	Tee mit Kuchen, Wein, Photograph
	Kinder: Kakao und Brot
5 Uhr:	Familie U. am Bahnhof abholen
5–6 Uhr:	Gemütliche Plauderstunde, Kindergedichtli
	Essen der Kinder
6 Uhr	Kinder ins Bett
	Erwachsene: Phonographenkonzert
	«Parsival» usw.
7 Uhr:	Nachtessen: kalte Platte
	Kaninchenbraten mit Kartoffelstock
	Salat/Rüebli und Erbsli
	Crème Vanille
	Torte, Wein, Tee
8.28 Uhr:	Abreise von Familie U.
9 ½ Uhr:	Nachtruhe

Robert verunglückt

Robert ist, wie Marie Meierhofer im Gespräch 1989 und in der Autobiografie vermerkt, ein sehr aktives Kind. Dies wird ihm zum Verhängnis. Am 4. Mai 1917 fällt er beim Spiel in den Gartenweiher und ertrinkt. Marie Meierhofer hat das für sie prägende Erlebnis immer wieder erzählt. Noch Jahrzehnte danach spürt man in diesen Schilderungen die grossen Emotionen, die der Tod des Bruders bei der erst siebenjährigen Marie ausgelöst hat.

«Wie schon gesagt, hatten wir alle an dem kleinen Buben grosse Freude. Er entwickelte sich gut, war ungeheuer lebhaft, und als er die ersten Schritte allein machte, weinte ich vor Freude. Ich kann mich ganz genau an diesen Moment erinnern. Und als er die ersten Bubenhosen trug, begegneten wir meiner Lehrerin. Ich war ungeheuer stolz auf den Kleinen.[63]

Robertli war sehr aktiv, und es war direkt gefährlich, als er gehen und die Treppe hinauf- und hinunterklettern konnte. So begab er sich eines Tages auf die Geleise der nahen Bahn, und ich musste ihn dort schleunigst wegholen, weil sehr viel Verkehr auf dieser Strecke war. Im Garten war er meist mit uns zusammen, spielte mit uns, und am Schwimmbassin wusste er genau, dass er da nicht hinein durfte ins Wasser.

Als mein Brüderchen Bubeli verunglückte, war ich in der Schule. Ich machte mir Vorwürfe, dass ich nicht auf ihn hatte aufpassen können. Ich bekam richtige Schuldgefühle. Er war ein Goldschatz, ich hatte ihn so gern.»[64]

101

Ausschnitt aus der Agenda von Marie Meierhofer-Lang. 1917.[65]

Der Tod von Robert hat weitreichende Auswirkungen für das Leben der kleinen Marie. In einem Aufsatz aus dem Jahre 1925, der den Titel «Mein Leben» trägt, schreibt sie:

«Wenn wir abends nicht miteinander redeten, so waren meine Gedanken wach. Ich träumte wach. Ich dachte immer daran, armen Kindern zu helfen. Ich fand immer, dass ich so furchtbar glücklich sei und andere unglücklich. Ich hatte so halb ein schlechtes Gewissen, wenn ich daran dachte, wie wenig ich für andere tat. Ich stellte mir vor, ich hörte draussen Kindlein schreien, ich nähme sie zu uns, täte sie waschen und kleiden und ihnen zu essen geben. Aber ich sah immer, dass es nicht möglich wäre, denn Mama käme hinunter und dann könnte ich wieder nichts tun. Ich dachte, ein Haus zu bauen mit meiner Freundin auf einer Wiese bei uns und arme Kinder aufzunehmen. Ich dachte mir alle Details aus, aber es kam immer auf Unwahrscheinlichkeiten heraus.»[66]

Ganz unmittelbar wird die Leere, die der Tod des kleinen Knaben in der Familie hinterlässt, auch in einer Zeichnung, die Marie Meierhofer in ein Notizbuch der Mutter eingefügt hat, spürbar. Auf das Bild eines am Tisch sitzenden Kindes folgt die Zeichnung eines leeren Stuhls.

Auch die Trauerfeierlichkeiten hat Marie Meierhofer im oben erwähnten Aufsatz beschrieben:

«Am andern Tag kamen viele schwarze Leute mit Kränzen, alle weinten und schauten Bubi an. Dann am Sonntag wurde er in den Sarg gelegt und zugenagelt. Ach, wie schnitten einem diese Hammerschläge ins Herz. Dann kam die Beerdigung. Vier Knaben trugen die leichte Last. Als nun der Sarg sich langsam in die Erde senkte, da hätte ich laut herausschreien mögen, aber ich konnte nicht einmal weinen. Es ist schrecklich, wenn man nicht weinen kann, immer dieses Würgen im Hals. Was nachher geschah, weiss ich nicht mehr recht. Nachts im Bett, wo's keine Leute mehr hatte, konnte ich mich endlich ausweinen. Aber ich war müde und schlief bald ein.»[67]

Nach dem Tod ihres Bruders hat Marie Meierhofer eine Krise. Neben der bereits erwähnten Vorstellung, für Kinder ein Haus zu bauen, hat Marie Meierhofer vor allem Angst um ihre Mutter:

«Hingegen hatte ich eine Krise nach Bubis Tod. Er fehlte mir überall. Ich konnte nicht fassen, dass er nicht mehr da war, so plötzlich. Ich suchte Ersatz und ging häufig zu einem Nachbarskind, das gleich alt wie Bubi war. Mama empfand meine Abwe-

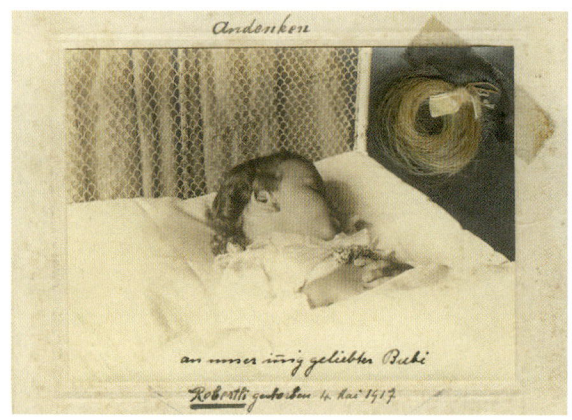

102
«Robertli auf dem Totenbett», Fotografie mit Beigabe einer Haarlocke.

103
Zeichnung von Marie Meierhofer in der Agenda der Mutter aus dem Jahre 1917.[68]

104
Der gleiche Stuhl, der gleiche Tisch, aber leer: Zeichnung von Marie Meierhofer in der gleichen Agenda, einige Seiten weiter hinten.

AUFWACHSEN IN TURGI

senheiten und reklamierte. Auch die Nachbarn waren wahrscheinlich froh, dass ich nicht mehr so oft kam. Die Zuflucht bei den Puppen half nicht, obwohl ich vorher intensiv mit ihnen gespielt hatte. Ich hatte eine Puppe, die ich sehr liebte, namens Rösli, mit einem hübschen Porzellankopf. Übrigens hatten wir die ganze verglaste Veranda auf der Ostseite des Hauses für uns und unsere Schulfreundinnen zur Verfügung. Es gab da Kaffekränzli, bei denen Tineli besonders schön sang: ich bin so glücklich, trallala, dass ich es Tasseli Kaffee ha.[69]

Aber in der Krise hatte dies alles nicht mehr dieselbe Wonne, es wurde fad. Mit einem starken Bedürfnis nach Bewegung rannte ich mit oder ohne Trottinett in die Schule, ins Dorf, überall hin. Daneben beschäftigten mich Phantasien: ich wollte ein Haus bauen und arme Kinder aufnehmen und horchte in die Nacht hinaus, ob nicht irgendwo ein Kind weine. Aber auch Ängste bedrängten mich, Angst vor dem Tod und was nachher kommt, Vorstellungen vom Himmel, in den auch die Tiere aufgenommen werden.[70]

Meine Angst kreiste damals hauptsächlich um Mama. Der jähe Verlust ihres kleinen Sohnes traf sie hart. Sie war nicht mehr die fröhliche, aufgestellte, unternehmungslustige Frau. Sie versuchte zwar, uns ihren Kummer nicht fühlen zu lassen. Trotzdem packte mich manchmal mitten im Unterricht die Angst um sie und der Drang, nach Hause zu laufen, und nach ihr zu sehen.»[71]

Es fällt auf, dass im Nachlass keine Fotografien von Robert erhalten sind. Es ist anzunehmen, dass der sehnlichst erwartete männliche Nachwuchs wie seine Schwestern auch fotografisch festgehalten worden ist. Zumindest ist für die Taufe ein Fotograf eingeladen worden. Die Vermutung liegt nahe, dass alle Fotografien, mit Ausnahme derjenigen, die Robertli auf dem Totenbett zeigen, nachträglich zerstört worden sind.

In den Fotoalben tauchen nach 1917 hingegen verschiedene Aufnahmen auf, in denen die Mädchen einen kleinen Knaben hüten. Es handelt sich um jenen Knaben aus der Nachbarschaft, den Marie Meierhofer nach dem Tod ihres Brüderchens oft betreute.

105
Im Kinderwagen liegt das Kind aus der Nachbarschaft, das von Marie Meierhofer nach dem Tod des Bruders oft betreut wird. Links im Bild Albertine.

106
Die drei Mädchen beim Spiel mit Puppen und Wagen. Tineli hat ihren Stoffesel, von dem sie sich nicht trennen kann, vor den Wagen gespannt. Die Kinder tragen in der Zeit nach dem Tod ihres Bruders längere Zeit dunkle Haarschleifen.

Ohne Bruder

Die Familienkonstellation ändert sich innert weniger Jahre stark. Eduard heiratet 1912 und arbeitet in der *Broncewarenfabrik Turgi,* wo er bis zum Betriebschef aufsteigt. Hans besucht von 1912 bis 1914 die Bezirksschule in Baden und danach das Landerziehungsheim Glarisegg im Thurgau.[72] Er schliesst 1920 mit der Matura ab. Delli hegt schon bald nach der Konfirmation den Wunsch, Diakonissin zu werden, und tritt am 1. Mai 1916 ins Mutterhaus in Lausanne ein.[73]

Albert Meierhofer ist weiterhin nur selten zu Hause. Die Familienaufnahmen werden vermehrt von professionellen Fotografen gemacht. Viele davon entstehen nicht wie sonst üblich im Studio des Fotografen, sondern zu Hause im *Öpfelbäumli* in Turgi. So vermerkt Marie Meierhofer-Lang in ihrer Agenda am 25. Oktober 1917 den Besuch des Fotografen Zipser aus Baden.[74]

Auch während des Kriegs ist Albert Meierhofer häufig geschäftlich unterwegs und an den Wochenenden oft in den Bergen. So besteigt er am 3. September 1917 mit S.A.C.-Kollegen (mit Schlips, Pickel und Seil) die Jungfrau.

Familienfotos, in denen auch Albert Meierhofer abgebildet ist, entstehen nur noch bei besonderen Anlässen, etwa bei einem Besuch von Hans, der im Militärdienst weilt, und im Jahr 1921 anlässlich des Jugendfestes in Turgi.

107
Die drei Schwestern mit Puppen.
Marie Meierhofer ganz rechts.
In der Mitte Albertine auf dem
Stoffesel (Foto Zipser, Baden).

108
Gruppenbild der Familie Meierhofer
im Jahr 1920 anlässlich eines Besuches von Hans aus dem Militärdienst.

109
Gruppenbild der Familie Meierhofer
anlässlich des Jugendfestes im
Jahr 1921. Die Gruppenbildung
in den seltenen Familienaufnahmen
dieser Zeit ist bezeichnend. Marie
Meierhofer-Lang und Germaine
Borgeaud bilden mit den Kindern
eine Einheit. Albert steht im Hintergrund.

110
Marie Meierhofer-Lang mit ihren
drei Mädchen im Garten. Eine
zweite ähnliche Aufnahme ohne
Marie Meierhofer-Lang erhält
Albert Meierhofer als Geschenk
an Weihnachten 1917 (Foto Zipser,
Baden).

111
Die drei Schwestern mit Germaine
Borgeaud. Links Emmi, sitzend,
Marie neben Germaine und
Albertine auf ihrem Stoffesel.
Oft ist auf den Bildern auch der
Familienhund, hier die Dogge
Cäsar (Foto Zipser, Baden 1917).
Das Bild zeigt die grosse Bedeutung, die Germaine für die
drei Geschwister hat.

AUFWACHSEN IN TURGI

Krankheiten und Spitalaufenthalt

Marie Meierhofer erinnert sich, dass sie oft krank gewesen ist. Die Agenden der Mutter enthalten immer wieder entsprechende Hinweise und Fiebertabellen. Am meisten leidet die kleine Marie darunter, dass sie nicht mit anderen Kindern spielen kann, wenn sie krank ist. «An unsern Hausarzt Dr. H. habe ich eine schreckliche Erinnerung. Sehr wahrscheinlich hatte ich vereiterte Rachenmandeln. Er griff mit seinen Fingern, die scheusslich nach Äther oder Chloroform stanken, in meinen Rachen, worauf Eiter und Blut herauskamen. Dies zu sehen, war ein grosser Schreck für mich, dazu die grausigen Finger! Allerdings ging nachher das Fieber zurück.»[75]

Als Kind zeichnet Marie Meierhofer gerne Bildgeschichten. Eine von ihnen erzählt, wie sie im Bett liegt und der Doktor vorbeikommt. Möglicherweise – der stark rot hervorgehobene Mund ist ein Hinweis – handelt es sich bei der rechts unten abgebildeten Geschichte um die Episode, die Marie Meierhofer in ihrer Autobiografie beschreibt.

112

Besteigung der Jungfrau am 3. September 1917 mit Kollegen des S.A.C., Albert Meierhofer ganz rechts. Die Tourengruppe ist in Jacket, Hemd, und Schlips mit Pickel und Seil unterwegs.

«Ich musste immer wieder im Bett bleiben. Das war so langweilig, und draussen riefen die Kinder nach mir. Einmal lag ich in Mamas Bett. Die Eltern hatten in ihren Betten Steppdecken, die so wunderbare Falten machten. Diese waren für mich Flusstäler. Mama hatte mir eine Schere und Postkarten gegeben, aus denen ich Bilder ausschneiden durfte. Mit den Postkarten machte ich Brücken über die Flusstäler, aber es fehlte das Wasser. Ich schnitt mir vorne das Haar ab, das ich in die Falten der Steppdecke legte. Das ergab wunderbares Wasser. Ich war hell begeistert von meiner Idee, aber Mama schimpfte, als sie mich sah, was ich überhaupt nicht begriff.[76]

Ein für Marie Meierhofer unvergessliches Erlebnis ist ein Spitalaufenthalt mit sieben Jahren. Die kleine Marie leidet schrecklich unter der Isolation der Kinder im Spital:

«Mit sieben Jahren hatte ich Diphtherie und musste ins Spital. Dort litt ich grässlich unter Heimweh. Ich verkroch mich immer unter die Decke, um dort zu weinen. Dann wollte ich nicht mehr hervorkommen, weil ich mich wegen meiner verweinten Augen schämte. Meine Mutter durfte mich nicht besuchen, wir konnten uns nur durch ein Fenster sehen. Ein Ereignis aus dieser Spitalzeit war für mich besonders schlimm. Wir hatten ja damals zu Hause immer wieder einen Säugling. So bereitete Mama am Morgen um 6 Uhr für alle einen Schoppen zu, auch für mich. Ich fand das herrlich, es floss so warm in mich hinein. Als ich ins Spital eintrat, es war abends und dunkel, flüsterte meine Mutter mit der Schwester, worauf diese einen Schoppen brachte. Ich hatte eine riesige Wut. Ich schämte mich, dass ich noch einen Schoppen brauchte. Ich warf es später meiner Mutter vor. Ich empfand dies als Verrat eines intimen Geheimnisses.

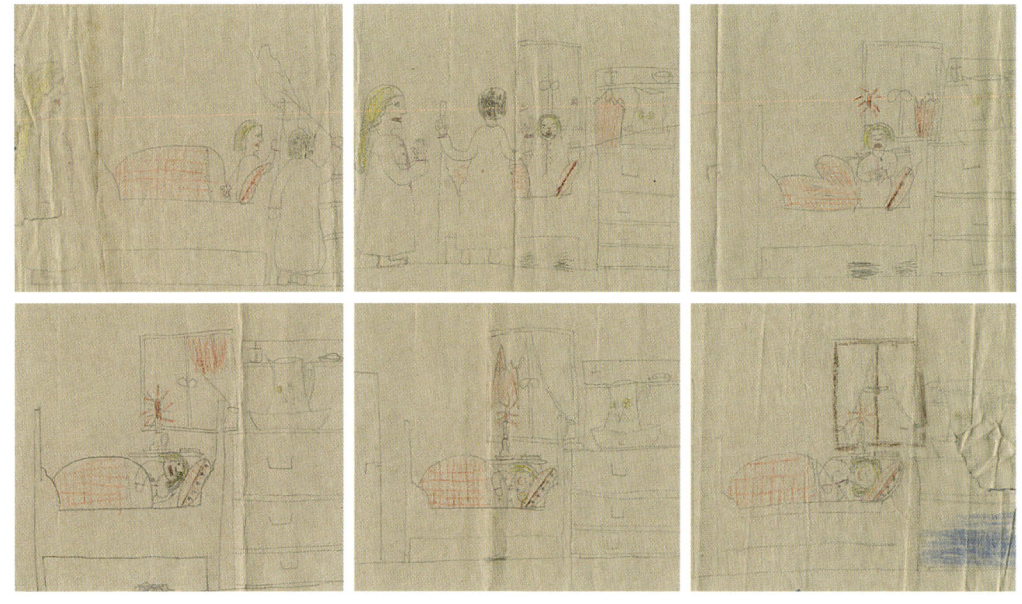

113
Die Mutter hat die Haare, die sich Maiti abgeschnitten hat, aufbewahrt und kommentiert.[77]

114
Bildgeschichte von Marie Meierhofer vom Besuch des Doktors.

Im Spital musste ich am Anfang den ganzen Tag über allein sein. Als es mir wieder gut ging, kam ich auf die Frauenabteilung. Die Frauen, die im Zimmer waren, machten eine ungeheure Geschichte um mich, aber wenigstens war ich nicht mehr allein. Es ist wirklich schlimm für ein kleines Kind, plötzlich aus allem herausgerissen zu werden und ganz allein zu sein.»[78]

115
Die jüngste Schwester Tineli hat Zahnweh: Maiti hat sie gezeichnet.

Als «Heugümper» auf dem Weg in die Schule

Der erste Schultag von Marie ist in der Agenda der Mutter vermerkt: Es ist der 1. Mai 1916. Marie Meierhofer selbst hat positive Erlebnisse aus dieser Zeit. Sie ist sich gewohnt, allein unterwegs zu sein. Bereits mit fünf Jahren macht sie das erste Mal selbständig Kommissionen. In Klärli Mettauer hat sie eine gleichaltrige Freundin und Schulkameradin. Im Gespräch aus dem Jahre 1989 erinnert sich Marie Meierhofer an die erste Schulzeit.

«Dann kam ein wichtiges Ereignis. Ich ging zum ersten Mal in die Schule. Stolz und froh hüpfte ich jeden Tag mit meinem Schulsack auf dem Rücken zur Schule und liess die Griffel klappern. Ich fand, dass es wunderschön sei, zur Schule zu gehen, und ich habe meine Ansicht nie geändert. [...] Ich ging sehr gern in die Schule. Oft hatte ich auch kleine Schulnöte, aber alles ging vorbei, und wenn ich dann ein gutes Zeugnis heimbrachte, da war niemand mehr böse. Mit der Tinte hatte ich immer einen Kampf. Was diese böse schwarze Tinte mir für Kummer machte. Einmal sprang sie ganz launisch aus dem Federhalter und machte einen Klecks wie ein Mond. Dann hatte ich immer Angst. Sogar auf die Schürze sprang sie und wenn ich böse über sie wurde, da sass sie manchmal mitten auf der Nase. Einmal habe ich sogar die Rute bekommen, nur wegen dieser Tinte. Manchmal war sie aber auch ganz zahm und die Buchstaben wurden schön grad. [...] Die grossen Sprünge, die ich immer machte, trugen mir den Übernamen *Heugümper* ein.»[79]

Bei dem früh geförderten, reich mit Bilderbüchern versorgten und zweisprachig erzogenen Kind ergeben sich bedeutende Unterschiede zu den anderen Kindern, die aus dem Milieu der Arbeiterschaft oder aus Bauernfamilien stammen und nicht in gleicher Weise gefördert werden. Die kleine Marie spürt die Unterschiede und will sich nicht von den Schulkameraden absetzen: «Meine rasche Auffassungsgabe drohte mich in der Schule immer wieder zu distanzieren, um so mehr bemühte ich mich, sonst ein guter Kumpel zu sein. Ich passte auf, dass unsere Kleidung nicht abwich. Zu Papas Leidwesen blieben die hübschen, bunten Schürzen, die er uns von Paris mitbrachte, in der Schublade. Um keinen Preis hätte ich sie getragen, auch nicht in der Freizeit.»[80]

Auf dem Schulweg kommen die sozialen Spannungen immer wieder zum Ausbruch: «Diese sozialen Auseinandersetzungen wurden damals sehr emotional und teilweise gewalttätig geführt und wirkten sich auch in unserer Primarschule aus. In

116

Farbstiftzeichnung von Marie Meierhofer, Kind mit Blumenstrauss und Regenschirm und Tasche auf dem Weg, möglicherweise ein Selbstporträt.

der fünften Klasse wurden ich und meine Schwestern und Freundinnen von Jugendlichen aus der Arbeiterschaft bedroht. Sie wollten uns ‹abschlagen› und lauerten uns auf dem Schulweg auf. Meine Freundinnen aus den Bauernfamilien in Wil mobilisierten ihre grossen, kräftigen Brüder, welche den anderen die Stange zu halten versuchten. Aber nun waren die Bauernmädchen ihrerseits bedroht. Emmi und ich entwickelten immer neue Strategien für den Heimweg. Gottlob entdeckte Herr Lehrer Schweizer diese Not und schuf Abhilfe.»[81]

Lesen lernen ist für Marie Meierhofer das Beste an der Schule. Sie liest auch zu Hause alles, was ihr in die Hände fällt. Die Gegenseite zu diesem Bildungshunger sind die grossen sozialen Unterschiede in der Schule:

«Das Schönste an der Schule war, dass man Lesen lernte. Ich las jede freie Minute und konnte oft nicht aufhören damit. Emmi erging es ebenso. Zu Hause bekamen wir häufig Bücher geschenkt und besassen alle gängigen Kinderbücher, wie Heidi, Turnachkinder, Oliver Twist, Pinocchio und andere. Später gab mir Hans Bücher von Gottfried Keller, Jeremias Gotthelf, Conrad Ferdinand Meyer und andere.[82]

Die Strassen waren damals staubig und kotig, voller Nägeln von den Pferden und Wagen mit Eisenreifen, ferner von den Nagelschuhen der Männer. Im Sommer gingen alle Kinder meistens barfuss oder in Sandalen, auch wir. Nur bei Regen und Schnee zogen wir hohe Schnürstiefel an, schwarze natürlich, und auch schwarze gestrickte Garnstrümpfe dazu. Die Schuhe waren nicht dicht, und im Winter hatten wir Frostbeulen an Händen und Füssen. Weil diese schmerzten und juckten, waren die Füsse der Kinder in der Schule immer unruhig. Zum Schutz gegen die Kälte hatten die Buben Wollmützen und eventuell Jacken, die Mädchen Wolltücher. Glücklich, wer eine Pelerine oder Windjacke hatte.

Alle diese Kinder, meist aus sehr einfachen Verhältnissen herkommend, gaben zusammengeströmt dieser Schule einen unbeschreiblichen spezifischen Geruch nach Haarfett, Kuhmist, Urin, feuchten Kleidern etc., der allem anhaftete, was man in der Schule trug, vor allem den Kleidern und Haaren. Wir brachten aber auch Lebendiges mit nach Hause, nämlich Läuse.»[83]

117

Marie Meierhofer in ihrer Schulklasse kurz vor dem Eintritt in die Bezirksschule. Sie befindet sich auf der linken Bildhälfte leicht rechts unterhalb des Lehrers.

AUFWACHSEN IN TURGI

III. Klasse Bezirksschule Turgi 1923

1. Hans Dublanc
2. Hedwig Furrer
3. Lina Meier
4. Rudolf Weber
5. Josef Steiger
6. Mathilde Schneider
7. Klara Zehnder
8. Paula Müller
9. Eugen Schärer
10. Johann Meier
11. Hans Baldinger
12. Arnold Jost
13. Emma Flück
14. Klara Nettauer
15. Elsa Neukomm
16. Klara Baumann
17. Marie Brugger
18. Hulda Schweitzer
19. Johann Schneider
20. Dora Fischer
21. Marie Blum
22. Albert Hitz
23. Ernst Sommer
24. Irma Cerutti
25. Engelbert Schilli
26. Emma Franck

Die Fotografie der dritten Klasse der Bezirksschule hat Marie Meierhofer mit den Namen aller Schülerinnen und Schüler versehen.

AUFWACHSEN IN TURGI

Am besten gefällt es Marie Meierhofer in der Bezirksschule. Sie findet dort Lehrer, die ihren Wissendrang stillen und ihre Liebe zur Natur fördern:

«Im Frühjahr 1921 trat ich in die in diesem Jahr neuerrichtete Bezirkschule in Turgi ein. Der Unterricht war da so gegliedert, dass die einzelnen Lehrer bei allen Klassen bestimmte Fächer übernahmen, für die sie ausgebildet waren. So hatten wir Deutsch und Französisch bei Herrn Adolf Haller, Geschichte und Deutsch bei Herrn Dr. Rosenberger, Mathematik und Naturwissenschaften bei Herrn Dr. Eichenberger. Für diesen Lehrer schwärmte ich, noch mehr aber für seinen kleinen zweijährigen Sohn, den ich manchmal hüten durfte, denn Mama war mit der Familie befreundet. Herr Dr. Eichenberger machte auch öfters Exkursionen mit uns, und meine Liebe zu Pflanzen und Tieren bekam so Systematik. Ich erstellte ein schönes Herbarium, welches durch Sommerferien auf der Frutt mit vielen Arten von Alpenpflanzen bereichert war.

Ich war die einzige Lateinschülerin von Herrn Dr. Rosenberger. Das war keine strenge Sache. Manchmal setzten wir uns ans Limmatufer und übersetzten den Cäsar ‹De Bello Gallico›. Dr. Rosenbergers Sympathie für Deutschland und seine Rechtfertigungen stiessen bei mir auf Widerstand, war ich doch von Seiten beider Eltern für Frankreich beeinflusst worden. Lehrer Adolf Haller war ein Poet und hat unsere Liebe zur Literatur geweckt. Manche schöne Stunde hat er uns bereitet.»[84]

119
Die drei Schwestern im Garten bei Schulaufgaben, von vorn nach hinten: Emmi, Tineli und Maiti, um 1921/22.

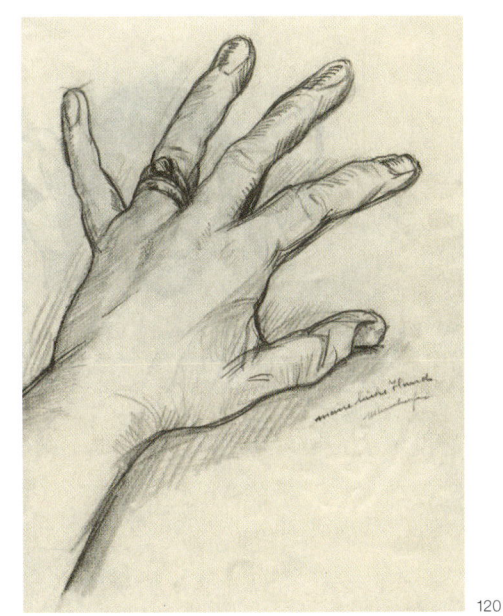

Nach Paris: Marie Meierhofer-Lang verlässt die Familie

Die seit längerer Zeit schwierige Beziehung zwischen Marie Meierhofer-Lang und Albert Meierhofer wird nach dem Tod von Robert und der Albert vorgeworfenen ehelichen Untreue zunehmend krisenhafter. Marie Meierhofer-Lang findet in ihrer Trauer keinen Halt bei ihrem Mann, der sowieso nicht oft zu Hause ist. Sie schafft sich eine eigene Welt, indem sie sich vermehrt ihrer Leidenschaft für die Kunst zuwendet. Sie begnügt sich nicht nur mehr mit Malen und Zeichnen als Freizeitbeschäftigung, sondern will ihr Talent gezielt schulen. Dazu besucht sie die Böcklin Malschule in Zürich.

Im Herbst 1921 verlässt Marie Meierhofer-Lang Turgi und geht nach Paris, um dort beim damals bekannten Künstler Edouard Léon die Technik des Radierens zu lernen. Der Aufenthalt dauert bis im Sommer 1922. Die jüngste Tochter Albertine nimmt sie mit. Albertine besucht in Paris eine Privatschule, die von Madame Wuithier, einer befreundeten Lehrerin ihrer Mutter, geleitet wird.

Marie Meierhofer begründet den Weggang ihrer Mutter in ihrer Autobiografie wie folgt: «1921 verbrachte Mama dann einige Monate in Paris und lernte Radieren. Mama nahm Tineli mit nach Paris, das so heikel war und das sie nicht mit Papa und Germaine zurücklassen wollte. Mama brauchte wohl auch etwas Distanz zum *Öpfelbäumli,* in dem sie so grosses Leid erfahren hatte. Ihr Lehrer in Paris war Edouard Léon, ein bekannter Künstler damals. Später lernte ich ihn und seine Frau kennen, als ich in Paris in die Schule ging.»[85]

Die Abwesenheit der Mutter fällt den Kindern nicht leicht, auch wenn sie von Germaine Borgeaud gut betreut werden. In Briefen berichten sie ausführlich über das Geschehen zu Hause.

Hinter der Sorge um die Mutter stecken beträchtliche Ängste. Wie Marie Meierhofer im Gespräch von 1989 betont, hat die Mutter sie schon als Kind zur Vertrauten gemacht:

«Mama hat mir schon als kleines Kind oft ihre Sorgen anvertraut, was mich sehr belastete. Das ist sicher mit ein Grund, weshalb ich mich so sehr um andere Menschen kümmerte. Ich war immer diejenige, die überall einsprang. So habe ich mir angewöhnt, für andere zu denken. Trotzdem waren wir mit Mama sehr glücklich. Sie war auch meistens fröhlich. Wenn ich draussen im Garten war, hat sie mich immer auf eine besondere Art gerufen, mit einer ganz hohen Stimme. Diese galt nur mir – ich habe sie immer gerne gehört.»[86]

120, 121
Typische Studienzeichnungen aus einem Skizzenbuch dieser Zeit.

122
Marie Meierhofer-Lang (ganz links) im Atelier der Malschule.

Der unten wiedergegebene Brief ist in seiner Einfachheit eindrücklich. Das alltägliche Geschehen wird von Marie hervorgehoben. Hinter jedem Satz versteckt sich der Wunsch nach der Rückkehr der Mutter. Am Schluss richtet Marie sich direkt an die kleine Schwester Tineli. Dazu wechselt sie von der neuen Schreibweise in die der Schwester vertrautere alte Schrift, damit auch sie der Mutter sage, dass sie an Weihnachten nach Hause kommen sollen.

«Meine liebe, liebe Mama!
Wie geht es Dir und dem lieben Tineli? Seid Ihr gesund? Gelt, liebe Mama, du kommst auf Weihnachten mit Tineli. Wir haben furchtbar Langezeit und es würde uns freuen, wenn Du, sobald wie möglich kommen würdest.

Seppli [der Hund] ist ein Schlingel. Er schleickt Felle und Hasenohren herbei, man weiss nicht woher. Er ist schon ziemlich gross und verständig und kann das Männlein lang machen und macht immer so liebe herzige Äuglein, einfach herzig.

Bei uns ist es sehr kalt und schneit immer ein wenig aber am Boden sieht man nichts.

Das Haus musste neu angestrichen werden und als der Maler das Gerüst bestieg und auf das Dach sah, bemerkte er dass alle Ziegel gesprungen waren. Jetzt muss das Dach frisch gedeckt werden. Auch im Garten ist jetzt der Maurer an der Arbeit, um die Wege zu einschustieren. Hat Tineli wieder so gute Noten? Wir freuen uns alle auf den richtigen Schnee, und Seppli muss im Keller schlafen, weil es draussen zu kalt für ihn wäre. In der ersten Nacht kam es ihm etwas gespässig vor, aber jetzt ist er sich schon daran gewöhnt. Die Rosen im Garten sind jetzt gedeckt, die Vorfenster eingehängt, und wir müssen heizen. Draussen ist es schrecklich kalt, der Biswind geht u. heult in der Nacht, und dennoch springen wir draussen umher in der Pause, fangen die Schneeflocken auf und machen uns lustig. Viele herzliche Grüsse und Küsse von
deinem Maiti

Mein liebes Tineli! Du häsch aber gueti Note, potz tusig. Gell, Du seisch es de Mama, dass ihr a der Wiehnacht zu eus chömet. Weisch s'Chrischtchindli chund au zu eus.
Vieli Grüssli u.
Küssli vo dim Maiti.»[87]

123
Albertine (Dritte von rechts in der vordersten Reihe) in der Privatschule von Madame Wuithier.
124
Porträt von Madame Wuithier (Bleistiftzeichnung).

AUFWACHSEN IN TURGI

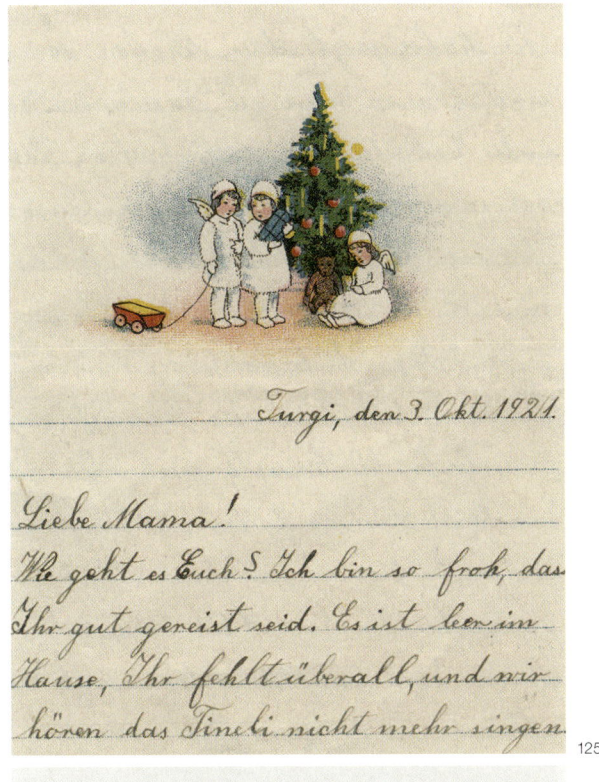

Im Sommer 1922 kehrt Marie Meierhofer-Lang aus Paris zurück. Sie wirkt auf ihre Tochter entspannt und ist künstlerisch aktiv.

«Zurückgekehrt radierte Mama mit Leidenschaft. Es war eine umständliche Prozedur, wenn sie die Kupferplatten mit Wachs überziehen und mit Kerzen schwärzen musste. Dann kratzte sie die Zeichnung in Cellophanpapier, puderte sie mit hellem Puder, presste sie auf die schwarze Platte und hatte so Anhaltspunkte, um die Zeichnung von einem Spiegel wiedergegeben verkehrt in die Platte zu ritzen. Durch verschiedenes Vorgehen beim Ätzen und Abdecken mit Wachs konnte sie Unterschiede der Stärke des Striches herausholen. War die Platte fertig, musste ein Drucker in einem besonderen Verfahren und auf besonderem Papier die Abzüge herstellen. So konnten dann von einer Platte allein beliebig viele Bilder hergestellt werden. Mama hatte sich in Paris gut erholt und war befriedigt mit ihrer neuen Arbeit. So konnte auch ich mich beruhigen und verlor die Angst um sie.»[88]

Es entstehen verschiedene Skizzen und Radierungen sowohl in der nähern Umgebung wie in Lenzerheide/Valbella, wo Marie Meierhofer-Lang in den Ferien weilt.

Einen Höhepunkt in ihrer Radiertechnik erreicht Marie Meierhofer-Lang im Jahr 1924. Sie bleibt in ihren Bildern im Gegensatz zu ihrem Lehrmeister Edouard Léon der Natur stärker verhaftet. Die Amerikanerin Mary Bonner, die mit ihr zusammen das Atelier von Léon besucht und mit der sie sich anfreundet, ist dem lebhaften Strich des Lehrmeisters stärker verpflichtet.

1924 erhält Marie Meierhofer-Lang eine Bestätigung ihres künstlerischen Schaffens: Eine ihrer Radierungen wird von der Jury für den *Salon de 1924* der *Société des artistes français* ausgewählt.[89]

125
Titelblatt des Briefes von Maiti an ihre Mutter in Paris vom 3. Oktober 1921 mit Weihnachtssujet und dem Text: «Liebe Mama! Wie geht es Euch? Ich bin so froh, dass Ihr gut gereist seid. Es ist leer im Hause, Ihr fehlt überall, und wir hören das Tineli nicht mehr singen.»[90]

126
Faksimile des letzten in alter Schrift geschriebenen Abschnittes des Briefes (ohne Datum).

AUFWACHSEN IN TURGI

127

Die ersten Radierungen, die Marie Meierhofer-Lang erstellt, sind vorwiegend Ex Libris. Eines davon fertigt sie für Madame Wuithier an.[91]

128

Schlosskapelle Baden.[92]

129

See auf der Lenzerheide.[93]

130

Valbella. Alle Bilder entstehen im Sommer 1922.

AUFWACHSEN IN TURGI

131

**Appenzellerin mit Landschaft,
Radierung 1924.**[94]

132

**Weihnachts- und Neujahrsgrüsse
(Radierung) von Mary Bonner.**[95]

133

**Quittung für den Empfang eines
Bildes für den *Salon de 1924*.**

134

**Marie Meierhofer-Lang mit ihrer
Freundin Mary Bonner (rechts)
in Paris.**

AUFWACHSEN IN TURGI

Die grosse Kinderfasnacht 1923

Notizen, Fotografien, aber auch Filme belegen, dass die Familie Meierhofer regelmässig an gesellschaftlichen Anlässen wie Fasnacht und Jugendfestumzug teilnimmt. In einem Bild aus dem Jahr 1920 wird das Fotografieren der als Fasnachtsnarren verkleideten Geschwister selbst zum Thema. Die Szene zeigt, wie sich die Kinder aufstellen und der Vater zur – im Bild verdeckten – Kamera schreitet.

1923 hält Albertine eine ähnliche Situation in einer Zeichnung fest. Sie posiert im Kostüm eines getupften Schmetterlings, währenddem der Fotograf – möglicherweise der Vater – hinter einem kastenartigen Apparat unter einem Tuch verschwindet.

1923 organisiert Marie Meierhofer-Lang die Kinderfasnacht in Turgi. Auch hier beteiligt sich Albert Meierhofer als Fotograf. Ein Schreiben zeigt zudem, dass er sich darum bemüht hat, für den Anlass die *Globe Trotter Filmfabrik* zu engagieren, um den «von künstlerischen Kräften durchgeführten Kinderfasnachts-Umzug kinomatographisch aufzunehmen».[96]

Die Kinderfasnacht von 1923 ist mit einem grossen Aufwand verbunden. Von der Dorfmusik bis zum Gemeindepräsidenten sind alle engagiert. Marie Meierhofer-Lang entwirft Kostüme und die Wagendekorationen. Ein Patronatskomitee wird gegründet und Geld gesammelt. Der Erlös aus dem Kinderball geht an die Kleinkinderschule Turgi.[97]

«Einladung der Eltern, Kinderfreunde & Kinder
Kommet Kinder, reichet uns die Hände & lasset uns wieder einmal fröhlich sein, holt Eure Fasnachtskostüme aus der staubigen Schachtel hervor, schaut es einmal an, ob Ihr daraus eine Blume Käfer od. sonst etwas Schönes machen könnt. Gelingt es Euch, so seidt Ihr tausendmal eingeladen an unsrem

135
Die drei verkleideten Schwestern stellen sich auf. Der Vater schreitet zur Kamera. Im Vordergrund Germaine Borgeaud, Aufnahmen von 1920.

AUFWACHSEN IN TURGI

Kinderkostüm Umzug Turgi an dem Fasnachtssonntag den 11. Feb. 1923 teilzunehmen. Wir wollen wieder einmal fröhlich sein, wie es unsere Grossmütter erzählen, weg von dem Alltagsleben ins Reich der Blumen & Tiere. Stürmisch soll unser Faschingfest nicht sein dagegen froh & harmonisch, voll traumhafter Kunst & Poesie ...»[98]

Der grosse Einsatz von Marie Meierhofer-Lang löst in der Presse ein positives Echo aus. Das «Badener Tagblatt» schreibt am 13. Februar 1923: «Eine Fülle von Arbeit war von den Veranstaltern des Festes zu leisten. Namentlich lastete diese Arbeit schwer auf der Seele der Veranstaltung, der Frau Marschallin des Festes, deren Namen hier zu nennen, ihre Bescheidenheit mir verbietet. Willig haben sich alle Mitwirkenden wochenlang zur Verfügung gestellt – den Kindern zu lieb, in der Erinnerung an die eigene Jugendzeit.»[99]

Die Bedeutung dieses Anlasses wird noch 60 Jahre später in der Dorfchronik unterstrichen. In Turgi werden selten Schulfeste gefeiert, und das Fasnachtstreiben wird als «ausgelassen, oft unschön» empfunden, das Kinderfest, das Marie Meierhofer-Lang organisiert hat, bleibt hingegen als «einheitlich, wohldurchdacht und wohlvorbereitet» in schöner Erinnerung.[100]

Auf die Organisation der Kinderfasnacht folgte eine weitere Aktion von Marie Meierhofer-Lang zu Förderung der kindlichen Kreativität. Gemeinsam mit dem aargauischen Zeichnungslehrerverband organisiert sie einen Zeichnungswettbewerb.[101]

Der Aargauer Künstler Emil Anner, dessen Gestaltungsweise Marie Meierhofer-Lang in ihren Radierungen nahe steht, übernimmt den Vorsitz beim Zeichnungswettbewerb.

136
Marie Meierhofer-Lang und ihre Töchter in den für die grosse Kinderfasnacht entworfenen Kostümen.

137
Zeichnung von Albertine, 1923. Albertine zeichnet sich selbst im Schmetterlingskleid. Hinter ihr bückt sich ein Fotograf unter das Tuch, das die Kamera bedeckt.

AUFWACHSEN IN TURGI

138

**Programm des Fasnachtsumzuges
und des Kinderballs 1923.**

139

**Skizzen von Marie Meierhofer-Lang
für das Fasnachtskostüm ihrer
Tochter Marie.**

140

**Entwurf eines Fasnachtswagens
für den Umzug von Marie Meierhofer-Lang.**

AUFWACHSEN IN TURGI

141

142

AUFWACHSEN IN TURGI

141
Marie Meierhofer-Lang (ganz hinten) in «ihrer Gruppe». In der zweithintersten Reihe ihre Tochter Marie. Alle Frauen sind in Kostüme gekleidet, die von Marie Meierhofer-Lang entworfen wurden.
142
Grosses Gruppenbild der Kinderfasnächtler, in der vordersten Reihe Albertine Meierhofer, mit «Tinneli» bezeichnet.
143
Plakatentwurf für den Kinderzeichnungswettbewerb von Marie Meierhofer-Lang.
144
Beitrag für den Kinderzeichnungswettbewerb von Emmi Meierhofer.
145
Ein Wettbewerbsteilnehmer wählt die Broncewarenfabrik Turgi als Sujet für seinen Beitrag.

AUFWACHSEN IN TURGI

Marie Meierhofer-Lang ist vielseitig sozial engagiert. Die Tochter Marie ist von diesem Engagement beeindruckt: «Mama war warmherzig und versuchte überall, Not zu lindern. Sie kochte immer reichlich, sodass auch Landstreicher und andere Gäste mitessen konnten. Es gab damals schon viele Menschen, welche ohne Bleibe umherwanderten.»[102] Die Besuche in den Kosthäusern der Arbeiter der Spinnereien sind Marie Meierhofer in Erinnerung geblieben, weil sie ihre Mutter dorthin begleiten durfte.[103]

Im Zentrum des Engagements von Marie Meierhofer-Lang stehen Kinder. Sie arbeitet für die Abteilung Schulkind der Pro Juventute, für die sie Kasperletheater organisiert, um Geld zu sammeln.[104] Sie hilft bei der Suche nach Ferienplätzen für erholungsbedürftige Schweizerkinder und Auslandschweizerkinder und nimmt selbst Kinder zur Erholung auf.[105]

«Mama arbeitete für die Pro Juventute (Kasperletheater mit Eintritt, Basars, Konzerte, alles für die Geldbeschaffung). Sie hatte die Aufgabe übernommen, die Kinder, die über die Waldshuter Linie aus Deutschland kamen, beim Umsteigen zu betreuen. Meistens holten wir diese Pro Juventute Kinder am Bahnhof ab, und sie assen bei uns zu Mittag. Ich erinnere mich an einen Buben aus Pommern. Er behauptete immer wieder, sein Vater sei ein *Schweizer*, bis wir herausbrachten, dass er Melker auf einem grossen Gut war. Auch ein Kriegskind aus Nordfrankreich war drei Monate bei uns. Adrienne, dreieinhalb Jahre alt, klein, mit grossem Bauch, grossen, dunklen Augen, dünnen Armen und Beinen. Es roch schlecht, wollte nicht baden, keine anderen Kleider anziehen als seine dünnen Fetzen. Es hatte Unterhosen an, die unten in der Mitte offen waren. Wir beneideten es, weil es sich überall hinhocken konnte, um ein Brünneli zu machen, während wir einen komplizierten Hosenlatz hinten dreimal aufknöpfen und nachher wieder zuknöpfen mussten.

Da wir, seit Germaine bei uns war, zu Hause französisch sprachen, hatten wir keine sprachlichen Schwierigkeiten mit Adrienne. Aber sie blieb uns fremd in ihrem Verhalten und in ihrer Ablehnung von allem Neuen.»[106]

Marie Meierhofer-Langs Zuwendung und Fürsorge gegenüber Dritten kann auch als Suche nach der Anerkennung, die ihr Mann ihr nicht geben kann, verstanden werden. Nach dem herrschenden bürgerlichen Rollenverständnis ist die Frau für den häuslichen Bereich zuständig, sie kümmert sich um den Mann, die Kinder und den Haushalt. In dieser Rolle findet Marie Meierhofer-Lang keine Bestätigung mehr. Der Zugang zur Öffentlichkeit bleibt den Frauen weitgehend verwehrt, sie besit-

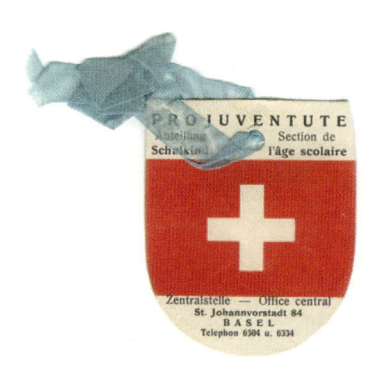

146
Anhängeschild für Pro-Juventute-Ferienkinder aus dem Jahr 1920.[107]

zen weder Stimmrecht, noch haben sie Zutritt zu Vereinigungen. Im sozialen und fürsorgerischen Engagement erfahren sie eine Erweiterung ihrer sozialen Räume. Viele Direktorengattinnen kümmern sich in ähnlicher Weise um die Fabrikarbeiterfamilien wie um die eigene Familie, indem sie die Armen materiell unterstützen oder Krankenbesuche machen. In der Wahrnehmung der Frauen selbst ist dies kein Schritt in die Öffentlichkeit, sondern wird als Engagement für eine «familiarisierte Öffentlichkeit» gewertet.[108]

Marie Meierhofer in Paris

1923 entscheiden die Eltern von Marie Meierhofer, dass ihre Tochter statt in die vierte Klasse der Bezirksschule Turgi nach Paris gehen soll. Marie Meierhofer ist alles andere als glücklich, denn sie ist gerne in ihrer Klasse. «Als ich diese Schule für immer verlassen musste», schreibt sie in ihrer Autobiografie, «weinte ich auf dem ganzen Heimweg, aber nun stand ja Paris im Vordergrund.»[109] Die Mutter begleitet ihre Tochter nach Paris. Dort lassen sich Mutter und Tochter beim Fotografen vor dem gleichen Hintergrund ablichten.

147
Marie Meierhofer beim Fotografen in Paris, 1923.

148
Marie Meierhofer-Lang im Fotostudio vor dem gleichen Hintergrund wie die Tochter.

AUFWACHSEN IN TURGI

«Nach Paris schickten mich meine Eltern vor allem wegen ihrer Sympathie für alles Französische. Mama war mit der Schulleiterin, bei der ich auch wohnte, befreundet. Es war eine Schule für Pariserkinder. Ich war eine der ältesten Schülerinnen. Weil ich in Mathematik gut war, half ich der Lehrerin oft beim Ausrechnen der Noten. Auch habe ich oft die vorschulpflichtigen Kinder, die an der Schule waren, im Parc de Luxemburg gehütet.»[110]

Der Aufenthalt der Tochter ist in Fotografien und Zeichnungen gut dokumentiert. Vergleicht man mit Dokumenten des früheren Aufenthaltes der Mutter, so sieht man, dass die Tochter zum Teil in den Spuren der Mutter wandelt. «Jeden Sonntag spazierten Monsieur und Madame Wuithier mit Denise und mir stundenlang durch die Stadt. Wir wohnten im Universitätsviertel. Auf unseren Spaziergängen sahen wir viele Bettler hauptsächlich unter den Brücken der Seine. Ihr Elend machte mir tiefen Eindruck, aber ebenso prägte sich mir die Schönheit der Stadt ein, ihre Strassen und ihre Gebäude, und liess ein Gefühl des Zuhauseseins, der Vertrautheit aufkommen. Von den kulturellen Gütern, im Louvre zum Beispiel, oder im Palais de Luxembourg, bekam ich jedoch weniger zu sehen, obwohl wir täglich im Jardin du Luxembourg über Mittag mit den kleinen Schülern spielten.»[111]

Marie Meierhofer-Lang bleibt nur kurze Zeit in der französischen Hauptstadt. Sie nimmt ihre Tochter mit in die Oper. Später fährt Hans zu seiner Stiefschwester nach Paris und besucht mit ihr den *Polo Club*,[112] das Théâtre du Châtelet, in dem Eleonore Duse auftritt, sowie das Drama Peer Gynt. «Der Eindruck war stark und nachhaltig», schreibt Marie Meierhofer in der Autobiografie.[113]

149
Spielende Kinder, von Marie Meierhofer fotografiert.
150
Marie Meierhofer mit Madame und Monsieur Wuithier beim sonntäglichen Spaziergang.
151
Fotografie von Marie Meierhofer: Bettler in Paris.
152
Radierung von Marie Meierhofer-Lang: Bettler an der Seine.

149

150

151

152

AUFWACHSEN IN TURGI

Der Vergleich der Skizzenbücher der Mutter mit den Erlebnissen der Tochter zeigt, dass die Tochter bei ihren Streifzügen durch Paris vergleichbare Situationen festhält. Die Tochter steht in ihren Fähigkeiten der Mutter kaum nach.

«Das Haus des Ehepaares Wuithier lag in einem Hinterhof, und es war, nach meiner Erinnerung, alt und grau. Im vorderen Haus an der Strasse wohnte im Parterre die Concièrge mit einer tuberkulosekranken Tochter. In der Schule gab es keinen elektrischen Strom; es wurde mit Gas gekocht, und wenn Schule war, mühsam die Gaslichter angezündet, sonst lebten wir mit Kerzenlicht. Am Abend bekam ich jeweils nur einen kurzen Stummel, um zu Bett zu gehen. Im Hochparterre waren zwei Schulzimmer, von denen eines auch als Esszimmer diente. Daneben war der Salon, der aber nur zum Klavier üben betreten werden durfte. Dort hing ein grosses Portrait des einzigen Sohnes des Ehepaares, der im ersten Weltkrieg jung gestorben war. In den Zwischenböden dieser Räume lärmten und pfiffen die Ratten. Monsieur Wuithier regte sich plötzlich darüber auf, stampfte auf den Boden und rief: ‹nom die Dieu, nom de Dieu›, worauf sie für einen kurzen Moment ruhig waren. Ich schlief in einem kleinen, kalten Mansardenzimmer, wo ich nur einmal in der Woche ein kleines Krüglein warmes Wasser zum Waschen bekam. Ich war auch immer hungrig, weil die Portionen kleiner waren, als ich es gewohnt war von zu Hause. Diese sparsame und in meinen Augen etwas primitive Lebensweise war aber üblich damals in Paris. Von meinen Schulkameraden hatte nur ein einziges Kind ein Badezimmer zu Hause, obwohl einige aus sehr begüterten Familien stammten.»[114]

Marie Meierhofer-Lang will ihre Tochter von Paris zurückholen und wird Opfer eines Flugzeugunglücks

Marie Meierhofer bleibt bis im Juni 1925, also mehr als ein Jahr, in Paris. Zum Abschluss des Schuljahres plant die Schule ein Fest mit musikalischen Darbietungen und Theater. Diesen Tag kann Marie Meierhofer kaum erwarten, denn ihre Mutter will sie in Paris abholen.

Marie Meierhofer-Lang erfüllt sich mit der Reise nach Paris einen Wunsch und kauft sich ein Flugbillett. Der Flug startet in Birsfelden mit ihr als einziger Passagierin. Kurz nach dem Start beschreibt das Flugzeug eine steile Kurve, stürzt ab und geht in Flammen auf. Der Pilot kann sich aus dem offenen Cockpit retten, Marie Meierhofer-Lang und der sich ebenfalls an Bord befindende Mechaniker sind in der Kabine eingeschlossen und sterben in den Flammen. Germaine Borgeaud hat Marie Meierhofer-Lang zum Flughafen begleitet und wird Zeugin des schrecklichen Unglücks. Sie schreit bei dessen Anblick entsetzt «Mama», worauf die Leute schliessen, sie sei die Tochter.

In Paris wartete Marie Meierhofer immer noch auf den lang ersehnten Besuch. In einem Aufsatz, den sie zwei Monate nach dem Unglück schreibt, schildert sie den traurigen Abend:

«Ich freute mich auf dieses Fest. Mama sollte am 26. Juni kommen, und das Fest war am 28. Ich konnte nachts fast nicht mehr schlafen vor Freude. Ich malte mir alles so herrlich aus. Am 26. Juni konnte ich gar nicht ruhig sein. Vielleicht das einzige Mal, da ich in der Schule nicht aufpasste und andere Gedanken hatte. Aber die Lehrerin vergab mir, denn sie selbst dachte auch viel an Mama. Als es sechs Uhr war, dachte ich, nun steigt sie aus. Mein Herz klopfte vor Freude und Aufregung, und die Zeiger der Uhr gingen so entsetzlich langsam. Wir warteten mit dem Essen, und bei jedem Geräusch fuhr ich auf. Es wurde acht Uhr, und niemand kam. Wir begannen zu essen. Ich konnte aber nicht essen vor Aufregung. Wir dachten, das Flugzeug sei wahrscheinlich nicht geflogen, weil es ein klein wenig regnete.

Da hörten wir Schritte, jetzt kommt sie. Aber es war der Telegrammbote. Schnell das Telegramm aufgerissen. Da standen diese entsetzlichen Buchstaben. Ich las sie immer und immer wieder, und sie wollten ihre Reihenfolge nicht verändern. Immer sah ich diese lateinischen Buchstaben. MAMA ACCIDENT: HANS ARRIVERA DEMAIN MATIN. Immer standen sie gleich unerbittlich. Da befiel mich eine entsetzliche Angst. Was ist geschehen? Ich konnte nichts sagen, nicht weinen, nicht glauben. Steht es auch wirklich so? Und immer war das Gleiche geschrieben.»[115]

153
Häusergruppe in Cluny, am 10. August 1924 von Marie Meierhofer gezeichnet.

154
Skizze von Marie Meierhofer-Lang von ihrem Aufenthalt im Jahr 1921/22.

155
«Madame Wuithier dessinant», Jardin de Luxembourg, August 1924, von Marie Meierhofer.

Die 16-Jährige kann nicht glauben, was geschehen ist. Schon das Wiedersehen zu Weihnachten ist verschoben worden, und nun gibt es gar keines mehr. Sie versucht zu verdrängen, kann weder sprechen noch weinen. Nach einer schlaflosen Nacht erfährt sie von Madame Wuithier die ganze Wahrheit:

«‹Es war ein Flugzeugunglück!› Ich starrte auf den Boden. ‹Was für eins?›, frug ich tonlos. ‹Eine Explosion!› Nun wusste ich alles. Es kam mir schrecklich zu Bewusstsein. Aber ich starrte immer noch auf den Boden und konnte mich nicht bewegen. Es kam keine Erlösung. Lange sassen wir alle drei [Mme Wuithier, die Klavierlehrerin und Marie Meierhofer] und konnten nichts glauben noch sagen. Mit Gewalt versuchte ich zu sagen: ‹Es ist nicht wahr.› – ‹Armes Kind, es ist nur zu wahr›, sagte Mme Wuithier. Plötzlich kam mir in den Sinn, Emmeli, Tineli keine Mama mehr! Und nun konnte ich weinen. Es war wie eine Erlösung.»[116]

Das Eidgenössische Luftamt entzieht der Gesellschaft unmittelbar nach dem Unfall die Konzession. Albert Meierhofer erhebt gegen den Piloten und gegen die verantwortlichen Organe der Gesellschaft CIDNA *(Compagnie Internationale de Navigation Aérienne)* Strafklage wegen fahrlässiger Tötung. Er stützt sich damit auf die Aussagen von Germaine Borgeaud, die beobachtet hat, wie sich der Pilot widerwillig für den Flug vorbereitet hat. Er ist für den Dienst Dübendorf–Innsbruck bestimmt und hat nur stellvertretend den Kurs Basel–Paris übernommen. Albert Meierhofer schliesst daraus, dass er im Zorn «nicht in der Geistes- und Gemütsverfassung gewesen sei, welche von einem Piloten, in dessen Hand Menschenleben gegeben werden, verlangt werden muss».[117] Ausserdem habe sich der Pilot darin schuldig gemacht, dass die Magnetzündung im Moment des Absturzes nicht abgestellt habe. Der Kläger beschuldigt die Fluggesellschaft, den «allgemein technischen und organisatorischen Anforderungen, die an eine Gesellschaft im öffentlichen Interesse gestellt werden müssen»,[118] in keiner Weise zu genügen.

Unterstützung erhält der klagende Witwer von seinem Schwager Damian Lang, der selbst Flieger ist. Er studiert die Protokolle genau und stellt Widersprüche fest. Der Pilot bestreitet jegliche Schuld und weist alle Vorwürfe von sich. Experten untersuchen das Flugzeugwrack, finden aber als Unglücksursache nur eine Motorpanne unklaren Grundes.[119]

156
Faksimile-Fragment des Aufsatzes von Marie Meierhofer.
157
Schlagzeile und Lead der Basler «Nationalzeitung» vom 27. Juni 1925.[120]

Zweimal widmet Marie Meierhofer in ihrer Gymnasialzeit ihrer Mutter einen Aufsatz. In einem heisst es:

«Sie, die uns das Leben schenkte, wurde uns früh, mitten aus ihrer Arbeit und durch einen schrecklichen Unfall entrissen. Aber sie lebt in uns, in ihren Bildern und in allem, was sie geschaffen hat. Ihr Leben war voll von Sorgen und Enttäuschungen, und sie hat vieles erleiden müssen. [...]

Wenn ich jetzt daran denke, was sie alles geleistet hat in ihrem kurzen Leben, bis der grausame Tod sie geholt hat, so wünsche ich mir nichts anderes, als auch einmal so für andere zu leben und zu wirken, wie sie es getan hat. Jedermann, der sie kannte, musste sie lieben, und sie lebt noch fort in der Erinnerung derer, die sie gekannt haben.

In meiner Erinnerung lebt sie als zwei Naturen. Einmal als sorgende, liebende Mutter, wie sie uns pflegte und mit uns betete. Wie sie uns führte und uns zu tüchtigen und brauchbaren Menschen erziehen wollte. Und wenn ich etwas tue, denke ich immer, wie sie es getan hätte und sie ist mir immer nah.

Die andere Natur ist die Künstlerin und sociale Arbeiterin. Sie ist von mir entfernt, und ich muss zu ihr aufschauen und es dünkt mich als sei es gar nicht meine eigene Mutter.»[121]

158
Marie Meierhofer mit Germaine und ihrer Patin bei einer Feier zum Gedenken an das Flugunglück am 30. Juni 1925 vor der Domkirche von Arlesheim.

AUFWACHSEN IN TURGI

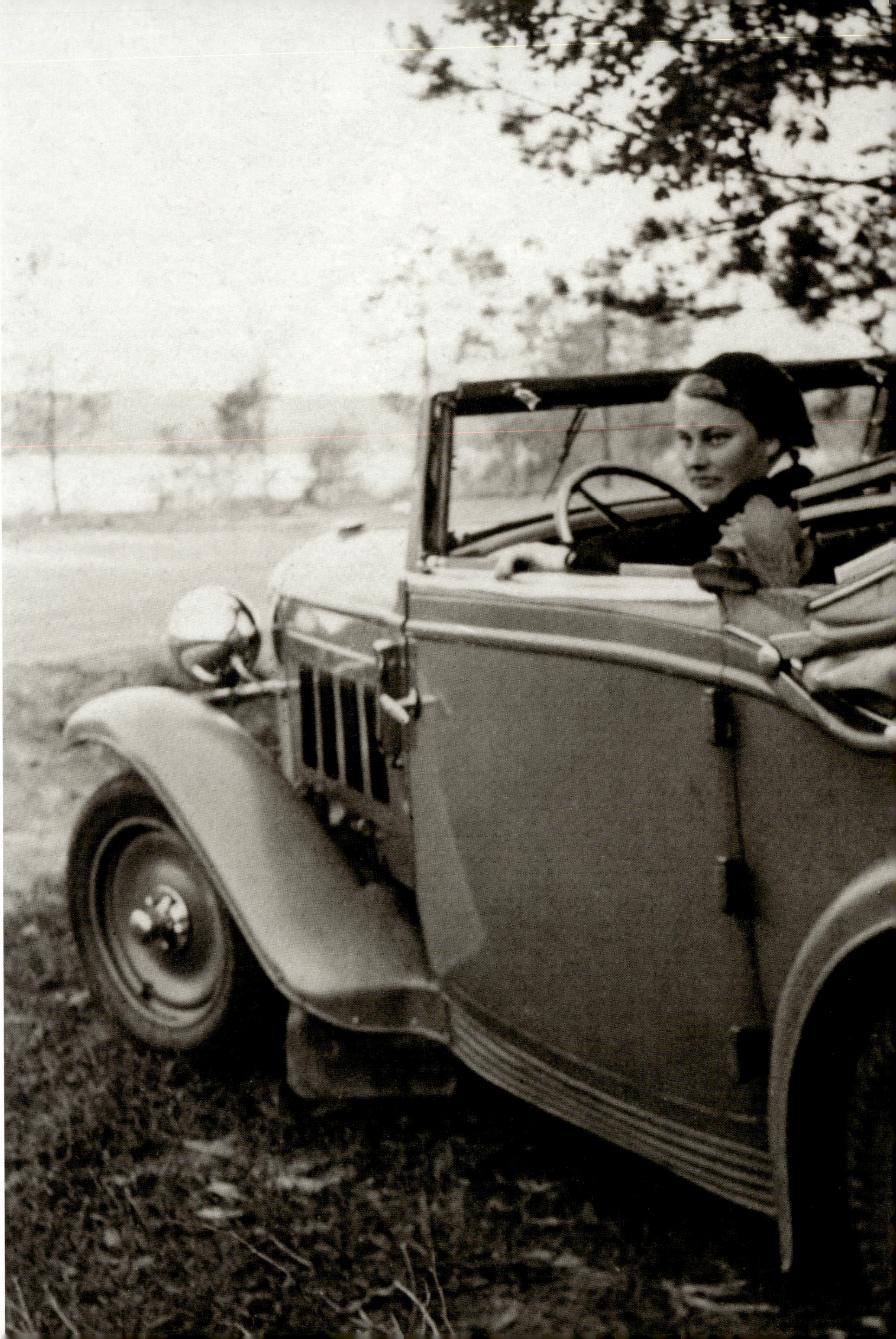

Faszination Natur und Technik

Albert Meierhofer und die Lebensreform

Marie Meierhofer-Lang und die Lebensreform

Widersprüche zur Lebensreform: Der Wunsch, zu fliegen

Streit um das Birchermüsli

Unterwegs mit dem Automobil

Ist Marie Meierhofer ein Kind der Lebensreform?

Albert Meierhofer und die Lebensreform

In einem Brief aus dem Jahre 1921 an seine Frau denkt Albert Meierhofer offen über den Tod nach: «Übrigens kann ich Dir ruhig sagen, dass mich der Tod jetzt gar nicht mehr schreckt, nachdem ich ruhig in der Bergeinsamkeit darüber nachgedacht habe. Ich habe ein schönes Lebenswerk hinter mir, das jetzt jüngere Kräfte leicht in Ehren weiterführen können. So lange mir der liebe Gott noch Gesundheit und Kraft schenkt, will ich gerne meine Pflicht für Familie und Firma weitertun, wenn er mich aber abberufen will, so werde ich mich mit Freuden in seinen Ratschluss fügen. Deshalb habe ich nie das geringste Bangen, mich in die Fluten des Flusses oder auf die Höhen der Berge oder auf ein Luftfahrzeug zu begeben, immer in Gedanken, Gottes Wille möge geschehen. Ein solcher Tod würde mir als wünschenswert erscheinen.»[1]

Der Brief enthält verschiedene Elemente, auf die hier kurz eingegangen werden soll. Der Tod in der Natur (in den Fluten des Flusses oder bei einer Bergtour) und der Tod in einem Luftfahrzeug. Die Leidenschaft, mit der sich Albert Meierhofer in der Natur aufhält, weist auf eine Bewegung hin, die in den ersten Jahrzehnten des 20. Jahrhunderts sehr verbreitet ist. Sie wird als «Lebensreform» bezeichnet.

Die Lebensreformbewegung entsteht um 1890. Sie umfasst verschiedenste Aspekte. Im Kern ist sie geprägt von einem *Zurück zur Natur.* Dieses äussert sich beim Wandern, Besteigen der Berge (Wandervogelbewegung), in einer Kleidung, die sich gegen unnatürliche Einengungen zur Wehr setzt (Kleiderreform), einem Bekenntnis zur Nacktheit (Freikörperkultur, Sonnenbaden, Licht- und Luftbaden), einer natürlichen Ernährung (Ernährungsreform, Vegetarismus) und einem neuen Vertrauen in die natürlichen Heilkräfte (Naturheilbewegung).

Verschiedene Zeitungsausschnitte und Inserate aus der Sammlung von Albert Meierhofer – zum Beispiel zum Sanatorium Erlenbach, welches dem Lebensreformer Friedrich Fellenberg gehört, oder ein Aufruf des Naturheilvereins Zürich zur Gründung einer Licht-, Luft- und Sonnenbadanstalt in Zürich – zeigen, dass er sich für die Lebensreformbewegung interessiert hat.[2]

Deutliche Hinweise ergeben sich aus den überlieferten Fotografien. Verschiedene Bilder zeigen Albert Meierhofer nackt beim Wandern in den Bergen. Das Besteigen eines Berges – insbesondere wenn es nackt erfolgt – ist für die Lebensreformer ein kultischer Akt.[3]

Der Schüler von Karl Wilhelm Diefenbach (1851–1913), Hugo Höppener, genannt Fidus (1868–1948), hat mit dem Bild *Lichtgebet,* das er in zahlreichen Varianten gemalt und das als Lithografie eine grosse Verbreitung gefunden hat, eine symbol-

159

Vorangehende Seite
Marie Meierhofer am Steuer eines ihrer Fahrzeuge.
159
Albert Meierhofer in Orantenstellung auf einer Säule 1931.
160
Fidus' Lichtgebet. Abgebildet ist eine Variante in Öl aus dem Jahre 1922.
161, 162
Albert Meierhofer beim «nacktwandern» in den Bergen um 1908/09.

FASZINATION NATUR UND TECHNIK

hafte Gestalt geschaffen, deren Haltung Albert Meierhofer in fotografischen Selbstporträts nachahmt.

«Mit dem Lichtgebet kommt bildsymbolisch eine Tendenz zum Ausdruck, deren Zielrichtung über die irdische, konkret erlebbare Natur hinausgeht, um in einem universalischen, kultisch überhöhten Streben in Kontakt mit der Allnatur, mit einem Höheren zu gelangen. Die Anrufung der Kräfte des Universums, der Sonne und der kosmischen Steigerung des Verlangens nach einer intensiven Einbindung in die Natur herstellen.»[4]

Die intensive Verbindung von Albert Meierhofer mit der Natur respektive der Bergwelt kommt in einem Brief aus dem Jahre 1904 an die erste Frau Emma Meierhofer-Brodbeck zum Ausdruck: «Trotzdem habe ich mich trefflich unterhalten, trotz schlechten Karten den Weg richtig zu finden & bin wieder glücklich & zufrieden ins Tal hinuntergegangen, nicht ohne erquickende Sonnen & Luftbäder in der allerprimitivsten Toilette genossen zu haben. Wie oft plagen wir uns doch wegen nichtigen & kleinlichen Sorgen, ohne zu erahnen, dass wir nur in der Bescheidenheit & Einfachheit glücklich sein können. Das ist der wahre Lebensgenuss, während die Leute mit ihren vielen Eitelkeiten & allerlei Ansprüchen sich den Genuss & den Geschmack verderben.»[5]

FASZINATION NATUR UND TECHNIK

Albert Meierhofer pflegt, wie erwähnt,⁶ neben seiner beruflichen Aktivität leidenschaftlich seinen Garten. Er sucht nach alten und neuen Obstbaumsorten und macht Experimente mit Tomaten. Das Haus in Turgi tauft er *Öpfelbäumli*. Hier kann darauf hingewiesen werden, dass verschiedene Gruppen der Lebensreform die Realisierung ihrer alternativen Ideen im Obstbau suchen. So etwa in der Obstbausiedlung *Heimgarten* in Bülach (1862–1906) oder in der *Vegetarischen Obstbau-Kolonie Eden* bei Berlin, welche bei ihrer Gründung die Satzungen des *Heimgartens Bülach* teilweise übernimmt.

Auch die Landschaftsaufnahmen Albert Meierhofers sind deutlich von den Grundgedanken der Lebensreform, die eine enge Verschmelzung von Natur und Mensch sucht, geprägt. Die Menschen in den Bildern von Albert Meierhofer sind oft völlig eingebettet in die Natur. Besonders in Aufnahmen, die Albert Meierhofer bei Wanderungen mit seinem Sohn Hans macht, wird die lebensreformerische Grundidee der Fotografien deutlich.

Albert Meierhofer schickt seinen Sohn Hans nach Glarisegg in ein Landeserziehungsheim, welches der Lebensreform nahe steht. Ein Brief von Hans an seine Eltern gibt einen Einblick in den dortigen Tagesablauf: «Morgens 6 Uhr aufstehen, dann mit nacktem Oberkörper draussen turnen, auch wenns regnet, dann tuschen [sic], dann mit dem Bademantel ins Zimmer und sich dort tüchtig frottieren. Nachher Betten aufdecken und 1 Stunde in die Schule. Dann Essen (Habermus und Kakao) und Betten machen. Nach dem Betten machen wieder in die Schule. Nach 3 Stunden haben wir dann grosse Pause und einen grossen Korb voll Brot steht parad. Ich esse immer 3 Stück Brot. Dann habe ich wieder Unterricht bis 12 Uhr, dann die Hände waschen, die Kleider bürsten wenn sie schmutzig sind und zur Inspektion antreten.»⁷ Später schliesst Hans sich, wie Marie Meierhofer berichtet, der Gruppe der *Wandervögel* an, die innerhalb der Bewegung der Lebensreform eine bedeutende Rolle spielt:⁸

«Wegen Schwierigkeiten in der Bezirksschule Baden wurde Hans dann in das Landerziehungsheim Glarisegg zur Erziehung gegeben. Dort hatte er ‹endlich den Knopf aufgetan›. Es war ein gutes Internat, welches versuchte bei den Zöglingen ‹Kopf, Herz und Hand› zu schulen. So wurden die Buben am Nachmittag in einer Gärtnerei und Landwirtschaft zu praktischer Arbeit angehalten, und dem Sport auf dem See, dem Tennis- und Fussballplatz wurde eine grosse Bedeutung zugemessen. Die Schüler hatten Mitbestimmungsrecht und gingen kameradschaftlich mit den Lehrern um. Sie duzten sich alle. Viele Altglarisegger, so auch Hans, hatten glückliche Erinnerungen an diese Schule und blieben einander verbunden.

163

Albert Meierhofer vor seiner Tomatenpflanzung, 1929.

164

Hans Meierhofer mit einem Freund beim Nacktbaden in einem Bergsee.

165

Hans, umgeben von Bäumen, auf einem Baumstrunk stehend.

FASZINATION NATUR UND TECHNIK

164

165

FASZINATION NATUR UND TECHNIK

Hans, geboren 1900, gehörte zur Generation der *Wandervögel*. Diese hatten sich von den engen Konventionen des vorigen Jahrhunderts, von dessen Steifheit und Prüderie emanzipiert. Diese Jünglinge trugen offene Hemden mit Schillerkragen und Sandalen, und schwärmten vom Kommunismus. Damit ärgerten sie die Eltern und die Gesellschaft. Sie hatten teilweise hohe humanitäre Ziele, aber der erste Weltkrieg zerstörte wieder viele.»[9]

Trotz der alternativen Ernährung und Begeisterung für die Natur kann sich Hans – wie sein Vater – der Faszination der Technik nicht entziehen. Er besitzt als Erster in der Familie ein Automobil.

166
Marie Meierhofer-Lang beim Wandern um 1908/09.

167
Bleistiftzeichnung von Marie Meierhofer-Lang vom Auhof-Kirchlein Rein 1921.

FASZINATION NATUR UND TECHNIK

Marie Meierhofer-Lang und die Lebensreform

In einem späten Brief aus dem Jahre 1981 schreibt Marie Meierhofer, rückblickend auf ihre Jugend, an ihren Freund Walter Robert Corti, dass die Mutter «gegen die reformerische freie Naturschwärmerei» des Vaters gewesen sei und versucht habe, die Kinder davor zu bewahren.[10] Dies und weitere Details aus dem Alltag wecken den Eindruck, dass die Ideen der Lebensreform Anlass zu grundsätzlichem Zwist geboten hätten. Dem ist jedoch nicht so.

Die Hochzeitsfeierlichkeiten von Albert und Marie Meierhofer entsprechen zwar dem Standard einer wohlhabenden bürgerlichen Familie. Anstelle einer Hochzeitsreise jedoch eine anspruchsvolle Wanderung auf einen Berggipfel zu machen, kann man als Traumvorstellung eines Lebensreformers betrachten. Wie die Bilder zeigen, wandert die junge Braut nicht ungern und nutzt die Touren, um ihrer Lieblingsbeschäftigung, dem Zeichnen, nachzugehen. Die Zeichnungen, Bilder und Radierungen von Marie Meierhofer-Lang zeigen eine grosse Naturnähe.

In Fragen der Kinderpflege und Erziehung gibt es zwischen Albert Meierhofer und seiner Frau zwar deutliche Unterschiede, etwa wenn Albert auf Abhärtung pocht und meint, man könne kleine Kinder einfach an die pralle Sonne legen. Die Büchertitel, die Marie Meierhofer-Lang ihrem Mann in sein Auftragsbuch schreibt, damit er sie von Zürich zur Ansicht mitbringe, sind jedoch Bücher, die ganz in der Linie der neuen Naturheilmethoden liegen. Sie gehen, wie die Bewegung der Lebensreform, vom Bild des Menschen aus, das diesen als ein Individuum betrachtet, welches in Harmonie mit den natürlichen Gesetzen und im Einklang mit kosmischen Beziehungen steht.[11] Bei den beiden von Marie Meierhofer-Lang vermerkten Büchern handelt es sich um Werke von Hermann Klencke-Mannhart (1852–1904) und Anna Fischer-Dückelmann (1856–1917). Klencke-Mannhart ist Leiter der *Klinik für reformierte Medizin* und später eines grossen Sanatoriums in Wachwitz. Anna Fischer-Dückelmann ist die erste Frau, die sich als Naturärztin betätigt. Sie stammt aus Wien und beginnt ihr Medizinstudium mit 34 Jahren an der Universität Zürich. Im Jahr 1901 verfasst sie unter dem Titel *Die Frau als Hausärztin* ihr Hauptwerk, das in mehrere Sprachen übersetzt wurde und 1913 eine Auflage von mehr als einer Million Exemplaren erreicht hat. Im Zentrum der von Fischer-Dückelmann beschriebenen Therapien stehen frische Luft, Sonnenbäder, Tautreten, Luftbaden, Bewegung und Bergwandern usw.

In ihrer Autobiografie berichtet Marie Meierhofer, dass sie als Kind alles gelesen habe, was ihr in die Hände fiel. Marie Meierhofer kennt die Bücher ihrer Mutter und ihres Vaters: «Mama las moderne Bücher, zum Beispiel Werner Zimmermann und Frauenbücher; alles haben wir verschlungen. Papa hatte mehr populärwissenschaftliche Bücher über Erdgeschichte, Tiere, Kosmos, wunderbar mit Bildern. Und das grosse Meyers Lexikon, in dem man alles nachlesen konnte. Wir waren direkt gierig nach Wissen und Büchern.»[12]

Von besonderem Interesse ist hier der Name Werner Zimmermann. Zimmermann (1893–1982) gehört zu den wichtigen Vertretern der Lebensreform in der Schweiz. Als Lehrer vertritt er eine der Lebensreform nahe stehende Reformpädagogik. Sein bekanntestes Werk trägt den Namen *Lichtwärts – Ein Buch erlösender Erziehung,* das 1922 in Bern erschienen ist. Es ist anzunehmen, dass Marie Meierhofer in ihrer Autobiografie auf dieses Buch verweist. Im Buch werden die zentralen Ideen der Lebensreform von dem von Natur aus guten Menschen in erzieherische Ratschläge umgesetzt: Keine Gewalt und kein Zwang, sondern das heranwachsen lassen, was im Menschen keimhaft angelegt ist.

Die Ehe zwischen Albert und Marie Meierhofer-Lang ist schon früh von Zwistigkeiten geprägt. Den Grund dafür in den der Lebensreform nahe stehenden Ideen von Albert Meierhofer zu suchen, wäre einseitig. Sicher hat seine häufige Abwesenheit wegen Bergtouren und Wanderungen den Konflikt verschärft. Die häufige Abwesenheit Alberts muss jedoch eher als Flucht aus dem Familienalltag respektive aus einer konfliktreichen Beziehung betrachtet werden. Auch Marie Meierhofer-Lang hatte ihre Zufluchtsorte, die sie in der künstlerischen Betätigung, im gesellschaftlichen Engagement und letztlich in ihren Parisaufenthalten findet. Wohl liebt auch sie die Natur, verzichtet jedoch aufgrund innerfamiliärer Spannungen auf gemeinsame Wanderungen. Dies spiegelt sich in der Bemerkung von Marie Meierhofer in einem Brief an Walter Corti aus dem Jahre 1981: «Wir hielten alle zu Mama, aber wenn ich sah, dass Papa isoliert war und niemand mit ihm spazieren wollte, fühlte ich mich verpflichtet, mit ihm zu gehen, wenn auch ungern. Mama sah dies oft als Verrat an» (Vollständiger Brief siehe S. 155).[13]

168

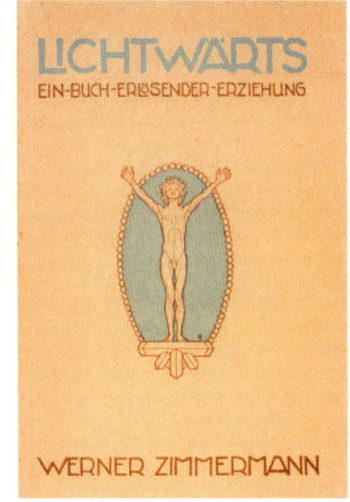

Umschlag des Buches von Anna Fischer-Dückelmann.

169

Buch von Werner Zimmermann. Auf dem Buchumschlag befindet sich eine Variante des Werkes von Fidus' *Lichtgebet,* **dem eigentlichen Kennzeichen der Lebensreformbewegung.**

Widersprüche zur Lebensreform:
Der Wunsch, zu fliegen

Den Mittelpunkt einer Fotografie von Albert Meierhofer bildet eine Dame in einem engen, weissen Rock. Sie steht mitten in einem vom Regen durchnässten und durchweichten Flugfeld. Albert Meierhofer hat die Dame anlässlich des Gordon-Bennett-Wettfliegens in Schlieren im Herbst 1909 fotografiert. Die vornehme Gesellschaft, die den Anlass besucht, ist durch die Natur in Verlegenheit geraten. Die Automobile bleiben stecken und müssen aus dem Sumpf herausgestossen werden. Der Unwetter gewohnte Bauernsohn Albert Meierhofer scheint seine Freude an den widerlichen Umständen zu haben.

Gleichzeitig zeigen die Fotografien aber auch die Faszination Albert Meierhofers für neue technische Entwicklungen, im vorliegenden Fall den Start oder die Landung von Luftschiffen. Diese Begeisterung steht im Widerspruch zu den Ideen der Lebensreform, die sich als Gegenbewegung zur zunehmenden Verstädterung und Industrialisierung der Gesellschaft versteht und der damit verbundenen Verschlechterung der Luft und Umwelt. Die Lebensreform setzt sich vehement gegen neue technologische Entwicklungen wie Flugschiffe und das Automobil zur Wehr.[14] Albert Meierhofer hingegen sieht keinen Widerspruch zwischen seiner Begeisterung für neue technologische Entwicklungen und seiner Liebe zur Natur.

170
Dame in engem weissem Kleid auf dem völlig durchnässten Flugfeld Schlieren, 1909.

FASZINATION NATUR UND TECHNIK

Albert Meierhofers Versuch, mit neuen Technologien die Natur zu bewältigen, beschreibt Marie Meierhofer in ihrer Autobiografie: «In Turgi ging er jeden Morgen um sechs Uhr und bei jedem Wetter in Tennisschuhen auf das Gebenstorfer Horn, den Kompass auf den Gipfel gerichtet, und die Zeit messend. [...] Hinunter sauste er dann in den Tennisschuhen stehend und rutschend die nassen Runsen hinab und mass die Zeit und verglich wieder.»[15]

Am Gordon-Bennett-Wettfliegen in Schlieren ist auch Marie Meierhofer-Lang anwesend. Eine eindrückliche Aufnahme bezeugt es: Marie Meierhofer-Lang steht mitten im durchnässten Feld, hält mit einer Hand ihren Hut fest und blickt selbstbewusst zum Fotografen. Im Gegensatz zur Dame im engen weissen Kleid, die verunsichert im Morast herumstöckelt, trägt Marie Meierhofer-Lang ein weites bequemes Kleid, das der im Rahmen der Lebensreform postulierten Kleiderreform entspricht. Im Vordergrund bilden Eisenbahnschienen den Bildabschluss. In der linken Bildhälfte startet vor der Kulisse dreier Gasbehälter ein Zeppelin, beobachtet von einer grossen Menge von Zuschauern. Menschen und neue technische Errungenschaften sind eingebettet und «bedroht» von einem aufziehenden Gewitter.

Die Fotografie von Albert Meierhofer zeigt eindrücklich das Spannungsfeld zwischen Natur und neuen Technologien auf. Der Fotograf steht mitten drin, fasziniert von beiden.

Verschiedene fotografische Dokumente von Albert Meierhofer belegen, dass er sich schon früh auch für die neu aufkommende Technik der mit Motoren betriebenen Flugmaschinen interessiert. Einen bedeutenden Einfluss hat wohl sein Schwager Damian Lang ausgeübt. Damian Lang beschäftigt sich als Ingenieur bei der kriegstechnischen Abteilung des Bundes mit dem Flugwesen.

Auch Marie Meierhofer-Lang, die den Flugpionier Eduard Spelterini (1852–1931) aus ihrer Jugendzeit kennt, ist von der Fliegerei fasziniert.[16] Sie schreibt am 12. August 1924 ihrer Tochter Marie nach Paris: «Papa ist gestern nach Wien auf dem Luftwege, ich möchte auch gerne einmal gehen, aber es ist sehr teuer.»[17] Etwas später kann sie einen Flug über den Niesen und das Stockhorn machen und ist von der neuartigen Errungenschaft so begeistert, dass sie sich entscheidet, am 26. Juni 1926 nach Paris zu fliegen, um dort ihre Tochter Marie abzuholen. Wenige Tage vorher schreibt sie ihr: «Übermorgen Freitag fahre ich nach Zürich und will schauen ob ich das Billet für Freitag den 26. Juni bekomme, ich werde dann von Basel aus fliegen und in 4 Stunden in Paris sein, anstatt 10 Stunden.»[18] Sie wird nie in Paris ankommen.

171

Ein Ballon wird gestartet, 1909.

172

Militärfahrzeuge im Morast, 1909.

173

Marie Meierhofer-Lang (im Vordergrund) am Gordon-Bennett-Wettfliegen in Schlieren vom 30. September bis 3. Oktober 1909.

FASZINATION NATUR UND TECHNIK

173

FASZINATION NATUR UND TECHNIK

Albert Meierhofer kennt auch den Schweizer Flugpionier Oskar Käser. Es ist allerdings nicht überliefert, ob er auch mit ihm zusammen geflogen ist. Der in Horn (SG) wohnende Pilot Oskar Käser versucht 1929 gemeinsam mit dem Kopiloten Kurt Lüscher, den Atlantik zu überfliegen. Dabei sind sie abgestürzt.[19]

Albert Meierhofer legt seiner ältesten Tochter Marie die Wahl eines technischen Berufes nahe. Gerne sähe er sie als Architektin. Er selbst möchte seinen Lebensabend an der Côte d'Azur verbringen und dort Nelken züchten, die Marie Meierhofer per Flugzeug zum Verkauf nach Zürich transportieren soll. Er meldet seine Tochter 1928 beim Schweizerischen Aero-Club als Mitglied an, sein Traum aber bleibt unverwirklicht.

Die Verknüpfung der Ideen der Lebensreform mit neuen technischen Entwicklungen ist nicht nur bei Albert Meierhofer festzustellen. Besonders deutlich wird sie in jenem Bereich, in dem Albert arbeitet. So wird seit den 1890er-Jahren die Elektrizität zum Naturheilmittel deklariert. Man will damit das in den Wintermonaten spärliche Sonnenlicht kompensieren, was zumindest für einen Teil der Naturheilbewegung nicht im Widerspruch zur Lehre steht.[20] Das *Lichtgebet* von Fidus erhält im Zusammenhang mit der vielfältig neu genutzten Elektrizität ebenfalls eine neue Bedeutung. So hat Fidus für die Hanauer Lampenfirma *W. C. Heraeus* eine Variante des *Lichtgebets* in ein Firmensignet verwandelt.[21]

174, 175
Undatierte Aufnahmen von Flugmaschinen aus dem Archiv Albert Meierhofers um 1909 und später (Bild links).

176
Mitgliederausweis von Marie Meierhofer beim Schweizerischen Aero-Club, 1928.[22]

177
Albert Meierhofer mit Oskar Käser.

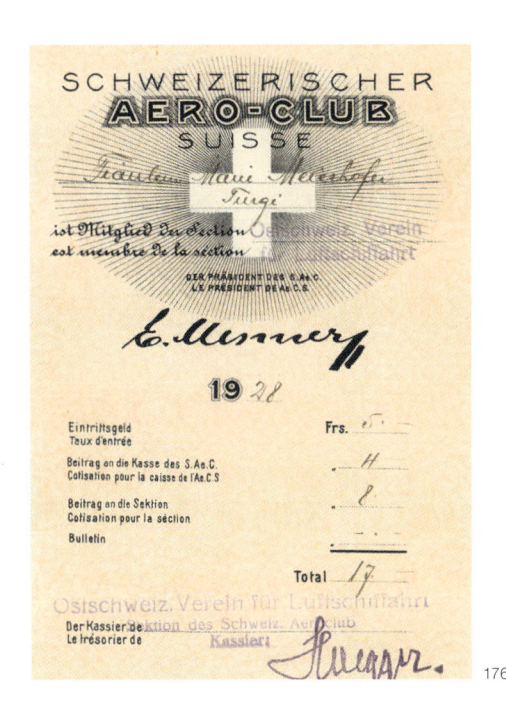

Albert Meierhofer hat, wie seine Töchter Marie und Albertine berichten, eigene sozialreformerische Vorstellungen. In ihrem Zentrum steht – mit der Lebensreform verwandt – das Streben nach einer engen Verbindung des Menschen zur Natur und zum Boden. Im Gegensatz zu bestimmten Gruppen innerhalb der Lebensreform sieht er eine Annäherung an dieses Ziel aber nicht darin, dass der Boden zum Allgemeingut erklärt und nur noch gemeinschaftlich bearbeitet wird. «Er hatte eigene Vorstellungen. Nach seiner Ansicht sollte der Arbeiter mit dem Boden verbunden bleiben. Er förderte daher Eigenheime der Arbeiter und meinte, man sollte in der Industrie nur drei bis vier Tage in der Woche arbeiten und die übrige Zeit dem Garten und der Selbstverpflegung widmen. Mit den Arbeitern hatte er offenbar guten Kontakt, jedenfalls erinnere ich mich, wie sich italienische Arbeiter freuten, wenn der Padrone unterwegs mit ihnen plauderte. Er diskutierte auch gerne mit gewissen Sonderlingen, zum Beispiel mit dem Heiland, der Abstinenzler und Vegetarier war, und mit langen Locken, Bart, Sandalen und leichter Kleidung angetan, in die Fabrik ging.»[23]

Albertine Meierhofer schreibt in ihrem Lebenslauf vom Juni 1933: «Mein Vater […] sorgte für das Wohl seiner Untergebenen; richtete darum eine eigene Krankenkassen- und Altersversicherung ein für seine Arbeiter und legte darum einen Fonds an. Auch gab er Kredite für den Bau von Einfamilienhäuschen.»[24]

FASZINATION NATUR UND TECHNIK

Streit um das *Birchermüsli*

Albert Meierhofer lässt sich von Max Edwin Bircher, dem Sohn von Maximilian Bircher-Benner, behandeln. Die Übereinstimmung in Bezug auf die lebensreformerischen Ideen zwischen Albert Meierhofer und Maximilian Bircher-Benner könnte grösser kaum sein: Wandern, Licht- und Luftbäder gehören neben der Rohkost in das Programm von Bircher-Benner wie in das Leben von Albert Meierhofer.

Im Oktober 1930 befindet sich Albert Meierhofer auf der südfranzösischen Insel Île de Port-Cros. Von dort aus schreibt er am 1. Oktober seinem ärztlichen Betreuer Max Edwin Bircher nach Zürich. In seinem Brief äussert sich Albert Meierhofer begeistert darüber, dass sich der Arzt auch um seinen Patienten kümmert, nachdem die Behandlung abgeschlossen ist. Er rät Max Bircher zudem, doch auf der idyllischen Insel eine Klinik zu eröffnen:

«Ich komme zurück auf Ihr freundliches Schreiben vom 20. Aug. und danke Ihnen vor allem für das Interesse, das Sie Ihrem früheren eigentlich kurzfristigen Patienten entgegenbringen. Diese Ihre Einstellung halte ich für den richtigen Weg zu einer dauernden Verbindung zwischen Arzt und Patient. Diese Verbindung sollte sich nicht nur erstrecken auf die Zeiten von Krisen und Störungen, sondern sich auch ausdehnen auf diejenigen Zeiten, wo es dem Patienten wohl ergeht, dank der Weisungen und Belehrungen, die er vom Arzt erhalten und mehr oder weniger (!) befolgt hat. [...]

Meine Müdigkeit hat sich vermindert, sie stellt sich in geringem Mass ein, wenn ich gehörig ausgeruht bin und eine richtige Ernährung führe. Wenn ich aber spät ins Bett gehe oder aus geschäftlichen oder gesellschaftlichen Gründen die landläufige Viel- und Fleischesserei mitmache, was eben noch häufig vorkommt, so fühle ich mich für die obliegenden Arbeiten weniger leistungsfähig. Besonders wohltuend wirken mir einsame Bergtouren oder Fahrten mit dem Paddelboot. Seit Anfang April wohne ich in Zürich [...] aber ich muss jeden Morgen um 7.40 nach Baden und Turgi fahren und abends komme ich erst um 7 Uhr mit einem ungemütlichen Bummelzug zurück. Diese Fahrerei nimmt mir viel Zeit weg und ermüdet mich, ich habe die Absicht, gelegentlich noch das Autofahren zu erlernen und diese Reisen mit dem Auto zu machen. Was halten Sie davon?

Seit 14 Tagen befinde ich mich auf dieser kleinen einsamen Insel im mittelländischen Meer, circa 20 Kilometer vom Festland entfernt. Die Insel hat nur 16 ständige Einwohner, plus ein ziemlich confortables Hotel. [...] Die Leute haben natürlich keine Ahnung von Ihrer Ernährungsweise. [...] Für viele Ihrer Patienten [könnte] hier ein wundersamer Erholungsaufenthalt geschaffen werden, wenn eine richtige Ernährung möglich wäre. [...]»[25]

Kontakte zwischen Albert Meierhofer und der bekannten Ärztefamilie Bircher-Benner bestehen seit längerem. So wird der eher kränkliche Sohn Hans über längere Zeit hinweg dort behandelt. Die Begegnung mit Max Bircher bewirkt auch, dass Albert plötzlich damit einverstanden ist, dass Marie Meierhofer Medizin studiert.[26]

Während Albert Meierhofer der vielen Fleischesserei überdrüssig ist und die Rohkosternährung gemäss Bircher-Benner über alles lobt, kommt es seitens seiner Töchter zu Protesten. Albert Meierhofer engagiert nach dem Tod der Mutter und dem Weggang von Germaine Borgeaud Dora Schütz, die zum Kreis der Anhänger von Bircher-Benner gehört. Im Gegensatz zu Tineli finden Marie und Emmi den Zugang zur neuen Haushälterin nicht. Entsetzt schreibt Marie Meierhofer am 28. Februar 1828 an Germaine Borgeaud: «Das ist auch noch nie vorgekommen, dass das Buffet, da wo die Güezli sind, abgeschlossen war. Ich bin fast nach hinten umgefallen, als ich es sah. Aber ich sage nichts, bin froh, wenn ich bald wieder fort kann.»[27]

178
Albert Meierhofer auf der Île de Port-Cros en Méditerannée, 1930.

FASZINATION NATUR UND TECHNIK

Rückblickend führt Marie Meierhofer auch die Probleme von Hans auf mangelhafte Ernährung während des Kriegs und auf eine falsche Behandlung mit der Bircher-Benner-Methode zurück. Sie wirft Hans wie ihrem Vater vor, dass sie sich punkto Ernährung «von Dr. Bircher-Benner und anderen Vegetariern und Sektierern»[28] hätten beeinflussen lassen:

«Der Krieg fiel in die Jugendzeit von Hans und seinen Kameraden, ebenso die Periode der beschränkten Lebensmittel. Die Rationierung war damals nicht so gut gelöst wie im zweiten Weltkrieg. Die Jungen waren deshalb immer hungrig. Die Freunde, welche Hans in den Ferien mit nach Hause nahm, erzählten, wie sie in Glarisegg im Winter mit Steinen die kleinen getrockneten Äpfel heruntergeholt hätten, um sie zu essen. Trotz der Ertüchtigung durch den Sport und die Kräftigung durch die Landarbeit war Hans mit zwanzig Jahren mager und litt an Ischias. Zu den Erneuerungsideen seiner Generation gehörten auch moderne Ideen über die Ernährung, Papa war ja auch ein Anhänger und Freund von Dr. Bircher-Benner. Hans erhoffte sich ebenfalls Heilung durch die Rohkost. Er machte eine Kur in einem betreffenden Kurhaus und war nachher so schwach, dass er zum Gehen zwei Stöcke brauchte. Man kann sich vorstellen, wie Mama litt, dass sie diesen Jungen nicht mit ihrer reichen und guten Kost auffüttern durfte. (Ihr altes Kochbuch wimmelte von Rezepten mit vielen Eiern und viel Butter).»[29]

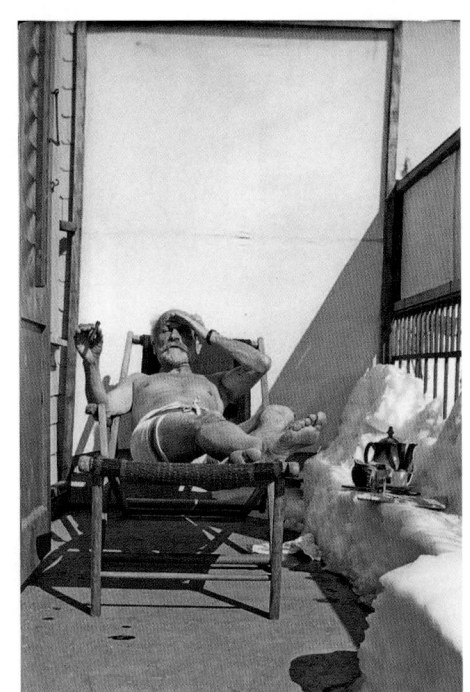

FASZINATION NATUR UND TECHNIK

Unterwegs mit dem Automobil

Albert Meierhofer überlegt sich, ob er mit über 60 Jahren noch das Autofahren lernen will. Wieso er dazu seinen ärztlichen Berater Max Bircher um seine Meinung bittet, mag rätselhaft erscheinen. Es ist aber durchaus möglich, dass hinter der Frage das Wissen um die abwehrende Haltung vieler Vertreterinnen und Vertreter der Lebensreform gegenüber neuen technischen Entwicklungen steht.

Das Automobil spielt im Leben der Familie Meierhofer und auch in jenem von Marie Meierhofer eine bedeutende Rolle. Die junge Marie wird während ihres Aufenthaltes in Paris erstmals richtig mit dem Strassenverkehr konfrontiert. Im Gegensatz zu ihrer Mutter ist sie entsetzt über den durch Pferdefuhrwerke und Automobile verursachten Lärm und Dreck, der in Paris herrscht.

«Mama liebte Paris. Ich war überwältigt vom brodelnden Verkehr mit Pferdekarren – ich hörte das Pferdegetrampel morgens um vier Uhr, wenn die Bauern ihre Waren aux Halles fuhren –, ferner Autobusse mit Gummireifen, Taxis mit dem charakteristischen kleinen, nach unten abgesetzten Motor des Renault, und einige Privatautos, meistens Renault und Ford. Das Pflaster war teilweise aus Holzpflöcken gefügt. Alles war schmutzig, schwarz, obwohl die Strassen täglich mit Wasser abgespritzt wurden, was Mama begeisterte. Es stank auch fürchterlich von den Abgasen, und nachts war der Himmel rot, wahrscheinlich wegen einer Dunstglocke. Auf meine Frage warum, sagte Mama: das ist der Himmel von Paris.»[30]

179
Albert Meierhofer beim Paddelbootfahren mit Tochter Marie (vorne) und einer weiteren Frau in Juan-Les-Pins, 1929.

180
Albert Meierhofer mitten im Winter beim Licht- und Sonnenbad auf der Terrasse der Wohnung an der Hadlaubstrasse in Zürich, 1931.

181
Bois de Boulogne (Foto von Marie Meierhofer).

Im Gegensatz dazu erlebt Marie Meierhofer in den Ferien 1925 mit ihrer Gastfamilie das einfache Landleben, das ihr weit besser behagt:

«In den Sommerferien 1924 nahm mich Madame Wuithier mit in die Normandie. Dort wohnten wir bei einer Pariser Familie auf einer Farm am Rand eines grossen Urwaldes. In diesem Wald waren Schleusen geschlagen für die Jagd des Besitzers. Sonst war er vollkommen sich selbst überlassen. Mit den beiden Söhnen der Pariser Familie, Maurice 16 Jahre und Henri 14 Jahre, gingen wir in den Wald, um Holz zu schlagen. Das heisst wir warfen mit gemeinsamer Kraft morsche, dürre kleinere Bäume um und trugen sie auf den Schultern nach Hause. Wir drei holten auch gemeinsam Wasser zum Trinken und Kochen im Haushalt und trugen den Kessel mit Stangen über den Schultern nach Hause, wie die Bäume. Herrlich war unser Sitz auf den Bäumen, wo wir Karten spielten und Nielen rauchten. Mir behagte dieses naturnahe und primitive Leben [...].»[31]

Eine ruhigere und angenehmere Art der Begegnung mit dem Automobil erlebt Marie Meierhofer im noch weitgehend vom Verkehr unberührten Turgi. Damian Lang verfügt schon früh über ein Automobil, und seine Besuche aus Bern werden häufig mit sonntäglichen Ausfahrten über Land verbunden. Desgleichen wird Marie Meierhofer vom Chauffeur ihres Vaters nach Baden gebracht, um von dort mit dem Schnellzug an die Schule nach Zürich zu fahren.[32]

Bruder Hans besitzt sehr früh ein Automobil, mit dem er seine Schwester nach Zürich in den Ausgang fährt, was nicht selten mit technischen Abenteuern verbunden ist: «Mit Hans erlebte ich auch die ersten Tanzanlässe, weil er selbst mich dazu einlud oder seine Freunde aus Glarisegg dazu ermunterte. Mit dem neuen Renault ist er auch mit mir als Teenager in Konzerte nach Zürich gefahren, und die Rückfahrt war jeweils abenteuerlich. Damals hatte man ständig Pannen. Die Strassen waren noch nicht asphaltiert und nicht beleuchtet. Man musste um alle Ecken fahren und kam meistens stark verspätet nach Hause.»[33]

In den Agenden von Hans und jenen der Geschwister ist immer wieder von Verkehrsunfällen die Rede, bald waren es Blechschäden, bald Geschwindigkeitsübertretungen. Unfälle erleidet Hans auch beim Reiten und beim Motorradfahren: «Hans und ich hatten eigentlich immer ein gutes Verhältnis. Er tat mir oft leid, wenn er wieder in eine Patsche geraten war. Er war so ein liebenswürdiger und feiner Mensch. Aber er war in gewisser Weise ein Pechvogel. Er verunfallte häufig. Kaum hatte er ein Motorrad gekauft, hatte er einen so schweren Unfall,

182

Marie Meierhofer auf dem Place de la Bastille, 24. September 1924.

FASZINATION NATUR UND TECHNIK

183

Start zu einer Ausfahrt mit Damian Lang. Von links nach rechts: Albert Meierhofer, Germaine Borgeaud, Marie Meierhofer-Lang, unbekannte Person, Albertine Meierhofer (an der Autotüre) sowie weitere nicht identifizierte Personen, eventuell Damian Lang ganz rechts, 1923.

184

Von links nach rechts: Tineli, Germaine, Maiti, Mama Meierhofer, Aliceli Lang, Emmeli (nach Angaben von Marie Meierhofer).

185

Undatierte Aufnahme von einem Ausflug in die Berge.

FASZINATION NATUR UND TECHNIK

dass die Ärzte nur mit Not sein Bein und Fuss retten konnten. Mit dem Pferd verunfallte er häufig, hatte Hirnerschütterungen und andere Unfallfolgen.»[34]

Auch Marie Meierhofer-Lang berichtet ihrer Tochter nach Paris von Unfällen ihres Stiefsohns Hans mit dem Auto.[35]

Im Frühjahr 1929 besteht Marie Meierhofer die Fahrprüfung, und Albert Meierhofer kauft einen schönen neuen *Dodge*. Mit ihm fährt nun Marie Meierhofer an den Wochenenden und in den Ferien die Familie über Land und zum Teil auf abenteuerliche Weise in den Bergen herum. Nach dem Umzug nach Zürich und dem Tod des Vaters bleibt das Auto zunächst in Turgi stehen und wird später verkauft.

Als Marie Meierhofer 1936 als Assistenzärztin einen Lohn und erstmals Dividenden der BAG-Aktien erhält, kauft sie sich für 700 Franken ein altes Auto, einen «grauen Opel Cabriolet Spezialkarosserie mit roten Ledersitzen und viel Chromverzierungen».[36]

Ist Marie Meierhofer ein Kind der Lebensreform?

Marie Meierhofer wächst in eine Zeit hinein, die stark von den unterschiedlichen Ideen der Lebensreform geprägt ist. Ihr Vater ist ein überzeugter Vertreter der Idee, dass eine Erneuerung des Menschen nur möglich ist, wenn sich dieser wieder stärker an die Natur anlehnt und sich mit ihr versöhnt. Er selbst versucht, im Alltag und vor allem in der Freizeit nach der Lebensreform zu leben (Wandern, Bergsteigen, Ernährungsreform, Licht- und Sonnenbäder). Auch seine Kinder

FASZINATION NATUR UND TECHNIK

versucht er nach den neuen Reformideen zu erziehen. Er vertraut sie Institutionen an, welche dieses Gedankengut ebenfalls vertreten *(Landerziehungsheim Glarisegg, Höhere Töchterschule Zürich).*

Gleichzeitig ist Albert Meierhofer aber auch von der Notwendigkeit des Einsatzes neuer Technologien (Flugmaschinen, Schifffahrt, Automobil) überzeugt. Er ist damit nicht allein: Die Reformbewegung wird sehr rasch von industriellen Entwicklungen eingenommen. Dies gilt insbesondere auch im Bereich der Lichttechnik, in dem Albert Meierhofer selbst als Unternehmer aktiv ist.

Das Vorbild des Vaters und dessen gelebte Nähe zur Natur wirken sich auf seine Tochter Marie aus. Mit ihren Bergwanderungen, Skitouren und Bootsfahrten pflegt sie einen zum Teil geradezu abenteuerlichen Umgang mit der Natur. Dabei spielt bei Marie Meierhofer der Gruppenzusammenhang eine grosse Rolle. Die Wanderungen werden immer mit Freunden unternommen. Inwieweit hier die Bewegung der *Wandervögel,* der ihr Bruder Hans angehört hat, nachwirkt, ist unklar. Gleichzeitig schätzt und nutzt Marie Meierhofer wie ihr Vater auch die neuen Möglichkeiten der Technik, insbesondere das Automobil. Widerstand zeigt die junge Marie Meierhofer gegenüber den Ideen des Vaters bezüglich Ernährungsreform.

Die Einflüsse der Lebensreform verschwinden nach der Jugendzeit nicht aus dem Leben von Marie Meierhofer. Viele ihrer Freundinnen und Freunde sind mit der Lebensreform eng verbunden. Die Tänzerin Herta Bamert ist eine Schülerin von Marie Wigmann, der wohl wichtigsten Vertreterin der im Rahmen der Lebensreform angestrebten Reform des Tanzes. Das von ihr und Walter Robert Corti vertretene Konzept für das Kinderdorf Pestalozzi ist fest in der Bildungsreform der Landeserziehungsheime verankert. Henry van de Velde, dem sie ihr Haus zur Verfügung stellen wird, ist wichtigster Vertreter der Kleider- und Architekturreform. Doch auch die im Widerspruch zu den ursprünglichen Ideen der Lebensreform stehende Nutzung und Entwicklung neuer Technologien bildet im Leben von Marie Meierhofer eine bleibende Konstante. Sie hat das Automobil und das Flugzeug genauso wie neuere Entwicklungen in der Medizin, der Fotografie und im Film immer wieder eingesetzt, um ihre Ziele zu verwirklichen.

186
Postkarte, die Marie Meierhofer-Lang ihrem Stiefsohn Hans zukommen lässt. Die Postkarte zeigt in einer Collage die mögliche verkehrs- und unfallreiche Zukunft der Gemeinde Turgi.

187
Marie Meierhofer – im grossen Auto kaum sichtbar – am Lenker eines ihrer Fahrzeuge (undatiert).

188
Marie Meierhofer am Steuer eines ihrer Fahrzeuge, um 1930.

FASZINATION NATUR UND TECHNIK

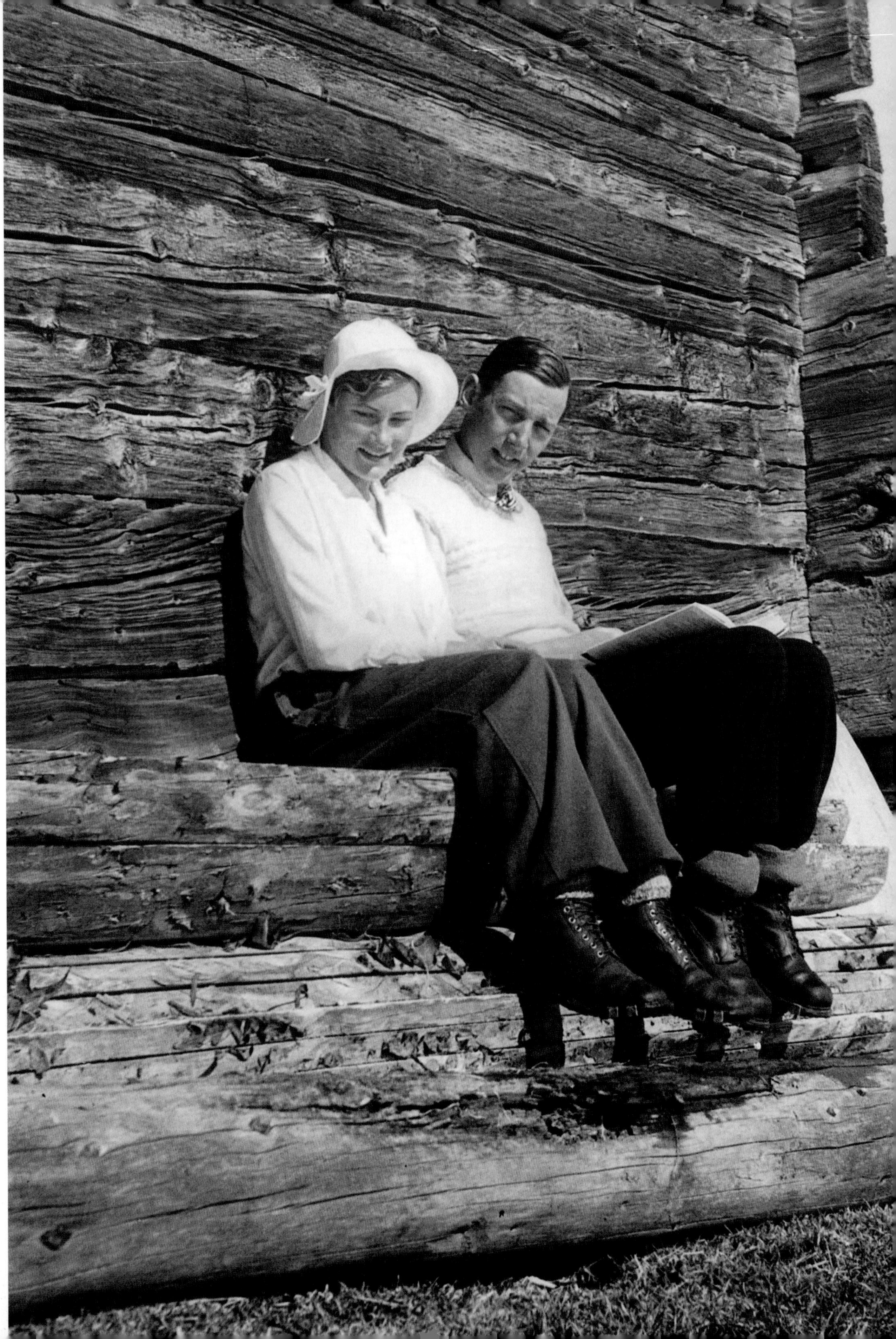

Wilde, traurige Jahre

Trauerarbeit und Neubeginn

Höhere Töchterschule

Aufenthalt in England

Musik – Abschied von Germaine Borgeaud

***Bubikopf* macht die Reifeprüfung**

Der neue Vater

Studium der Medizin – mit viel Schwung und einigen Abenteuern

Musik, erste Patenschaft und der Tod des Vaters

Walter Robert Corti – Anfänge einer Freundschaft fürs Leben

Wien, Budapest, Prag …

… Dresden, Wittenberg, Berlin

… und Trennung von Corti in Rom

Albertine – eine Stimme verstummt

Trauerarbeit und Neubeginn

«Nach meiner Rückkehr aus Paris war das *Öpfelbäumli* düster, leer und tot ohne Mama. Die Kinder, Emmi 14 und Tineli 11½ Jahre, schienen zwar durch den Verlust wenig berührt und gingen ihren Alltagsbeschäftigungen fröhlich nach wie immer. Ich vermute, dass sie unter einem Schock standen. Die Meldung des Unfalls an Papa in der Fabrik wurde über eine Leitung durchgegeben, die durch unser Haus ging. Beide Kinder hörten sie am Telefon mit und waren ganz allein zu Hause.»[1]

«Ich machte damals eine Periode tiefer Trauer und Melancholie durch. Ich haderte mit meinem Schicksal und mit Gott, der mir mein liebstes Brüderchen plötzlich entriss, während ich in der Schule war und ihn nicht beaufsichtigen konnte. Und nun nahm er mir auch mein geliebtes Mami, das ich sehr lange nicht mehr gesehen und nach dem ich so Sehnsucht hatte – und dies wiederum so plötzlich. Ich besuchte damals den Konfirmationsunterricht bei Herrn Pfarrer Ernst Merz in Rein [...] und Ernst Märki sang Schubertlieder, welche mich tief berührten. Es gelang aber Ernst Merz nicht, den Groll gegen die Religion aus meinem Herzen zu entfernen, und bis heute bin ich nach meiner Konfirmation der Kirche ferngeblieben. Ich begleitete nicht einmal Emmi zwei Jahre später bei ihrer Konfirmation. Niemand konnte mich dazu bewegen.»[2]

Höhere Töchterschule

Nach der Rückkehr aus Paris will Marie Meierhofer wieder in die Schule. Dorthin, wo es ihr sowohl in Turgi wie in Paris sehr gut gefallen hat und sie sich gut aufgehoben fühlte. Ihr Vater stellt einen schriftlichen Antrag an die *Höhere Töchterschule* in Zürich. Er will erreichen, dass seine Tochter direkt in die zweite Klasse aufgenommen wird. «Darin, dass meine Tochter nun trotz der richtigen Vorbereitung in die erste Klasse verwiesen werden soll, findet sie eine ungerechte Zurücksetzung und Entmutigung. Sie, geehrter Herr Professor, wissen als erfahrener Pädagoge wohl sehr gut, welch ungünstigen Einfluss auf den Arbeitswillen und den ganzen psychischen Zustand ein solches Gefühl auf eine gewissenhafte Schülerin ausüben kann. Mit Rücksicht auf ihre bisherigen guten Leistungen kann ihr wirklich nicht zugemutet werden, dass sie sich in eine Klasse von Schülerinnen, die ein bis zwei Jahre jünger sind als sie, zurückgesetzt fühlt.»[3]

Albert Meierhofer hat nicht nur pädagogische Argumente für sein Gesuch: «Ich erlaube mir noch beizufügen, dass ich besondern Wert auf den Besuch Ihrer als vorzüglich geltenden Schule lege, auch deshalb, weil wir selbst Zürcher sind und unsere gesellschaftlichen und geschäftlichen Beziehungen weit mehr nach Zürich tendieren als nach Aarau. Ich darf hierbei wohl auch erwähnen, dass meine Firma, die Broncewarenfabrik A.G. Turgi, deren Gründer, Teilhaber und Leiter ich bin, in Zürich ein bedeutendes Verkaufsgeschäft unterhält und als solches der Stadt und dem Kanton Zürich erhebliche Steuern abliefert.»[4]

Der Schulvorstand der Stadt Zürich lenkt schliesslich ein und verfügt am 26. Februar 1926: «Marie Meierhofer, die die

Vorangehende Seite

Marie Meierhofer und Walter Robert Corti 1933.

189

Emmi (vorne) und Albertine (dritte von links) mit Verwandten auf den Lägern bei Baden. Verschiedene Fotografien dieser Zeit lassen vermuten, dass die Trauerarbeit um die verlorene Mutter auf Wanderungen und Bergtouren geleistet wird.

190

Die drei Geschwister auf der Treppe zum Hauseingang des *Öpfelbäumli*; ganz vorne Germaine Borgeaud.

191

Porträt von Marie Meierhofer 1925.

192

Gruppenbild der *Höheren Töchterschule*; Marie Meierhofer, vorderste Reihe (sitzend), Dritte von links.

WILDE, TRAURIGE JAHRE

Aufnahmeprüfung für die 2. Gymnasialklasse bestanden und wie sich nachträglich ergibt, über erforderlichen Schulbesuch und Vorbildung sich ausgewiesen hat, wird statt wie anfänglich in die erste nunmehr in die zweite Gymnasialklasse aufgenommen.»[5]

«In dieser Trübsal sehnte ich mich darnach, wieder in die Schule zu gehen. Ich bewog Papa, mich für die 2. Klasse des Gymnasiums der Höheren Töchterschule in Zürich zur Aufnahme anzumelden. Die Töchterschule hatte damals noch keine Unterstufe und nur ein Vier-Jahres-Programm im Anschluss an die Sekundarschule. Die Kantonale Maturität (nicht gültig für das Studium medizinischer Berufe und für Theologie) konnte an der Schule selbst erworben werden. Für die eidgenössische Matura mussten die Schüler des Gymnasiums der Töchterschule die Fremdenmatura an einer der drei Universitäten Zürich, Bern oder Basel bestehen. Um in die zweite Klasse der Schule aufgenommen zu werden, musste ich eine Prüfung bestehen. Der Bezirksschullehrer Dr. Eichenberger bereitete mich auf die Prüfung vor.»[6]

Aufenthalt in England

Marie Meierhofer kommt in eine geschlossene Klasse, die bereits ein Jahr zusammen ist. In einigen Fächern muss sie nachholen, dafür wird sie von den Französischstunden dispensiert. Besonders in Englisch hat sie noch Defizite und bekommt Privatunterricht. In den Sommerferien 1926 schickt sie der Vater nach England. Ihr Stiefbruder Hans hat vier Jahre zuvor während eines Sprachaufenthaltes in London eine Freundin, Ivy, kennengelernt. Bei deren Familie ist Marie Meierhofer zu Gast.

«Sie wohnten in einem Aussenquartier von London mit den typischen Reihenfamilienhäusern und Gärtchen. Man konnte sich nur an den Blumen in den Vorgärten orientieren. Die Häuser sahen alle gleich aus. Ivy arbeitete im Naturhistorischen Museum, wo es riesige Skelette von Dinosauriern gab, welche mir sehr Eindruck machten. Aber auch durch Mikroskope durfte man kleinste Lebewesen beobachten. Man konnte sich im Museum frei bewegen und alles selbst einschalten, es war wunderbar.[7]

Dann verbrachte ich noch mit einer Pfarrersfamilie zehn Tage in Dover am Meer. Es hatte da interessante alte Festungen, die ich mit den Buben besuchte. In den Kreidefelsen fand ich Pyrit-Kugeln und Versteinerungen, welche ich zur Bereicherung meiner geologischen Sammlung nach Hause nahm.

In der Schule zurück, hatte ich den Rückstand im Englischen aufgeholt.»[8]

193

Bootsfahrt mit Familie Kay. Ivy hinten rechts.

194

Pfarrer Kay beim Abwaschen. Dass der Hausherr das Geschirr abwäscht, ist für Marie Meierhofer eine neue Erfahrung, an die sie, aus einem stark patriarchalischen Haushalt stammend, nicht gewohnt ist.

195

Aus der Kartensammlung von Marie Meierhofer (Dinosaurier im Naturhistorischen Museum in London).

196

Marie Meierhofer (vorne rechts), Ivy (Mitte), Knaben aus der zweiten Ferienfamilie beim Suchen von Fossilien.

Musik – Abschied von Germaine Borgeaud

Musik hat einen festen Platz im bürgerlichen Leben. Albert Meierhofer kauft 1906 mit der neuen Wohnungseinrichtung ein Piano. 1908 bestellt er bei Musik Hug ein Grammofon. Die Schallplatten dazu werden auch per Post bestellt und geliefert.[9] Bei festlichen Anlässen, etwa bei einer Taufe, wird nach dem Essen Musik gehört. Später wird das Grammofon auch bei Ausfahrten mit dem Auto mitgenommen, um das Picknick im Freien mit Musik zu ergänzen.

Alle drei Kinder erhalten bei dem jungen Musiklehrer Ernst Märki aus Brugg privaten Klavierunterricht. Um Unterricht zu erteilen, kommt Märki nach Turgi. Marie Meierhofer-Lang befreundet sich mit Ernst Märki und unterstützt seine Karriere als Komponist und Dirigent. Maiti liebt die Musik. Auch während ihres Aufenthaltes in Paris 1925 nimmt sie privat Klavierstunden. Ihr Können darf sie an Schulabschlussfesten zeigen. Mit der Mutter und mit ihrem Stiefbruder Hans besucht sie in Paris die Oper. Am 8. Juni 1924 schreibt die Mutter ihrer Tochter: «Hr. Märki freute sich, dass Du so Freude an der Musik hast», und als Maiti in den Sommerferien 1925 nicht nach Hause darf, schreibt sie der Mutter: «Ich spiele auch sehr viel Klavier und als Du mir schriebst, dass ich nicht in die Schweiz könne, habe ich Klavier gespielt, um nicht zu weinen.»[10]

Der Tod von Marie Meierhofer-Lang erschüttert alle, die sie kannten. Besonders betroffen sind das Kindermädchen sowie der Klavierlehrer der Familie, Ernst Märki. Für die beiden war Marie Meierhofer-Lang eine mütterliche Vertraute. Ernst Märki widmet der Verstorbenen drei seiner Kompositionen.

«Germaine, unser Kindermädchen, welches mit 16 Jahren vor der Geburt von Tineli zu uns kam, hatte nämlich Mama nach Birsfelden begleitet und sah den Absturz und Brand des Flugzeuges. Sie rief verzweifelt: Mama, sodass die Leute meinten, sie sei die Tochter. Für uns war es gut, dass sie noch da war. Sie war so traurig, und ebenso mein junger Klavierlehrer Ernst Märki, der bei Mama Halt und Verständnis für seine Musikerlaufbahn und Trost bei den Konflikten mit seinem Elternhaus fand. Ernst Märki und Germaine Borgeaud fanden sich in gemeinsamer Trauer und heirateten zwei Jahre später.»[11]

Germaine Borgeaud, seit dem 1. September 1913 in der Familie Meierhofer als Kindermädchen tätig, ist für die Kinder zur Ersatzmutter geworden. Pläne, wegzuziehen, hat sie, wie Marie Meierhofer-Lang ihrer Tochter nach Paris schreibt, bereits 1924.[12] Sie ist allerdings bereit, noch über den Winter zu bleiben. Nach dem Tod von Marie Meierhofer-Lang verlängert sie ihr Engagement erneut. Erst nach der Heirat mit Ernst Märki

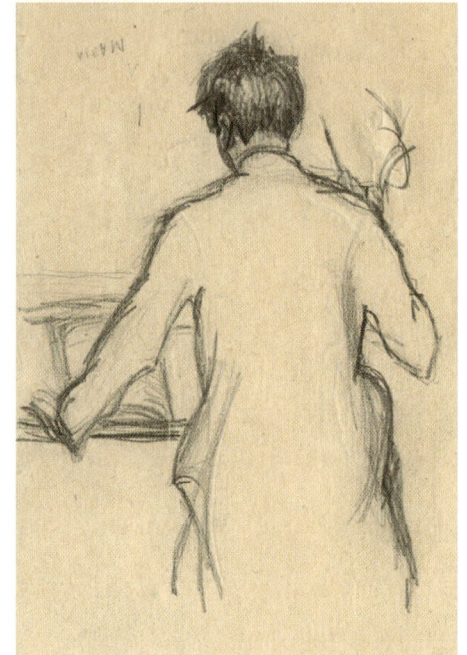

197

198

197, 198

Die Bewunderung von Marie Meierhofer-Lang für den jungen Musiker Ernst Märki kommt auch in Radierungen zum Ausdruck. So gestaltet sie ihm ein Exlibris[13] (Bild oben), und auch eine Zeichnung (Bild unten) muss mit Märki in Verbindung gebracht werden.

nimmt sie Abschied von Turgi. In einem Brief vom 30. Dezember 1927 schreibt sie an die drei Mädchen: «In dieser Woche habe ich so viel an die Vergangenheit gedacht, als Ihr noch kleine Mädchen wart u. das liebe Tini mein liebstes auf der Welt war; an die schöne Zeit, da Eure liebe Maman noch bei uns war. Sie war zu gut, um auf dieser Welt zu bleiben. Sie war für mich eine zweite Mutter und [ich] liebte sie wie meine Schwestern. Nun seid ihr grosse brave u. selbständige Mädchen geworden u. jetzt muss ich Euch verlassen, um für meine eigene Familie zu sorgen.»[14]

Die von Marie Meierhofer erwähnte düstere Stimmung scheint sich nach dem Weggang von Germaine noch verstärkt zu haben. Ernst Märki berichtet seiner Verlobten aus Turgi: «Heute Morgen war ich in Turgi bei Tineli. [...] Während meiner ganzen Anwesenheit dort habe ich nur noch die Lina[15] gesehen, sonst niemand. Während ich Tineli Stunden gab, hörte ich immer eine Schwabenstimme mit der Lina reden und umhergehen. Als ich nach der Stunde fertig war zeigte sich keine Maus. Alles Totenstille, nur Tineli Mira und ich waren noch ein paar Minuten in der Stube, dann ging ich fort auf den Zug. Einfach unheimlich war es in diesem Hause. Nichts haben wir gesagt, gar kein Wort über Deine Nachfolgerin. Tineli fragte ich ‹wie geht es Dir?› ‹Ja es geht mir so›, und dann nachher: ‹Herr Märki, sie werden begreifen, dass ich jene Woche als Germaine fortging, nicht üben konnte.› Mit einer Bestimmtheit sagte es das, als sei es um Jahre älter geworden.»[16]

Der Abschied fällt allen schwer, wie Briefe von Marie Meierhofer an Germaine zeigen: «Ich kann es immer noch nicht glauben, dass Du nun für immer von uns fort bist. Es ist alles so schwarz, leer und traurig daheim. Der letzte Sonntag war entsetzlich und endete natürlich mit einem Krach wie gewöhnlich.»[17] Die Wut von Marie und Emmi richtet sich vor allem gegen Dora Schütz, die neu im Haushalt arbeitet.

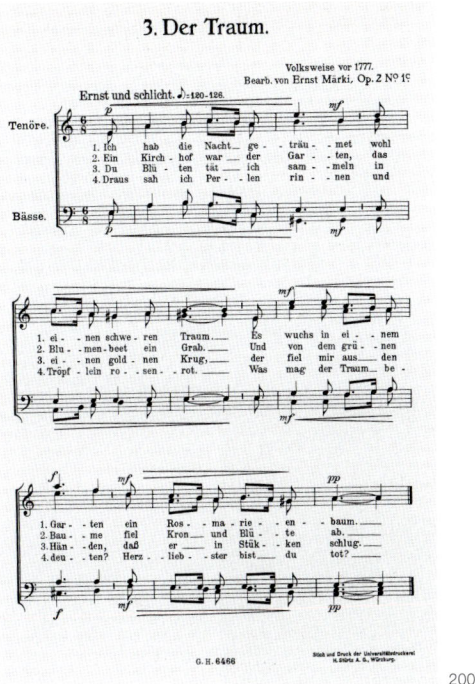

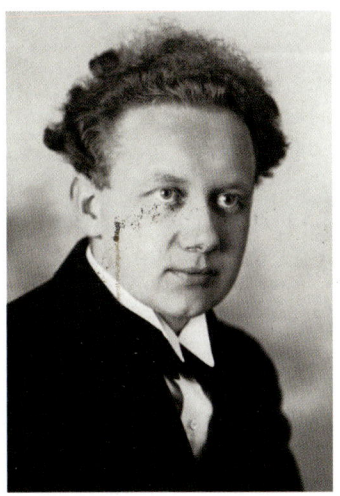

199
Titelblatt der Marie Meierhofer-Lang gewidmeten Kompositionen.

200
Das dritte Volkslied der Sammlung für Marie Meierhofer-Lang.

201
Porträt von Ernst Märki, um 1927.

Einzig Albertine äussert sich in Briefen nicht negativ über die neue Haushälterin. Marie Meierhofer schreibt am 28. Februar 1928: «Bei uns ekelt es mich an. Überhaupt ekelt es mich an daheim. Papa ist in Paris und Emmi ist heute an einen Pfadiabend gegangen. Tini, Hans, Mira und ich waren heute auf der Lägeren. Wir hatten einen ganz netten Spaziergang gemacht. Aber wenn man dann heimkommt und Du nicht daheim bist, dann ist wieder alles so bedrückend. Nicht einmal Fasnachtküchli haben wir dieses Jahr dafür Berliner Pfannkuchen.[18] Marie Meierhofer möchte den Sommer über in Zürich bleiben, weil sie es zu Hause nicht aushält. «Immer so eine fremde Person, die mir, ich kann nichts dafür, unsympathisch ist, wir alle drei in einem Zimmer mit Zank und Chiffelei, kein ruhiges Zimmer, wo ich arbeiten kann, ich glaube nicht, dass das gut ginge.»[19] Auch Emmi ist nicht glücklich: «Es ist ungemütlich daheim, man weiss nicht, wo sich hinsetzen. Wir sind spazieren gegangen und nachher ist das Geheul meinerseits erfolgt, da wir, Tini und ich, uns abgesondert haben sollen. Ich freue mich elend, dass Du verheiratet bist. [...] Ich danke Dir tausendmal für Deine Liebe und für die Arbeit, die Du mit uns gehabt hast. Es reut mich jedes böse Wort, das ich mit Dir gesprochen habe, wenn ich unartig war.»[20]

«Heute Morgen sind Maiti und ich wie zwei Waschfrauen im Badezimmer gestanden und haben gewaschen und geglättet. Wir müssen jeden Sonntag den halben Tag verwaschen und verglätten. Jeden Sonntag bin ich wütend über Lina, über die Atmosphäre um Fräulein Schütz u.s.w. Es ist so ein dummes Gefühl im Haus.»[21]

202
Im Fotoalbum trägt die 1926 entstandene Aufnahme den Titel *Im Tal der Einsamkeit*. Sie entstand vermutlich zum Zeitpunkt, da die Geschwister Meierhofer erfahren hatten, dass Germaine Borgeaud sie verlassen wird.

202

WILDE, TRAURIGE JAHRE

Bubikopf macht die Reifeprüfung

1927 darf zunächst Marie Meierhofer ihre Haare kurz schneiden. Kurz danach auch die beiden Schwestern. Diese Veränderung wird von Albert Meierhofer formal abgesegnet. Marie Meierhofer erhält als Erste vom Vater eine «Ermächtigung zum Bubikopf» anlässlich ihres 18. Geburtstages. Er schreibt dazu: «Ich bin überzeugt, dass Du nicht nur eine äusserlich elegante, sondern wie Deine selige Mutter auch eine innerlich feine und hochherzige junge Dame sein wirst, die mit allen Leuten lieb ist, namentlich aber in ihre Liebe einschliessen soll ihren armen alten Papa.» Er unterschreibt mit «[...] von Deinem alten, aber immer noch modernen Papa.»[22] Albert Meierhofer legt besonderen Wert darauf, als moderner Vater dazustehen. Im selben Jahr erhält auch Tineli[23] zum 14. Geburtstag eine Bewilligung zum *Bubikopf*. Auch Emmi darf sich die Haare kürzen lassen, allerdings erst, nachdem sie ihrem Vater einen «schneidig und richtig geschriebenen französischen Brief» geschrieben hat.[24]

Der 19. Geburtstag von Marie Meierhofer wird mit einer Fahrt auf dem Rhein gefeiert. Der etwas wirre *Bubikopf* des übermüdeten Geburtstagskindes kommt in der Fotografie gut zur Geltung. Wie Hans in seiner Agenda vermerkt, findet am Samstag, den 23. Juni, eine Party mit Tanz statt. Am nächsten Tag fährt die Geburtstagsgesellschaft mit einem Weidling nach Laufenburg.[25]

203
Marie Meierhofer (Mitte) im Boot auf der Fahrt nach Laufenburg.

204
Marie Meierhofer, im Boot schlafend.

205

Aufnahme im Klassenzimmer. Marie Meierhofer ganz hinten (Zweite von links in dunklem Kleid).

206

Die in einem Turnwettbewerb preisgekrönte Klasse. Marie Meierhofer vorne sitzend, Zweite von links.

207

Schulkollegin Doris Misslin bei Turnvorführungen an der *SAFFA* 1928.

Nach ersten Anfangsschwierigkeiten in einzelnen Fächern hat sich Marie Meierhofer an der *Töchterschule* gut integriert, fühlt sich wie seit je in der Gemeinschaft mit Klassenkameradinnen wohl und hat auch schulisch keine Probleme. Aufwändig ist der Schulweg. «Während der Gymnasialzeit wohnte ich teils in Turgi, teils in Zürich. Der Frühschnellzug nach Zürich hielt nur in Baden. Im Sommer holte uns Papas Chauffeur Walter Wick mit dem neuen Renault ab (erste Limousine im Dorf; die Leute fürchteten, wir würden darin ersticken, weil sonst alle Autos offen waren). Walter lud in Turgi noch Lotte Straub und in Ennetbaden meine Schulfreundin Leni Büchi auf und fuhr mit uns zum Bahnhof Baden. Wir erwischten dann den Schnellzug um sechs Uhr zwanzig. Die Schule begann um sieben Uhr zehn.»[26]

Marie Meierhofer ist auch im ausserschulischen Programm aktiv. So beteiligt sie sich mit Klassenkameradinnen an einem Turnwettbewerb, an dem sie den ersten Preis erhalten.

1928 findet in Bern die *SAFFA (Schweizerische Ausstellung für Frauenarbeit)* statt. Ziel der Ausstellung ist es, auf den Anteil der Frauen an der gesellschaftlichen und volkswirtschaftlichen Arbeit in der Schweiz aufmerksam zu machen. Die Organisatorinnen, die grossen nationalen Frauenorganisationen der Schweiz, sind der Ansicht, speziell die Haus- und Familienarbeit werde zu wenig geschätzt, und fordern dafür mehr Anerkennung. Längerfristig sollte diese Anerkennung in politische Gleichstellung der Frauen münden.

Die *Höhere Töchterschule* beteiligt sich mit zwei abendfüllenden Programmen an der *SAFFA*.[27] An einem Abend werden Musik und reigenartige Turnübungen dargeboten, am zweiten wird das Kindermärchen *Der gestiefelte Kater* mit Elsie Attenhofer in der Hauptrolle aufgeführt. «Ich hatte die Rolle des Hofnarren und machte verschiedene Purzelbäume. So sehr identifizierte ich mich mit dem bedeutungslosen Hofnarren, dass ich, als ich vor der Aufführung in den Kulissen dem Orchester zuhörte, mit dem Gefühl des Ausgeschlossenseins weinen musste und die Schminke überall hinfloss.»[28]

208, 209
Marie Meierhofer als Hofnarr und mit Erica Altherr als Prinzessin.

210, 211

Herta Bamert an der *SAFFA* 1928 und bei einer gemeinsamen Bergtour (vorne links).

212

Marie Meierhofer zwischen den Söhnen von Frau Bossard und Pensionären der Villa Bossard.

WILDE, TRAURIGE JAHRE

Neben ihrer Schulwegkollegin Helen Büchi findet Marie Meierhofer vor allem in Herta Bamert eine neue Freundin, die ihr über die harte Zeit im ersten Sommer im Gymnasium hinweghilft. Sie unternehmen gemeinsam zahlreiche Wanderungen, und die tänzerische Begabung Herta Bamerts regt Marie Meierhofer an, selbst Kurse in Rhythmik zu besuchen.

Im letzten Jahr vor der Matur lebt Marie Meierhofer in Zürich: «In der Pension von Frau Bossard lernte ich 1928 einen drei Jahre älteren Geologiestudenten kennen, mit dem ich mich befreundete. Diese Freundschaft dauerte noch an, als ich wieder mit Papa in Zürich wohnte und ich an der Universität studierte. Ich löste die Freundschaft 1932 auf, weil mein Freund unsere ‹heimliche Liebe› über Jahre hin frei vom Geschwätz seiner zahlreichen Verwandten in der Stadt behüten wollte (er war ein später Spross eines Patriziergeschlechtes). Dadurch konnten wir uns nur im Freien sehen und auch an Konzerten zum Beispiel nicht nebeneinander sitzen und nicht einander in der Pause sprechen. Für mich war dies eine unmögliche Situation. Ich musste die Beziehung abbrechen.»[29]

Diese Einstellung entspricht nicht unbedingt jener zurückhaltenden und passiven Haltung, die Marie Meierhofer-Lang von ihren Töchtern erwartete. Ihrer Ältesten schrieb sie 1925 nach Paris: «Hans weilt dauern in Zürich in der Pension Bossard. Die Engländerin, welche er jüngst in London besuchte, ist dort in Pension ... hoffentlich gehörst Du einmal nicht zu diesen modernen Mädchen, welche den Burschen so nachlaufen.»[30]

An der *Höheren Töchterschule* kann damals nur die kantonale Maturität erworben werden. Wer Medizin studieren will, muss die eidgenössische Maturität bestehen. Marie Meierhofer reist zu diesem Zweck nach Bern.[31] An den Schulabschluss hat sie traurige Erinnerungen: «Als ich von der eidgenössischen Maturitätsprüfung, welche ich mit zwei Kameradinnen in Bern als Beste bestanden hatte, nach Turgi zurückkam, sagte er [der Vater] nur: ‹Ich habe das nicht anders erwartet.› Seine Freude darüber zeigte er nur dadurch, dass er vom Metzger eine Fleischplatte zum Nachtessen bestellt hatte. Ich durfte gar nicht an die Aufregung und laute Freude der Eltern meiner Kameradinnen beim Empfang am Bahnhof denken, sonst hätte ich auch geweint. Ich musste doch ganz allein vom Bahnhof nach Hause trotteln.[32]

213

Albert Meierhofer mit den drei Töchtern auf dem *Hohen Stollen*.

Der neue Vater

Das grosse geschäftliche Engagement und die andauernden ehelichen Spannungen zwischen Albert Meierhofer und Marie Meierhofer-Lang haben eine intensivere Beziehung zwischen Vater und Töchtern behindert. Der Tod der Mutter entspannt die Situation. Der Vater widmet sich vermehrt seinen Töchtern. Er bezieht sie in seine Leidenschaft Bergsteigen mit ein und unternimmt zahlreiche Touren.

Zu Beginn des Jahres 1929 gefriert der Zürichsee. Die *Seegfrörni* wird zum grossen Ereignis, die Marie Meierhofer in einer Postkartensammlung festgehalten hat. Albert Meierhofer zieht Schlittschuhe an und wagt sich mit seiner Tochter aufs Eis.

Im Hausbuch der Familie Meierhofer notiert Dora Schütz: «Sehr kalter Winter, viel Schnee und Eis, im Januar verschiedene feine Skitouren auf Weissenstein und Lägern, im Februar Züriseegfrörni, die ganze Familie, das heisst hauptsächlich Papa und Maiti auf Schlifschuhen auf dem See; Eislauf von Rapperswil nach der Ufenau und zurück, von Zürich nach Erlenbach und anderes mehr.»[33]

Die Jahre 1929 und 1930 sind geprägt von zahlreichen Ausflügen, wobei Marie Meierhofer, oft kombiniert mit Bergtouren, mit dem neuen Dodge ihre Fahrkünste zeigen muss:

«Ich bestand im Frühjahr 1929 die Fahrprüfung und musste nun die Familie mit dem schönen neuen Dodge chauffieren. Aber Papas Taktik im Bergsteigen – nämlich eigene Routen zu nehmen, die eigentlich keine waren –, sondern gelenkt vom Kompass direkt auf den Gipfel zuzusteuern, brachte uns häufig ernsthafte Schwierigkeiten, eröffneten uns aber auch wunderschöne Ausblicke und Gelegenheiten, zum Beispiel unter einem Wasserfall zu baden.

214
Postkarte (Seegfrörni, von der Tonhalle aus gesehen).

215
Albert Meierhofer und Maiti üben gemeinsam.

216
Albert Meierhofer vorne links. Die Tochter Marie hat sich noch etwas unsicher auf ihren Schlittschuhen weiter hinaus gewagt.

WILDE, TRAURIGE JAHRE

Es führt zu weit, alle Abenteuer zu berichten, die wir mit ihm erlebten. Wir hatten Glück, dass nichts ernsthaftes passierte, aber für mich als Chauffeuse war es oft fast zu viel, wenn ich wegen Verpassen der letzten Seilbahn Alpwege im Dunkeln befahren musste, wobei Papa alle Gatter auf und zu machte. So geschehen bei einer Titlistour, als wir verspätet ankamen und die Gerschnialpbahn nicht mehr fuhr: mit dem Auto auf die Gerschnialp, im Extrazug der Luftseilbahn, organisiert von Papa, auf den Trübsee, guter Schlaf nach einem feudalen Essen und wiederum Verpassen des rechtzeitigen Aufstehens. Als wir endlich unterwegs waren, kamen die anderen Gäste schon vom Gipfel herunter. Der Schnee auf dem Gletscher war so weich und nass, dass wir bis zu den Knien versanken. Wir mussten umkehren. Auf dem Rückweg sausten wir auf dem Hosenboden den Gletscher hinunter. Bei einem Felsköpflein trockneten wir, auf dem Bauch liegend, unsere Hosen. Im Dunkeln mussten wir wieder den Alpweg fahren und dann zurück nach Zürich, während alle, Emmi, Tineli, Papa und Fräulein Schütz erschöpft schliefen.»[34]

Ende März 1930 zieht Albert Meierhofer zusammen mit seinen drei Töchtern und der Haushälterin nach Zürich. Albert Meierhofer unterrichtet Emmi, die in Oxford Englisch lernt, brieflich über den Umzug und lobt dabei die Vorzüge der zukünftigen Wohnung. Sie bietet vom Balkon aus einen wundervollen Ausblick auf den See, und die Küche ist mit dem Luxus eines elektrischen Kühlschrankes ausgestattet.[35] Das *Öpfelbäumli* in Turgi wird modernisiert, neu gestrichen und tapeziert. Es soll das neue Zuhause von Hans Meierhofer werden, der am 7. April 1930 Idy Caflisch heiratet.

Studium der Medizin – mit viel Schwung und einigen Abenteuern

Marie Meierhofer möchte Medizin studieren, aber der Vater hat andere Pläne für sie. Er wünscht, dass sie einen technischen Beruf wählt oder Architektur studiert und mit der *B.A.G.* zusammenarbeitet. Eine überraschende Wende in der Gesinnung des Vaters tritt ein, als der Arzt bei Marie Meierhofer einen Tumor in der Brust entdeckt. In Albert Meierhofer steigen Ängste auf, denn er erinnert sich an seine erste Frau, die an Brustkrebs gestorben ist. Die Sorgen schlagen ihm auf den Magen, und er geht zum Arzt. Ein Sohn des bekannten Maximilian Bircher-Benner untersucht ihn eingehend und wendet dabei auch die Röntgentechnik an. Brieflich berichtet Albert Meierhofer seiner Tochter von diesem Arztbesuch und schildert seine Faszination über die neuen technischen Mittel. Seine Sorgen um seine Tochter und die Bedenken zur bevorstehenden Operation fasst er kurz: «Ich habe natürlich mit ihm von Dir gesprochen und ihm meine Bedenken gegen die Operation gesagt. Er hat sie zerstreut und glaubt, mit der Operation werde die Sache erledigt sein. Ich will es also auch hoffen.»[36] Es stellt sich heraus, dass das bei Marie Meierhofer operativ entfernte Gewebe nicht bösartig ist. Der technikinteressierte Vater ist von den Untersuchungsmethoden seines Arztes so begeistert, dass er in die Studienpläne der Tochter einwilligt. Er verlangt aber, dass sie prophylaktisch arbeitet und dafür sorgt, dass die Gesunden nicht krank werden, statt nur die Kranken zu behandeln.

Am 19. April schreibt sich Marie Meierhofer an der Universität Zürich ein. Ein paar Freundinnen aus der *Höheren Töchterschule* studieren auch Medizin. Am meisten Kontakt hat sie zu Leni Büchi, welche Zahnmedizin studiert und somit einen anderen Lehrgang besucht.

Marie Meierhofer kommt mit dem Studium rasch voran.

«Der Stoff war reich und vielfältig mit interessanten praktischen Kursen. Ich fühlte mich in der Materie daheim wie schon vorher im Gymnasium. Das erste Propädeutikum bestand ich im Frühjahr 1930. Ich erinnere mich nur, dass es so viel Schnee hatte und ich dem Abwart half, ihn wegzuschaufeln. Dies brachte mich in Schwung, sodass ich mit Freuden in die Prüfung stieg.

Schon im ersten Semester belegte ich den Präparierkurs im Seziersaal und kam damit mit den Studenten zusammen, die ein Semester mehr hatten. Nach weiteren zwei Semestern Anatomie konnte ich, also nach bereits vier Semestern Vorklinik, ins zweite Propädeutikum steigen, da ich alle Vorlesungen und auch die freiwilligen Kurse belegt hatte. Gemeinsam mit

217
Das Haus an der Hadlaubstrasse 41, in dem Albert Meierhofer eine Wohnung mietet.

218
Tour auf den Titlis am 22. Juni 1930, von links nach rechts: Marie Meierhofer, Albertine Meierhofer, Dora Schütz und Albert Meierhofer.

219
Dora Schütz, Albert Meierhofer und Albertine Meierhofer in einer Felswand.

220
Der Arbeitsplatz von Marie Meierhofer in der neuen Wohnung.

221

Marie Meierhofer mit Max Meier
vor der Universität Zürich.

WILDE, TRAURIGE JAHRE

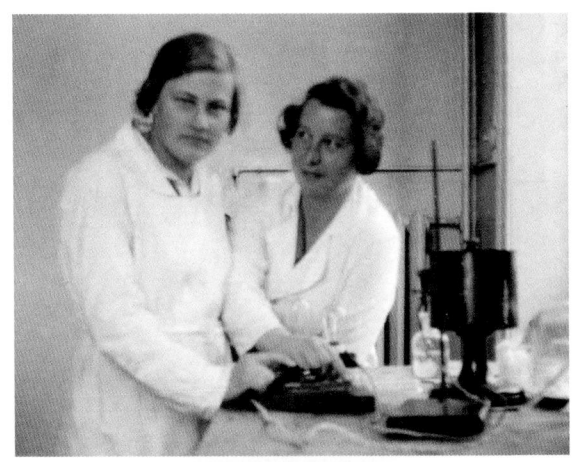

zwei Studienkameraden, mit Walter Meier und mit Franz Altherr, bereitete ich mich auf die Prüfungen vor. Dabei entstanden oft interessante Diskussionen über Zusammenhänge und mögliche Ursachen namentlich auf dem Gebiete der Physiologie, welche damals in rasanter Entwicklung war. Durch gegenseitige Befragungen versuchten wir, uns im lateinischen Namenurwald der Anatomie zu festigen. Diese Lernstunden, bald bei mir, bald im elterlichen Pfarrhaus von Franz abgehalten, festigten unser Wissen und unsere Freundschaft.»[37]

Mit den neu gewonnenen Freunden verbringt Marie Meierhofer auch die Freizeit. «Wir gingen in den verschiedenen Familien aus und ein und konnten auch unsere Geschwister mitnehmen an Anlässe und Ferienlager. Zum Beispiel trafen wir uns im Sommer über Mittag alle im Strandbad. Jeder brachte etwas mit, und wir teilten alles. In jener Zeit hatten wir eine Volontärin aus Schottland in der Familie, Peggy. Peggy und Emmi bereiteten jeweils belegte Brote und Früchte vor und kamen dann zusammen mit Tineli angesaust. Meine Kameraden sagten dann jeweils: die Maitis kommen. Die Familie Tauber brachte meistens Birchermüsli für alle mit, und Auguste, die älteste Tochter, steckte nacheinander jedem in der Runde den Löffel in den Mund.»[38]

Über Neujahr 1930 fährt Marie Meierhofer mit ihren Schwestern, Leni Büchi, Hedi Baumann, Sven Möschlin und Kunrad von Wurstenberger nach Präsanz im Bündnerland. Ursprünglich ist geplant, dass sie im Chalet von Frau Bossard, der Schlummermutter von Marie Meierhofer, wohnen. Da im Dorf selbst kein Schnee liegt, suchen sie eine andere Unterkunft. Sie finden eine einfache Alphütte, zwei Stunden Fussmarsch oberhalb des Dorfes, wo sie acht Tage Skiferien verbringen. Die Hütte bietet keinen Komfort, und weil die Betten zu kalt sind, schlafen alle «wie Jungmäuse» im Heu: «Da die Küche keinen Kamin hatte, mussten wir beim Kochen weinen und sangen Schlager dazu wie Tränen weint jede Frau so gern, sie weiss, es kleidet sie, und darum leidet sie.»[39]

In einem gemeinsamen Tagebuch halten die Freunde ihre Erlebnisse fest:

«1. Januar, 8 Uhr abends:
Hedi hat zu früh zu kochen begonnen – jetzt ist der Herd verlöscht, das Essen kalt. Die drei [Marie Meierhofer, Sven Möschlin und Kunrad von Wurstenberger] sind noch nicht zurückgekommen von ihrer Tour. Seit Anbruch der Dunkelheit warten wir, warten.

Jeder hat ein Buch vor sich, aber leer geht der Blick über die Seiten. Wir lauschen auf jeden Ton von draussen. Der Sturm

222
Marie Meierhofer im Labor
mit Irmgard Keller.

223
Marie Meierhofer mit einem
Kollegen im Labor.

224
Beim Picknick und beim Diskutieren bei der Universität; von links nach rechts: Margi Jenny, Anny Glutz, Marie Meierhofer, Dorli Gasser, Herbert W. und Rolf Stahel.

WILDE, TRAURIGE JAHRE

rüttelt & schüttelt an den Läden & Balken unseres Hauses, pfeift über die Felsen herab. [...]

Wir haben richtig Angst. Wir mögen sie uns nur nicht eingestehen. Aber wenn wir plötzlich vom Buch aufschauen & in die Augen des anderen sehen, dann sehen wir nackte Angst darin aufflackern.

Was ist passiert?

Bei wolkenlosem Himmel und eisigem Föhn waren die drei gegen Ziteil (Wallfahrtsort, wo 1500 die Jungfrau Maria einen Hirten gefoppt hatte) aufgebrochen, angeblich um zu recognoszieren. An steiler Halde rutscht Maiti seitwärts ab; jedoch ganz ungefährlich (Bemerkung für den mit Lawinenkomplex behafteten Leser). Auf der Furcletta öffnet sich ein einzigartiger Ausblick, sodass keiner an ein zurück denkt. Ein wahnwitziger Wind treibt uns durch den Sattel. Ein Strom von Schneestaub um uns. Film auswechseln beinahe unmöglich. Die Finger werden gefühllos. Der Schnee ist wie Eis. Der Kopf ist blöd von dem eisigen Wind. Auf jedem Hügel wird die Karte konsultiert. 1000 mal finden wir den richtigen Weg. Doch zuletzt verirren wir uns in einem Wirrwarr von Wald- und Hohlwegen. Skiers ab, Skiers an. Schneestapfen. An jedem Kreuzweg halten wir Familienrat. Bei anbrechender Nacht landen wir – Gott sei dank – in Del.

Unsere Saluxer Postfrau ist die Freundlichkeit selbst. Wir bekommen Schnaps und Birnbrot. Ein Bube aus unserem Anhang soll uns Zeitungen bringen zum Anfeuern. Als er mit einem Briefpapier erscheint bietet sich ein Mann an, uns Zeitungen zu verschaffen. Er packt mir sogar Holz in den Rucksack trotz der Versicherung wir hätten genug davon. Hoffentlich findet er die Schiltli nicht im Wald!

Die Skiers schlarpen bergwärts. Was denken wohl unsere Zuhausegebliebenen? Hoffentlich ist gekocht, geheizt und genestet! Haben sie wohl Angst ?? – !

Der Mond versteckt sich. Es beginnt zu schneien. Die Reck- u. Beinmuskeln erschlaffen. Der Franzos ist schon vorbei.

Ein letzter Ruck – und wir sind da!»[40]

225

225

Aussicht von der Alp auf von einer Lawine zerstörte Hütten und Gebirge.

226

Alp Gradi Lai (Cre digl Lai).

227

Gruppenbild vor der Hütte. Identifiziert: Sven Möschlin (tritt aus der Türe); Marie Meierhofer am Tisch (Zweite von rechts).

228

Vor der Hütte auf Gradi Lai (Cre digl Lai).

229

Gruppenbild auf einer Skitour: Albertine und Marie Meierhofer (Zweite respektive Dritte von rechts).

WILDE, TRAURIGE JAHRE

Es ist nicht das letzte Abenteuer in diesen acht Tagen. Der 3. Januar prägt das Motto des Tagebuches:

«Des Lebens Höchstes ist das Schwein... Man muss es haben – oder sein!

Denkwürdiger Tag. Jeder weiss sogleich: die Lawine, und hört das Rollen.

Frisch und fröhlich sind wir ausgezogen, die Sonne blinzelt uns und der Wind macht uns heisse Ohren. Wir sehen einen Menschen auf der anderen Seite des Baches. Welch ein Wunder. [...]

Wir steigen und steigen in tiefem Pulver. Sven und Kunrad spuren abwechslungsweise. Schon sind wir über der Waldgrenze, der rasende Wind jagt Schneestaub die Hänge hinunter. Alles weiss. Die Sonne versteckt sich. Wir steigen, vorsichtig unsere Kanten gebrauchend. Schon sind wir auf der selben Höhe wie die Forcletta. Die Hänge werden steiler, der Neuschnee tiefer. Sven schaut besorgt umher, wir aber wissen ja, dass er einen ‹Lawinenkomplex› hat.

An einem windgeschützten Hange macht Leni eine Photo, ich schlage vor, hier zu rasten und uns zu stärken. Allgemeine Zustimmung, nur Sven hat noch Bedenken.

Aber Kunrad optimistisch: ‹Ja, unsere Schinkenbrötchen könnten davonschwimmen›, und Leni lachend, den Photo einpackend: ‹Dann sind wir selbst geklopfte Schinken.› Schallendes Lachen. Cragne! Und ein dumpfes Rollen. Sven ruft: ‹Schnell abfahren›, und alle fünf stieben auseinander. Ich versuche auch davonzukommen sehe aber, dass es zu spät ist, denn nur noch zwei Meter vor mir entfernt, wälzen sich die Schneemassen. Kopf hochhalten, denke ich und stemme mich dagegen.

Der Schnee presst sich schon gegen meine Hüften und plötzlich stoppt die ganze Masse. Ein wenig weiter unten sehe ich Leni. Sie zückt den Photo. Hedi und Sven kommen lachend angelaufen. Ich bin wie eingemauert und beginne zu graben. Die anderen helfen mir. Nur möglichst schnell fort von hier. Nach grosser Mühe gelingt es uns auch meine Skier auszugraben. Plötzlich begreifen alle, wie nahe der Tod an uns vorbeigegangen ist und erschrecken.»[41]

230–234

Alle Bilder stammen von der im Tagebuch beschriebenen Skitour; Bild 233: Marie Meierhofer hat sich aus den Schneemassen befreit.

230

231

232

233

234

WILDE, TRAURIGE JAHRE

Musik, erste Patenschaft und der Tod des Vaters

Am 4. Januar wird die Hütte auf Gradi Lai gereinigt, und die Skiabenteurer kehren in den Alltag zurück. Dieser geht hektisch und vielfältig weiter. Die nach wie vor enge Verbundenheit von Marie Meierhofer zu Germaine Borgeaud, die in der Zwischenzeit den Komponisten und Chorleiter Ernst Märki geheiratet hat, zeigt sich darin, dass sie Patin von Ernst Roland, deren erstem Kind, wird. Die Taufe findet in Grenchen statt, wo Ernst Märki eine Stelle gefunden hat.

Neben verschiedenen Wanderungen auf den Üetliberg und die Rigi sowie in der Agenda immer wieder vermerkten Repetitionen mit Kolleginnen und Kollegen im Hinblick auf mündliche Prüfungen am 11. und 19. März beginnen auch Proben für die Aufführungen der Johannes-Passion von Johann Sebastian Bach am 2. und 3. März (Karfreitag) und eines Werkes von Paul Hindemith. Marie Meierhofer pflegt die Musik weiterhin intensiv.[42]

«Eine gute Freundin bis heute ist auch Ruth Andreae. Ihr Vater, Volkmar Andreae, war Musikdirektor in Zürich, Dirigent des Tonhalleorchesters, des gemischten Chors, Direktor des Konservatoriums etc. und Komponist.

Unsere Schäferhündin Mira durfte nach unserem Umzug in Zürich bei Andreae eine gute neue Heimat finden bis zu ihrem Tode. Auch ich war stets willkommen bei Andreaes, welche in der Enge eine Villa mit Garten hatten. Jeden Donnerstag war ich miteingeladen zum ‹Wurstessen›, eine Mahlzeit mit allen Arten von Würsten. Eingeladen waren Verwandte und Freunde der Familie und die Musiker, welche in Zürich gerade Konzerte gaben. Häufige Gäste waren Othmar Schoeck, Adolf und Fritz Busch, Serkin, Ansermet und Paul Hindemith und Jehudi Menuhin und andere. Einige Zeit gab mir Ruth Klavierstunden, das heisst, ich übte ein Klavierkonzert von Mozart ein und Ruth spielte auf dem zweiten Flügel den Part des Orchesters im Saal der Villa: genussvolle Stunden. Ruth hat sich neben dem Medizinstudium noch das Konzertdiplom für Klavier erstanden. Ausserdem hat sie mich mitgenommen in den gemischten Chor von Zürich, mit dem wir Passionen von Johann Sebastian Bach aufführten. Anlässlich des Deutschen Tonkünstlerfestes war das *Unaufhörliche* von Paul Hindemith im Programm. Es war ein grosses Erlebnis, bei diesem modernen Werk mitzumachen. Beim Studium der Einzelstimmen und des Chors war ich immer wieder befremdet durch diese atonale Musik. Erst bei der ganzen Aufführung mit Orchester machte sie mir einen tiefen Eindruck.»[43]

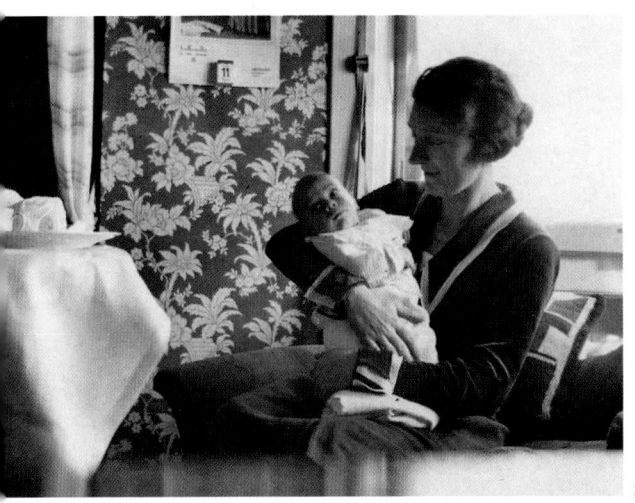

Eine andere Leidenschaft wird das Schicksal der Familie Meierhofer prägen: die Liebe zum Wasser, insbesondere zu Flüssen. Marie Meierhofer beginnt ihre Lebensbeschreibung mit der Feststellung: «Mein Leben und meine Phantasien als Kind wurden sehr geprägt durch die Landschaft. Drei Flussläufe, nämlich Limmat, Reuss und Aare flossen unterhalb unseres Limmatabschnittes zusammen und mündeten weiter unten in den Rhein.»[44] Die Faszination für das Element Wasser hat sie vermutlich vom Vater geerbt: «Papa liebte auch das Wasser, vor allem die Flüsse, in denen er mit uns schwimmen ging, zum Schrecken von Mama. Früh schon hatte er ein Paddelboot, und zu meinem zwanzigsten schenkte er mir ein eigenes Paddelboot.»[45] Flussläufe sind ein sehr beliebtes Fotosujet von Albert Meierhofer. In Turgi beobachtet und fotografiert er die Wucht der Wassermassen bei Hochwasser.

1924 unternimmt Albert Meierhofer eine abenteuerliche Fahrt die Rhone hinunter. Unterwegs schreibt er eine Postkarte nach Turgi: «Die Rhone war bisher sehr wild, aber wir sind immer gut durchgekommen. Wir sind 5 Herren, 3 in einem Ruderboot mit dem grossen Kinoapparat, zwei in einer kleinen Pirogue. Wir kommen erst am Donnerstag nach Lyon.»[46] Um das Abenteuer zu dokumentieren, werden eigens eine Schreibmaschine und eine Filmkamera auf einem der Boote mitgeführt. Der Film wird an der Sorbonne gezeigt, um für das Projekt Rhein-Rhone-Kanal zu werben. Der Hintergrund dieses Projektes sind Erfahrungen, die Albert Meierhofer während des Ersten Weltkriegs machte. Die Schweizer Industrie hatte grosse Probleme, an Rohstoffe zu gelangen, da die Nachbarländer die

235
Die Patin Marie Meierhofer mit Ernst Roland Märki anlässlich der Taufe.

236
Germaine Märki-Borgeaud mit ihrem Söhnchen Ernst Roland ebenfalls anlässlich der Taufe.

Exporte von Metallen stark einschränkten. Albert Meierhofer hat als Antwort auf diese Restriktionen eine zentrale Stelle für den Einkauf von Rohstoffen gegründet und diese selbst geleitet. Während des Kriegs ist er viel unterwegs, um Geschäftsbeziehungen zu pflegen und Material zu beschaffen. Besonders schwierig ist es für die Schweiz, Blei einzuführen. Albert Meierhofer baut eine Bleigiesserei in Spanien und kämpft bis zum Ende des Kriegs für die Transiterlaubnis von Frankreich. Diese Erfahrungen lassen Albert Meierhofer die Bedeutung der Binnenschifffahrt und des Zugangs der Schweiz zu den Meeren erkennen. Um diese zu fördern, gründet er 1917 zusammen mit den Herren Moor, Egli und Schlatter die Sektion Ostschweiz der *Association Suisse pour la Navigation du Rhône au Rhin*.[47]

Am 28. Juni 1931 unternimmt Albert Meierhofer eine Paddelfahrt von Ziegelbrücke nach Rapperswil,[48] und am 5. Juli reist er ins Tessin in die Ferien. Zusammen mit einer Freundin, Paola Elsener, macht er eine Wildwasserfahrt auf dem Ticino und verunglückt am 9. Juli tödlich. Über den Unfallhergang erscheinen verschiedene Versionen in den Zeitungen. Die einen schreiben, das Boot sei unterhalb von Bellinzona auf ein Hindernis aufgefahren, worauf die beiden Passagiere ausgestiegen seien und versucht hätten, es wieder flottzumachen. Albert Meierhofer sei dabei gestürzt und von den Fluten mitgerissen worden. Andere Berichte beschreiben ein Kentern des Bootes, wobei sich die Begleiterin schwimmend ans Ufer retten konnte und Albert Meierhofer in einer Stromschnelle unterging. Seine Leiche wird erst am nächsten Tag mit grosser Mühe aus dem Lago Maggiore geborgen.[49]

«Dieser grausame Unfalltod war ein Schock für uns Kinder, aber auch für die Mitarbeiter von Papa im Geschäft. Nun waren wir gänzlich verwaist. Ich als Älteste, 22 Jahre alt, musste die Verantwortung für die Familie übernehmen. Ich hatte im Frühjahr 1931 nach nur vier Semestern Vorklinik das zweite Propädeutikum bestanden und war nun im Beginn des klinischen Studiums. Emmi, 20¼ Jahre alt und Tineli, 17½ Jahre alt, besuchten am Privatinstitut *Juventus* das Gymnasium. Sie hatten im Sinn, ebenfalls zu studieren. Da Tineli noch minderjährig war, wurde Onkel Damian Lang in Bern als Vormund eingesetzt. Wegen der Distanz und auch weil es ihm nicht lag, sich um Alltäglichkeiten zu kümmern, beschränkte er sich darauf, unsere Rechte bei der Erbteilung zu vertreten. Dies war nicht einfach.»[50]

Papa hatte sein Vermögen in B.A.G.-Aktien angelegt. Diese waren 1931 nichts wert, da sie wegen der grossen Wirtschaftskrise nichts abwarfen. Da war noch das Haus in Turgi, das wir ja nicht aufteilen konnten. Papas Unfallversicherung

237

237

Wildwasserschlucht, Aufnahme von Albert Meierhofer (ohne Datum).

238
Aufnahme Albert Meierhofers von einer Hochwassersituation in Turgi. Der Fotograf erhöht die dramatische Stimmung mit einer geheimnisvollen Figur.

WILDE, TRAURIGE JAHRE

zahlte auch nach einem Prozess nichts, da versäumt worden war, die Todesursache durch eine Sektion feststellen zu lassen. Die Versicherung behauptete, der Unfalltod sei nicht erwiesen, er könnte durch einen Herzschlag gestorben sein, da er damals bereits 67¾ Jahre alt war. Ausser einem Kassenbuch mit wenigen tausend Franken war kein Vermögen vorhanden. Vorerst zahlte die B.A.G. noch Papas Lohn für drei oder sechs Monate; das war alles, was wir hatten, und das musste lange hinreichen. Onkel Damian hatte Differenzen mit Hans, respektive seiner Frau, wegen der Anrechnung des Studiums etc. Sie hatte es sowieso nicht gerne, wenn Hans bei uns willkommen war. Wir hätten aber seine Hilfe gebraucht, so verloren und allein, wie wir zuerst waren.»[51]

In diesen schwierigen Zeiten mussten meine Schwestern und ich sehen, wie wir unsere Ausbildungen beenden könnten. Nun galt es, aufs Äusserste zu sparen. Ich fand eine Dachwohnung im fünften Stock im Quartier unterhalb des Schaffhauserplatzes an der Pflugstr. I. Beim Zügeln halfen die Studienkollegen. Das grösste Zimmer, das Wohnzimmer, hatte ein Erker mit Türmchen. Von dort konnte man über die Stadt, das Bahnhofsgebiet und zum Uetliberg hinübersehen, also auch ein wenig Aussicht. Emmi wechselte in die Räberhandelsschule. Sie wollte bald verdienen. Verköstigt haben wir uns im Studentenheim: Teller für Fr. –.60, eventuell mal einen für Fr. I.–. Wir waren jung und hatten gute Freunde und passten uns der Situation an. Die Kleider nähte ich mir alle selbst.»[52]

239

Marie Meierhofer auf der Terrasse der neuen Wohnung.

240

Ausschnitt aus einem Kassenbuch von Marie Meierhofer aus dem Jahr 1931/32. Darin ist unter anderem auch die Ausgabe für ein Schnittmuster (Fr. 1.–) vermerkt.[53]

241

Stöffi Wolfensberger und Roland Pfister helfen beim Zügeln. In der Mitte Emmi Meierhofer.

239, 240   241

WILDE, TRAURIGE JAHRE

Walter Robert Corti – Anfänge einer Freundschaft fürs Leben

Am 12. Dezember 1930 findet anlässlich des Vorklinikerballes die Vorführung des Theaterstückes *Die Versuchung des heiligen Antonius oder Krisis der Liebe* statt. Der Autor des Stückes, Walter Robert Corti, von seinen Freunden Buss genannt, verliebt sich in Marie Meierhofer.

«Buss, eigentlich Walter Robert Corti, war ein ungewöhnlicher Mensch und war mein bester Freund das ganze Leben lang bis zu seinem Tode vor drei Jahren. [1990] Als ich ihn kennen lernte, im Winter 1930, war er gerade zwanzig Jahre alt geworden, und ich war einundzwanzig. Er war deshalb nicht im gleichen Semester wie ich, nur die Anatomievorlesungen besuchten wir gemeinsam. In diesem Winter fragte mich meine Freundin Leni Büchi, ob ich nicht an ihrer Stelle die weibliche Hauptrolle in einem Theaterstück übernehmen würde, das die Vorkliniker an ihrem Ball vorzuführen gedenken. Der Autor und Hauptdarsteller war Walter Robert Corti. Die Proben fanden im Studentenheim statt. Für mich war das Stück ein Durcheinander, und der medizinische Jargon, der die Dialoge beherrschte, mir nicht vertraut. Aber ich hatte versprochen einzuspringen und sah der Katastrophe entgegen. Das Ganze war spannend, und auch bei der Aufführung noch nicht einmal fertig geschrieben. Ausserdem verlor der Souffleur die meisten Blätter des Manuskripts, und wir mussten improvisieren.[55]

Buss war verliebt, aber er wusste, dass ich einen Freund hatte. Er wusste aber nicht, dass diese Beziehung am Zerbröckeln war. Einmal schickte er mir zwölf rote Rosen mit einem etwas wirren Brief, den er zu vernichten mich bat. Wahrscheinlich entschuldigte er sich für irgend eine falsche Bemerkung.

242

Ausschnitt aus dem Manuskript zum Theaterstück *Die Versuchung des heiligen Antonius*.[54]

Ich staunte ob dieser Geste und über die Schönheit der Blumen. Ich war solchen Luxus nicht gewöhnt, wir mussten ja jeden Fünfer umdrehen und hatten auch schon vor dem Tode von Papa einfach gelebt. Von da an schrieb er mir öfters ganz offen über seine inneren Konflikte, welche sich hauptsächlich um seine Mutter drehten. Sie war Westfälin, Krankenschwester gewesen, und war gewöhnt an Ordnung und Disziplin, hatte aber Mühe mit dem Jüngsten, dem ‹Goldenen›, wie sie sagte.»[56]

Marie Meierhofer führt Walter Corti in die Gruppe ihrer Freunde und Freundinnen ein. Vom 22. bis am 26. Mai verbringt Marie mit Freunden und weiteren jungen Menschen Ferien in Arcegno. Auch Walter Corti ist dabei. Man unternimmt gemeinsame Wanderungen, badet, tanzt, spielt Völkerball und fährt Schiff. Auf die Zuwendung Cortis reagiert Marie Meierhofer zurückhaltend. In den Fotografien treten die beiden nicht gemeinsam in Erscheinung. Die Korrespondenz aus dieser Zeit deutet an, dass Marie Meierhofer von den hohen, ja absoluten Ansprüchen der Liebe Cortis zurückschreckt. «In mir ist viel zerbrochen aus meiner Jugend und ein Rest knabenhafter Unbedingtheit verlangt immer wieder jene Liebe, die heilt, indem sie empfängt, gesundet indem sie gibt.»[57] Er befürchtet, Maiti könnte ihn «weglegen». Marie Meierhofer protestiert: «Du darfst aber nie mehr so etwas schreiben, als ob ich Dich einmal einfach weglegen würde.» Gleichzeitig relativiert sie ihre Liebe: «Ich habe Dich doch auch gern, aber vielleicht eher so, wie eine Schwester ihren jüngeren Bruder liebt, der ihr etwas Sorgen macht […].»[58]

Kurz nach dem Aufenthalt in Arcegno am 9. Juli verunfallt Albert Meierhofer tödlich. Marie Meierhofer teilt es Walter Corti in einem Brief vom 10. Juli mit: «Wir haben nun keinen Vater mehr. Er ist auf dem Tessin mit dem Paddelboot umgekommen. […] Bei uns ist immer alles wild und verworren gewesen, aber jetzt wird das Äusserste von mir verlangt.» Sie versucht, optimistisch zu bleiben. «Weisst Du, ich bin stark und jung und ich habe schon viel im Leben gelernt. Meine Schwestern sind auch tapfer und wir stützen einander.»[59] Bald fühlt sie sich von den anstehenden Aufgaben erdrückt: «Ich bin bescheiden geworden, sozusagen eine Dienstmädchenmarionette […]. Dass ich mal sorglos im Kolleg war oder gar in Arcegno war, dünkt mich direkt lächerlich. Ich hatte allen Kontakt mit der Welt verloren […]. Ich schlage mich mit Vormundschaftsämtern, Kreispostdirektoren etc. herum, bin immer liebenswürdig und freundlich, was soll ich sonst.»[60]

243

243

Walter Corti (ganz rechts) mit Freunden von Marie Meierhofer bei einer Fahrt auf dem Langensee.

Der Tod des Vaters verstärkt die Zurückhaltung Marie Meierhofers gegenüber einer festen Bindung. Was sie sich wünscht, ist eine dauerhafte ernste Freundschaft: «Liebes Herz, kannst Du denn noch immer nicht begreifen, was das heisst, wenn ich Dich lieb habe. Dass ich mit Dir steigen und fallen und mit Dir zu Grunde gehen will, wenn es sein müsste. [...] Wenn Du doch mal begreifen könntest, dass ich nicht das Glück suche und die Rosen, sondern Steine und Blumen, wie sie gerade auf dem Weg liegen. Und ich möchte das Dunkle ansehen und erleben und nichts ausweichen, was mich treffen könnte.»[61] Kurz danach wird Marie Meierhofer noch deutlicher: «Hab ich Dir nicht gestern gesagt, dass ich keine Pläne mehr mache, weil es doch immer anders kommt? Und habe ich nicht gesagt, dass ich noch gar nicht heiraten will, ich muss doch auch erst fertig studieren, und alles dem Schicksal überlassen will?»[62]

Das Studium, das Marie Meierhofer ohne grosse Mühe absolviert, ist jedoch kaum der eigentliche Grund der Zurückhaltung. Frau sein und Mutterschaft sind für Marie Meierhofer mit Verpflichtungen verbunden, die sie nicht übernehmen will: «Und dann wirst Du Deinen Weg gehen, der Dir vorgezeichnet ist, den Du dann erkennen wirst. Und ich werde den meinen gehen, von dem ich keine Ahnung habe. Aber dann wird das Schwerste für mich kommen, dass mein Weg nicht frei sein wird wie der Deine, sondern gebunden, gebunden durch mein Geschlecht.»[63]

244
Marie Meierhofer mit turbanähnlicher Kopfbedeckung in Arcegno.

245
Ankunft einer Gruppe des Pfingstlagers in Arcegno.

WILDE, TRAURIGE JAHRE

246

Marie Meierhofer und Walter Robert Corti auf der Maiensäss Dumeins, März 1933. Dumeins befindet sich oberhalb von Wergenstein, Graubünden.

WILDE, TRAURIGE JAHRE

Wien, Budapest, Prag...

Im Herbst 1932 stirbt überraschend der Vater von Walter Corti, der damit auch seinen engsten Vertrauten verliert. Die gemeinsame schmerzvolle Erfahrung und Trauer stärkt die Freundschaft von Marie Meierhofer und Walter Robert Corti: «Wir beide Verwaisten fühlten uns verloren und fanden Trost miteinander. Als die Mutter von Buss später noch ihre Wohnung aufgab und im Hotel wohnte, hatte er auch kein Zuhause mehr. [...] Es entwickelte sich zwischen uns beiden Verwaisten eine Art solidarische Freundschaft, das heisst, das eine wusste, das andere lässt es nicht im Stich.»[64]

Sie beschliessen, gemeinsam ein Auslandsemester in Wien zu verbringen. Den Aufenthalt in Wien und die damit verbundenen Abenteuer hat Marie Meierhofer in ihrer Autobiografie ausführlich beschrieben.

«Es war damals üblich, ein bis zwei Semester des Studiums im Ausland zu verbringen. Ich beschloss deshalb, das folgende Sommersemester in Wien zu studieren. Buss schloss sich meinen Plänen an, und wir untersuchten und planten Möglichkeiten dazu. Finanziell musste jeder von uns sich mit der auch für das Studium in der Schweiz vorgesehenen Summe begnügen; ich glaube, es war für mich circa Fr. 300.– im Monat für alles. Ich plante die Vermietung meines Zimmers, und die Studienfreundin Anni Glutz aus St. Gallen war bereit, mein Zimmer zu übernehmen. Emmi war einverstanden. [...] Unsere Dachwohnung war sowieso ein Zufluchtsort für die Freunde, wenn sie sich einsam fühlten und ein wenig Unterhaltung suchten. Wir nannten das scherzhaft: sie kommen bei uns Leben tanken, weil sie uns beim Putzen oder anderen Tätigkeiten gerne zusahen.[65]

Im Mai 1933 fuhr ich verabredungsgemäss mit Buss nach Wien, begleitet von meinem Paddelboot und Zelt. Wir fanden in einer gutbürgerlichen Familie zwei schöne, grosse Zimmer, welche diese offenbar vermieten mussten. So waren wir da schon konfrontiert mit der herrschenden Not in Wien. Die Familie hatte zwei Töchter, eine davon lag mit Tuberkulose krank im Bett. Das Dienstmädchen Hannerl war ein graziles, liebenswürdiges, hübsches Wienerkind. Sie brachte uns jeweils mit vielen Höflichkeiten das Frühstück.»[66]

«Auf dem Weg zur Universität sah man, wie schmutzig die Strassen waren, und wie auch gutgekleidete Menschen bettelten. Armut, Hunger und Verzweiflung herrschten unter der Bevölkerung. Wenn an einem Tag in der Zeitung stand, dass eine Mutter mit ihrem Kind aus dem Fenster in den Tod sprang, so taten dies am nächsten Tag fünf Mütter. Manche Leute wurden uns ins Spital eingeliefert, weil sie am Verhun-

247

Walter Corti 1933 in der gemeinsamen Wohnung in Wien beim Frühstück.

248

Gastgeberfamilie in Wien.

249

Burg Aggstein, Postkarte aus der Sammlung von Marie Meierhofer.

gern waren. Sie weinten und bettelten nachher, man möge sie nicht entlassen.⁶⁷

In der Freizeit unternahmen wir immer etwas. Es gab so viel zu sehen, nicht nur in der Stadt, auch die Umgebung von Wien war wunderschön. Mit dem Tram und zu Fuss besuchten wir zum Beispiel den Grinzing, den Kahlenberg, Schlösser und Parks. Alles weitere erkundeten wir mit dem Paddelboot auf den Wasserwegen, zum Beispiel sind wir eines Freitag nachts neben unserem Bötchen auf Deck eines Donaudampfers flussaufwärts gefahren und landeten am Morgen in der Wachau, genau in Linz. Die Fahrt flussabwärts war leicht, floss doch die Donau dort mit einer Geschwindigkeit von zwölf Kilometern in der Stunde. Die nächste Nacht verbrachten wir im Zelt auf einer wilden Insel mitten in der Donau. Am Morgen fuhren wir in einen Nebenarm des Flusses, und plötzlich tauchte hoch über dem Fluss Stift Melk auf. Es war wie ein Wunder. Die Bibliothek dieses prachtvollen Benediktiner-Klosters war sehr kostbar. Buss konnte sich kaum trennen. Weiter flussabwärts war Burg Aggstein hoch über der Donau, zwar verlottert, und die Jugendherberge bestand nur aus einem verwanzten Strohhaufen. – Wir waren nachher ganz verstochen von den Wanzen. Einige Zeit lang nachher benannten wir uns gegenseitig mit Wänzli, auch als Anrede in Briefen. Waren doch die Wanzen auch das Hauptgebiet von Buss' entomologischen Studiums. – Aber die Aussicht von Aggstein war einmalig, und endlich konnten wir sehen, warum die schöne blaue Donau besungen wird. Bis jetzt erlebten wir sie immer nur grau oder braun.»⁶⁸

«Über die Pfingstferien fuhren wir mit dem Flussdampfer nach Budapest durch die wundervollen Flussauen [...]. Eindrücklich in Erinnerung geblieben ist mir die Einfahrt in der Dunkelheit in die hellerleuchtete Stadt, wobei die Lichter sich im Wasser durch Spiegelung noch vervielfachten. Ebenso die schönen und eleganten Menschen, welche am Quai flanierten und in den Cafes sassen. Von überall her tönte Musik rassiger Zigeunerkapellen. Nach dem traurigen, trüben Wien war Budapest zu erleben eine wirkliche Freude. [...]

Das kurze Sommersemester war rasch vorbei, und wir überlegten die Rückreise. Von vorne herein hatten wir im Sinn, noch Prag zu sehen. Wir fanden heraus, dass das Billet von Berlin nach Zürich gleichviel kostete wie dasjenige von Prag nach Zürich. Über die Moldau, Elbe, Havel und Spree hätten wir dann gratis nach Berlin paddeln können. Buss liess Fr. 100.– nach Dresden kommen, und ich bestellte Fr. 100.– nach Berlin.

Anatomieprofessor Walther Vogt hatte seinem Freund, Prof. Nonnenbruch, Chefarzt der Klinik für innere Medizin an

250
Walter Robert Corti im Boot.

251
Kinder beim Baden am Rand des Flusses, Foto von Marie Meierhofer.

der Universität Prag geschrieben, dass ich nach Prag kommen werde. Prof. Nonnenbruch stellte uns dann sein Auto und seinen Chauffeur zur Verfügung und lud uns zum Essen ein; das war wunderbar. Aber sonst lebten die Deutschen in Prag in schlechten Verhältnissen. Die Tschechen waren offenbar vor dem ersten Weltkrieg von den Deutschen respektive Österreichern diskriminiert worden und rächten sich nun an den sogenannten Sudetendeutschen, deren Regionen der neuen Tschechoslowakei nach dem Krieg einverleibt worden waren. Das deutsche Studentenheim, in dem wir wohnten, war total verlottert. Ich sah zum Beispiel meine Logis-Kameradin nie, weil im Zimmer kein Licht brannte.

Die Klinik von Prof. Nonnenbruch war total überfüllt. Die Patienten lagen zum Teil auf Matratzen im Gang am Boden, und es fehlte an allem. Unglücklicherweise erkrankte ich an einer Lungenentzündung. Der Arzt konnte mich im Studentenheim nicht untersuchen, weil das Zimmer ganz dunkel war. Prof. Nonnenbruch fand ein Bett für mich im total überfüllten Spitalzimmer und versuchte, mich durch einen Paravent für die Untersuchung abzuschirmen. Ich war jedenfalls nach einer Woche wieder fit, und wir mussten ja die Paddelfahrt nach Dresden unternehmen, weil dort das nächste Geld lag. Wir mussten jedoch abkürzen und nahmen mit dem letzten Geld den Zug bis nach Melnik, eine Stadt an der Mündung der Molnau in die Elbe. Mit einer einzigen tschechischen Krone im Portemonnaie und etwas Brot traten wir die Paddelreise auf der Elbe an. Wir kamen nur langsam voran, weil an dieser oberen Strecke der Elbe immer wieder Schleusen die Abwärtsfahrt behinderten. Die grossen Schleppkähne mit Waren beladen fuhren nämlich ohne Motor flussabwärts, nur mit der Strömung. Aufwärts wurden sie von einem Dampfer gezogen. Die Schleusen beschleunigten die Geschwindigkeit des Flusslaufes. Einmal hatten wir das Glück und konnten mit einem

252
Abschied von den Schiffsleuten, im weissen Hemd Walter Corti.
253
Landung in Aussig.

Schleppkahn durchgeschleust werden, sonst mussten wir das schwere Paddelboot, das Zelt und anderes Gepäck umtragen. Das Boot war so schwer, weil es innen ein Holzgestell hatte. Wir wurden müde und hungrig, und als wir abends am Ufer das Zelt aufschlugen, beschlossen wir, ‹fechten›, das heisst auf studentisch zu betteln. Die Bauernfrau auf dem nächsten Hof war sehr freundlich und füllte meinen weissen Stoffhut mit gekochten Kartoffeln. Dies hat uns dann bis Dresden gereicht, aber wir hatten noch mehr Abenteuer zu bestehen.»[69]

«Wir kamen am nächsten Tag in einen schweren Sturm, und klammerten uns verzweifelt draussen an einen Schiffssteg. Da nahm uns mit einiger Mühe die Besatzung eines Schleppkahnes auf. Wir lebten zwei Tage auf dem Kahn, denn der Sturm wurde so stark, dass selbst das grosse Schiff ankern musste. Ich lebte mit dem Schifferehepaar respektive mit der Frau in der Kajüte am Heck, Buss mit den zwei Matrosen in der Kajüte am Bug. Die Schiffersleute waren alle sehr nett. Die Frau erzählte mir den ganzen Tag ihre Familiengeschichte, wenn sie wegen ihrer Arbeit nicht reden konnte, las ich ihre Courts-Mahler-Romane, welche fast ebenso spannend waren. Sie gab uns ungesüssten Kaffee zu den Kartoffeln. Buss musste bei seinen Burschen das Herz und die Lungen abhören und bekam dann dafür Eier, von denen er mir abgab. Als der Sturm nachgab, nahmen sie uns mit bis zur nächsten Stadt, und es gab einen grossen Abschied. Ich glaube, es war Aussig.»[70]

...Dresden, Wittenberg, Berlin

«Dresden und das nächste Geld war nicht mehr weit, aber es erschien uns lange. Auf einmal tauchte auf dem linken Ufer ein grosser Gebäudekomplex auf, aus dem schwarzer Rauch aufstieg. Es war das Krematorium von Dresden, das uns auch unter verdecktem Himmel so düster empfing. Um so freundlicher und überraschend erlebten wir dann die Stadt mir ihren Barockbauten [...]. Nach einer langersehnten warmen Mahlzeit waren wir wieder zu neuen Taten bereit. Nächstes Ziel war Wittenberg, die Luther-Stadt. [...] In Wittenberg war die Jugendherberge im Schloss untergebracht, an das die Kirche angebaut war, auf deren Turm Luther seine Thesen angeschlagen hatte. Buss verschwand in der Bibliothek, wo er in den Schriften Luthers forschte. [...] Unsere Flussfahrt war zu Ende, wir schickten das Paddelboot und das Zelt nach Zürich. Der Rest des Geldes reichte uns noch für die Bahnfahrt nach Berlin.

254
Marie Meierhofer in Wittenberg.

Dort sollten die Fr. 100.–, die ich erwartete, auf der Post liegen. Sie lagen nicht, auch nach einigen Tagen noch nicht. Wir hatten bereits wieder angefangen zu hungern. Das Frühstück musste für den ganzen Tag reichen. Buss versetzte seine goldene Vateruhr und war entsetzt, dass er für seine ‹kostbaren› Bücher nicht mehr Geld bekam. Wir konnten der Bank telegrafieren, und nach weiteren zwei Tagen war das Geld endlich da. Unterdessen hatten wir die Schuhe beinahe durchgelaufen. Wir erkundeten nämlich Berlin zu Fuss, von Schloss zu Schloss, [...]. Diese Stadt war herrlich, aber wir wurden hundemüde. Buss war zwar sehr zufrieden, weil er Prof. Nikolai Hartmann getroffen hatte, einen Philosophen, den er schon lange bewunderte. Er wollte bei ihm studieren. Ich reiste zurück nach Zürich, und Buss kam später nach.»[71]

255

Marie Meierhofer mit Walter Corti in Berlin.

... und Trennung von Corti in Rom

«Buss und ich hatten schon in Wien verabredet, dass wir im nächsten Semester an getrennten Universitäten weiterstudieren wollten. Eigentlich weiss ich nicht mehr genau, warum. Retrospektiv kann ich nur von mir berichten. Die Harmonie des gemeinsamen vielfältigen Erlebens und des ständigen Gedankenaustausches war beglückend, aber brauchte auch Zeit und Kräfte. Wir hatten doch beide je eigene Pläne und mussten mal vorerst das Studium und die Fachausbildung beenden. Ich hatte eigentlich gedacht, ich würde dann nach den USA auswandern, wo ich einen besseren Boden für meine Arbeit erwartete. Ich wollte mich vorher nicht binden. Ich glaube, Buss ging es ähnlich. Er sprach immer wieder zwischendurch davon, er würde am liebsten in ein Kloster gehen, um in der Einsamkeit sein Buch schreiben zu können. Zudem war er ein Mensch, der nicht auf einer geraden Strasse ging, sondern er entwickelte sich umseitig, was mehr Zeit brauchte. Seine Absicht war, jetzt ein Jahr Philosophiestudium einzuschalten. [...] Ich entschloss mich, das Semester, das ich bis zum Staatsexamen noch brauchte, in Rom zu verbringen. Die Trennung fiel Buss und mir schwer. Es war eine schmerzhafte, aber wahrscheinlich nötige Operation, der wir auch nicht ganz gewachsen waren. Als ich nämlich auf meiner Reise nach Rom in Lugano Halt machte, um mich von Buss, der dort Ferien verbrachte, zu verabschieden, geschah Folgendes: Buss holte mir mein Billet nach Rom, und als er aus dem Reisebüro zurückkam, sagte er so nebenbei: ‹Das Billet kostet wegen des Heiligen Jahres nur Fr. 50.–, Rom retour. Da habe ich auch eines für mich genommen.›»[72]

Marie Meierhofer und Walter Corti reisen zusammen nach Rom und anschliessend nach Neapel, Pompei und Capri. «Unsere Begeisterung für all das Schöne und Interessante», schreibt Marie Meierhofer, «das wir erlebten, war jedoch stets gedämpft durch den Schatten des bevorstehenden Abschieds.»[73] Weihnachten 1933 verbringt Marie Meierhofer mit ihren Geschwistern in Zürich. Sie freut sich insbesondere, dass ihre jüngste Schwester Tineli nach einer längeren psychischen Krise zu Hause ist. Die Freude dauert jedoch nur kurze Zeit. «Zurück zu Hause, begann sie wieder unruhig zu werden, redete fast die ganze Nacht hindurch, und Dr. Tauber wollte sie vorerst in Bern in der Waldau internieren. Da Tineli mich ablehnte und mir ständig vorwarf, ich hätte sie in die Friedmatt gebracht, konnte ich nicht mit ihr reisen. Walter Corti akzeptierte sie, und er brachte sie nach Bern zu Dr. Tauber. Ich reise zurück nach Rom, wo ich mein letztes Medizinsemester verbrachte. Vierzehn Tage später erreichte mich dort ein Telegramm mit der Nachricht von Tinelis Tod.»[74]

256
Marie Meierhofer auf einem Aussichtspunkt in Rom.

257
Das alte Rom, Foto von Marie Meierhofer.

Marie Meierhofer reist nur kurz nach Bern an die Beerdigung und geht erneut zurück nach Rom, um das Auslandsemester abzuschliessen. Sie hat mit Walter Corti den jüdischen Schriftsteller Karl Wolfskehl kennengelernt. Ihm vermittelt sie eine Wohnung und führt den fast erblindeten Dichter durch die Stadt.

Die psychische Krankheit der Schwester und ihr früher Tod verstärken Marie Meierhofer in ihrer Ansicht, keine feste Bindung einzugehen. Sie hält dies in einem Briefentwurf an Corti, der kurz nach dem Tod von Albertine entstanden sein muss, nochmals fest:

«Mein lieber Buss, mir ist so schwer, so sehr schwer heute und ich möchte bei Dir sein, und Deine Stimme hören oder Deine Hand halten [...]. Liebes, ist es wohl so unrecht von mir, dies Gefühl, ich müsse den Fluch auf unserer Familie sühnen? Sieh das Leben meines Vaters, den grausen Tod von Bruder und Mutter u. die Tränen und das Elend im Turgihaus noch heute.

Und dann mein Tini, dieser Orest, verflucht und verfolgt und doch schuldlos. Und dies starke Gefühl, dass mein Leben nicht mir gehöre und dass ich sühnen müsse und weiss doch nicht wie. – Und Du, mein Herzi, es muss nicht sein, ich hab es immer und ganz von Anfang an gefühlt. Wien war so ein Versuch von uns beiden, glücklich zu sein wie andere Leute, aber es wird uns nicht erlaubt, es immer zu sein. Nur gerade jetzt tut es so weh, dass ich nicht mir und meiner Liebe leben darf, aber ich werde schon fertig damit. Ich glaube nicht, dass ich je heiraten werde, es wäre wohl auch am besten, wenn der ganze Stamm aussterben könnte. Aber gerade darum bin ich so dankbar für die paar Monate, da ich erleben durfte, wie schön es auf Erden sein kann. Liebes, Liebes, das ist mein ganzer Reichtum jetzt. Ich wundere mich selbst über mich, wie ruhig und sachlich ich das alles erledige. – Kein Mensch würde auch nur von Ferne mir etwas ansehen und ich bin froh darüber.

Liebes, Du wirst in Berlin viel arbeiten und ich in Rom. Und langsam werde ich wohl ruhiger werden und mich abfinden mit meinem Schicksal. Sage nicht, es sei schade um mich und ich hätte eine gute Mutter gegeben und solche Reden. Es mag vielleicht sein, aber es gibt noch genug gute Mütter und überhaupt Menschen u. sollen denn weiter solche arme Tinis den Fluch weitertragen?

Liebes, ich glaube klar zu sehen, hab es immer so gefühlt. Ich werde immer froh sein um ein Wort oder Rat von Dir und möchte Dich so mein ganzes Leben nicht mehr verlieren.

Und ich möchte auch immer wissen wie's Dir geht u. was Du arbeitest. Mein Leben werd ich schon allein leben können, wenn's manchmal wohl auch hart geht. Nun siehst Du, ich

258

Marie Meierhofer in Capri.

259

Karl Wolfskehl in Rom, Foto von Marie Meierhofer.

möchte es immer hinausschieben wie zu schwer für jetzt aber einmal muss es doch sein. [...]

Auf Wiedersehen»[75]

Der Verzicht auf eine feste Bindung hat beide, Marie Meierhofer und Walter Corti, immer wieder beschäftigt. Noch 1981 korrespondieren sie miteinander über diesen Entscheid. Bei Marie Meierhofer verlagert sich die Begründung stärker auf das, was sie als Kind einer unglücklichen Ehe erlebt hat:

«Lieber Buss, hier bekommst Du noch Illustrationen zur Familiengeschichte. [...] Ich frage mich, warum Du so an unserem Familienhintergrund interessiert bist und nehme an, dass es Dir an der Erhellung der Gene und Umweltfaktoren, welche mein Wesen geprägt haben, gelegen ist. Dies hauptsächlich im Hinblick auf unsere Beziehungen. Sicher haben die Schicksalsschläge, welche mich viel zu jung trafen und Verantwortungen mit sich brachten, ihre Wirkung gehabt. Ich glaube aber, dass die unglückliche Ehe meiner Eltern die Hauptlast war, die ich zu jung mittragen musste. Schon an meiner Wiege soll Mama viel geweint haben und nachher machte sie mich zu ihrer Vertrauten. Ich lebte immer in Angst um sie, denn sie hatte schon mehrmals mit Selbstmord gedroht. Ich fand jetzt einen Abschiedsbrief an uns mit Anweisungen, wie sie sich unsere Zukunft vorstellt. Dabei war sie nicht depressiv veranlagt, eher optimistisch und fröhlich. Sie versuchte immer wieder Versöhnungen, stiess aber auf Unverständnis, zu sehr war ihre romantische katholische Welt fremd für Papa. Sie verachtete Geld und die Geschäftswelt, war gegen die reformerische freie Naturschwärmerei und gegen die übertriebene Körperkultur und suchte uns davor zu bewahren. Wir hielten alle zu Mama, aber wenn ich sah, dass Papa isoliert war und niemand mit ihm spazieren wollte, fühlte ich mich verpflichtet mit ihm zu gehen, wenn auch ungern. Mama sah dies oft als Verrat an. Als sie daran dachte, die Scheidung einzureichen, eröffnete sie mir, ich müsse dann bei Papa bleiben. Dies traf mich wie ein Schlag. Sie gab es dann auf, wahrscheinlich weil sie einsah, welch übergrosses Opfer dies für mich gewesen wäre. So stand ich immer dazwischen, suchte auszugleichen und war für mein Alter allzu ernst und scheu. Emmi liess es sich in meinem Verantwortungsbewusstsein wohl sein und kümmerte sich um nichts. Tineli traf es an der Wurzel, sie war zu sensibel und fragil um standzuhalten.

Da siehst Du nun, was alles bei der Forscherei herauskommt. Auch dies muss verarbeitet werden. Ich werde nächstens Deine Exzerpte gründlich studieren und versuchen, Deine Fragen zu beantworten.

Inzwischen alles Gute

Maiti»[76]

Albertine – eine Stimme verstummt

Albertine wird in eine schwierige Situation hineingeboren. Damit ist nicht nur der Erste Weltkrieg gemeint, der wenige Monate nach ihrer Geburt ausbricht. Die Beziehung ihrer Eltern ist seit längerer Zeit in einer Krise. Die Mutter wünscht sich einen Sohn, wohl noch sehnlicher als vor der Geburt der älteren Schwester Emmi. Geburtsanzeigen sind nur von der erstgeborenen Marie erhalten. Ein Zeichen der Enttäuschung der Eltern oder Zufall? In ihrer Autobiografie beschreibt Marie Meierhofer die verschiedenen Schwächen und Krankheiten, von denen ihre zarte Schwester geplagt wird (vgl. Seite 53).[77] Auch das Kindermädchen Germaine Borgeaud nimmt die Probleme wahr. Sie drückt sich später in einem Brief an Marie Meierhofer wie folgt aus: «Tineli te donne du travail je l'avais bien pensé, avec son petit caractère qu'il faut bien comprendre.»[78]

Marie Meierhofer findet, dass ihre Schwester die Situation ihrer Krankheit nicht ausgenutzt habe. Zu den Schreikrämpfen meint sie: «Es war klar, dass man versuchen musste, das Weinen zu vermeiden, und so wurde das Kind verwöhnt, das heisst es setzte seinen Willen durch. Tineli missbrauchte aber diese Möglichkeit nicht besonders.»[79] Weit härter beurteilt Albertine selbst in einer ihrer verschiedenen Lebenserinnerungen die Situation in ihrer Kindheit.

«Um die Jahre 1913/14 lag die ganze Welt in Spannung der kommenden Ereignisse des Weltkriegs. Mitten in dieser Erwartung war meine Mutter auch in Spannung auf ein kommendes Geschehnis. Es war meine Geburt und mit dem ersten Schrei begann sich mir und weiterhin meiner Mutter Schicksal zu bestimmen. Ich war schwächlich auf die Welt gekommen und musste deshalb mit grösster Sorgfalt erzogen werden. Dieser Umstand erkannte mein kleines Gehirn unbewusst und

260
Albertine im Jahr 1915 beim Spiel mit einer Glocke (Foto Zipser, Baden).

261
Albertine mit Puppe. Fotografie zum zweiten Geburtstag am 10. Dezember 1915.

262
Albertine zwischen der Mutter und Germaine (verdeckt) bei einer Bootsfahrt im Tessin im Sommer 1919, links aussen Marie, rechts aussen Emmi (verdeckt).

hier beginnen die ersten Erziehungsfehler seitens der Erzieher. Zum Unglück stand ich zwischen 2 Haupterziehern: Mutter und Gouvernante, ausserdem zwischen den Geschwistern. Wenn eine mit mir schalt, so rief ich die zweite zu Hilfe oder ich sagte, ich werde ja bleich, wenn man mit mir zu grob sei und anderes mehr. Man bemühte sich aus mir einen zivilisierten Menschen zu machen. was leider dazumalen misslang.»[80]

Die Unglücksfälle in der Familie und der Zwist zwischen den Eltern treffen Albertine gemäss Marie Meierhofer «an der Wurzel». «Sie war zu sensibel und fragil, um standzuhalten.» Albertine selbst präzisiert ihre Situation wie folgt: «Das [der Tod von Robert] war der erste Schicksalsschlag in unserer Familie, aber noch warteten unserer lieben Mutter noch viel mehr und viel grössere. Kaum waren wir Kinder etwas verständiger geworden, so wurde unsere Familie von einem weitern Schicksal betroffen. Dies war jedoch fast noch schlimmer als der Tod meines kleinen Bruders. Es kam unter die Lebendigen, unser Lebensglück zerstörend; unsere Familie auflösen wollend, Vater und Mutter gegen einander zu bringen und somit viel Leid über unsere Familie brachten. Es ging dabei hauptsächlich um materielle Dinge.»[81]

Albertine spielt hier auf die Intrigen und Konflikte um die beiden Pflegekinder Delli und insbesondere Eduard an.

Albertines Stellung in der Familie ist anders als jene von Marie. Die Mutter versucht Albertine herauszuhalten: «Hauptsächlich vor mir verbarg sie ihren Kummer, damit ich eine ungetrübte Kindheit verleben konnte...» Die Rolle des Vaters sieht

Albertine ähnlich wie die ältere Schwester: «Weil meine beiden Eltern öfters im Konflikt miteinander waren, und da ich fühlte, dass mein Vater nicht so zur Mutter war, wie er sein sollte, so hielt ich mich mehr zur Mutter. Es gab eine Zeit, in der mein Vater ein herrisches Wesen hatte, das sich aber später nach Mutters Tod mehr und mehr verlor.»[82]

Als Marie Meierhofer-Lang 1921 zu Ausbildungszwecken nach Paris geht, nimmt sie gegen den Widerstand ihres Mannes eines der Mädchen mit sich. Er will auf jeden Fall die Trennung der Familie verhindern, lenkt dann aber doch ein, dass die Jüngste mitfährt. Die Achtjährige sei noch am wenigsten mit der hiesigen Schule verwachsen und würde den Wechsel der Sprache am besten vertragen.[83] Die zurückgebliebenen Schwestern sind traurig und wünschen Mutter und Schwester zurück. Marie schreibt ihrer Mutter: «Es ist leer im Hause, Ihr fehlt überall, und wir hören das Tineli nicht mehr singen.»[84]

Albertine hat grosse Probleme, sich mit den Wechseln der Bezugspersonen und in der sozialen Umwelt zurechtzufinden, und wendet sich früh der Tierwelt zu. Sie bestätigt in ihrem Lebenslauf diese Tendenz: «All diese Menschen [Eltern und Geschwister, Gouvernante] wollten aus mir einen tüchtigen Menschen heranbilden, aber aus mir wurde bis auf Weiteres nur etwas Unbestimmtes. Man konnte mich trotz eifrigen Zureden, trotz Güte und Strenge nicht dazu bewegen, menschliche Gewohnheiten anzunehmen. Ich verkehrte vielmehr mit Haus- und Feldtieren und zwar deshalb, weil sie mir die gleichaltrigen

263
Auf Familienfotos ist die Koalition zwischen Mutter und Töchtern deutlich erkennbar (Foto Zipser, Baden 1920).

WILDE, TRAURIGE JAHRE

264, 265
Auch spätere Fotografien zeigen Albertines intensive Zuwendung zu Tieren. Die beiden Aufnahmen von Albertine mit jungen Katzen respektive Hunden entstanden 1928/29 im Garten des Hauses in Turgi. Albertine trägt in diesen Bildern die Haare kurz. Sie hat in der Zwischenzeit vom Vater ebenfalls die Erlaubnis erhalten, sich einen *Bubikopf* schneiden zu lassen.

Spielkameraden ersetzten, da ich nur ältere Geschwister hatte. Die Tiere waren zudem viel vertraulicher und offener zu mir als die Menschenkinder [...].»[85]

Die Nähe und Liebe zu Tieren spiegelt sich auch in den Briefen von Albertine, in denen die Haustiere, Hunde, Kaninchen und Goldfische oder die Vögel im Garten das Hauptthema sind. Besondere Ereignisse sind natürlich die Geburten und die Aufzucht der Jungtiere. Von den Kaninchen fertigt Albertine sogar einen Stammbaum an und gibt jedem Jungtier einen Namen. Marie Meierhofer findet dies übertrieben und bemerkt in einem Brief, dass Tineli zu viel Zeit bei den Kaninchen verbringe.

Die soziale Isolierung führt von Anfang an zu Problemen in der Schule, in der sich Albertine nicht zurechtfindet: «Auch hier fand ich nicht sofort Vertrauen zur Lehrerin. Sie war mir zu streng und zu hart und ich mochte ihre rotumränderten Augen nicht. Meine Mutter war einsichtig und nahm mich mit nach Paris. [...] Die Pariserzeit ist wahrscheinlich die glücklichste meiner Kindheit.»[86]

Nach der Rückkehr aus Paris geht Albertine wieder in Turgi zur Schule. Es kommt ihr fremd vor, nachdem sie «den französischen Schulgeist» kennengelernt hat. Sie erhält allerdings, wie sie in ihrem Lebenslauf schreibt, im Lehrer Dr. E., den auch Marie Meierhofer-Lang und die Schwestern sehr schätzen, eine neue Bezugsperson.

Der Tod der Mutter und der Umzug nach Zürich führen zur ersten schweren psychischen Krise: «Die Trennung von Turgi-Land, vom *Öpfelbäumli* fiel mir deshalb so schwer, weil ich mich nur schwer von Dr. E. trennen konnte, denn nun hatte ich meine Stütze verloren. Dieser Trennungsschmerz war erklärlich, denn oft setzte er sich für mich ein gegen den Willen meines Vaters. Er tat dies wahrscheinlich meiner Mutter wegen.»[87]

Marie Meierhofer, die in dieser Zeit die *Höhere Töchterschule* in Zürich besucht, sieht den Auslöser für die Krise ihrer Schwester ebenfalls in einer Überforderung durch die Ereignisse: «Grosse Sorgen machte uns Tineli. Dieses zarte und begabte Geschöpf war durch die Ereignisse überfordert. Sie geriet in einen Aufregungszustand, in dem sie viel redete und weinte und oft verzweifelt war. Dies wirkte sich besonders störend auch in der Schule aus. Mich nahm Tineli nach meiner Rückkehr aus der Schule am Abend in Anspruch, und, wenn sie nicht schlafen konnte, kam sie zu mir. Einmal klagte sie mir unter heftigem Weinen, man wolle sie vergiften.»[88]

Die von Marie und Emmi wenig geschätzte Haushälterin Dora Schütz kümmert sich um Albertine. Marie Meierhofer anerkennt deren Bemühungen: «Unser Hausarzt und der Lehrer waren ratlos. Es existierte damals noch keine Kinderpsychiatrie, und die Pädiater in Zürich waren nicht zuständig. Es gab

WILDE, TRAURIGE JAHRE

266

Porträt Albertines von Marie Meierhofer, um 1925.

267

Emmi (vorne) und Albertine, 1925. In verschiedenen Bildern kommt die Tendenz zum Rückzug zum Ausdruck.

WILDE, TRAURIGE JAHRE

in der Stadt Zürich erst einige wenige Psychoanalytiker für Erwachsene, und so landete Tineli mit Fräulein Schütz bei Herrn Pfarrer Pfister, einem damaligen Anhänger von Freud. Ob er Hilfe geben konnte oder ob der Zustand von Tineli von selbst heilte, weiss ich nicht mehr. Es wurde jedenfalls wieder besser.»[89]

Auch Albertine bestätigt den positiven Einfluss von Dora Schütz: «Dieser Zustand wurde erst um vieles besser, als ich eine andere Erziehung erhielt, diesmal nicht mit welschem, sondern von süddeutschen Blut. Diese war nach Dr. E. die einzige Person, die mich einigermassen verstehen konnte. Nach der Übersiedlung nach Zürich kam es zur Freundschaft, die andauerte solange sie bei uns war.»[90]

Dora Schütz unternimmt mit Albertine viele Wanderungen, an die sich auch der Vater Albert Meierhofer anschliesst. In den Bildern von diesen Touren wird die Entspannung sichtbar. Albertine wirkt in den Aufnahmen gelöst. Die nach dem Tod der Mutter neu gewonnene Beziehung zum Vater kommt deutlich zum Ausdruck. Dora Schütz vertritt als Anhängerin des Bircher-Benner-Kreises ähnliche Ideen wie Albert Meierhofer. Dieser widmet sich auf den Wanderungen dem Sonnenbaden und Lichtgebet,[91] wie er es im Rahmen der Lebensreform kennengelernt hat. Der Wunsch, sich und seine Familie in die Natur einzubinden, wird sichtbar.

Die gute Betreuung durch Dora Schütz genügt jedoch nicht, um Albertine über zunehmende schulische Probleme hinwegzuhelfen. Bereits 1927 beschwert sich ein Lehrer in Turgi schriftlich beim Vater, dass Albertine den Unterricht durch ihr

268
Die Bezirksschule in Turgi mit Albertine (vorne rechts hinter dem liegenden Knaben) und Emmi (zweitletzte Reihe fast in der Mitte in schwarzem Rock).

268

WILDE, TRAURIGE JAHRE

269, 270  271

272

269–271
Dora Schütz, Albertine und Albert Meierhofer beim Wandern.
Albert zeigt seinen Begleiterinnen die Haltung des Lichtgebets und sie ahmen ihn nach.

272
Für Albert Meierhofer eine bezeichnende fotografische Perspektive. Die Menschen sind klein und bilden mit der sie umgebenden Natur eine Einheit ganz gemäss der Philosophie der Lebensreform. Dora Schütz und Albertine Meierhofer sind im Bild kaum sichtbar.

WILDE, TRAURIGE JAHRE

vorlautes Verhalten störe. Die Aufnahme in die *Höhere Töchterschule* in Zürich schafft sie nicht. Auf Anraten des Vaters und eines ehemaligen Lehrers wechselt sie in die Privatschule *Juventus,* um sich auf die Matura und das Studium vorzubereiten.[92]

Der nach dem Tod der Mutter eingeleitete Umzug von Turgi nach Zürich fällt Albertine schwer. Dora Schütz vermerkt im Hausbuch der Familie Meierhofer: «Tini lässt ausserdem noch die heissgeliebte Mira [Schäferhündin] zurück und die Bezirksschule mit der sie eben fertig wurde.»[93]

Im Sommer 1930 schickt der Vater Albertine zu einer Familie nach Mailand. Diese hat selbst auch Töchter und nimmt den Gast in die Dolomiten zum Wandern mit. Herr Russo berichtet nach Turgi, dass der Aufenthalt von Albertine «alquanto soddisfacente» gewesen sei. Sie habe sich rasch mit seinen Töchtern angefreundet, die italienische Küche habe sie genossen und mit grossem Appetit gegessen. Sie sei eine hervorragende Kanufahrerin, verstehe die italienische Sprache gut und könne sich auch gut ausdrücken, nur mit dem Lehrer sei sie nicht zufrieden.[94]

Albertine Meierhofer hat im Hausbuch der Familie die Ferien in den Dolomiten beschrieben: «Viel Regentage, Papa erst bringt Sonne. Betätigung je nach Wetter Tennis, Tanzen, Zeichnen, Rudern.» Am 15. August stösst auch Albert Meierhofer zur Feriengesellschaft. Man macht gemeinsam einen grösseren Ausflug in die Dolomiten. Dazu schreibt sie: «Tre Cime herumgeklettert [...]. Corno di Fane, quante emozione!»[95]

Die Wanderung in den Dolomiten ist ganz nach dem Geschmack von Albert Meierhofer. Er fühlt sich im Element und klettert in den steilen Hängen herum. Ganz anders Albertine, die sich nur sehr verängstigt in die Felsen wagt. Eigentlich über-

273

Mit dem Auto der Familie Russo in die Dolomiten. Im Hintergrund Albert Meierhofer, in der Mitte Albertine. Sie blickt starr geradeaus.

raschend, da sie sich Bergtouren gewohnt ist. Sie widerspricht damit auch ihren eigenen begeisterten Aussagen im Hausbuch der Familie. Auch in Pausen sondert sich Albertine ab und blickt starr in die Ferne.

Am Ende des Italienaufenthaltes besucht Albert Meierhofer mit seiner Tochter Mailand. Dabei macht er Aufnahmen von Albertine auf dem Platz vor dem Dom.

Die Bilder unterstreichen, was in Briefen und Berichten zum Ausdruck kommt: Der Rückzug Albertines aus der Aussenwelt. Ihre Abwendung und Vermeidung von Blickkontakten zeigen sich deutlich. Albertine stellt sich im wörtlichen Sinne quer zu der sie umgebenden sozialen Welt.

Albertine fühlt sich in der Schule nicht mehr wohl, obwohl sie dort vereinzelt gute Freunde hat. Sie kommt mit den Mitschülern nicht zurecht und kann sich nicht integrieren. Albertine selbst beschreibt die Situation in der Schule *Juventus* wie folgt: «Dort lernte ich mich zum ersten Mal mit Fragen der Freundschaft, Liebe und Sinnlichkeit und anderem mehr auseinanderzusetzen. Dank meiner Willenskraft konnte ich meine Triebe beherrschen, obschon ich dabei beträchtlich abmagerte, so stark wirkten auf mich diese seelischen Kämpfe. […] Durch die immerwährenden Reibungen mit meinen Mitschülern und durch die angestrengte Geistesarbeit ermüdet, erhielt ich einen Nervenzusammenbruch. Ich redete viel von Selbstmord während dieser Zeit.»[96]

Die erneute Krise Albertines überschneidet sich mit dem plötzlichen Unfalltod des Vaters und dem darauffolgenden Weggang von Dora Schütz. Die weitgehend mittellos gewordenen Geschwister können sich eine intensive Betreuung der Schwester nicht leisten. Die Ereignisse in den folgenden Monaten überstürzen sich.

274

Albert Meierhofer in den Dolomiten.

275

Albertine wagt sich nur sehr zögerlich in die Felsen.

276

Albertine Meierhofer auf dem Platz vor dem Mailänder Dom, fotografiert von ihrem Vater. Sie wendet sich vom Fotografen ab.

277

Albertine in einem Park in Mailand. Erneut wendet sie sich vom Fotografen – dem Vater – ab.

WILDE, TRAURIGE JAHRE

Albertine Meierhofer will die Vorbereitung auf die Matura an der *Juventus*-Schule aufgeben. 1932 schreibt sie ihrem Onkel und Vormund Damian Lang über ihre Zukunftspläne. Zweifel kommen auf, ob sie für ein Architekturstudium geeignet sei und ob sie dazu genügend künstlerisches und kaufmännisches Talent habe. Sie schmiedet neue Pläne, will sich mit ihrer Schwester Maiti zusammentun und sich der Humanität widmen.[97]

Marie Meierhofer leidet unter der Situation, ohnmächtig zuzusehen, wie es der Schwester immer schlechter geht. An Walter Robert Corti schreibt sie: «Hilf mir für Tini bitten, mit aller Wucht kommt dies Kreuz wieder auf mich. Welchen Sinn hat es, zu schlafen, warum habe ich ein solches Gesicht? Und sie steht barfuss auf kaltem Boden und starrt Dich an mit ihrem vorwurfsvollen dunklen Blick in dem gequollenen, starren Tinigesichtlein. Sie merkt den Unterschied und erfasst jetzt vollständig, dass sie krank ist, sie spürt die lähmende Wirkung und wehrt sich ohnmächtig dagegen.»[98]

Marie Meierhofer lässt Albertine gegen ihren Willen bei Professor Maier, dem damaligen Leiter des Burghölzlis, untersuchen: «Aber grosse Sorgen machte uns Tineli. Sie war vollkommen verloren, ohne Halt, desorientiert, und begann wieder zu ‹spinnen›. Sie redete Tag und Nacht, glaubte sich verfolgt, war verwirrt. Prof. Maier, bei dem ich psychiatrische Vorlesungen besuchte, untersuchte Tineli, und war einverstanden mit unserem Plan, sie in eine Familie zu bringen.»[99]

Der Versuch, Albertine bei den Eltern einer Freundin in Basel betreuen zu lassen, misslingt: «Die Eltern von Emmis Freundin Ruth, Pfarrer Moppert und Frau in Basel, waren bereit, Tineli aufzunehmen. Nach einigen Tagen berichteten sie uns, sie hätten Tineli in die Friedmatt bringen müssen; sie habe mit Selbstmord gedroht.»[100] Ruth Moppert rechtfertigt den Entscheid in einem Brief: «Tini ist so schwer krank, dass Papa sie heute Abend in der Heilanstalt Friedmatt lassen musste. Die Verantwortung war zu gross und wir alle hatten das bestimmte Gefühl, dass nur noch intensive ärztliche Behandlung helfen kann. [...] Sie schlief auch gar nicht mehr, deshalb konnte sie einfach nicht mehr vor Müdigkeit. Als dann heute Papa wieder mit ihr bei Professor St. war, hielt dieser es für das einzig richtige, sie zu behalten. Tini selbst war ganz einverstanden damit, die Eltern hatten schon vorher mit ihr gesprochen darüber, damit sie ja nicht den Eindruck bekommen kann, man wolle sie abhaben. [...] Es ist alles im Einverständnis mit Deinem Onkel geschehen.»[101]

Albertine erwähnt diese beiden Aufenthalte in ihren Lebensläufen kurz. Ihr Urteil ist ziemlich vernichtend: «Pfarrer Moppert, sonst eine sympathische Familie, hatte grosse Angst um mein Seelenheil und [meine] religiöse Zerrüttung. Sie ahnten nicht, dass ich längst nicht mehr kirchlich religiös gesinnt war.»[102]

278

Albertine Meierhofer 1931 auf der Terrasse an der Hadlaubstrasse in Zürich.

Die Einweisung in die Nervenheilanstalt beschreibt sie wie folgt: «Meine Schwestern taten mich zu Pfarrer M. nach Basel, damit ich in eine Familie käme. Dort konnten sie mich nicht ohne Weiteres behalten und taten mich in eine sog. Nervenheilanstalt (Irrenanstalt), wo ich 4 Tage und Nächte immer bewacht wurde.»[103]

«Ich stellte mich extra wirr und geisteskrank dar. Dr. S. oder Dr. R. merkten vielleicht, dass ich ihnen einen solchen Zustand vortäuschte. Nur Gott wusste, was ich damals empfand und von meinen Mitmenschen denken musste. Auch Vorfälle in der Familie hielt ich aus gewissen Gründen geheim. – Dort in Basel sah ich zum ersten Male tief in die sozialen Nöte und Missstände unserer Zeit.»[104] In der Fassung vom Juni 1933 präzisiert Albertine: «Die Anstalt in Basel war überfüllt und für die Menge von Unglücklichen viel zu wenig Personal. Doch bewundernswürdig ist die Aufopferung der Schwestern.»[105]

Marie Meierhofer besucht ihre Schwester in der Friedmatt und überzeugt sich, dass der Ort für Albertine völlig ungeeignet ist: «Ich besuchte sie dort, sie war todunglücklich unter den erwachsenen Patienten mit zum Teil schrecklichen Symptomen.» Trotz den Bemühungen von Marie Meierhofer lastet Albertine den Aufenthalt in der Irrenanstalt ihrer Schwester an, was zwischen den beiden zu deutlichen Spannungen führt.

Die Suche nach einer geeigneten Betreuung für die kranke Schwester geht weiter. Ihrem Onkel Damian Lang, dem Vormund von Albertine, wirft Marie Meierhofer vor, er habe seine Pflichten als Vormund schlecht wahrgenommen: «Onkel Damian aber glaubte, Tineli sei nur ein verwöhntes Kind mit Launen, das Erziehung brauche.»[106]

Damian Lang macht Albertine in einem Brief darauf aufmerksam, dass sie es ihrer Mutter schuldig sei, recht bald wieder frohen Mutes zu werden und ihren Schwestern und ihm Freude zu machen. Gewiss sei sie von der Schule überarbeitet, und ein Aufenthalt in einem Kurort würde ihr gut tun. Er hat für sie in Ermatingen eine Pension angeschaut, welche vom Psychiater Dr. Rutishauser geführt wird.[107]

Den Umzug nach Ermatingen kommentiert Albertine lakonisch: «Durch das tückische Telefon wurde verabredet zu einem Ferienaufenthalt am Bodensee in Ermatingen. Die Natur war einzig schön, sonst hatte ich keinen grossen inneren Gewinn daraus gezogen. Hier hatte ich ein freieres Leben und wurde nicht extrem streng überwacht.» Diese Anspielung bezieht sich wohl auf einen Telefonanruf von Onkel Damian, den sie im Anschluss an den erwähnten Brief erhält. Albertine ergänzt ihre Ausführungen mit dem Satz: «Hier hatte ich Sehnsucht nach einem freiwilligen Tod zum Beispiel in den Bergen, Fluchtgedanken, Streben, verschmachten an seelischem Hunger.»[108]

279
Die Familie Lang mit Damian und seiner Frau Berthe sowie der Tochter Alice und – ganz links – Albertine anlässlich eines Besuches Albertines im Jahr 1931.

280
Albertine mit ihrer Nichte Alice Lang. Familie Lang besitzt ein Ferienhaus am Murtensee, in dem sich die Kinder von Albert und Marie Meierhofer-Lang häufig aufhalten. Alice umgekehrt weilte früher oft in Turgi in den Ferien.

WILDE, TRAURIGE JAHRE

Die von Albertine geäusserten Selbstmordgedanken führen zum Scheitern des Aufenthaltes. Marie Meierhofer wird benachrichtigt: «Unterdessen waren die Sommerferien 1932 angebrochen. Ich war völlig erschöpft und wollte mich bei meiner Gotte, Berthe Lang, die Frau von Damian, im Ferienhaus am Murtensee erholen, aber bald erreichte mich die Hiobsbotschaft, Tineli sei suizidgefährdet und müsse eine Wache haben. Wir hatten aber das Geld nicht für eine solche, und so bin ich hingefahren und habe mein armes krankes Schwesterlein gehütet.»[109]

Die Schwestern kümmern sich abwechselnd um die Kranke. Im Oktober 1932 ist Emmi bei ihr in Ermatingen. Schriftlich berät sie sich mit Marie, wie sie Tini helfen könnten. Tini isst kaum noch und magert ab. Erst als sie Birchermüsli zum Abendessen bekommt, regt sie sich weniger auf, und es geht ihr langsam besser. «Selbstverständlich dürfen uns einige gute Tage nicht glauben lassen, es sei nun alles gut. Aber ich bin fest überzeugt, dass T. durchkommen wird, falls sie richtig behandelt wird. Sie braucht viel, viel Liebe! Nur mit Liebe geht es besser bei ihr. Es ist ein armes, armes Kind! Was sollen wir machen? Wenn irgend möglich nicht wieder in eine Anstalt schicken, dort wäre alles verdorben.»[110]

Trotz den Anzeichen von Besserung kann Albertine nicht allein sein und spricht wieder von Selbstmordgedanken, als Emmi davon spricht, abzureisen. Sechs Tage später schlägt Emmi vor, eine Anhängerin Jungs in Zürich Höngg anzufragen, welche dort eine Pension für solche Leute führen soll. Eine Bekannte von Emmi war dort und hat gute Erfahrungen gemacht. Wichtig findet Emmi vor allem für Tini eine richtige gesunde Bircherkost.[111]

Die Geschwister suchen gemeinsam nach einer Betreuungsmöglichkeit für Albertine. Der Vorschlag von Hans Meierhofer, Albertine in Turgi zu betreuen, wird ebenso verworfen wie die erwähnte Empfehlung von Emmi. Schliesslich sind es die Freunde von Marie und Emmi, die Rat geben und weiterhelfen können.

«Nachdem Ruth Andreae mit mir von Privatklinik zu Privatklinik gefahren, und wir ein therapeutisches Milieu ohne Erfolg gesucht hatten, bekamen wir über den Studienkollegen Ignaz Tauber die Adresse seines Bruders Cäsar, der Psychiater war in Bern. Er hatte dort ein kleines Heim, in dem er psychiatrische Patienten behandelte. Er gab sich grosse Mühe mit Tineli und brachte es so weit, dass es eine Haushaltungsschule absolvieren konnte.»[112]

Albertine kommt nach anfänglicher Zurückhaltung und Fluchtversuchen zu einer positiven Beurteilung des erneuten Wechsels: «Nach kurzen Ferien am Bodensee [gemeint ist damit der Aufenthalt in Ermatingen] bestimmte man, dass ich in psychoanalytische Behandlung von Dr. T. käme. Durch meine Schwester lernte ich schon vorher seine Geschwister kennen. So fand ich schneller Vertrauen, trotzdem ich damals sehr in mich gekehrt war und vor allem misstrauisch gegen alle Leute. Erst mit der Zeit brachte ich Dr. T. mein Vertrauen entgegen und von da an ging es rasch aufwärts: hinauf, hinan; frei ist die Bahn; heraus aus dunkler Tiefe ins lichte Positive (Goethe). In einigen Monaten war ich schon viel besser. Durch entsprechende Beschäftigungen sollte ich alles überwinden lernen: Kindergartenkurs. Ich bin Dr. C. Tauber sehr dankbar, dass er mir geholfen hat und es freut mich, dass ich jederzeit zu ihm kommen darf, wenn ich ein Anliegen habe.»[113]

Auch Cäsar Tauber berichtet über Fortschritte, obwohl ihn gewisse Aussagen Albertines ängstigen, weil sie einen sehr «kranken Eindruck» machen. Auffallend sei auch, «dass immer und immer wieder Erinnerungen aus früherer Zeit aufsteigen, merkwürdigerweise an verschiedenen Tagen auch aus verschiedenen Zeiten, bald betreffen alle ihre Assoziationen die Juventuszeit, bald die Friedmatt, bald aber spricht sie wieder sehr viel von Turgi und von ihren Kindheitserinnerungen». Tauber schlägt vor, den Versuch zu wagen, Albertine als Hospitantin in die städtische *Töchterschule* zu integrieren.[114]

Marie Meierhofer besucht ihre Schwester in Bern und berichtet Walter Robert Corti ausführlich: «Dieses Tini, plaudert und spintisiert den ganzen Tag, plant, dichtet, zeichnet und liest aus der Hand usw. Eine Probe ihrer Dichtkunst lege ich Dir bei. Am Besten gefällt mir: Tini als Dichter. Ihre Malereien sind phantastisch, Picassomässig (hat aber nie etwas von ihm gesehen). Sie hat ihren Lebenslauf beschrieben. [...] Für mich hat

281
Park in Ermatingen. Albertine bemerkt zu ihrem Aufenthalt: «Die Natur war einzig schön.»

282
Die Patienten der Klinik auf dem Spaziergang. Der Heimleiter Dr. Rutishauser hält Albertine am Arm. Gleich daneben Emmi.

283
Emmi (Bildmitte) und Albertine (rechts von Emmi) bei Handarbeiten in Ermatingen.

sie nur Vorwürfe übrig, ich habe Pfr. Moppert zu sehr geängstigt, Friedmatt kann sie mir nie verzeihen. Ich habe sie nicht verstanden, keine Zeit für sie gehabt und sie deshalb nach Bern geschickt. Dr. Tauber ist ihr Erlöser, sie ist direkt verliebt in ihn [...]. Bern liebt sie sehr, sie möchte nicht mehr nach Zürich zurück. Oft sagt sie ganz kluge Sachen, und Du wirst erstaunt sein über ihre Lebensgeschichte. Dann aber bastelt sie wieder, klebt und rahmt und überzeichnet alles, macht Lebenskurven etc. Sie kann aber auch ruhig und nett sein, wenn sie alles erzählt hat. Denn viel Neues schöpft sie nicht, ihre Geschichte und Lebensgeschichte schreibt sie immer wieder ab, und in ihren Reden kommen immer wieder dieselben Vorstellungen und Pläne. Es werde aber sichtlich von Tag zu Tag besser, sagen alle, sie beginnt auch etwas auf sich zu geben, möchte hübsch angezogen sein [...]. Ihre Schrift hat sie geändert, sie findet die neue Schrift interessanter [...]. Sie freut sich auf die Schule, sie empfindet das als Zeugnis ihrer Heilung, glaubt den Normalpunkt erreicht zu haben.»[115]

In der Schule sind ihre Leistungen und Stimmungen schwankend. Die Lehrerinnen schauen darauf, dass sie Albertine allein beschäftigen können, weil sie sich mit den Kameradinnen nicht verträgt.

Ihr Vormund Damian Lang möchte Albertine aufs Land schicken, wo sie arbeiten lernen soll. In der Handelsschule lerne sie doch nichts: «Tini muss neu erzogen werden von A bis Z. Sie

284

Töchterschule 1933. Albertine **(ganz links) blickt als Einzige nicht in die Kamera.**

hat leider gar keine gute Erziehung und ist dazu schrecklich faul.»[116] Schliesslich bleibt Albertine aber doch in Worb.

Im Anhang ihrer Agenda aus dem Jahr 1933[117] notiert Albertine zahlreiche Zitate aus Sonntagspredigten des Berner Münsters sowie aus philosophischen Werken von Kant, Nietzsche und anderen. Die Zitate sind zumeist zutreffend erfasst und verweisen oft auf Themen, die für sie aktuell sind, so etwa die von ihr empfundene Vereinsamung.

Eine Seite enthält den Verweis auf den Roman *Pallieter* von Felix Timmermans, in dem ein junger Mann durch eine Krankheit aus seiner seelischen Krise befreit wird. Die gleiche Seite enthält ein Gedicht gezeichnet mit «T. M.», das den eigenen Aufschwung aus der Krankheit beschreibt:

Herbst.
Es steht ein Baum im Feld
Im Felde ganz allein
Sein Laub ist leuchtend Gold
Die Äste zittern fein
Erfüllt von süssem Schauer
um überwundnes Leid
Erfüllt von Glaub und Hoffnung
An eine neue Zeit.

285

Die Agenda 1933 von Albertine Meierhofer mit einem Gedicht.

285

WILDE, TRAURIGE JAHRE

Der gesundheitliche Zustand Albertines bessert sich weiter. Weihnachten 1933 kann sie in Zürich verbringen. Wie bereits ein Jahr zuvor reisen die Geschwister mit Freunden über das Neujahr nach Wergenstein in die Skiferien. Anschliessend kommt es erneut zu einer Krise, die zur Einlieferung in die Klinik Waldau und am 14. Januar zum Tod Albertines führt.

«Weihnachten 1933 konnte sie bei uns an der Pflugstrasse verbringen, und anschliessend machten wir fröhliche Neujahrsferien mit Freunden und deren Geschwister in einem Berghaus in Wergenstein, Graubünden. Zurück zu Hause, begann sie wieder unruhig zu werden, redete fast die ganze Nacht hindurch, und Dr. Tauber wollte sie vorerst in Bern in der Waldau internieren. Da Tineli mich ablehnte und mir ständig vorwarf, ich hätte sie in die Friedmatt gebracht, konnte ich nicht mit ihr reisen. Walter Corti akzeptierte sie, und er brachte sie nach Bern zu Dr. Tauber. Ich reiste zurück nach Rom, wo ich mein letztes Medizinsemester verbrachte. Vierzehn Tage später erreichte mich dort ein Telegramm mit der Nachricht von Tinelis Tod. Sie soll an einem ‹katatonen Hirnödem› gestorben sein, erklärte uns nachher Dr. Tauber.»[118]

Irritiert durch den unerwarteten Tod reist Marie Meierhofer gleich nach der Beerdigung wieder nach Rom zurück, um dort ihr Auslandsemester abzuschliessen. Sie glaubt nicht daran, dass Albertine an einem katatonen Hirnödem gestorben ist: «Ich konnte es nicht glauben und argwöhnte, es seien zu viele Medikamente verabreicht worden, denn sie war offenbar sehr erregt gewesen.»[119]

Der Versuch, die Krankengeschichte einzusehen, misslingt sowohl ihr als später auch ihrer Schwester und ihrem Schwager: «Emmi und ihr Ehemann Dr. Maier waren später in der Waldau, als er dort Assistenzarzt war. Er suchte und fand keine Krankengeschichte über Tineli; sie war verschwunden.»[120]

Im Oktober 2006 wird eine erneute Suche nach den betreffenden Akten mit Erfolg gekrönt. Weshalb den Schwestern die Einsicht verwehrt wurde, bleibt ungeklärt. Das Dossier enthält einen handschriftlichen Lebenslauf von Albertine (datiert vom Dezember 1933), Kopien von Briefen, verschiedene Berichte behandelnder Ärzte, Fieberkurven, einen Autopsiebericht und ein im Entwurf gebliebenes Gutachten, das am 3. Dezember 1933 von der Vormundschaftsbehörde Zürich angefordert worden war.

Gemäss diesem Gutachten hat bereits Professor Stähelin von der Friedmatt in Basel eine «schizoide Depression, wahrscheinlich beginnende Katatonie» diagnostiziert. Das undatierte Gutachten selbst, das die Vorgeschichte und den Verlauf der

286

286
Die Gruppe inszeniert den Rütlischwur. Zusammen gründen sie die *Kanalgitterbestandteil GmbH*.
287
Aufenthalt in Wergenstein 1933. Die fröhliche Gesellschaft führt Tänze auf. Auch Albertine ist mit dabei (Zweithinterste vor Marie Meierhofer). Das Geschehen im Januar 1934 ist nicht dokumentiert. Es wird ähnlich fröhlich verlaufen sein.

Krankheit bis kurz vor dem Tod beschreibt, kommt zum gleichen Schluss: «Aus der Vorgeschichte wie aus unsern eigenen Beobachtungen geht hervor, dass die vermutlich erblich belastete Albertine Meierhofer, die von jeher seelisch auffällig war, in den letzten Jahren, deutlich vom Sommer 1932 an, geistig erkrankt ist. [...] Es besteht nach alle dem kein Zweifel, dass Albertine Meierhofer an Spaltungsirresein, Schizophrenie, leidet, und zwar an dessen Unterform Katatonie, Spannungsirresein. Die Krankheit ist theoretisch unheilbar; wenn auch Besserungen bis zur praktischen Gesundheit vorkommen und erklärt werden können, so erscheinen uns doch bei ihr die Aussichten wegen des langsam schleichenden Beginns und der recht weitgehenden Veränderung durch die Krankheit leider nicht günstig.»

Marie Meierhofer setzt den Akzent anders. Kein Wort von einer «vermutlich» erblichen Belastung. Auch Albertine selbst wehrt sich in ihrem Lebenslauf dagegen, dass man die Wurzeln ihrer Krankheit bei der Familie sucht, und verweigert in der Friedmatt alle diesbezüglichen Auskünfte: «Dort war ich zehn Tage, wollte jedoch nichts von den privaten Angelegenheiten der Familie verraten, wusste ich doch, dass meine beiden Eltern körperlich wie auch geistig vollkommen gesund waren und nur seelisch so viel zu leiden hatten.»[121]

287

WILDE, TRAURIGE JAHRE

Diese Aussage trifft sich mit der Meinung ihrer Schwester Marie. Auch sie sieht den frühen Tod Albertines als Folge zahlreicher Schicksalsschläge:

«Ich konnte immer noch nicht den Tod von Tineli erfassen und machte mir Vorwürfe; dieses zarte Kind hatte in jungen Jahren so viele Verluste erlitten und war seiner Psychose ausgeliefert. Beim Unfalltod von Mama war sie erst 11½ Jahre alt, und verlor kurz darauf auch noch ihre Vizemutter, Germaine, welche heiratete und uns verliess. Von Geburt an schlief Tineli nämlich im Zimmer von Germaine, und es war ihr Kind, und nur in zweiter Linie das von Mama. Nach dem Weggang von Germaine erkrankte Tineli an einer Depression mit psychotischen Erscheinungen. Fräulein Dora Schütz, welche Papa nachher engagierte, bemühte sich sehr um Tineli, und brachte sie mit Hilfe von Psychoanalytiker Pfarrer Pfister wieder ins Geleise. Als Fräulein Schütz uns aber verliess, und Papa kurz nachher auch tödlich verunglückte, waren wir drei Mädchen ganz auf uns gestellt. Tineli war damals 17, Emmi 20 und ich 22 Jahre. Ich konnte Tineli nicht die nötige Sicherheit bieten. Sie erkrankte wieder und fand zuletzt Hilfe bei Dr. Tauber in seiner Privatklinik in Bern. Tinelis Vormund, Onkel Damian in Bern, hatte leider wenig Verständnis für sie, und sie war wohl in Bern einsamer als wir realisierten. In Rom plagte mich die Vorstellung, und ich fühlte mich schuldig, weil ich ihr wohl schrieb, aber sie nicht besuchte, und mit ihr nur an Feiertagen zu Hause zusammen war. Wir hatten auch nicht das Geld für viele Billette.»[122]

Der Gerichtsmediziner Dr. med. Josef Sachs hat die verschiedenen Berichte zum Tod von Albertine Meierhofer studiert.[123] Er kommt zum Schluss, dass die «unspezifischen körperlichen und psychischen Auffälligkeiten» in der Kindheit von Albertine Meierhofer «im Nachhinein schwer zu interpretieren» seien. Die Diagnose aus dem Jahre 1934, welche besagt, dass eine Krankheit aus dem schizophrenen Formenkreis (Katatonie) vorliege, ist jedoch gemäss Josef Sachs «gut begründet». «Sehr schwer einzuschätzen ist die Todesursache, die letztlich unklar bleibt. Die Klinikunterlagen und der Autopsiebericht legen den Schluss nahe, dass irgendeine Infektionskrankheit aufgetreten sein dürfte, die damals weder diagnostiziert noch behandelt werden konnte (Lungenentzündung? Hirnhautentzündung?).» Hinweise für einen Suizid liegen gemäss Josef Sachs keine vor.

Das Schicksal der jüngsten Schwester wird für Marie Meierhofer in verschiedener Hinsicht zu einem bestimmenden Lebenselement. Es verstärkt den Drang, Kindern in Not zu helfen, den Marie Meierhofer seit dem Tod ihres jüngsten Bruders verspürt. Am Schicksal Albertines erfährt Marie Meierhofer in aller Härte die Unbeholfenheit, ja Blindheit der Erwachsenen kranken Kindern gegenüber. Dies gibt dem eigenen Handeln und den beruflichen Zielen eine konkrete Ausrichtung: «Dieses hautnahe Erleben der Ratlosigkeit und Hilflosigkeit von Angehörigen eines psychisch kranken Kindes bekräftigte in mir den Wunsch, Medizin zu studieren und psychische Hilfe für Kinder aufzubauen.»[124]

Zurück in Rom beendet Marie Meierhofer im Frühling 1934 ihr Auslandsemester.

«Trotz Kummer interessierte es mich doch, etwas von der politischen, kirchlichen und kulturellen Situation in Rom zu erleben. [...] So war ich dabei, als Mussolini eine seiner zündenden Reden vom Balkon des Palazzos an der Piazza Venezia nahe des riesigen Kriegerdenkmals hielt. Seine Rede ging zwar unter im Geschrei des Publikums. Die Schwarzhemden skandierten ohne Unterbruch das ‹Duce, Duce›. Ein anderes Mal sah ich Benito Mussolini hoch zu Pferd. Mit vorgeschobenem Unterkiefer hielt er eine Ansprache an seine Offiziere, die er mit Dekorationen ehrte. [...] In St. Peter [fanden im heiligen Jahr] grosse Feierlichkeiten statt. Unter anderem konnte ich an einer Heiligsprechung teilnehmen. Wie staunte mein reformiertes Gemüt, als der Papst mit grossem Pomp auf einem Tragsessel, die reichgeschmückte Tiara auf dem Kopf, hineingetragen wurde. Er war begleitet von zahlreichen, speziell gekleideten Gruppen, zum Beispiel der Kardinäle und der Bischöfe aus aller Welt, der Nobelgarde von Rom, der vielen dienstfertigen Einzelpriester und anderen Garden und Kongregationen. Das Publikum lärmte, schrie ‹Viva il Papa› und klatschte in die Hände. Es war ein ordentlicher Tumult von Farben und Lärm. Von den kulturellen Veranstaltungen ist mir ein Konzert in Erinnerung geblieben. Der damals 15- oder 16-jährige Yehudi Menuhin spielte als Solist ein Violinkonzert, meisterhaft.

Es wurde Frühling, und das Wintersemester 1933/34 in Rom ging dem Ende zu. Emmi holte mich in Rom ab, und wir besuchten auf der Rückreise noch gemeinsam Ravenna, Padua und Venedig. Was ist dieses Italien reich an Kunstschätzen, so selbstverständlich eingebettet in die Welt der einfachen und fröhlichen Italiener.»[125]

288

288
Ein verwahrlost wirkendes Kind am Strassenrand, fotografiert von Marie Meierhofer auf der Italienreise mit ihrer Schwester Emmi 1934. Der Besuch verschiedener italienischer Städte auf der Rückreise von Rom ist fotografisch reich dokumentiert. Die Dokumentation enthält, ganz im Gegensatz zu andern Fotodokumentationen, fast keine Menschen, sondern ausschliesslich Kulturstätten. Ein Zeichen der Trauer?

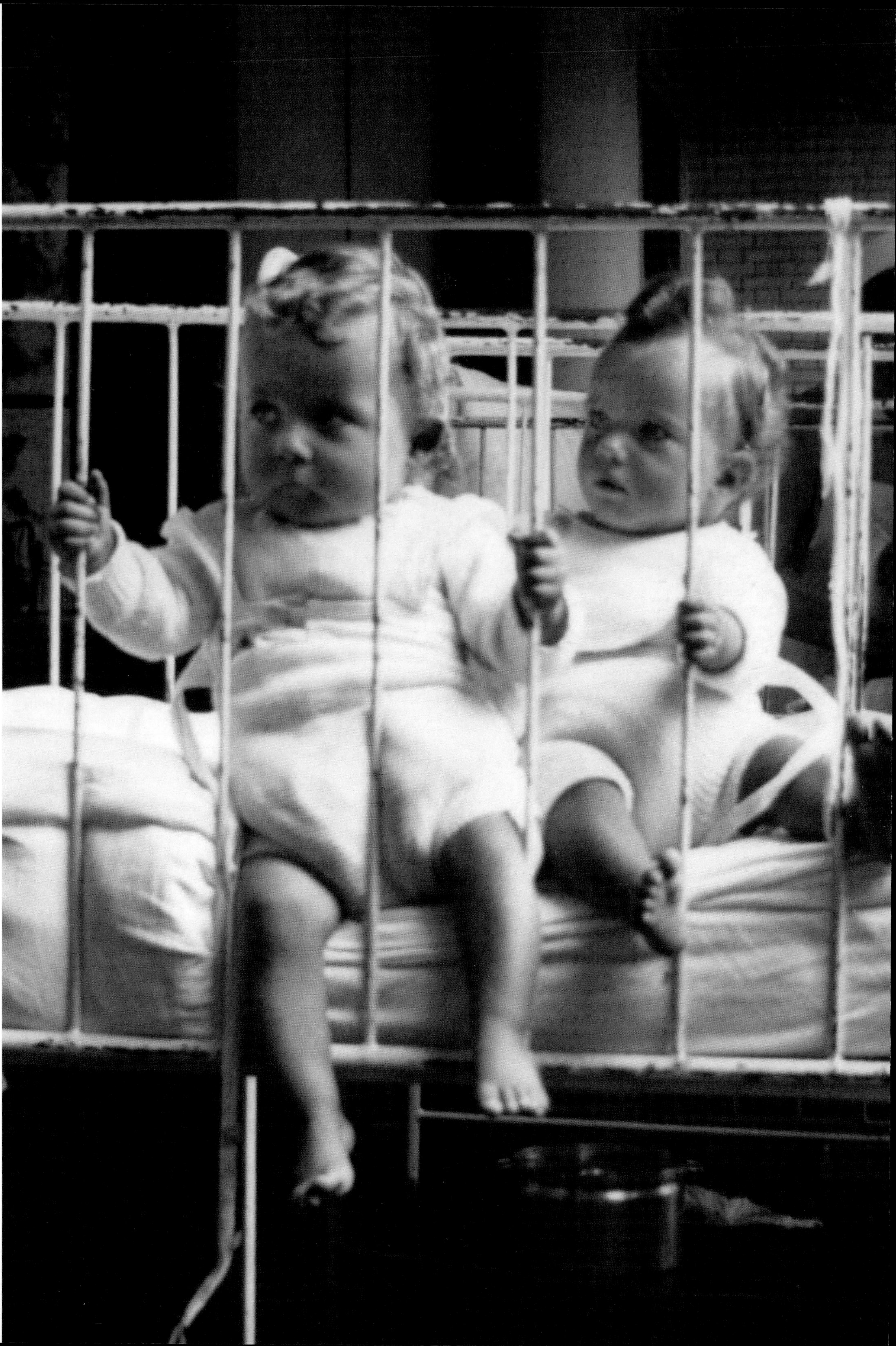

Sterile, weisse Welt

Erste Erfahrungen mit der Spitalwelt und die Jagd auf Molche

Studien in Wien und Rom

Staatsexamen, Burghölzli–Berlin, Burghözli

Kritik an der Psychiatrie

Ein Abstecher nach Berlin

Walter Robert Corti erkrankt an Tuberkulose

Wieder am Burghölzli

Am Hirnforschungsinstitut in Neustadt

Marie Meierhofer im Kinderspital Zürich

Die kleine Rebellion

Edgar

Erste Erfahrungen mit der Spitalwelt und die Jagd auf Molche

Rasch nach Beginn des Medizinstudiums von Marie Meierhofer im Frühjahr 1929 zeichnen sich drei deutliche Schwerpunkte ab, die mit Erlebnissen ihrer Kindheit und Jugend eng zusammenhängen. Marie Meierhofer interessiert sich vor allem für die Pflege und Betreuung von Kindern (Prophylaxe), das Funktionieren des Gehirns und die psychiatrisch-psychologische Behandlung von Kindern.

Der frühe Tod des jüngeren Bruders, das Vorbild der Mutter, die während des Ersten Weltkriegs aktiv bei der Pflege von Verwundeten und beim Aufbau von Notspitälern mitgearbeitet hat, und die Ermahnung des Vaters, vor allem vorbeugend zu wirken, bestimmen die Ausrichtung der ersten Studienjahre.

Der Verlust der Schwester und die damit zusammenhängenden Erfahrungen geben der Ausbildung von Marie Meierhofer die entscheidende Wende Richtung Kinderpsychiatrie und -psychologie.

Erste Erfahrungen im Spital kann Marie Meierhofer 1931 als Unterassistentin bei Operationen sammeln. Bereits hier hält sie in ihren Betten isolierte Kinder fotografisch fest.

In der Agenda von 1931 vermerkt Marie Meierhofer am 17. August den Beginn ihrer Assistenzzeit im Spital. Am 20. August assistiert sie bei einer Blinddarmoperation, am 22. bei einem Bauchdurchschuss. Am 25. August muss sie 24 Stunden lang Dienst leisten. Am 30. August Assistenz bei zwei Blinddarmoperationen und einer Magenperforation. Am 5. September schneidet sie sich mit einer Schere in die Hand.[1]

Nach sechs klinischen Semestern und entsprechenden Praktika hat Marie Meierhofer zwei Semester zur freien Verfügung, bis sie zu den Staatsexamen antreten darf. Sie will diese Zeit nutzen, um eine Dissertation vorzubereiten. Marie Meierhofer wendet sich an Professor Walter Vogt, dessen embryologische Forschung sie sehr interessiert:

«Professor Vogt schlug mir vor herauszufinden, warum ihm bei seinen Experimenten ab und zu bei einzelnen Eiern Mikrocephale, also Embryonen mit unterentwickelten Hirnteilen, entstanden sind. Er vermutete eine Hemmung des entsprechenden Bezirkes am Ei. Ich musste also am Ei den für die Entwicklung des Gehirnes presumptiven Bezirk hemmen, um herauszufinden, ob auf diese Weise Mikrocephale entstehen würden. Ich musste also Molche fangen und ein Aquarium einrichten, um entsprechende Eier zu gewinnen. Dazu eigneten sich neben dem Acelot am besten die Alpenmolche aus unseren Weihern. Wenn man dann Gras ins Aquarium hineinlegte, beugte das Weibchen den Grashalm und knickte ihn, um nur ein Ei in die

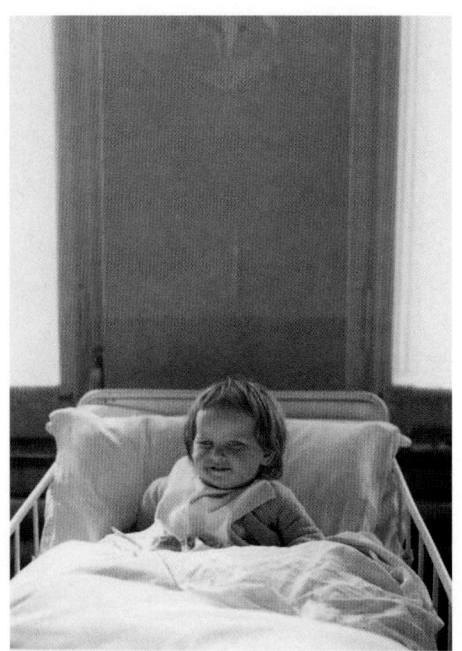

289

Vorangehende Seite

Aufnahme aus dem Kinderspital.

289

Kind im Spitalbett, Aufnahme von Marie Meierhofer aus der Zeit ihrer Assistenz 1931.

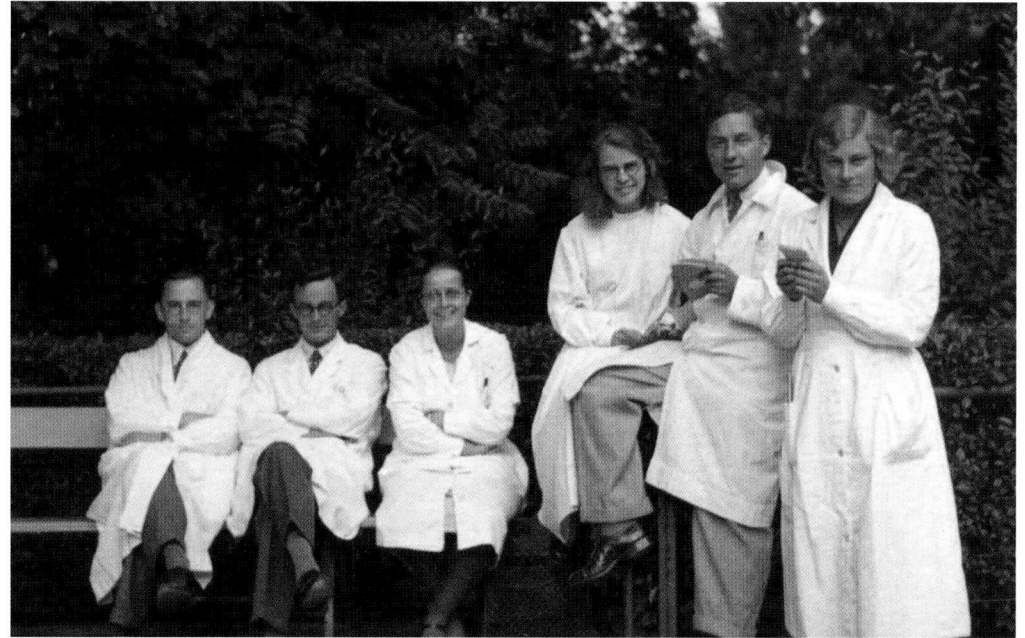

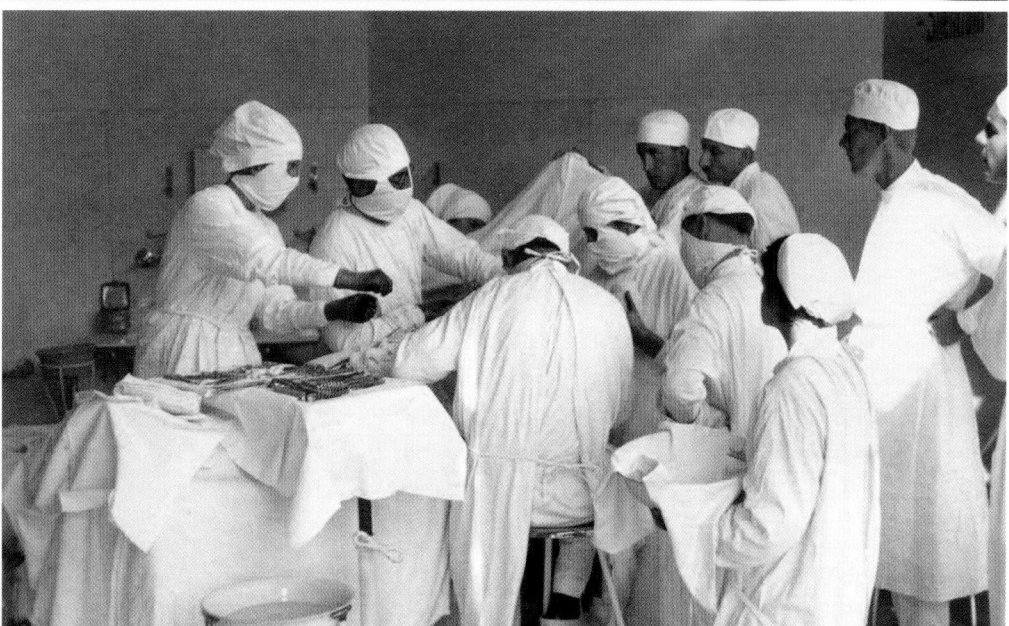

290

Marie Meierhofer (ganz vorne) als Unterassistentin mit Kolleginnen und Kollegen am Spital 1931.

291

Marie Meierhofer hat den Operationssaal, in dem sie als Unterassistentin mitarbeitet, fotografiert (1931).

STERILE, WEISSE WELT

Schleife zu legen. Dann musste ich Schälchen mit Wachs und Glasknöpfe für die Aushöhlung der Löcher herstellen. Haken aus Kinderhaaren, um die Eier zu bewegen, schnitt Professor Vogt seinem kleinen Sohne ab. Das Ei wurde dann so in die vorbereitete Grube gelegt, dass der für das Gehirn vorgesehene Bezirk in der Entwicklung gehemmt wurde. Der so entstandene Embryo wurde nachher in Formalin gelegt, geschnitten, und ich zeichnete mittels eines Mikroskops die Schnitte ab. So entstand viel Material, aber keine Mikrocephalen, sondern alle möglichen Missbildungen. Die Abklärung der Frage erforderte also weit kompliziertere Experimente, welche ich schon aus Zeitmangel nicht durchführen konnte.»[2]

Studien in Wien und Rom

Marie Meierhofer beschliesst, zwei Auslandsemester einzuschalten. Sie geht zunächst nach Wien, wohin sie Walter Robert Corti begleitet. Sie ist vor allem von den Vorlesungen von Professor Eppinger beeindruckt. «Prof. Eppinger war ein ausgezeichneter Lehrer. Er zeigte uns, wie man sich Kranken annähern und eine Diagnose stellen soll: zuerst den Kranken gesamthaft betrachten, sein Aussehen, seine Bewegungen, seine Hautfarbe, seine Atmung usw. beobachten. Dann Hautwärme und Puls fühlen und die Körperhaut ansehen. Dann die einfachen Untersuchungsmethoden: Palpation, Perkussion, Auskultation. Erst dann Vermutungsdiagnose erhärten durch Röntgen und Laborbefunde.

Diese Methoden der Annäherung an den Patienten hat mir später in der Praxis viel genützt. Ich habe sie dann ausgebaut und an die Studenten meiner Vorlesungen weitergegeben. [...] In der dermatologischen Vorlesung der Wiener Universität sah man Fälle, wie man sie in Zürich nicht vorfand, zum Beispiel Frambösie [Infektionskrankheit] und andere Krankheiten, wie sie nur in einer Grossstadt mit Bevölkerung aus aller Welt vorkommen.»[3]

Nach der Rückkehr von Wien geht Marie Meierhofer nach Rom. Dort kann sie den Sprechstunden eines Professors der Kinderklinik beiwohnen, der vergeblich für eine geordnete Abgabe der Mahlzeiten der Kinder kämpft. Sie berichtet Walter Robert Corti von ihren Erlebnissen:

«Ich habe die Erlaubnis gekriegt, morgens eine Stunde ins Ambulatorium der Kinderklinik zu gehen um zuzusehen. Ach Liebes, das gefällt mir so, da könnte ich immer hören und sehen, denn da kommen die Mütter des Volkes aus allen Schichten. Ganz junge Mütter, noch mädchenhaft schlank tragen da das kleine Lebendige wie ein Unverstandenes, noch Fremdes, andere wieder wie ein heiliges Geschenk. Eine Mut-

292

Der Ingenieur Heini Heer aus Olten begleitet Marie Meierhofer (ganz rechts) häufig bei der Suche nach Alpenmolchen oder stellt sein Auto zur Verfügung. Hier bei einem Ausflug mit Emmi Meierhofer auf die Rigi 1934.

ter aus den Schichten der Armen: Sie wäscht das Kleine nicht, wenn es erbrochen hat, versteht nicht die Fragen des Arztes und weint, wenn sie es in der Klinik lassen muss, weil es eine Lungenentzündung hat. Eine Dame, hochgeschminkt und mit spitzen Fingern, erzählt flüsternd und umständlich von dem Kinde, das sie aber nicht ernährt und der Amme überlässt. Diese glaubt, sie werde angeschuldigt, antwortet keifend auf Fragen und die ganze Geschichte ist, dass sie das Kleine alle 2 Stunden trinken lassen, sodass es aus Überernährung krank wird und immer mehr abnimmt. C'è poco di buono, sagt der Arzt nachher kopfschüttelnd. Am lustigsten ist die Frau, die nach 15 Jahren Ehe noch so ein Würmlein bekommt, es nicht anzufassen weiss und verlegen lachend es umständlich und wie ein Mann behandelt. Viel, viel könnte ich noch erzählen.»[4]

Trauriger ist ihr Bericht aus der Poliklinik, wo auch Abtreibungen vorgenommen werden: «Nachmittags bin ich jetzt immer in der gegenüberliegenden Polyklinik diese Woche. Die Frauen haben schon ein schweres Schicksal, da kommen sie alle und opfern ihr ungeborenes Kindlein mit Tränen, weil sie einfach nicht anders können. Andere möchten gern eines haben und es kommt nicht. Alle haben es schwer, es ist ein grosses, dunkles Gebiet. Dass sie alle Angst haben müssen vor dem, was sie doch am liebsten möchten, dem Kinde. Die Frage der Gravidität und Interruptio beherrscht die ganze Sprechstunden, andere Fälle verschwinden daneben.»[5]

Das Glück der Geburt erlebt Marie Meierhofer im Kreisssaal: «Es ist eine unerträgliche Hitze und da neben im Kreissaal stöhnen die Frauen, stunden- und tagelang, sie halten es kaum aus und vergessen doch sofort alle Qual, wenn sie ihr Kindlein im Arme haben. Einige Uneheliche sind auch da und es dünkt mich so traurig, wenn kein Vater mit Bangen darauf wartet und sie allein die Freude tragen müssen.»[6]

292

STERILE, WEISSE WELT

Staatsexamen, Burghölzli–Berlin, Burghölzli

Der Tod der Schwester Albertine in der Psychiatrischen Klinik Waldau in Bern, von dem Marie Meierhofer während ihres Aufenthaltes in Rom erfährt, trifft sie tief. Das Unverständnis gegenüber psychisch kranken Kindern, dem sie über Jahre hinweg begegnet ist, führt zur Entscheidung, im Anschluss an das Staatsexamen, welches sie 1935 besteht, sich an der Psychiatrischen Klinik Burghölzli zur Psychiaterin ausbilden zu lassen. Die Vorbereitung auf das Staatsexamen erfolgt, wie bereits jene auf die verschiedenen Zwischenexamen, gemeinsam mit Freunden. Etwa gemeinsam mit Max Meier in einem alten Bauernhaus in Andeer. Das gemeinsame Lernen führt zu neuen Erkenntnissen: «Ich erinnere mich auch, dass uns durch das gleichzeitige Repetieren verschiedener Fachgebiete Zusammenhänge aufgingen, die uns früher entgangen waren.»[7]

Im Oktober 1935 nimmt Marie Meierhofer ihre Arbeit am Burghölzli auf.

«Im Burghölzli habe ich zum ersten Mal in meinem Leben meinen Lebensunterhalt selbst verdient. Emmi konnte dies schon länger. Nach Abschluss ihrer kaufmännischen Ausbildung in der Handelsschule Räber nahm sie eine Stelle bei der Pro Juventute an. Später arbeitete sie dann, nach einem kurzen Intermezzo bei der Schweizerischen Rückversicherung, als Sekretärin an der ETH. Im Burghölzli bekam ich Kost und Logis und einen Lohn zwischen Fr. 300.– und Fr. 500.–, genau weiss ich das nicht mehr. Auf jeden Fall konnten sowohl Emmi wie ich aus unseren Löhnen uns Reitstunden bezahlen. Auch unsere Kollegen mussten sich im Reiten üben, weil sie Offiziere der Sanitätstruppen waren. So waren wir dann wieder eine ganze Clique, welche ausreiten ging. Als dann 1936 zum ersten Mal seit Papas Tod von seiner Firma, der BAG Turgi, Dividenden ausbezahlt wurden, kam ich mir wie ein Krösus vor. Aus meinen Erfahrungen heraus war ich aber mein ganzes Leben misstrauisch dem Geld gegenüber, das nach meiner Ansicht immer in Fortbildung, einer Tätigkeit oder in Mobilien investiert werden müsste. So kaufte ich mit den ersten Dividenden von Fr. 600.– ein altes Auto. Willi Corti, ein Bruder von Buss, verkaufte mir seinen grauen Opel Cabriolet Spezialkarrosserie mit roten Ledersitzen und viel Chromverzierungen für Fr. 700.–.»[8]

293
**Marie Meierhofer mit Max Meier
in Andeer.**

STERILE, WEISSE WELT

294

Marie Meierhofer vor einem Mühlenrad auf Wergenstein.

295

Herta Bamert beim abendlichen Läuten der Kirchglocke.

296

Die einzige Familie, die noch auf der Alp wohnte.

STERILE, WEISSE WELT

Die Tänzerin Herta Bamert ist in dieser Zeit die engste Freundin von Marie Meierhofer. Bereits 1932 verbringen sie gemeinsam Ferien in Wergenstein, wo sie am Abend die Aufgabe übernehmen, die Glocken zu läuten, und Kontakte zu alteingesessenen Familien pflegen. Die beiden Frauen reisen im Sommer 1935 gemeinsam in die Normandie und 1936 nach Berlin.

«In den Sommerferien 1936 bin ich mit meinem Opel an die Olympiade in Berlin gefahren. In meiner Begleitung war meine Schulfreundin Herta Bamert und ihr Pianist Hansli Müller. Herta konkurrierte in Berlin mit Solotänzen, Kunsttanz mit den Tänzern anderer Nationen. Ich glaube, sie hatte etwas Erfolg, war sie doch eine Schülerin von Mary Wigman und Harald Kreuzfeld gewesen. Aber in Erinnerung geblieben sind mir nur die bunten Gruppentänze folkloristischer Art von Tänzern aus Polen und anderen Oststaaten.»[9]

Kritik an der Psychiatrie

Der Arbeitsbeginn im Burghölzli gestaltet sich für Marie Meierhofer nicht einfach. Ein Arzt hat gekündigt, und man will ihr eine Abteilung zuteilen, obwohl sie erst drei Wochen dort ist. Nachdem eine Kollegin unter der Arbeitslast zusammengebrochen ist, setzt sich Marie Meierhofer beim Chef für sie ein. Die angeschlagene Kollegin bekommt Ferien, dafür muss Marie Meierhofer zwei Abteilungen übernehmen.[10]

Zu Beginn gefällt ihr die Arbeit: «Ich arbeite. Habe jetzt meine Abteilung, mach Visite morgens und abends, verordne usw. und habe meine Fälle zu erledigen. Ich mache es gerne, man lernt viel. Weniger wissenschaftlich als allgemein-zwischenmenschlich. Man lernt mit den Menschen reden, den Angehörigen und Behörden, [....] Zeugnisse schreiben und sieht in viele Verhältnisse hinein.»[11]

Lange hält ihre anfängliche Freude nicht an. Am 13. Januar 1936 schreibt sie: «Mit der Arbeit ist es hier so: man hat ungeheuer viel Administratives zu leisten, den ganzen Tag sitzt man an der Schreibmaschine und schreibt Zeugnisse, Briefe, Gutachten, Krankheitsgeschichten. Morgens und Abends Visite, man drückt jedem die Hand. Eine solche sterile unpersönliche ärztliche Tätigkeit siehst Du nicht [Wort abgeschnitten]. Ja, hab' ich mir am Anfang gedacht, schliesslich kann man doch für sich noch etwas anderes tun, mit den Patienten reden, Literatur lesen usf. Jetzt keine Spur mehr davon, wir haben 4 Assistenten weniger und kein Ersatz. [...] Und siehst Du bei mir kommt ein ganzer Teil nicht in die Arbeit hinein, das ganze affektive Erleben bleibt ausgeschaltet. Mir kommen fast die Tränen, wenn ich nur einen Hund sehe, alles Lebendige fehlt mir.»[12]

297
Mit Herta Bamert in der Normandie.

298
Herta Bamert (Mitte) anlässlich einer Tanzaufführung am Schauspielhaus Zürich 1936.

Die Ausnützung der Arbeitskräfte, insbesondere der Assistenten und Assistentinnen, ist eine Selbstverständlichkeit. «Unsere ganze Zeit gehörte aber der Klinik. Es war damals üblich, nach dem Nachtessen noch ins Ärztebüro zu gehen, man ging selten aus, das heisst in die Stadt. [...] Für die Assistenten war im Park auch ein Tennisplatz zur Verfügung, der erstellt wurde, weil frühere Kollegen aus Mangel an Frischluft angeblich an Tb erkrankten. Für die Patienten gab es im Sommer ein Gartenfest mit Karussell etc. und im Winter Tanzveranstaltungen, an denen wir und das Pflegepersonal auch teilnehmen mussten. Meine Generation begann jedoch an diesen Übereinkommen zu rütteln, und wir gingen deshalb gerne zusammen in die Stadt. Übrigens galt damals auch in anderen Fachkliniken die Regel, dass die Assistenten Tag und Nacht für die Klinik zur Verfügung standen. [...] Man war quasi mit der Klinik verheiratet.»[13]

Noch kritischer wird Marie Meierhofer, wenn es um die Behandlungsmethoden geht:

«Im Burghölzli hatte jeder Arzt seine Abteilungen zu betreuen und machte morgens und abends Visite, wobei jedem Patienten die Hand gereicht wurde. Um acht Uhr war die ‹Gemeinsame› im Ärztebüro, wo aufkommende Fragen besprochen wurden. Unsere Hauptaufgabe waren dann Gespräche mit den Patienten, welche dann mit zwei oder zehn Fingern auf der Schreibmaschine des Ärztebüros in die Krankengeschichte des betreffenden Patienten eingetragen wurden. Es kommt mir jetzt so vor, als wäre damals die Schreibmaschine meine Hauptarbeit gewesen. Psychotherapie im heutigen Sinne gab es damals noch nicht, obwohl schon länger die Psychoanalyse in der Diskussion war. Die Gespräche mit den Patienten waren mehr ein Befragen und Aufnehmen der Daten zur Stellung der Diagnosen. Selbstverständlich ist eigentlich jedes ärztliche

299
Berichteschreibende Ärzte und Ärztinnen sind Marie Meierhofer immer wieder begegnet. Im Kinderspital hat sie einen ihrer Kollegen beim Berichtschreiben festgehalten, 1941.
300
Die Mitarbeiter der Klinik Burghölzli schmücken das Auto von Marie Meierhofer.
301
Marie Meierhofer vor dem geschmückten Auto.

Gespräch eine Art Psychotherapie, aber es wurde nicht methodisch angewandt. Eine kausale Therapie war damals nicht möglich. Es gab erst viel später Psychopharmaka. Als Symptomtherapie gab es Beruhigungsmittel und Kuren. Unruhigen Patienten gab man die Medikamente mit Spritzen, und im Turnus mussten wir am Abend auf die so genannte Spritzentour durch die ganze Anstalt. Die Schlafkur hielt den Patienten über mehrere Tage in einer Art Dämmerschlaf in der Hoffnung, dass seine Erregung dadurch abflauen werde. Für kontaktarme, steife, katatone Patienten gab es die Insulinkur. Mit einer Insulinspritze versetzte man den Patienten in ein Koma, aus dem er dann nach Stunden durch eine intravenöse Injektion von Traubenzucker wieder langsam zu sich kam. Als ich die medizinische Station führte, musste ich diese Kuren durchführen. Es ist mir nicht erinnerlich, wie der Erfolg dieser Kur war. Offenbar nicht spektakulär, sonst wüsste ich es noch.»[14]

Als einzigen positiven Aspekt hebt Marie Meierhofer in ihrer Autobiografie die externe Familienbetreuung von Patienten hervor: «Ein segensreicher Zweig der psychiatrischen Arbeit war die Familienpflege. Patienten, welche auf dem Wege der Besserung waren, konnten in ausgewählten Familien im ganzen Kanton Zürich in Pflege gegeben werden. Ein Arzt und eine Fürsorgerin besuchten und berieten den Patienten und die Pflegefamilie in regelmässigen Abständen.»[15]

Ein Abstecher nach Berlin

Erneut wird die Schwester Albertine zum eigentlichen Motor der Weiterbildung von Marie Meierhofer. «Die Erfahrungen mit Tineli, das über längere Zeit ein katatones Bild mit Versteifung und Erstarrung der körperlichen Beweglichkeit, ebenso die Bilder, welche andere Kranke, namentlich auch Alterskranke und Imbezile boten, erregten mein Interesse für das Gehirn und dessen Erforschung. So viele psychische Manifestationen weckten den Verdacht auf organische Veränderungen. In Zürich war die Neurologie – mit Ausnahme der Forschung von Prof. von Monakow – nicht zu erlernen. Hingegen war die Psychiatrische Klinik der Charité in Berlin von Anfang an eine Nervenklinik gewesen. Herr Prof. Maier kannte Herrn Prof. Karl Bonhoeffer, den Chefarzt dieser Klinik, und vereinbarte mit ihm, dass ich ein Semester in seiner Klinik arbeiten durfte.»[16]

Die Kollegen im Burghölzli gestalten den Abschied zu einem kleinen Ereignis. Dabei ist wohl zu berücksichtigen, dass es in dieser Zeit ungewöhnlich ist, dass eine junge Assistenzärztin über ein eigenes Auto verfügt. «Die Abreise von Zürich im Frühling 1937 gestalteten meine Kolleginnen und Kollegen wie ein kleines Fest. Im weissen Mantel machten sie einen Umzug mit allen Dingen, welche ich in meinem Auto mitnahm: Paddelboot, Zelt, Reitstiefel, Schreibmaschine etc. Während ich in der Klinik Abschied nahm, dekorierten sie meinen Wagen über und über mit Löwenzahnblumen und krönten ihr Werk mit dem Schädel des Skeletts, das ich in meinem Zimmer aufgestellt hatte. Bis nach Frankfurt flogen auf der Autobahn die Blumen von meinem Auto.»[17]

«Prof. Karl Bonhoeffer war sehr freundlich, eine Respektsperson alten Stils, und wurde von uns nur als Herr Geheimrat und in der dritten Person angesprochen. Er wirkte etwas gedrückt, wahrscheinlich wegen der politischen Situation, vielleicht auch aus Sorge um seinen Sohn Dietrich, dem später berühmt gewordenen Theologen. Prof. Bonhoeffer konnte in seiner Klinik noch einen normalen Umgangston pflegen, und uns vor Eingriffen des nationalsozialistischen Regimes beschützen. Nur beim Portier mussten wir mit Heil Hitler grüssen, und in der Poliklinik alle Briefe mit diesem Gruss unterschreiben.»[18]

In Berlin erlebt Marie Meierhofer hautnah den aufkommenden Nationalsozialismus. Sie unternimmt mit ihren Kolleginnen und Kollegen mit dem Auto und dem Paddelboot viele Ausflüge und schliesst mit der Ärztin Elisabeth Schneider eine langjährige Freundschaft. Elisabeth Schneider wird bei der Bombardierung von Berlin durch die Alliierten Professor Sauerbruch beim Operieren beistehen und später die Leitung der Klinik Charité übernehmen. Sie heiratet Erich Opitz, einen

Freund von Marie Meierhofer. Von der Schweiz aus unterstützt Marie Meierhofer das Ehepaar Opitz nach dem Krieg auf vielfältige Weise.

«Elisabeth und ich waren nachmittags in der Poliklinik sehr fleissig, beeilten uns, rasch die Berichte zu erledigen, dann waren wir frei und konnten mit dem Auto und Paddelboot die Seen und Wälder in der Umgebung von Berlin geniessen. Am Wochenende stopften sie noch zwei Kollegen auf den Hintersitz, und einer fuhr uns mit dem Töff hintennach, und wir konnten etwas tiefer in die prachtvolle Brandenburgische Seenplatte eintauchen. Göring hatte sich einen riesigen Föhrenwald mit Bisams zur Jagd reserviert, und so war dort eine unversehrte Waldlandschaft zu finden. [...] Es war eine schöne Zeit, und ich liess mich nicht durch das magere Essen im Casino der Klinik, durch die beginnende Rationierung und durch diverse Sparmassnahmen verdriessen. Dazu gehörte auch das Eintopfgericht, das Görings Frau, die Schauspielerin Emmi Sonnemann, unter den Linden austeilte. Die Nationalsozialisten waren damals bestrebt, einen guten Eindruck auf die Ausländer zu machen. Die Dozentenschaft der Universität Berlin hatte eigens ein Büro und eine Gesellschaftsdame angestellt für die ausländischen Kollegen. Durch diese Dame bekam ich Einladungen zu Parties oder zu Essen in Dozentenfamilien, zu Carausflügen in Kinderkolonien und Einrichtungen zur Ertüchtigung der Jugend. ‹Kraft durch Freude› war damals en vogue. [...] Andererseits berichteten besorgte Eltern mit vorgehaltener Hand über anstrengende und gefährliche Nachtübungen, welche ihre zwölf- bis fünfzehnjährigen Buben mitmachen mussten. Dies und die Sparübungen und anderes noch wiesen auf eine Vorbereitung auf den Krieg hin. Alle Instanzen wurden für Propaganda des Regimes und seine Programme eingespannt, so auch die Filmindustrie. Ich sah einen Film zur Rechtfertigung der ‹Tötung unwerten Lebens› mit verzerrten Bildern von idiotischen und geisteskranken Kindern, im Gegensatz dazu marschierende, gesunde Jugend. Es müsste Platz geschaffen werden für sie. Es begann die Entleerung von Heimen mit Infirmen, von Kliniken für Geisteskranke, von Experimenten mit Vergasungen, von Methoden zur Vernichtung von Untermenschen, der Juden, Zigeuner, Kommunisten etc., welche später industriell angewendet wurden. Die Sprache wurde verdeutscht, ein Auto wurde zum Kraftwagen, das Perron zum Bahnsteig, das Velo zum Fahrrad usw. Deutsche Heldensagen und Urgötter wurden hervorgeholt, das Christentum und die Christen bekämpft. Die Züchtung ‹deutschen Blutes, der Deutschstämmigkeit› kam etwas später, aber all dies lag damals 1937 in der Luft und wurde angebahnt. Wir Assistenten

302

Betriebsausflug mit Mitarbeitern und Mitarbeiterinnen der Klinik. Marie Meierhofer ganz rechts neben dem Oberarzt Dr. Scheller.

303

Marie Meierhofer mit Elisabeth Schneider vor dem Auto mit der ausgeliehenen Zollnummer.

304

In der Vergrösserung sieht man gut, wie die Zollnummer über dem ZH-Nummernschild liegt.

der Klinik machten heimlich Witze: Statt Heil Hitler sagten wir dem Portier: Drei Liter. Es wurde gespöttelt, Hitler lasse sich zum Kaiser krönen. Es war damals noch nicht so gefährlich, solche Sprüche heimlich auszusprechen.

Ein Kollege, der Mitglied der Partei war, nahm mich einmal mit in die Deutschlandhalle. Da schritt der kleine, hinkende Goebbels durch die Spaliere, die seine grossen SS-Männer in schwarzen Uniformen für ihn bildeten. Er hielt damals seine berühmte Katholiken-Rede. Ich hörte etwas von gleichgeschlechtlichem Geschlechtsverkehr in den Klöstern, und der ganze Saal brüllte: aufhängen, aufhängen. Mich schauderte. Es gehörte mit zu dem Schlimmen, das man sah und ahnte.»[19]

In die Berliner Zeit fällt auch eine Reise mit Elisabeth Schneider nach Kopenhagen. Das Vorhaben wäre beinahe misslungen, doch die dänischen Zöllner erwiesen sich als höchst zuvorkommend: «Die dänische Polizei hat uns ihre Autonummer ausgeliehen, damit wir nach Kopenhagen fahren können. Es wäre sonst nicht möglich gewesen, weil ich den internationalen Fahrausweis nicht mit hatte.» Der Ausflug ist mit Fotografien und kurzen Kommentaren dokumentiert, die beiden Frauen lassen sich vor dem Auto mit der Wechselnummer von den Zöllnern ablichten.

Professor Bonhoeffer veröffentlicht in der Folge auch die Dissertation von Marie Meierhofer *Atypische Psychosen in einer Chorea-Huntington-Familie,* die Marie Meierhofer während ihrer Tätigkeit am Burghölzli bei Professor H. W. Maier verfasst hat. Im Anschluss an den Aufenthalt in Berlin wird Marie Meierhofer wieder in die Klinik Burghölzli zurückkehren.

**Walter Robert Corti erkrankt
an Tuberkulose**

Aus Frankfurt am Main kommt von Walter Robert Corti die Botschaft, dass bei ihm ein tuberkulöses Infiltrat diagnostiziert wurde. Ursache war Unvorsicht eines Studienkollegen, der ihn während der Sektion einer Tuberkuloseleiche infiziert hatte. Marie Meierhofer treffen erneut Zweifel, ob die Trennung von ihrem Freund der richtige Weg gewesen sei:

«Das Gewissen meldete sich bei mir: hätte ich ihn nicht verlassen dürfen, hätte ich meine Pläne und mein Leben ihm und seinen Ideen widmen müssen? Aber das wollte er ja auch nicht. Das Schicksal und die Krankheit von Tineli, sein Leidensweg und sein ergebnisloser Kampf gegen die Vereinsamung haben mich tief geprägt. Im Gymnasium las ich mit Erregung die griechischen Sagen, und ich identifizierte mich mit Iphigenie, deren Leben hätte geopfert werden müssen als Sühne für die Sünden der Vorfahren. Auch als ihr Bruder Orest in tragische Verwicklung geriet, versuchte sie, ihm durch Selbstaufgabe herauszuhelfen. Diese Identifikationen waren von mir nicht nur jugendliche Phantasien, sondern entsprangen einem echt tragischen Hintergrund in meinem Leben: in unserer Familie war genug Unglück geschehen: der Unfalltod beider Eltern und des kleinen Brüderleins, und ausserdem noch das Leiden und der frühe Tod von Tineli. Ich glaube heute, dass dies der tiefere Grund war für die Ausrichtung meines ganzen Lebens auf die Suche nach Mitteln zur Hilfe und zur Vorbeugung für psychisch kranke und in Not geratene Kinder. Darum wich ich trotz beglückender Beziehungen einer Ehe immer aus; denn diese bedeutete damals für uns Frauen in

305

Walter Robert Corti im Krankenbett. Marie Meierhofer (ganz rechts) lernt eine Studienfreundin von Walter Robert Corti kennen. Sie besuchen ihn gemeinsam in Montana.

Wieder am Burghölzli

Im Oktober 1937 kehrt Marie Meierhofer nach Zürich zurück und arbeitet bis Dezember 1938 als Assistenzärztin an der Psychiatrischen Klinik Burghölzli. Auf ihren Wunsch hin jedoch in der Kinderstation *Stephansburg,* deren Leiter Professor Jakob Lutz in den USA weilt. Erneut kritisiert Marie Meierhofer die einseitige Ausrichtung der Psychiatrie auf reine Diagnostik in der Kinderpsychiatrie genau so wie in der Erwachsenenpsychiatrie: «Wie in der Erwachsenenpsychiatrie war auch in der Kinderpsychiatrie das Hauptgewicht auf der Diagnostik. Als Therapie wurde eigentlich hauptsächlich Platzierung in einem entsprechenden Heim erwogen. Zur Erforschung des geistigen und des seelischen Zustandes des Kindes wurden Tests angewendet, Intelligenz-Tests und Projektions-Tests. Manchmal konnte an gewisse Testantworten ein Gespräch angeknüpft werden. Aber das war nicht unbedingt vorgesehen. In der Stephansburg wurden die Kinder auch beobachtet, aber eher von den Erziehern und dem Lehrer als von den Ärzten. Mit den Angehörigen wurden vor allem Anamnesen aufgenommen. Aber da unter den Patienten mehrfach Sozialfälle waren, wurden die Angehörigen oft als Störfaktoren betrachtet. Die Kinder wurden von den Erziehern neben der Schule mit Spiel und Basteln beschäftigt, aber eine Spieltherapie gab es damals noch nicht. Diese habe ich erst in der Praxis entwickelt. Hingegen wurde wie bei den Erwachsenen medikamentös nachgeholfen, aber vorsichtiger als bei Erwachsenen.»[21]

Europa, sich ganz dem Ehemann und der Familie zu widmen. Ich meinte, es wäre anders in den USA und verschob eine Ehe immer bis zu meiner Auswanderung. Heute bin ich nicht mehr so sicher.»[20]

306
Kinder von der *Stephansburg* bei der Gartenarbeit.

307
Kinder von der *Stephansburg* im Ferienlager.

STERILE, WEISSE WELT

Am Hirnforschungsinstitut in Neustadt

Ende 1938 ist Marie Meierhofers Zusatzausbildung in Psychiatrie ausreichend für eine Bewerbung um den Spezialarzttitel für Psychiatrie der FMH (Foederatio Medicorum Helveticorum). In einem nächsten Schritt will sie ihren Traum verwirklichen und sich der Kinderheilkunde widmen. Sie bewirbt sich als Volontärin bei Professor Guido Fanconi. Bevor sie die Stelle antritt, nimmt sie eine Einladung des Hirnforschungsinstitutes in Neustadt im Schwarzwald an, welches sie von einem Besuch her kennt. Sie kann dort für vier Monate forschen. Ihr wird angeboten, Gehirnpräparate von gesunden Menschen mit denen von Menschen mit Idiotie zu vergleichen, eine Aufgabe, die sie mit Begeisterung in Angriff nimmt. Die Forschungsstätte wird von Professor Oskar Vogt und seiner Frau Cécile Vogt, die ebenfalls promovierte Neurologin ist, geleitet. Oskar Vogt ist Gründer des Kaiser Wilhelm Instituts für Hirnforschung in Berlin und dessen Vorsteher bis zu seiner Pensionierung, die aus politischen Gründen erfolgte. Das Haus Krupp ermöglichte dem Ehepaar Vogt daraufhin den Aufbau des Instituts im Schwarzwald.

In ihrer Schrift *Gedanken über Leben und Tod* aus dem Jahre 1995 berichtet Marie Meierhofer über die grosse Befriedigung, die sie bei der Arbeit in Neustadt empfunden hat: «Befriedigung in einer fast leidenschaftlichen Art habe ich bei der Hirnforschung erlebt. Als ich kurz vor dem Krieg im Deutschen Hirnforschungsinstitut in Neustadt im Schwarzwald arbeitete, waren wir wenige Forscher, welche den ganzen Tag isoliert in ihrer Klause hinter dem Mikroskop hockten, nur unterbrochen durch eine Fahrt mit Skiern zum Mittagessen ins Wirtshaus des nahen Städtchens. Die damals geübte Methode der Er-

308
Gruppenaufnahme der Forscher und Forscherinnen des Hirnforschungsinstituts Neustadt: Marie Meierhofer in der Mitte mit Professor Oskar Vogt, dahinter Cécile Vogt.

309
Marie Meierhofers Arbeitsplatz in Neustadt. Links das Hauptinstrument, das Mikroskop.

forschung der Hirnarchitektur untersuchte die Art der Zellen und deren Anordnung. Die Gruppen gleicher Zellen wurden als Felder lokalisiert und ihre Beziehung zu andern Feldern studiert. Wenn man eine Spur verfolgte, war man erfüllt von freudigem Eifer, vielleicht ähnlich dem Jäger auf der Pirsch. Immer gespannt auf den nächsten Schritt, geht man immer möglichst schnell wieder ans Mikroskop zurück. Prof. Oskar Vogt half mir bei den Schlussfolgerungen, die ich nie gewagt hätte, nach so wenig Erfahrung, zu ziehen. Er publizierte die Arbeit «Enthemmtes Wachstum bei Idiotie» im Journal für Psychologie und Neurologie.»[22]

Marie Meierhofer im Kinderspital Zürich

Über ihre Erfahrungen im Kinderspital und die damals übliche Praxis der Kinderheilkunde berichtet Marie Meierhofer in ihrer Autobiografie ausführlich: «Prof. Guido Fanconi war damals schon international berühmt als Pädiater und Forscher. Er war eine hochaufragende, hagere Gestalt mit schmalem Kopf, lebhaft, zäh und hartnäckig, wie die Bündner so sein können. [...] Prof. Fanconi war als Direktor des Kinderspitals Zürich allmächtig. Er hatte eine lange Liste von Anmeldungen von Ärzten und Ärztinnen, die sich für die Assistentenstellen bei ihm meldeten. Er engagierte damals nur unverheiratete Ärzte und mit Vorliebe Ärztinnen, mit denen er umspringen konnte nach Belieben. So teilte er Assistentengehälter auf, wie es ihm passte. Meine Bewerbung hatte er angenommen, weil er meine psychiatrische Vorbildung schätzte und sich von mir Neues erhoffte, aber er war nicht gewillt, meine Ansichten und Absichten zu teilen, sondern fürchtete unliebsame Veränderungen, wie zum Beispiel eine Lockerung der Besuchsordnung.

310
Marie Meierhofer (Zweite von rechts) mit Kindern und Mitarbeiterinnen ihrer Abteilung bei einer – wohl unüblichen – Geburtstagsfeier im Kinderspital.

STERILE, WEISSE WELT

Er hielt mich kurz. So setzte er eine Art Vertrag mit mir auf, wonach ich bei ihm als Volontärin mit Fr. 90.– Gehalt und Kost und Logis arbeitete. Mit der Absicht (ich verlangte erfolglos das Wort Aussicht anstelle von Absicht), eine Assistenstelle zu übernehmen. Dabei ist es bis zum Ende der Ausbildung und trotz Mehrarbeit während des Kriegs geblieben.»[23]

«Die Kinderheilkunde, wie ich sie vor und während des zweiten Weltkriegs im Kinderspital Zürich und anschliessend in der eigenen Praxis erlebte, war vor allem gekennzeichnet durch den Kampf gegen die Infektionskrankheiten. Es gab damals weder Antibiotika noch Sulfonamide noch Impfungen gegen die so genannten Kinderkrankheiten wie Masern, Scharlach, Röteln, Varizellen unter anderem noch gegen die verheerenden Epidemien der Kinderlähmung. Die Tuberkulose war allgegenwärtig, die Hygiene bei Mensch und Tier gegenüber heute noch rückständig (Viehtuberkulose, Spucknäpfe etc). Bei den Kleinsten dominierten allerdings die Ernährungsprobleme nebst den eitrigen Hautkrankheiten. [...]

Die Scharlachabteilung des Kinderspitals war meistens voll besetzt. Die armen Kinder mussten in ihren Glasboxen sechs Wochen isoliert leben, davon drei Wochen im Bett zur Prophylaxe von Nierenerkrankungen und Otitis. Trotzdem musste man nachher manchem Kind den Eiter aus den Ohren spülen. Nach den drei Wochen durften die Scharlachkinder auf die Wiese hinaus, wo sie ihre gestauten Kräfte losliessen und meistens einen ohrenbetäubenden Lärm verursachten. Bei den Besuchszeiten weinten oft viele, die Kinder in [...] Boxen. Sie konnten einander sehen, aber nicht zusammenkommen, und wegen des Lärms verstanden sie sich nicht durch das Glas hindurch.

In den Frischlufträumen im obersten Teil des Infektionshauses lagen Säuglinge und Kleinkinder mit Atembeschwerden, eingepackt unter der warmen Bettdecke, in der kühlen Aussenluft, welche durch die geöffneten Terrassentüren einströmte. Nachts hörte man im Schwesternhaus, wo ich wohnte, das Einziehen der Luft und den karchelnden Staccato-Husten der an Keuchhusten erkrankten Kinder und ihr Erbrechen und Weinen am Schluss des Anfalls. Sie taten einem so leid.»[24]

Marie Meierhofer beobachtet und hält fotografisch fest, wie die Kinder in ihren Bettchen hinter Gitter und zusätzlich mit Tüchern abgeschirmt leiden, weil sie mit ihrer Umwelt nicht kommunizieren können.

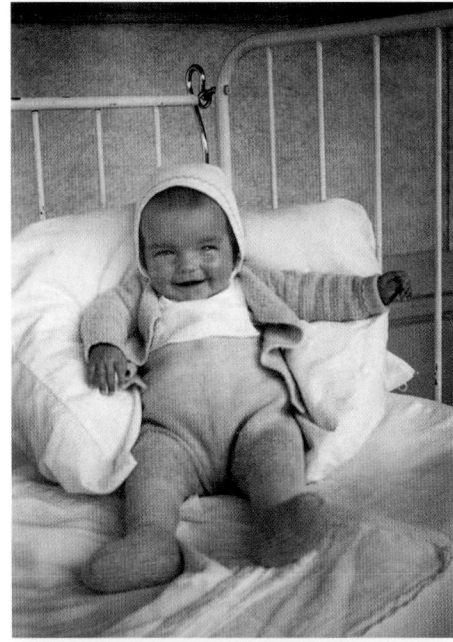

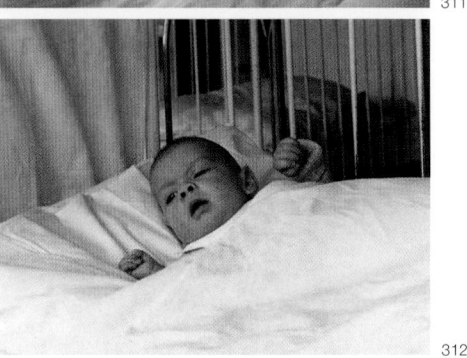

311

312

Aus der damaligen Besuchsordnung des Kinderspitals:

«Besuchszeiten nur: Sonntag, Dienstag und Freitag je ½11–½12 Uhr [...]. Ein Kind darf an einem Besuchstage nie mehr als 2 Besuche erhalten. [...] Spielsachen dürfen den Kindern nur mit Genehmigung des Arztes mitgebracht werden und zwar nur neue und waschbare. [...] Es ist verboten, die Kinder aus den Betten zu nehmen.»[25]

311, 312

Kinder in ihren Bettchen im Kinderspital.

«Als ich diese Abteilung führte, fiel mir auf, dass einige Kleinkinder unter der Bettdecke leichte Rückenverkrümmungen aufwiesen, weil sie immer in Richtung des Lichtes schauten. Durch Wendung des Bettes liess sich dieses Übel verhindern, aber die Immobilität unter der Decke schien mir trotzdem ein Problem. Zwischendurch müssen die Kinder spielen können oder sonstwie beschäftigt werden. [...]

Der Saal 4 des Kinderspitals, wo ich zuerst tätig war, diente zur Aufnahme und Abklärung verschiedener Störungen bei Patienten im Schulalter. In meiner Erinnerung blieben die zahlreichen Bettnässer, eine Crux für Ärzte und Pflegepersonal. Sie mussten täglich auf einen Zettel mit einem roten Ringlein eintragen, wenn sie nachts trocken blieben. Dann bekamen sie Lob, hauptsächlich vom Professor. Sonst mussten sie sich mit dem Eintrag eines schwarzen Kreuzes schämen. Als ob es in der Macht der Kinder gelegen hätte, ihre Blase im Schlaf zu beherrschen! Ich erinnere mich nicht, dass wir eines dieser Kinder definitiv von der Enuresis heilten. [...]

Gegen die Infektionskrankheiten nützte damals nur die Fernhaltung des Kindes von möglichen Infektionsquellen. Äusserste Sauberkeit war gefordert und wurde mit der Zeit auch erleichtert durch die Entwicklung der Elektroindustrie mit besseren Staubsaugern, Waschmaschinen, Kochzubehör etc. Die Entdeckung der Vitamine führte zu ausgewogenerer Kost mit Rohkost usw. Die Isolierung des kleinen Kindes wurde noch unterstützt durch eine falsch verstandene psychoanalytische Pädagogik: Berührung, besonders der Genitalgegend, war bei der Pflege möglichst zu vermeiden, um beim Kinde keine sexuellen Gefühle zu wecken. Das gleiche galt für Zärtlichkeiten, Herumtragen und Schaukeln. Lutschen, besonders Daumenlutschen, waren verpönt. Der Nuggi (Schnuller) wurde schon aus hygienischen Gründen weggeworfen. [...] Da die Kinderpsychologie damals glaubte, das kleine Kind erlebe erst mit Bewusstsein, wenn es sich selbst mit ‹Ich› bezeichne, wurden schmerzhafte Eingriffe, zum Beispiel eine Fimosenoperation, möglichst frühzeitig vorgenommen, in der Meinung, das Kind erlebe den Schmerz nicht mit Bewusstsein.

So kam es, dass die Babys möglichst von den Menschen ferngehalten, in ihrem Bett allein gelassen wurden. Viel Ruhe und lautes Schreien wurde für sie gut befunden. So entbehrten die Kinder damit Augen-, Hör-, Haut- und andere Kontakte und erlebten nicht Farben, Bewegung, Körperwärme, Gerüche, Geräusche, Musik, Befriedigung und Geborgenheit. Spielzeuge, wenn überhaupt vorhanden, durften nicht weich und mollig sein, weil man sie damals noch nicht kochen durfte.

Solch strenge Vorschriften machten viele Kinderärzte, Kinderschwestern und Mütterberatungsschwestern. Junge Eltern nahmen es oft zu genau und liessen ihr Kleines sogar im oberen Stockwerk in seinem Kinderzimmer immer liegen und hatten Angst vor Verwöhnung. Nur die Grossmütter hatten dann Erbarmen mit dem Kinde, wurden aber meist durch die gewissenhafte Mutter ferngehalten.

Es konnte ihnen nicht einfallen, dass ihr Kind Mangel litt. Contre coeur handelten sie so im Glauben an die Wissenschaft und unterstützt von den Kinderschwestern.

Es ist tröstlich zu denken, dass man heute bei vielen Krankheiten, bei denen wir damals verzweifelten, helfen und sogar vorbeugen kann. Dafür sind andere in den Vordergrund gerückt, ich glaube, in keiner Zeit [waren Krankheiten] so sehr durch Umwelt und soziale Faktoren mitbedingt wie heute.»[26]

Die kleine Rebellion

Marie Meierhofer beschreibt das Leid der isolierten Kinder im Kinderspital. Nicht erwähnt wird dabei, dass sie auf ihrer Abteilung, wenn immer möglich und verantwortbar, Kinder, kleine mit kleinen und grössere mit kleinern, zusammenbringt. Dokumentiert ist dies hingegen in verschiedenen Fotografien.

Noch einen Schritt weiter geht Marie Meierhofer, wenn sie im Garten des Kinderspitals den Schwestern demonstriert, wie wichtig Kinder für Kinder und wie positiv ihre Reaktionen sind, wenn man sie zueinander ins Bett setzt. Ganz im Sinn von Marie Meierhofer ist die Situation, in der eine Kindergruppe am Bett eines Knaben spielt, der seinerseits ein kleines Kind in den Armen hält. Für Marie Meierhofer eine Schlüsselsituation, die sie fotografisch festgehalten hat. Sie wird später in sogenannten Familiengruppen in Krippen alles daran setzen, dass solche Situationen Alltag werden.

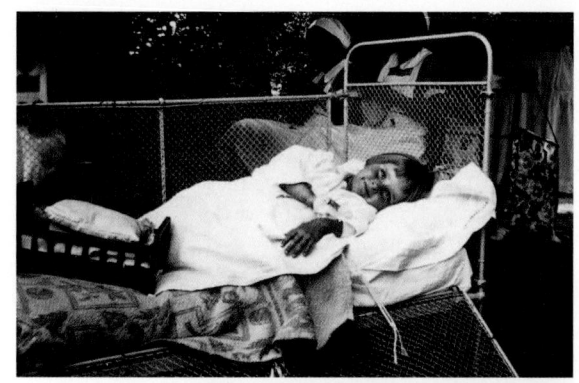

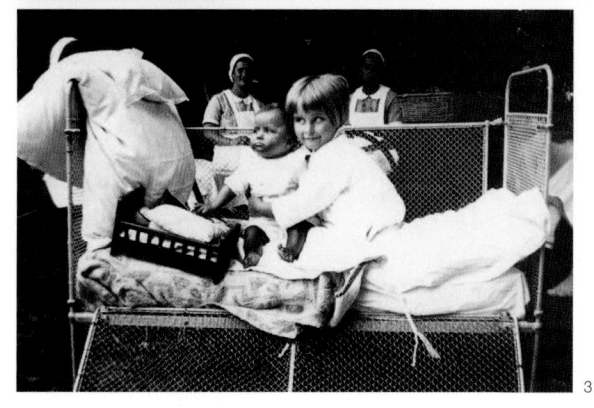

313–315

Schwestern setzen ein kleines Kind zu einem grösseren ins Bett und beobachten, was geschieht.

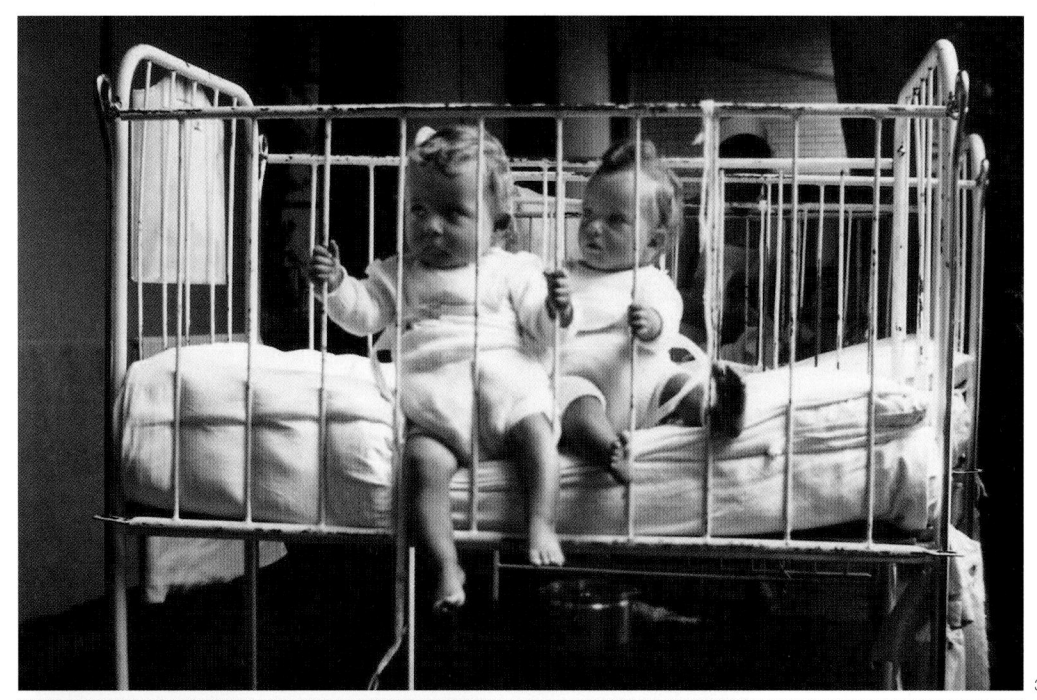

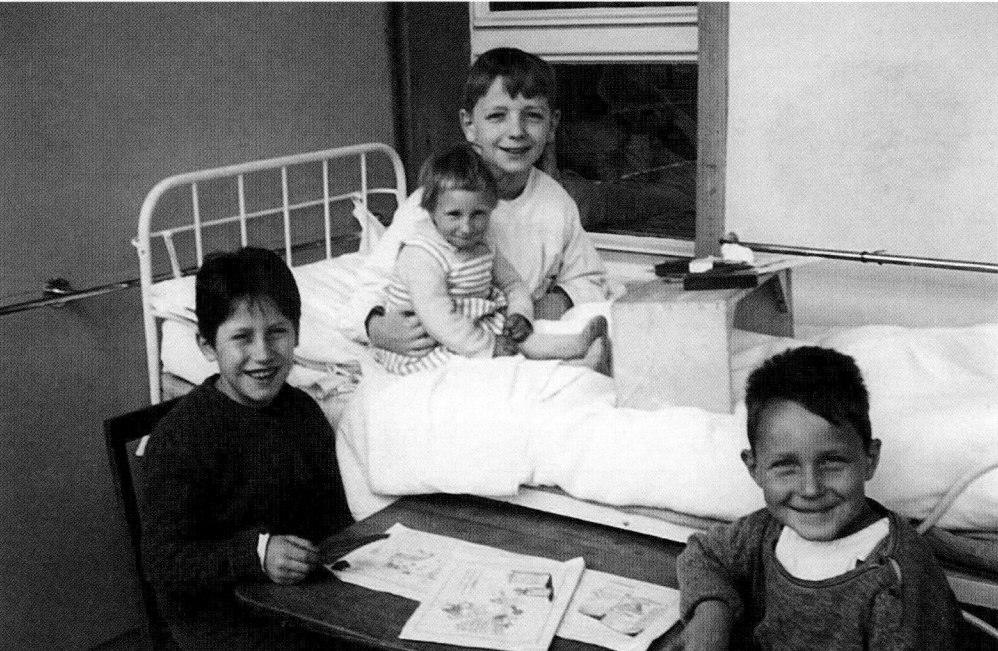

316
Zu zweit im Bett ist es wohl abwechslungsreicher.

317
Verschiedene Kinder im Spital besuchen einander und beschäftigen sich gemeinsam.

STERILE, WEISSE WELT

Edgar

Marie Meierhofer beschränkt sich nicht darauf, die Behandlung der Kinder in der Psychiatrie und in der Kinderheilkunde zu kritisieren. Sie wendet sich auch den Kindern auf eine Weise zu, nimmt mit ihnen Kontakt auf und betreut sie, wie es für eine Ärztin ungewöhnlich ist. Eines der ihr anvertrauten Kinder wird das künftige Leben von Marie Meierhofer bestimmen.

«Ein anderes Erlebnis bestimmte weiterhin mein Dasein. Ein kleines Büblein wurde im Herbst 1941 ins Kinderspital eingeliefert und kam auf meine Säuglingsstation. Eine Schwester aus dem Waisenhaus Einsiedeln brachte es, weil es zu krank war, um im Waisenhaus gepflegt zu werden. Sie wusste sonst keine Angaben zu machen, ausser dass es aus einer Familie stammte, welche wegen Vernachlässigung der fünf Kinder polizeilich aufgelöst war. Alle Kinder waren damals im Waisenhaus.

Es stellte sich dann heraus, dass Edgar Hensler bereits anderthalb Jahre alt war. Aber er war so unterentwickelt, dass er nicht einmal aufsitzen konnte. Ich habe nie mehr, auch später in kriegsversehrten Ländern, eine so schwere Vernachlässigung gesehen wie bei diesem Büblein aus dem Kanton Schwyz. Da war vermutlich geistige Behinderung bei den Eltern, Zerwürfnis in der Ehe und Armut mitverantwortlich. Der legitime Vater soll negiert haben, der Kindsvater zu sein und weigerte sich, für seine zwei jüngsten Kinder Verantwortung zu übernehmen.»[27]

«Die Kindsmutter ist aus dem Armenhaus, wohin sie die Gemeindebehörden versorgt hatten, davongelaufen und kam mit einem sechsten Kind zurück. Dieses starb im Alter von vierzehn Tagen. Der Armenpfleger sagte zu mir, es sei ein ‹böses Kind› gewesen und habe immer geschrieen. Auch als ich die Kindsmutter im Armenhaus aufsuchen wollte, war sie wieder verschwunden. Nach der Scheidung soll die Kindsmutter in zweiter Ehe noch ein siebtes Kind geboren haben. Die Kinder aus der ersten Ehe waren wahrscheinlich alle schwachsinnig und bis auf den ältesten Knaben im Heim.

Bei der Aufnahme ins Kinderspital wurde festgestellt, dass Edgar in der Entwicklung stark im Rückstand war. Sein mageres Körperchen war mit Eiterpusteln übersät, sein Schädel und sein Brustkorb waren deformiert, wie eingedrückt, seine Beinchen angezogen und steif, und auf dem Rücken hatte er ein fünf Zentimeter breites eiterndes Druckgeschwür. Offenbar soll er in einer Kiste gelegen sein, die für ihn zu klein geworden war, daher die Deformationen und der Decubitus. Er konnte zuerst nur schreien und trinken. Brei schlucken und aufsitzen konnte er nicht. Er wollte im Spital immer nur trinken. Den Brei behielt er im Munde und saugte ihn aus. […] Auf der

318

318

Edgar an seinem ersten Pflegeplatz bei Hans Meierhofer in Turgi.

319

Edgar im Garten des Elternhauses in Turgi.

STERILE, WEISSE WELT

Säuglingsstation entwickelte sich Edgar zu einem liebebedürftigen und fröhlichen kleinen Kerl, der am liebsten auf dem Arm der rundlichen Schwester war und sein Köpflein in ihre Halsfalte legte.

Er begann zu ‹pläuderle›, lernte sitzen und stehen. Im Gehen fiel er oft noch hin, immer auf die Stirne, wo er eine Beule hatte. Wenn ich auf Visite kam, warf er die Arme in die Höhe und jauchzte, bis ich an sein Bett kam. Dann lachte er und legte sein Gesichtlein in meine Hand.

Nach etwa sechs Monaten kam aus der Heimatgemeinde die Nachricht, sie könne den Spitalaufenthalt nicht mehr bezahlen. Edgar müsse ins Waisenhaus zurück. Die pflegende Schwester, die Fürsorgerin und ich waren entsetzt, denn Edgar brauchte noch Pflege, welche ihm im Waisenhaus nicht gegeben werden konnte. Er schluckte zum Beispiel noch keine breiige oder feste Nahrung, sondern behielt sie im Munde. Er konnte noch nicht richtig gehen und war seelisch und geistig erst aufgewacht und brauchte noch viel Zuwendung und Ermunterung. Die Fürsorgerin fand kein geeignetes Plätzchen für das Kind, und so anerbot ich mich, für ihn zu sorgen.»[28]

Im Sommer 1942 geht die Ausbildungszeit von Marie Meierhofer für Pädiatrie zu Ende. Sie will eine Praxis als Kinderärztin eröffnen, um vor allem psychiatrische Patienten zu betreuen und eine Psychotherapie für Kinder zu entwickeln. Sie reicht bei der Ärztegesellschaft ein Gesuch ein, damit sie sich als Spezialärztin für Kinderpsychiatrie bezeichnen darf. Es wird jedoch abgelehnt, da es diesen Titel noch nicht gibt.

Marie Meierhofer findet eine Fünfzimmerwohnung an der Weinbergstrasse im Zentrum der Stadt Zürich, wo sie im Herbst mit der psychotherapeutischen Behandlung von Kindern beginnen will.

«Für das erste Ziel musste ich mir Zeit nehmen für psychische Patienten und konnte diese Zeit nur ungenügend verrechnen. Die Krankenkassen zahlten damals nichts, und die Invalidenversicherung gab es noch nicht. Es war mir klar, dass die Prophylaxe einen langdauernden Einsatz benötigte, da es galt, nicht nur die Eltern, sondern vor allem die Fachleute zu orientieren. Ich entsprach deshalb nach Möglichkeit allen Anfragen um Vorträge, Kurse, Vorlesungen, welche an mich gelangten. Diese Tätigkeit kostete viel Zeit, besonders die Vorbereitung und der Weg. Ausserdem waren wir 1942 mitten im Krieg, und jeder war bereit, das Seine zu leisten, um die Schrecken und die Opfer des Kriegs zu vermindern.

320

Schwester Delli besucht Edgar in Turgi, um ihn dann nach Genf mitzunehmen.

STERILE, WEISSE WELT

321

La petite maisonnée in Genf
(Aussenansicht).

322

Eine von Schwester Delli Furrer
betreute Kindergruppe.

323

Reiche Spielmöglichkeiten
auf der Terrasse.

STERILE, WEISSE WELT

Als nun die Anfrage an mich gelangte, für das Schweizerische Rote Kreuz Kinderhilfe zwei Monate vom Herbst 1942 an nach Hochsavoyen zur ärztlichen Betreuung der Kinderkolonien zu gehen, zögerte ich nicht und verschob den Beginn meiner Praxis.»[29]

Der Entschluss, für das Rote Kreuz nach Cruseilles zu gehen und die Eröffnung der eigenen Praxis zu verschieben, bedingt, dass Marie Meierhofer für Edgar eine geeignete Betreuung finden muss.

«Da ich noch einige Monate im Spital arbeiten musste, war mein Bruder Hans bereit, das Büblein anstelle eines Kriegskindes vorübergehend zu übernehmen. Er war geschieden und hatte eine gute Haushälterin und seine zukünftige Frau, welche ihm beistand. […] Mein Bruder lehrte den Kleinen Treppen steigen, und die gute Haushälterin gab sich grosse Mühe, ihm Nahrung beizubringen. So erstarkte er. Wenn Besuch kam, holte er diesen am Gartentor ab und plauderte während der Begleitung lebhaft und mit guter Betonung und Gesten, sodass sie glaubten, sein Kauderwelsch sei eine fremde Sprache. Er war ein guter Beobachter und lernte ständig durch Nachahmung, wobei er oft so drollig war und sich freute, wenn man lachte.

Im Sommer 1942 holte ich Edgar bei meinem Bruder ab und nahm ihn mit […]. Edgar war voller Lebenslust, und er konnte mit erhobenen Armen durch das Haus rennen und jauchzen. Da er so klein und putzig war, kam er mir vor wie ein Stück Natur aus dem Wald, ein Waldchläuslein. Ich nannte ihn ‹Chläusli›, er nannte mich ‹Tati›, gleich Tante, aber nachdem wir einige Male mit der Familie meiner Schwester zusammen waren, hörte er, dass die Kinder meine Schwester Mami nannten, und prompt nannte er mich auch Mami, und dabei blieb es. Ich sah eine Möglichkeit, den Knaben in Pflege zu behalten, da ich mit Lisel Schatz vereinbart hatte, dass sie bei mir als Haushalt- und Praxishilfe in Zürich arbeiten konnte.

Die Unterbringung von Chläusli war kein Problem, da in Genf unsere Pflegeschwester, Schwester Delli Furrer, als Diakonissin eine Pouponnière führte. Das Schloss Les Avenières, wo ich arbeiten würde, war auf dem Salève in der Gemeinde Cruseilles nahe der Schweizer Grenze bei Genf. Schwester Delli hatte bereits ein Amerikanerkind, dessen Mutter es wegen des Kriegs nicht abholen konnte, in privater Pflege, und somit konnte sie Chläusli dazunehmen. Ich hoffte, ihn dort häufig per Velo besuchen zu können, aber es kam wieder einmal anders als ich dachte. Wegen der Kriegsereignisse konnte ich erst im März 1943 in die Schweiz zurück. Vorher war ich

324
Mit dem Pferdegespann auf einem Ausflug.

325
Edgar verbringt auch Weihnachten 1942 in Genf ohne Marie Meierhofer. Im Anschluss an die Weihnachtsfeier gibt der gut beobachtende und nachahmungsbegabte Edgar ein eigenes Violinkonzert. Er benutzt als Geige einen Stab oder eine Bürste.

326
Nicht angebunden und weitgehend vergnügt gemeinsam auf dem Topf.

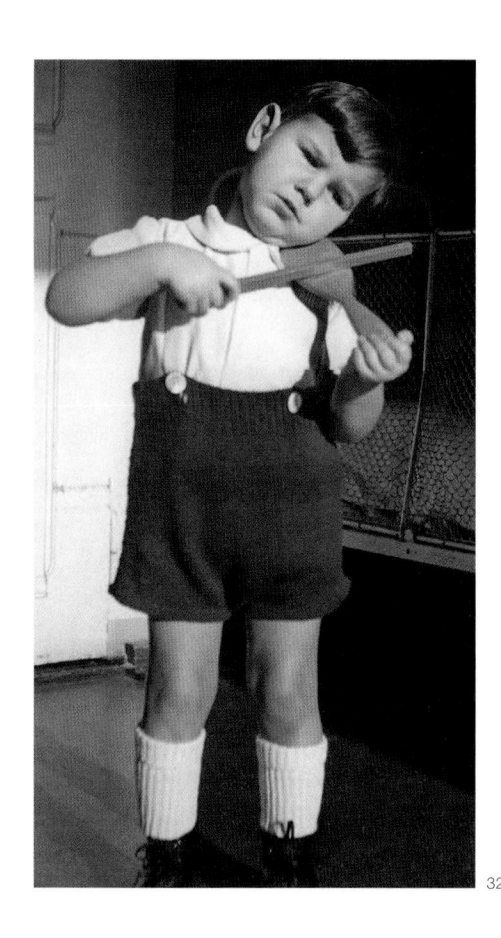

schon einmal kurz auf Besuch. Ich machte mir Sorgen, weil der Kleine mehrere Wechsel hinter sich hatte und nun so lange von mir getrennt war. Aber es hat es gut verkraftet.»[30]

Der Aufenthalt von Edgar in der Krippe bei Delli Furrer in Genf ist insofern auch von Bedeutung, als Marie Meierhofer hier Einblick in eine gut geführte Institution erhält. Zwar sind die Kindergruppen in Genf, wie damals üblich, recht gross, und die Kinder sind auf verschiedene Altersgruppen aufgeteilt. Die von Marie Meierhofer aufbewahrten Bilder vermitteln einen entspannten Eindruck vom Krippenalltag. Dies im Gegensatz zu dem, was Marie Meierhofer später an Krippen und Säuglingsheimen in Zürich beobachten wird. Auch in Genf gehen die Kinder gemeinsam auf den Topf, aber sie sind nicht angebunden und tun es höchst vergnügt. Für Ausflüge mit der Gruppe lässt man sich etwas einfallen, und die Spielmöglichkeiten sind vielfältig.

Delli Furrer schickt Marie Meierhofer von Zeit zu Zeit dringend benötigte Waren nach Cruseilles und berichtet dabei über das Befinden von Edgar. Dieser entwickelt sich gut und fühlt sich in der Pouponnière wohl. Einzig die sprachliche Entwicklung will nicht voranschreiten: «Kläusli geht es sehr gut, er isst recht ordentlich & ist immer fröhlich. Wenn man ihm einmal schimpfen muss, so fängt er einfach zu singen an. Komisch ist es, dass er so gar keine Fortschritte im Reden machen will. Tanti Delly sagt er hie & da, oder Tanti Bella. Ich bin sicher, dass er Dich noch kennen wird, wenn Du im November kommen wirst.» Die Rückkehr von Marie Meierhofer verzögert sich, und etwas später schreibt Delli: «Kläusli ist der Liebling vom Ganzen Haus und er ist ein so frohes Kind, das einem wohl tut.»[31]

STERILE, WEISSE WELT

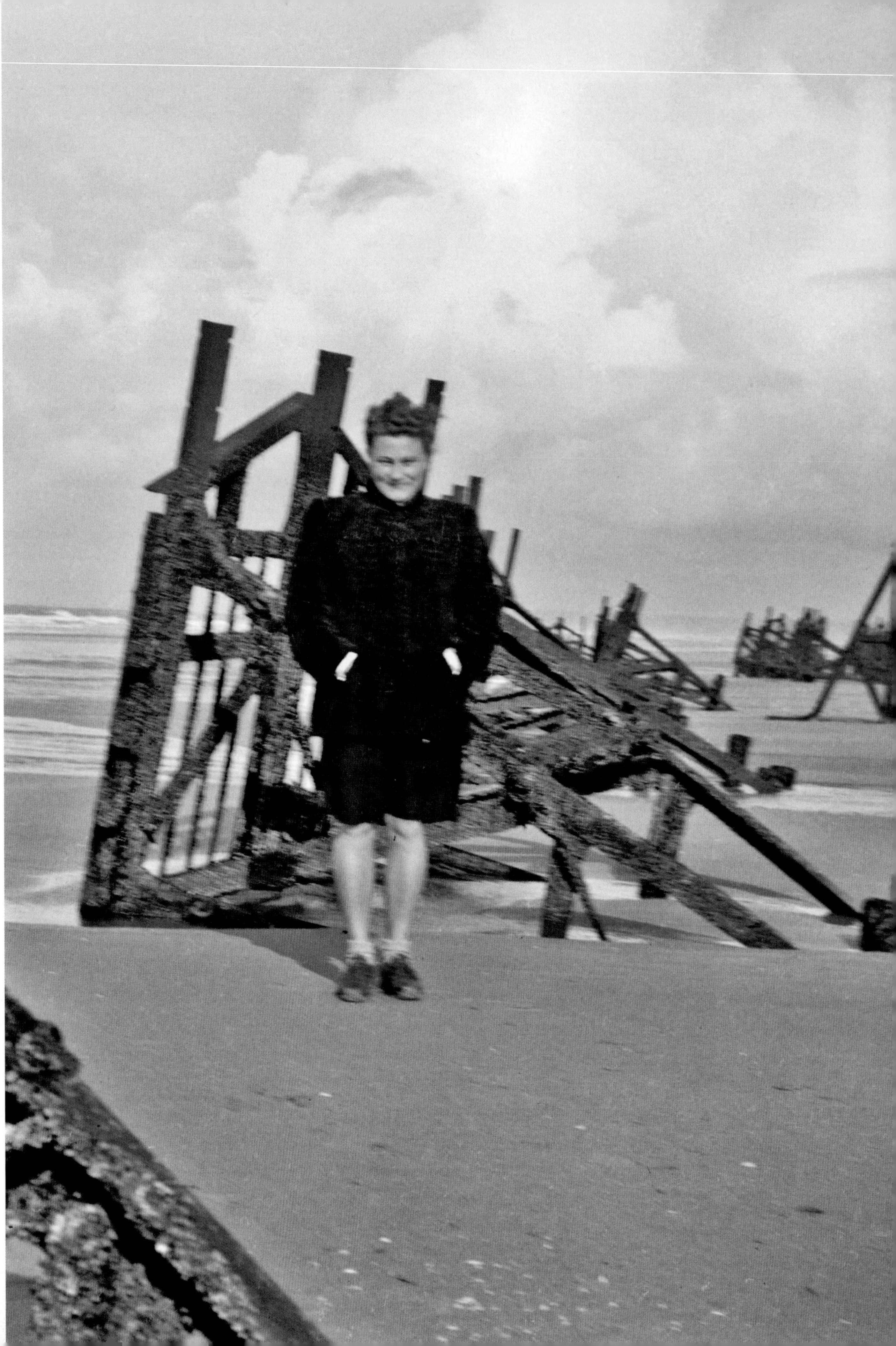

Einsätze für kriegsgeschädigte Kinder

Die Kinderkolonien in Frankreich
Marie Meierhofer als Rotkreuzärztin in Cruseilles
Marie Meierhofer als Rotkreuzärztin in Caen
Schweizer Spende
Die Arbeit mit Kindern und Erwachsenen
Fehlendes Schuhwerk, fehlende Medikamente, Löcher im Dach

Die Kinderkolonien in Frankreich

Nach dem Zusammenbruch der französischen Verteidigung wird am 22. Juni 1940 in Compiègne der Waffenstillstand unterzeichnet. De facto ist Frankreich damit zweigeteilt in einen unter deutscher Militärverwaltung stehenden Nord- und Westteil und einen unbesetzten Süden. Marschall Pétain wird zum Staatschef mit Regierungssitz in Vichy. Dieses Regime kollaboriert zum Teil freiwillig mit den Deutschen bei der Erfassung, Diskriminierung, Verhaftung und Deportation von Juden und anderen vom nationalsozialistischen Regime verfolgten Minderheiten in Vernichtungslagern.

Viele Menschen drängen sich auf der Flucht vor den deutschen Truppen nach Süden, wo sich die Versorgung verknappt. Hier wird die schweizerische Kinderhilfe aktiv. Verschiedene Organisationen sind seit dem Aufkommen der Flüchtlingsströme zur Zeit der nationalsozialistischen Machtergreifung gegründet worden, um ein Zeichen der Solidarität zu setzen und helfend einzugreifen. Die Kinderhilfe soll jenen Kindern zugute kommen, die durch die Auswirkungen des Kriegs physisch oder psychisch geschädigt sind.

Ein Teil der Kinderhilfe besteht in der Hereinnahme von erholungsbedürftigen Kindern, die in sogenannten Kinderzügen in die Schweiz geholt werden und in einer Gastfamilie während dreier Monate Aufnahme finden. Daneben gibt es auch die materielle Hilfe vor Ort in Form von Lebensmitteln und medizinischem Material oder die Betreuung in Lagern oder Heimen durch Mitarbeiter der jeweiligen Organisation.

Das Schweizerische Rote Kreuz übernimmt Ende 1941 die Leitung der *Schweizerischen Arbeitsgemeinschaft für kriegsgeschädigte Kinder SAK*. Das *SAK* hat für Opfer des Spanischen Bürgerkriegs, Juden, Roma und Sinti, Staatenlose und französische politische Häftlinge Sammellager eingerichtet und gründet Kinder- und Mütterheime.[1] Das Schweizerische Rote Kreuz führt diese Arbeit weiter und errichtet in Hochsavoyen neun Kinderkolonien, in denen etwa 1000 Kinder versorgt werden. Die Kinder, von denen viele unterernährt und erholungsbedürftig sind, bleiben drei Monate in diesen Heimen und kehren dann zurück zu ihren Betreuern. Als Standorte für die Kolonien werden zumeist Fremdenverkehrsorte gewählt, weil da grosse, während des Kriegs ungenutzte Hotels zur Verfügung stehen.

Vorangehende Seite

Marie Meierhofer vor Absperrungen an der Küste in der Normandie 1945.

327
Briefkopf SRK, Kinderhilfe.

328
Treppenaufgang zum Schloss in Cruseilles.

329
Château des Avenières **in Cruseilles, alte Postkarte.**

Marie Meierhofer als Rotkreuzärztin in Cruseilles

Marie Meierhofer wird von einer Arbeitskollegin, Charlotte Trefzer, angefragt, ob sie für diese stellvertretend in ein Kinderheim nach Südfrankreich gehen könne. Im September 1942 tritt Marie Meierhofer ihre Stelle als Ärztin in Cruseilles an, einem savoyischen Ort am Abhang des Salève, nahe der Schweizer Grenze. Die Kinderkolonie, die etwa 200 Kinder zur Erholung und medizinischen Versorgung beherbergt, ist im *Château des Avenières* eingerichtet. Die Leitung obliegt Elsa Ruth, einer Krankenschwester, die zuvor in der Spanienhilfe tätig gewesen ist.

Marie Meierhofer beschreibt ihren Arbeitsort: «Dieses Schloss war in den 1920er-Jahren von einem Amerikaner gebaut worden. Es hatte 2 Treppenhäuser mit weiten Korridoren und viele Zimmer. Von der Einrichtung waren Spiegel an den Wänden mit prunkvollen Goldrahmen und ein Flügel zurückgeblieben. Die einfachen Tische und Bänke aus Holz mit Wachstischtüchern standen in einem seltsamen Kontrast dazu. Im Badezimmer richtete ich das Ärztezimmer ein und strich die Liege, das heisst eine Bahre und den Tisch etc. mit gleicher Farbe an.»[2]

In der ersten Etage des Hauses entsteht eine medizinische Station für kranke Kinder, in der zweiten eine Rekonvaleszenzstation, und in der dritten werden Betten reserviert für Kinder, die nach einem Erholungsaufenthalt in der Schweiz in die Heimat zurückgeschickt worden sind und nirgends Unterkunft finden.

EINSÄTZE FÜR KRIEGSGESCHÄDIGTE KINDER

330
Die Kinder auf der Terrasse des Schlosses.

331
Ankunft neuer Kinder am Bahnhof.

EINSÄTZE FÜR KRIEGSGESCHÄDIGTE KINDER

Marie Meierhofer untersucht systematisch alle Kinder. Viele von ihnen haben Mangelerscheinungen oder sind unterernährt. In ihrem ersten Bericht an die Kinderhilfe des Schweizerischen Roten Kreuzes schreibt sie: «Bei meiner Ankunft in Cruseilles am 28. September 42 befand sich daselbst eine Kolonie von etwa 55 erholungsbedürftigen Kindern, die bereits 3 Wochen da waren. Alle wurden ärztlich untersucht und von jedem eine Krankengeschichte angelegt. Im Allgemeinen waren die Kinder mager, unterernährt und unterentwickelt, blass, mit müdem Gesichtsausdruck und halonierten Augen. Viele waren in der Längen- ferner in der genitalen Entwicklung und in der Zahnentwicklung im Rückstand. Einige zeigten einen besonderen Habitus mit eingesunkener Brust, grossem Bauch, mageren Gliedmassen und ausgesprochener Muskelhypotonie, einer starken Überstreckbarkeit der Gelenke.»[3]

Gegenstände für den täglichen Gebrauch wie Papier, Geschirr, Besteck, Küchenutensilien, Stoffe, Kleider oder Schuhe sind fast nirgends erhältlich. Diese Not macht erfinderisch oder zwingt einen, mit grossem Aufwand das Gewünschte zu beschaffen. Marie Meierhofer schreibt am 15. Oktober an ihre Kollegin Charlotte Trefzer: «In diesem Haus findest Du alles, Du musst nur auf die Suche gehen. Heute z. B. wollte ich ein Gestell machen, um die Reagenzröhrchen abtropfen zu lassen, weisst Du, Ihr habt solche aus Draht im Labor. Im Estrich habe ich dann ein Stück Gitter gefunden und im Keller Brettchen und so kann es jetzt angefertigt werden.»[4]

Bei einer Fahrt nach Lyon, wo sie ein Krankenhaus besucht, kann sie farbige Tressen aus Kunstseide kaufen, mit denen sie Schnürsenkel für die Schuhe der Kinder anfertigt.

Ein besonderes Problem stellt die Tuberkulose dar. Bei allen Kindern wird ein Pirquet-Test gemacht. Ergibt dieser einen positiven Befund, schickt Marie Meierhofer die Kinder zum Dorfarzt zur Durchleuchtung. Da die Truppen den Röntgenapparat konfisziert haben, verfügt der Arzt nur noch über eine kleine Apparatur. Mit der Zeit erhitzt sich diese, sodass nach zwei bis drei Durchleuchtungen abgewartet werden muss, bis sie sich wieder abgekühlt hat. Den Weg ins Dorf legen die Kinder mit einem Schlitten oder auf einem Pferdewagen zurück, Marie Meierhofer folgt auf Skiern. Wegen der Ansteckungsgefahr werden die Tb-Patienten von den anderen Kindern isoliert. Sie bewohnen den oberen Stock des Schlosses mit eigenem Treppenaufgang und Sitzplatz im Garten. Die Behandlungsmöglichkeiten für Tuberkulose beschränken sich damals auf die Verordnung guter Ernährung und frischer Luft.[5]

«Wegen des Lehrermangels – der einzige, den wir hatten, musste ich mit Blinddarmentzündung ins Krankenhaus schaffen – übernahm ich auch zeitweise die Schule. Wie traurig

332, 333, 334

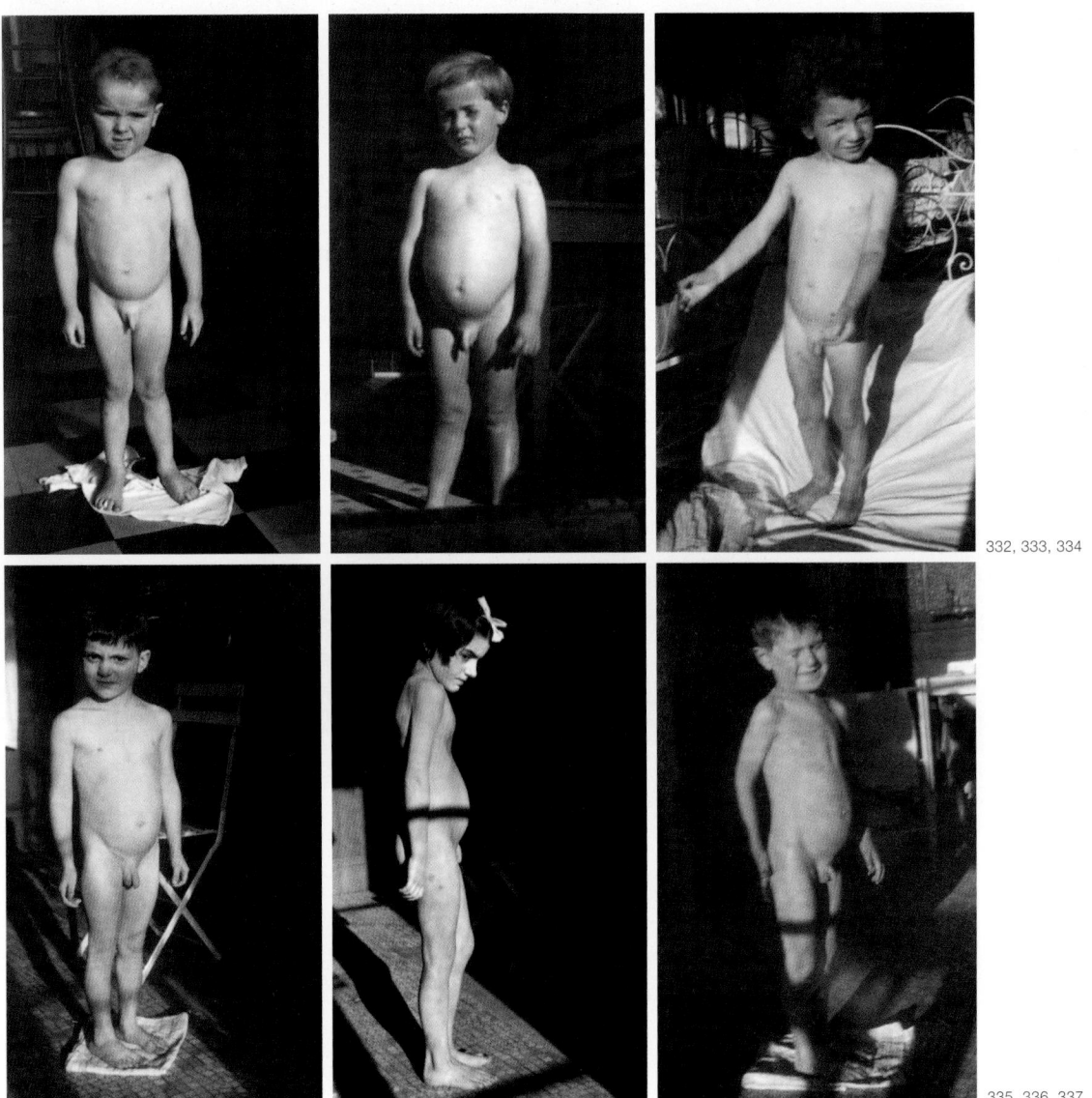

335, 336, 337

Auf den Fotos der verschiedenen Kinder hat Marie Meierhofer folgende Diagnosen vermerkt:[6]

332, 333

Rachitis.

334

Krätze (Detail),[7] **Impetigo.**[8]

335–337

Zeichen von Unterernährung, grosser Bauch, Muskelhypotonie, Haltungsschäden, Unterentwicklung.

338

Ein Kind in Cruseilles an der Hand einer Rotkreuzschwester.

EINSÄTZE FÜR KRIEGSGESCHÄDIGTE KINDER

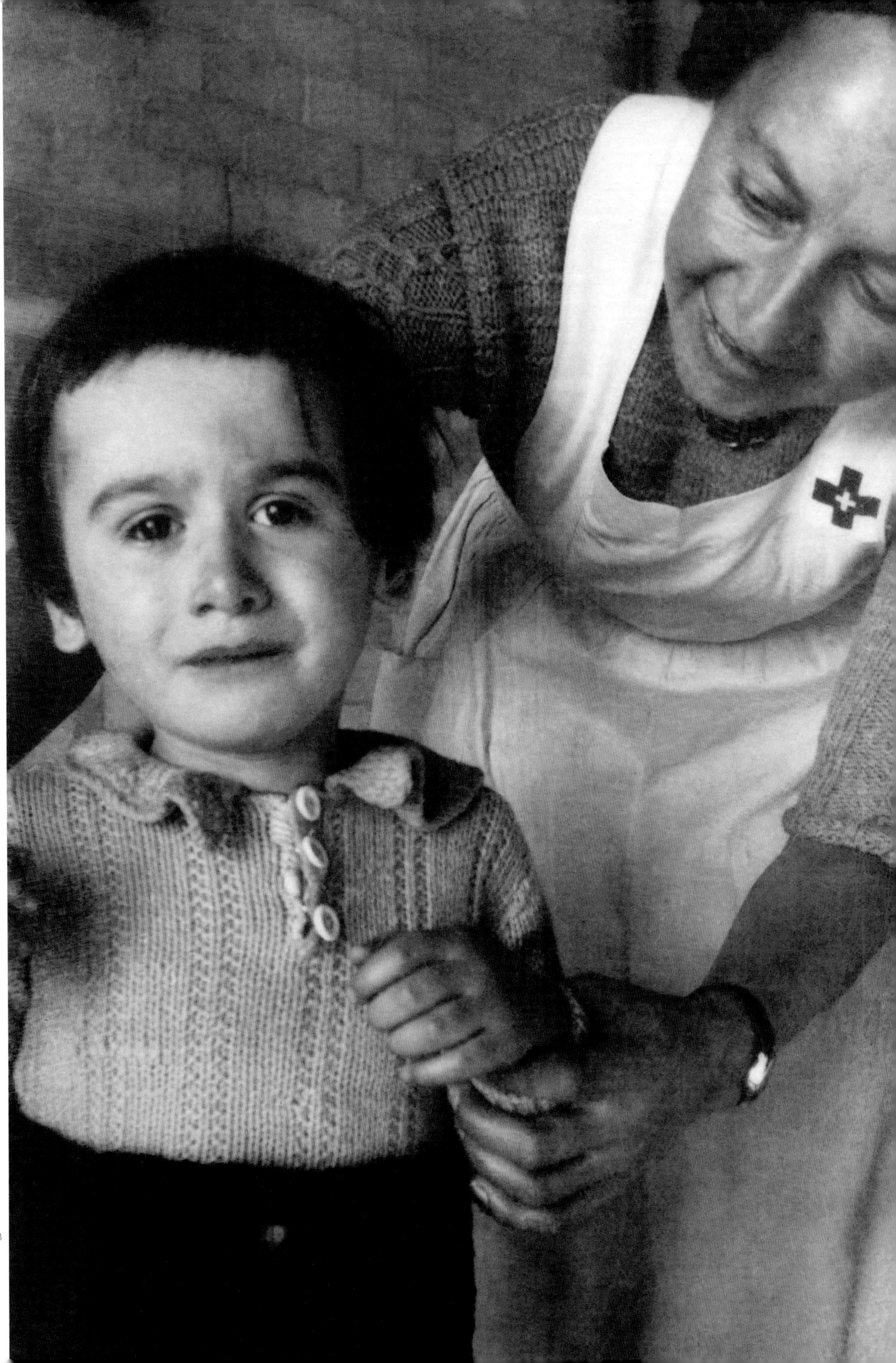

stand es um das Wissen und Können auch älterer Schulkinder, hatten sie doch die letzten 2 Jahre kaum richtig die Schule besucht. Ich habe auch mit den Kindern Holz gesucht für das Cheminée und den Kochherd. Einmal war die Köchin krank und die Leiterin Frl. Ruth abwesend, sodass ich in die Küche musste. Um im Herd Holz nachzulegen, musste man die Suppe zur Seite schieben, wobei sie mir über die Arme floss.»[9]

Anfang November 1942 fährt Marie Meierhofer nach Zürich, um nach ihrer Praxis zu sehen. Am 11. November besetzt die Deutsche Wehrmacht im Gegenzug zur Landung der anglo-amerikanischen Truppen in Algerien und Marokko ganz Frankreich. Die Grenze zur Schweiz wird geschlossen. Marie Meierhofer kann gerade noch durchschlüpfen. Sie hätte begleitet werden sollen von weiterem Personal, Krankenschwestern und einem Lehrer, doch diese wagen den Grenzübertritt nicht mehr. Marie Meierhofer muss alles Material, das diesem Grüppchen vom Roten Kreuz mitgegeben wurde, allein über die Grenze schleppen. Sie ist mit dem Velo nach Genf gefahren und muss sich nun anders organisieren, um das Material transportieren zu können. Hilfe bekommt sie vom Milchmann der Pouponnière, die ihre Pflegeschwester Delli in Genf leitet. Er bringt sie an die Grenze von St-Julien, wo sie sieben Mal hin und her muss mit dem Gepäck.

«Die französischen Zöllner kannten mich und hüteten das Gepäck, bis mir der Wirt des *Cheval Blanc* ein Gefährt besorgt hatte. Unterdessen wurde es Nacht. In der Wirtsstube schwelgten die deutschen Soldaten mit drei und mehr Spiegeleiern auf dem Teller. Meine Ankunft und das Gepäck lösten grosse Freude aus. Die Näherinnen hatten Freudentränen wegen des Fadens, der Nadeln etc. Hochwillkommen war auch der Fensterkitt. Jetzt konnte man mit den Scheiben des Treibhauses die Fenster flicken.»[10]

Die Leiterin der Kolonie, Elsa Ruth, war zuvor in Rivesaltes tätig, wo sie die Kinderhilfe aufgebaut hatte.[11] Rivesaltes war ein ehemaliges Militärlager und diente seit 1939 als Internierungslager. Bis zu seiner Schliessung waren dort zwischen 17 000 und 18 000 Personen unter erbarmungswürdigen Umständen zusammengepfercht. Es handelte sich vorwiegend um Familien, zuerst Spanier, dann Juden, Roma und Sinti.[12] Rivesaltes gehörte zu den berüchtigten Internierungslagern wie Gurs, Récébédou und Verne. Friedel Bohny-Reiter, die das Lager ab 1941 leitet, nennt es in ihren Tagebuchaufzeichnungen «Vorhof der Vernichtung».[13] Als Rivesaltes 1942 geschlossen wird, nimmt Elsa Ruth einen Teil der Kinder, darunter auch jüdische, mit nach Cruseilles.

Seit 1942 arbeiten die französischen Behörden mit den deutschen zusammen bei der sogenannten Endlösung der

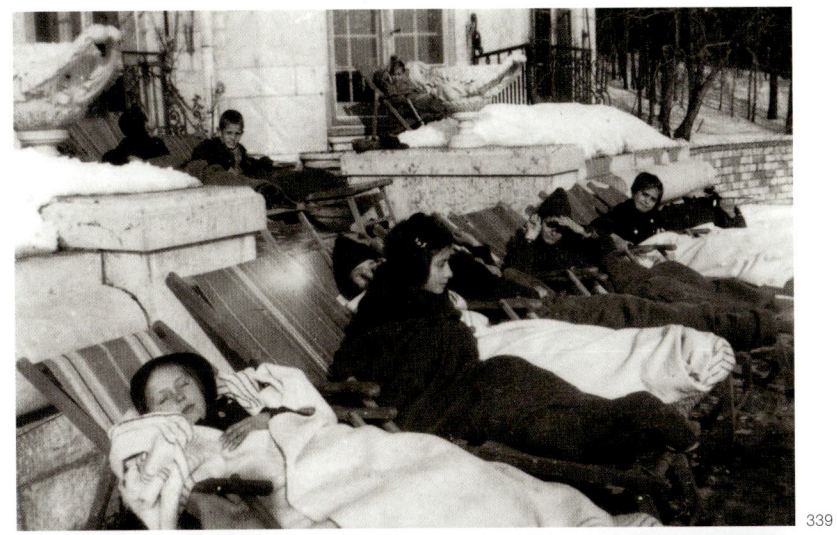

339
Kinder mit Tuberkulose beim Sonnenbad.

340
Freiluftschule im Schlosspark.

341
Zeichnung von Huguette Allaix von einer Schlittenfahrt ins Dorf. Marie Meierhofer folgt mit den Skiern.

EINSÄTZE FÜR KRIEGSGESCHÄDIGTE KINDER

Judenfrage. Dies ist auch der Beginn der Deportationen von Juden aus Frankreich nach Osten.[14] Die deutsche Militärverwaltung begründet diese Notwendigkeit der Evakuierung mit Zwangsarbeit. Als 1942 die deutsche Wehrmacht auch die *Zone libre* besetzt, kann die französische Staatsbürgerschaft den Juden, die in den Süden Frankreichs geflüchtet sind, keinen Schutz mehr bieten. Im Dezember 1942 kommt die Order der Besatzungsmacht, alle Jüdinnen und Juden ungeachtet ihrer Staatsangehörigkeit zu verhaften, worauf die Polizei im ganzen Land nach versteckten Juden fahndet.[15]

Marie Meierhofer fasst diese gefährliche Situation in knappen Worten zusammen: «Sr. Elsa brachte einige spanische und jüdische Kinder aus C. mit nach Cruseilles. Die französische Polizei, welche eine Doppelrolle spielte, informierte uns, wenn Razzien bevorstanden, und so konnten diese Kinder und auch unsere jüdischen Kinder in der Nacht bei Familien im Dorf versteckt und gerettet werden. Jüdische Ungaren in den USA schickten Vertreter in unsere Kolonie, um verwaiste Juden nach den USA hinüberzuretten.»[16]

Die bescheidenen Worte, die Marie Meierhofer über diese gefährliche Situation verliert, erinnern an die Haltung von Elsa Ruth, welche später meinte, «sie habe das gemacht, was die Situation von ihr verlangt habe, mehr nicht». Von späteren Ehrungen wollte sie nichts wissen.[17]

342
Hauptstrasse in Cruseilles, rechts eine Metzgerei, alte Postkarte.

EINSÄTZE FÜR KRIEGSGESCHÄDIGTE KINDER

Marie Meierhofer erlebt nicht nur Solidarität mit den Kindern: «Die französische Polizei in unserem Dorf verhielt sich auch gegenüber dem Schwarzhandel in gleicher Weise. Die Menschen in der Gegend hielten zusammen, nur so war es in dem völlig ausgeraubten Land möglich, zu überleben. Der Metzger schlachtete schwarz und versorgte die Bevölkerung – auch uns – mit Fleisch zu normalen Preisen. Von Zeit zu Zeit wurde er für einige Zeit eingelocht, um nachher wieder zu schlachten.»[18]

«Damals flüchteten auch viele junge Leute nachts in die Berge, weil sie befürchten mussten, gewaltsam eingezogen und als Fremdarbeiter nach Deutschland geschickt zu werden. Zuletzt blieben sie ganz in den Bergen und versuchten, gegen das Regime von Marschall Pétain zu kämpfen und mit den Alliierten zusammenzuarbeiten.

Wenn wir abends am Cheminéefeuer sassen und mit Papierwolle Socken für die Kinder strickten, hörten wir die alliierten Bomber über die Dächer nach Italien fliegen und waren aber nie sicher, ob nicht eine Brücke in der Nähe auf einen Wink der Maquisleute hin getroffen würde.»[19]

Bei den Kindern ist Marie Meierhofer beliebt. Zum Abschied organisieren sie ein Fest mit Theater, Gesang und Küsschen von jedem Kind. Alle geben ihr Briefe und Zeichnungen mit, viele davon zeigen die Ärztin bei der Arbeit oder

343
Die Kinder der Kolonie machen in der Freizeit Kriegsspiele.

EINSÄTZE FÜR KRIEGSGESCHÄDIGTE KINDER

eine Gruppe von Kindern beim Skifahren. Aus den Briefen spricht grosse Dankbarkeit. Die Kinder schreiben, wie sie Angst hatten vor dem ärztlichen Untersuch und der Blutentnahme, wie sie von der Ärztin beruhigt werden, und betonen, dass diese recht hatte, als sie versprach, dass der Untersuch nicht weh tue. Am 16. Februar 1943 schreibt Renée Rivoire:

«Meine liebe Frau Doktor
Anlässlich Ihres Weggangs schreibe ich diese Worte, wir sind bekümmert, dass Sie gehen, weil Sie sehr nett waren. Wenn Sie uns untersuchen, sind Sie sehr vorsichtig, darum lieben Sie alle. Als ich Schuppenflechte hatte, haben Sie Salbe aufgetragen und ich war geheilt. Als Sie mir am Finger Blut entnommen haben, haben Sie meinen Finger gedrückt, das Blut ist geflossen und Sie haben es in zwei Fläschchen getan. Als Sie mir das Eisen mit Karton in den Hals geschoben haben, um zu sehen, ob ich Mikroben im Mund habe. Als ich ins Krankenzimmer gegangen bin, habe ich all die Flaschen aufgereiht im kleinen Schrank gesehen, der rote und andere Mittel. Als wir nach Cruseilles gegangen sind zum Röntgen bin ich ausgeglitten und Sie haben mich gehalten, damit ich nicht hinfalle. Im Schloss lieben Sie alle, weil Sie liebenswert sind und nett. Ich verlasse Sie, meine liebe Frau Doktor, und lasse Ihnen ein Souvenir Ihrer kleinen Renée Rivoire.»[20]

Die Schliessung der Grenze erschwert die Arbeit der Mitarbeiterinnen und Mitarbeiter des Roten Kreuzes zusätzlich. Sie erhalten jeweils ein zweimonatiges Visum für Frankreich. In dieser kurzen Zeit ist es aber nicht möglich, ein *Sauf-conduit* oder eine *Carte d'Identité* zu erhalten.[21] Vielen ist es geradezu unmöglich, ein Ausreisevisum in die Schweiz zu erhalten. Betroffen ist auch Marie Meierhofer. Sie plant, zum Jahresende 1942 wieder nach Zürich zurückzukehren und dort ihre Praxis zu eröffnen. Abgemacht ist, dass sie von ihrer Kollegin, der Ärztin Charlotte Trefzer, in Cruseilles abgelöst wird, diese hat jedoch unerwartet viele Schwierigkeiten, ein Visum zu bekommen. Marie Meierhofer bemüht sich mit der Hilfe des Schweizer Ministers Stucki in Vichy um ein Ausreisevisum in die Schweiz. Ähnlich ergeht es vielen Rotkreuzmitarbeitern, die aufgrund der langen Bearbeitungsfristen für Bewilligungen illegal in Frankreich leben müssen und in ihrer Bewegungsfreiheit eingeschränkt sind. Als Marie Meierhofer endlich ein Visum erhält, verläuft der Grenzübertritt nicht ohne Schikanen.

Da sie gezwungen ist, bei Bellegarde über die Grenze zu gehen, muss sie für einen ganzen Tag nach Lyon reisen und wird dann von den deutschen Truppen an der Grenze doch zurückgewiesen. Am nächsten Tag organisiert sie ein Auto und fährt zurück in die Kolonie. Dort freuen sich die Kinder, sie wieder zu sehen, sind aber zugleich traurig, dass sie nicht durchgelassen wurde. Zwei Wochen später im März 1943 begleitet sie Schwester Ruth mit dem Auto bis Bellegarde, und Marie Meierhofer kann ohne Schwierigkeiten in die Schweiz einreisen.

Marie Meierhofer als Rotkreuzärztin in Caen

1944 meldet sich Marie Meierhofer zur Teilnahme an der Ärztemission des Schweizerischen Roten Kreuzes. Dieser Einsatz führt sie nach Caen in die Normandie. Diese Stadt ist verkehrsstrategisch günstig gelegen und besitzt eine blühende Industrie. Die Alliierten planen, Caen bald nach ihrer Landung an der normannischen Küste einzunehmen, was aber fehlschlägt. Die Eroberung gelingt erst nach 65 Tagen der Belagerung mit mehreren Angriffen und Bombardements, und als die Briten und Kanadier die Stadt am 9. Juli 1944 einnehmen, sind die mittelalterliche Stadt und deren Umland beinahe vollständig zerstört. Verschont werden einzig die *Abbaye aux Dames Sainte Trinité* und die *Abbaye aux Hommes Saint-Etienne.* Beide waren von Wilhelm dem Eroberer, dem Herzog der Normandie und Eroberer Englands, gebaut worden. Die französische *Résistance* weiss sich diese Tatsache zu Nutze zu machen, indem sie eine Bitte an die Engländer richtet, sie mögen das Quartier St-Etienne verschonen, in welches sich Tausende Bewohner der Stadt geflüchtet haben.

344
Brief von Renée Rivoire im Original.

345
Zeichnung zum Brief von Renée Rivoire.

346

Vom 3. bis 15. Juli besucht Marie Meierhofer einen Einführungskurs in Bern.

347

Marie Meierhofer mit anderen Kursbesucherinnen.

348

Ein Besuch des Tropeninstitutes in Basel dient der Einführung in die Gefahren der Malaria.

EINSÄTZE FÜR KRIEGSGESCHÄDIGTE KINDER

Schweizer Spende

In der Schweiz wird 1944 die *Schweizer Spende an die Kriegsgeschädigten* als Ausdruck der Solidarität des Schweizer Volkes mit den Opfern des Zweiten Weltkriegs gegründet. Mit dieser öffentlichen Sammlung werden Projekte finanziert, die das Rote Kreuz mit der Kinderhilfe, das *Schweizerische Arbeiter-Hilfswerk,* der *Schweizerische Caritas-Verband* und das *Hilfswerk der Evangelischen Kirchen der Schweiz* durchführen. Bei der Arbeit gilt der Grundsatz der Unparteilichkeit, Hilfe bekommen sollten alle, die in Not sind, unabhängig von Konfession und politischer Gesinnung.

In der Normandie, die durch den Krieg in besonderem Ausmasse zerstört ist, baut die Kinderhilfe des SRK in den Städten Caen, Brest und Le Havre eine medizinisch-soziale Mission auf. An jedem dieser drei Orte wird ein Kinderhort eingerichtet, der Kinder im Vorschulalter aufnimmt. Berücksichtigt werden Kinder aus kinderreichen Familien, Halbwaisen, Kinder aus kriegsgeschädigten Familien oder aus solchen, deren Vater Gefangener, Deportierter oder Mobilisierter war. Hauptzweck der Mission ist die Vorbeugung von Epidemien, welche aufgrund der prekären hygienischen Verhältnisse zu befürchten sind.

Im *Lycée Malherbe* in Caen, das im Kloster *St-Etienne* liegt, stellt die Schweizer Spende Baracken auf, in welchen das Rote Kreuz ein Ambulatorium, einen Kindergarten und eine Pouponnière betreibt. Die Equipe besteht aus vier Krankenschwestern, einer Kindergärtnerin, einem Koch, einem Buchhalter und einer Ärztin als Leiterin. Die SRK-Mitarbeiter verpflichten sich für einen Einsatz von zwei Monaten und erhalten dafür 400 Franken Lohn pro Monat.

Bevor Marie Meierhofer abreist, wird sie von ihrer Vorgängerin darüber informiert, was in Caen alles fehlt. Mit einem Schreiben an zahlreiche Hersteller von Medikamenten gelingt

349, 350

Marie Meierhofer hat das Aufräumen und den allmählichen Wiederaufbau in Caen mitverfolgt und fotografisch dokumentiert. Oben: Postkarte von Delassalle 1944. Unten: Gleiche Situation fotografiert von Marie Meierhofer 1945.

351

Das Kloster St-Etienne, gebaut 1066–1210 (alte Postkarte). In diesem Kloster lebten während des Kampfes um Caen, der viele Monate dauerte, mehrere Tausend Menschen.

EINSÄTZE FÜR KRIEGSGESCHÄDIGTE KINDER

es ihr, eine umfangreiche Apotheke aufzubauen. Sie verspricht den Spendern, nach ihrer Rückkehr über ihre Erfahrungen mit den Medikamenten zu berichten.[22]

Marie Meierhofer hat ihre Arbeit in Caen, den Kindergarten der Mission und die ausgebombte Stadt mit Fotos ausführlich dokumentiert. Einen Teil dieser Fotoserie stellt sie später einem Journalisten der Zeitung *Feuille d'Avis de Neuchâtel* zur Verfügung, welcher eine Reportage zur Mission der Schweizer Spende in der Normandie schreibt.

Marie Meierhofer sammelt auch Informationen über die ausgebombten Schweizer in der Region Calvados. Nach der Rückkehr in die Schweiz setzt sie sich bei der Schweizerischen Gesandtschaft für diese ein und leitet die Namenslisten weiter. An Minister Burckhardt in Paris schreibt sie am 3. Dezember 1945: «Die Schweizer in Calvados haben keine Organisation, die ihren Zusammenschluss fördern und ihre Interessen wahren würde. [...] Ich hörte da und dort von ihnen klagen, dass die Schweiz sich so sehr des Auslandes annehme und sich um ihre eigenen Landsleute nicht kümmere. [...] Ich bin überzeugt, dass unsere Landsleute in Caen Ihren Besuch sehr schätzen und darin einen Beweis erblicken werden, dass ihr Heimatland sie nicht vergisst. Sie werden sehen, unter welch bedauerlichen Umständen einige von ihnen leben müssen. Es sind ja nicht nur die materiellen Verluste, die so sehr auf das Gemüt [...] drücken, sondern diese Menschen haben 2 Monate schwerste Kriegserlebnisse und 1½ Jahre ungünstige Lebensbedingungen hinter sich, die sie zermürben. Dazu kommt, dass sie die Ruinen ihrer einstigen Besitztümer stets unter ihren Augen haben müssen. Einige haben selbst Monate unschuldig im Gefängnis gesessen.»[23]

352
Postkarte von Delassalle. Zerschossenes Wohnhaus mit Bewohnern.
353
Die Mitarbeiterinnen und Mitarbeiter der Station. Marie Meierhofer, Zweite von rechts stehend.

354

Das zerstörte Caen, wie es Marie Meierhofer erlebt und fotografiert hat.

EINSÄTZE FÜR KRIEGSGESCHÄDIGTE KINDER

355

Kinder spielen in den Ruinen der von Bomben zerstörten Häuser.

EINSÄTZE FÜR KRIEGSGESCHÄDIGTE KINDER

Die Arbeit mit Kindern und Erwachsenen

Die Station in Caen besteht aus einem Kindergarten, einer Säuglingsabteilung und einem Ambulatorium. In diesem behandelt Marie Meierhofer gemeinsam mit zwei Krankenschwestern Kinder und Erwachsene. Eine der beiden Schwestern behandelt fast ausschliesslich Krätze, eine Hauterkrankung, welche auf die schlechte Hygiene zurückzuführen ist. Die zweite Schwester hilft Marie Meierhofer in der täglichen Sprechstunde.

Bereits in ihrer Tätigkeit im Kinderspital hat Marie Meierhofer darauf geachtet, dass die Kinder nicht voneinander isoliert werden, sondern miteinander Kontakt haben können. Obwohl in Caen eine Kindergarten- und eine Säuglingsgruppe bestehen, bemüht sich Marie Meierhofer darum, dass die Grossen mit den Kleinen Kontakt aufnehmen können.

356

Vor dem Kloster St-Etienne befindet sich in einer Baracke das Ambulatorium, das von der Schweizer Spende eingerichtet wurde.

EINSÄTZE FÜR KRIEGSGESCHÄDIGTE KINDER

357
Ein einfacher Spielplatz ergänzt das Ambulatorium.

358
Eine Schwester begleitet einen Patienten aus dem Ambulatorium.

359
Wartende Patienten.

360
Auch bei der Arbeit im Ambulatorium bleibt der Blick frei auf die im Freien spielenden Kinder.

EINSÄTZE FÜR KRIEGSGESCHÄDIGTE KINDER

361–363

Kinder suchen Trost bei Tieren, bei andern Kindern, und werden von Erwachsenen getröstet.

364, 365

Bereits die jüngsten Kinder kriechen selbständig am Boden herum und werden dabei von grösseren Kindern interessiert beobachtet.

366

Nach dem gemeinsamen Essen helfen Kinder beim Abwasch.

EINSÄTZE FÜR KRIEGSGESCHÄDIGTE KINDER

Fehlendes Schuhwerk, fehlende Medikamente, Löcher im Dach...

Im ersten Rapport, den Marie Meierhofer am 18. September 1945 an das *Bureau des Missions médicales* des SRK nach Bern schickt, berichtet sie detailliert, wie sich die Situation darstellt. Die Sprechstunde weist eine «gute Frequenz» auf, und die Pouponnière, der Kindergarten, das Dispensaire und die Küche funktionieren sehr gut. «Jeder ist fleissig bei seiner Arbeit und der Betrieb wickelt sich reibungslos ab.» Das Personal ist enttäuscht darüber, dass ihre Wintersachen nicht angekommen sind, besonders Leder für die Schuhe, die neu besohlt werden sollten, ist vonnöten. Die Infrastruktur lässt einiges zu wünschen übrig. Verschiedene Reparaturen drängen sich auf, können aber nicht ausgeführt werden, weil das Material nicht aufzutreiben ist. Marie Meierhofer listet alle dringend notwendigen Arbeiten und die dazu erforderlichen Materialien auf und fügt eine Liste bei von Medikamenten, die ebenfalls zur Neige gehen. Die Lieferung, mit der sie gerechnet hat, bleibt jedoch aus.

Am 4. Oktober schreibt sie den zweiten Bericht und nennt Zahlen zum Betrieb. Durchschnittlich sind 80 Kinder in der Station. Unter dem Personal herrscht etwas Unmut wegen der unterschiedlichen Bezahlung. Die Haushaltwaren der Schweizer Spende sind verteilt worden. Berücksichtigt wurden «in erster Linie die hiesigen ausgebombten Schweizer, für die sonst von der Schweiz aus noch nichts getan worden ist». Am 15. Oktober fragt Marie Meierhofer: «Ob Sie wohl mein Schreiben vom 18.9. und 4.10. nicht bekommen haben, da ich bis heute ohne Antwort bin? Die Angelegenheiten sind immer noch am selben Punkt und von keiner Seite ist uns eine Entscheidung zugegangen.» Die Medikamente gehen allmählich zur Neige, besonders Salben seien keine erhältlich, da die Grundsubstanzen fehlen. Sie erläutert, dass im Dispensaire, welches den Kreis der zu betreuenden Personen ausgeweitet hatte, während der vorangegangenen Woche 60 bis 70 Patienten behandelt wurden, hauptsächlich wegen Hautkrankheiten wie Ausschlägen, Geschwüren, Furunkel und Krätze, alles Resultate der mangelnden hygienischen Zustände. Die Anmeldungen für die Krippe übersteigen die Zahl der Plätze, die sie anbieten können. Zu alldem bestehen Probleme mit dem Lohn. Er erscheint ihr ungerecht, gemessen an der Lebenshaltung, die in der Normandie sehr teuer ist, und verglichen mit anderen Arbeitgebern. Deshalb schlägt sie vor, die Löhne um sechs Prozent zu erhöhen, damit die Versicherungen bezahlt werden können. Die sechs Prozent vom Lohn abzuziehen, berge womöglich das Risiko, das gute französische Personal zu verlieren.

367

Ausschnitt aus dem Brief vom 25. Oktober 1945 an Herrn Burnat.

368

Marie Meierhofer an der Küste vor Absperrungen gegen die Invasion.

Als auch dieser Appell keine Wirkung zeigt, versucht sie es mit Humor. «Es ist ein lustiges Leben bei uns. Ich möchte, Sie könnten sehen, wie es jetzt bei mir aussieht», schreibt sie am 25. Oktober. «In einem Becken auf meinem Tisch tropft das Wasser von der Decke und ich habe mir einen eigenen Lumpen zugetan, um immer wieder den Tisch mit allem drum und dran abzutrocknen. Meine Blumen muss ich nicht begiessen, das tut der Himmel durch das Dach und die Decke hindurch.» Dann wird sie ernst und betont noch einmal die Dringlichkeit, das Dach zu reparieren und das Fundament der Baracke zu festigen. «Das Wasser dringt nicht nur durch die Dächer, sondern auch durch die Löcher und Sohlen der Schuhe zu den armen Füssen unseres Personals, das seine Wintersachen wie einen fernen Traum herbeiwünscht. Was kann ich da tun? Nichts mehr, als mich wieder an die Tasten setzen und nach Bern schreiben, was ich schon immer getan habe. Vielleicht gelingt es doch einmal, dort ein Trommelfell zu erschüttern, dass der Ton der armen Schweizer weit, weit weg in Caen eine Leitung findet in irgend ein Gehirn in Bern und dieses zur Reaktion bringt. Nein, Spass bei Seite, wir hätten so gerne mal ein Lebenszeichen, dass man uns nicht ganz vergisst.»[24]

Es ist nicht bekannt, ob diese Briefe beantwortet wurden. Marie Meierhofer kehrt im November, nach Ablauf der zwei Monate, für die sie sich verpflichtet hat, in die Heimat zurück.

Am 24. November 1945 berichtet Dr. Henriette Burckhardt, die Nachfolgerin von Marie Meierhofer: «Also 1. die Medikamente. Sie sind noch nicht angekommen und es wird täglich schlimmer im Dispensaire. [...] Ich habe einen Rapport nach Bern geschrieben und werde extra deswegen nochmals reklamieren. [...] Auch das Velo ist noch nicht angekommen, aber es ist weniger lebenswichtig. Hingegen haben uns die Quäker in liebenswürdiger Weise gestern Abend 5 grosse Kisten mit Schuhen aus Paris mitgebracht. Quelle joie! Sie sollten sie sehen diese Schuhe, lauter neue, schöne, gute Lederschuhe für Kinder und Frauen. 450 Paare. Es sind noch drei Kisten in Paris und wir hoffen, dass in denen noch Männerschuhe sind.»[25]

Marie Meierhofer unternimmt mit ihren Kolleginnen auch Ausflüge in die nähere und weitere Umgebung von Caen. In Les Arromanches, wo sie die Überbleibsel der Siegfriedlinie besichtigen, begegnen sie einer Frau, die an der Küste nach brauchbaren Überresten sucht.

EINSÄTZE FÜR KRIEGSGESCHÄDIGTE KINDER

EINSÄTZE FÜR KRIEGSGESCHÄDIGTE KINDER

369
Frau an der Küste.

EINSÄTZE FÜR KRIEGSGESCHÄDIGTE KINDER

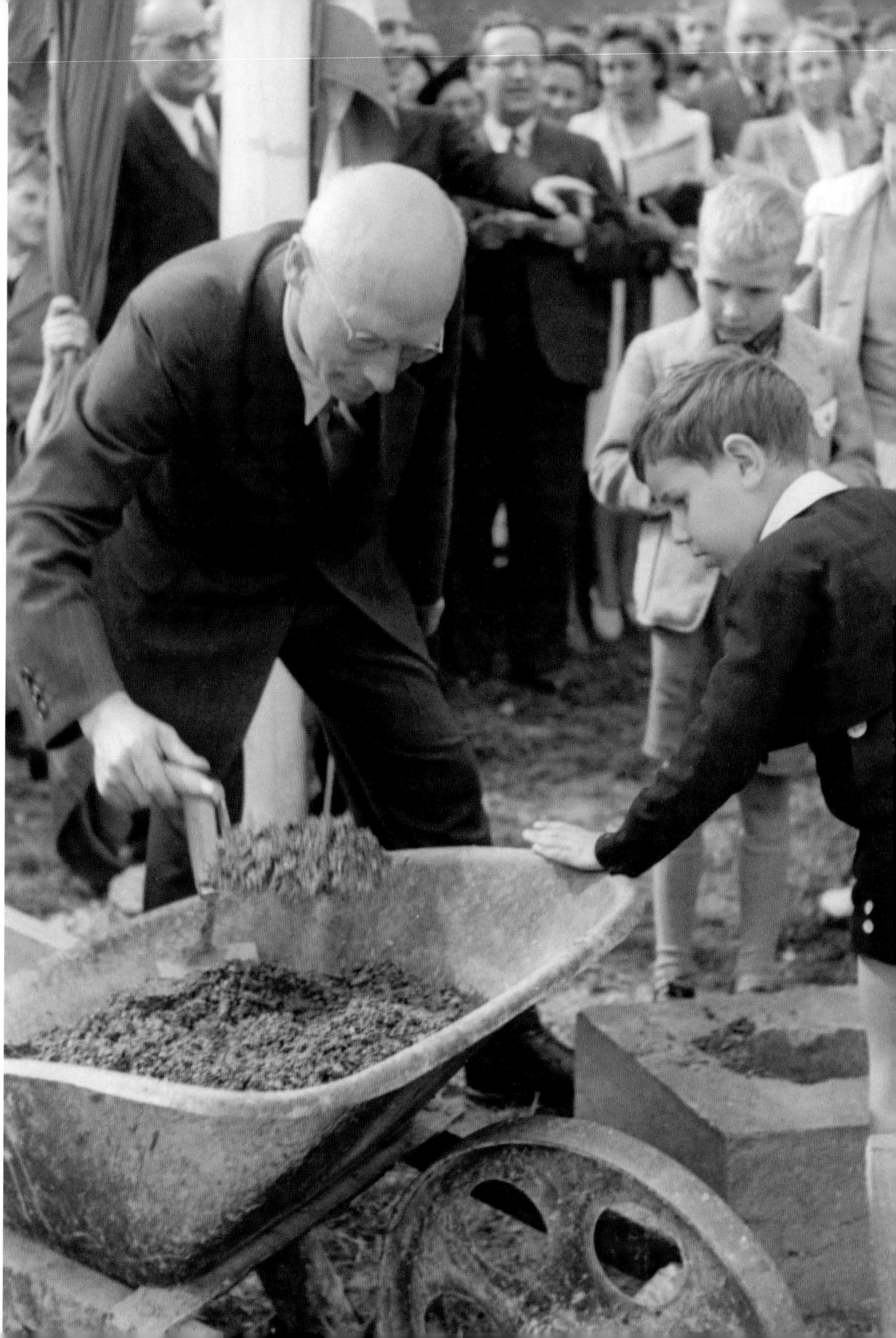

Das Ägerital – Wiege des Kinderdorfes

Ein Haus wird zum Zentrum neuer Ideen

Réduit und Anbauschlacht

Grosses Fenster – weiter Geist

Von der Front zurück nach Oberägeri

Aufbaugespräche zur Rettung kriegsgeschädigter Kinder

Kommt das Pestalozzidorf nach Unterägeri?

Die Grundsteinlegung in Trogen

Das Engagement von Marie Meierhofer beim Aufbau des Kinderdorfes

Elisabeth Rotten und Marie Meierhofer

Welche Kinder dürfen ins Kinderdorf aufgenommen werden?

Die Praxis sieht ganz anders aus

Marie Meierhofer in Griechenland

Hausmutter und Forscherin im Dorf

Ein Haus wird zum Zentrum neuer Ideen

Im Herbst 1938 heiratet Emmi Meierhofer den Psychiater Gerhard Maier, und die Schwestern lösen den gemeinsamen Haushalt auf. Marie Meierhofer hat während ihrer Weiterbildung am Kinderspital Kost und Logis am Arbeitsort. «In der Zwischenzeit gedachte mein Bruder Hans, das Elternhaus zu verkaufen. Dies hätte mich völlig heimatlos gemacht. [...] Ich besprach mich mit einem Architekten aus unserem weitern Freundeskreis, Alfred Roth, und fragte ihn, ob ich mir aus meinem Anteil des Elternhauses (ein Drittel = Fr. 16 000.–) nicht ein Ferienhäuschen bauen könnte. Ich hatte nach wie vor die Absicht, nach meiner Ausbildung nach den USA auszuwandern. Ein Ferienhäuschen in schöner Gegend wäre ein pied-à-terre in der Heimat gewesen, und ich hätte es ja vermieten können.»[1]

Der Architekt Roth hält die Idee mit einer zusätzlichen kleinen Hypothek für realisierbar und ist bereit, das Haus zu planen. Als Ort kommt für Marie Meierhofer nur das Ägerital in Frage, das sie seit ihrer Kindheit kennt. Sie findet einen Bauplatz in Oberägeri, wo auch die Eltern ihrer Freundin Ruth Andreae ein Ferienhaus haben. Aus dem Tagebuch:

«Silvester 1938: Platzabsteckung bei hohem Schnee in Oberägeri mit Architekt Roth und Niederberger (Bauer, der mir sein Land für das Ferienhaus verkaufte). Dann Nachtessen bei Andreaes im Wochenendhaus und Silvester-Bowle. Morgens Besuch bei Buss (Sanatorium Adelheid in Unterägeri). Er erzählt in groben Umrissen von seinen Arbeitsplänen. Abschied und Fahrt im hohen nassen Schnee nach Zürich.[2]

14.4. Mit Schwester Anni [...] bei strömendem Regen in Ägeri. Das Haus ist schon teilweise geschindelt, wird wunderbar. Herrliche blühende Wiesen und Bäume ringsum.[3]

30.4.: Nach Ägeri: Das Häuschen steht und ist kein Traum. Wände, Decke und Mauern sind da und ein traumhafter Blick durch das grosse Fenster.[4]

18.5: Himmelfahrt. Mit Frau Dr. Corti in Ägeri. Das Haus ist fast ganz geschindelt, hat bereits Fenster eingesetzt. Trotz bedecktem Himmel und verhängten Bergen herrliche Stimmung über dem See. [...]

20.5. Heute Richtfest im «Löwen» Oberägeri. Mit Emmi heraufgefahren, immer noch strömender Regen, seit Wochen nun. Das Haus ist fertig geschindelt, Treppen eingesetzt, Balkon, Türe.»[5]

Die Einweihung des Hauses, zu der Marie Meierhofer Verwandte und viele Freunde einlädt, findet am 22. Juli 1939 statt. Zu einem Haus gehört – wie sich dies Marie Meierhofer von zu Hause in Turgi gewohnt war – auch ein Garten mit Pflanzen und Bäumen. Alfred Roth engagiert einen der damals bekanntesten Gartenarchitekten: «Am 20.9.1939 kam Alfred Roth mit dem bekannten Gartenarchitekt Walter Mertens nach Ägeri.[6] Dieser plante einen wundervollen Garten mit Blumen vom Frühjahr bis Spätherbst in passenden Farben. Ein Kastanienbaum auf der Wiese neben dem Sitzplatz wuchs rasch und spendete uns im Sommer genügend Schatten. Hinter dem Haus pflanzte er Birken, welche im feuchten Gelände rasch hochschossen bis über das Dach hinaus, und in denen Vögel, wie Baumläufer, Trauerfliegenschnepper, Meisen und andere nisteten und vom Schlafzimmerfenster aus bei der Aufzucht von Jungvögeln beobachtet werden konnten. Westlich vom Haus wurden Flieder und Haselnusssträuche gesetzt. Ich muss noch ergänzen, dass das Haus mitten in den Wiesen – ohne Zufahrt – an einem Hang über dem See gebaut wurde. Dort oben war der Holderbach, der aus dem Quellgebiet oberhalb des Hauses entsprang, gefasst und unterirdisch in den See geleitet. Er diente uns für das Abwasser nach Klärung in zwei Becken. Es führte nur ein Plattenweg entlang dem Hag [...] von den Wiesen zum Haus. Der Bauer und Milchmann Arnold Niederberger, dem die umgebenden Wiesen weiterhin gehörten, hat mit einem einzigen Pferd alles Material für den Bau und alles Mobiliar über seine Wiesen zum Bauplatz transportiert.»[7]

Der Ausbruch des Zweiten Weltkriegs im Herbst 1939 und die damit verbundene Einberufung vieler Ärzte führen zu einer starken Mehrbelastung von Marie Meierhofer am Kinderspital in Zürich. Sie hat kaum mehr Zeit, das Haus in Ägeri aufzusuchen: «Mein Hüsli ist jetzt leer und verlassen. Ich könnte weinen, wenn ich daran denke, es kommt mir vor wie ein nicht zu erreichendes Paradies. Benzin gibt's zwar noch, wenn auch mit Karten, aber Zeit, die Zeit dazu fehlt.»[8]

Vorangehende Seite

Pflegesohn Edgar assistiert Gustav Maurer bei der Grundsteinlegung des Kinderdorfes in Trogen.

370

Zeichnung des Hauses in Oberägeri von Architekt Alfred Roth.

371

Plan für die Gartenanlage durch Walter Mertens (1885–1943).

372

Einweihungsfest im Haus zum Holderbach in Oberägeri. Im Bild festgehalten sind (von links nach rechts): Ruth Andreae, Alfred Roth, Walter Robert Corti, Dr. Edwin Boller, Dr. Walter Meier, Dr. Meta Lutz, Marie Meierhofer, Trudy Meier-Hoffmann.

Réduit und Anbauschlacht

Auch wenn Marie Meierhofer ihr Haus in Oberägeri selbst nicht oft aufsuchen kann, bleibt es nicht lange leer: Verschiedene Verwandte und Freunde verbringen ihre Ferien in Oberägeri, oder sie suchen dort aus Angst vor einer möglichen Invasion deutscher Truppen nach grösserer Sicherheit.

Marie Meierhofer selbst erholt sich nach einem Skiunfall im Frühjahr 1940 für 14 Tage im *Hüsli.* Auch Walter Robert Corti sowie Marie Meierhofers Studienkollege Herbert Tauber sind dort: «Wir waren drei Invalide, Buss mit seiner Lungen-Tbc und seinen beidseitigen Pneus, Herbert war im Aktivdienst in einer Kiesgrube verschüttet und an der Wirbelsäule verletzt worden, und ich einarmig mit meinem kaputten rechten Arm. Aber wir ergänzten einander gut und teilten uns in die Arbeit. Es war eigentlich eine idyllische, erholsame Zeit.»[9]

In einer Dokumentation zum Jahr 1940 beschreibt Marie Meierhofer das Geschehen wie folgt: «In einem stürmischen und erbarmungslosen Krieg erobern die Truppen Hitlers Holland, Belgien und Frankreich. Die Schweiz ist von den Achsenmächten ganz umschlossen. Gerüchteweise heisst es, an unserer Nordgrenze seien deutsche Truppen massiert und es drohe ein Durchmarsch, das heisst Kampf. Die Schweiz mobilisierte die Armee (schon 1939) und baute Abwehrstellungen. Die Bevölkerung der Städte evakuierte mit Sack und Pack gegen die Berge zu. [Ich] war Assistentin im Kinderspital Zürich und konnte nur selten nach Ägeri. In kritischen Momenten, wenn ein Angriff erwartet wurde, durfte [ich] nicht einmal in die Stadt, da [ich] bei Sprengung der Brücken nicht mehr hätte ins Spital zurückkehren können.»[10]

Während des Kriegs nutzt Marie Meierhofer den Garten, um sich und ihre Freunde mit frischem Gemüse zu versorgen: «Ich begann damals die Anbauschlacht,[11] wie jedermann im Lande. Kollegen aus dem Kinderspital gruben die Wiese vor dem Hause um, und in 16 Gemüsebeeten pflanzte ich jedes Jahr im Frühjahr Blumenkohl, Randen, Kabis und steckte Bohnen, Kefen und Erbsen in den Boden. In den Sommerferien wurde dann geerntet, gedörrt, eingemacht und in irdenen Töpfen Sauerkraut und Sauerbohnen angesetzt. Die Pflege des Gartens musste ich Petrus überlassen. [...] In den nächsten Jahren ging alles routinemässig, und wir konnten, wenn wir nach Ägeri fuhren, Gemüse mit in die Praxis nach Zürich nehmen.»[12]

1944 weilt gelegentlich der Basler Biologe Adolf Portmann, den Marie Meierhofer zusammen mit Gustav Bally und anderen in Kolloquien bei C. G. Jung kennengelernt hat, in Oberägeri.[13] Er hilft mit, das Land mit Gemüse zu bepflanzen. Auch Edgar beteiligt sich auf seine Art an der Gartenarbeit. In einem Brief vom 8. April bedankt sich Adolf Portmann für die Gastfreundschaft: «Sie wissen ja, dass es nicht nur die Höhenlage und der schöne Ort ist, der so gut tut, sondern das geistige Klima Ihres guten Heims, in dem es einem so wohl ist.»[14]

Grosses Fenster – weiter Geist

Das Haus in Oberägeri steht ganz im Zeichen des Zusammenseins und des Gesprächs. Auch der Innenausbau des Hauses ist darauf ausgerichtet. So lautet der Wunsch von Marie Meierhofer an den Architekten, «ein Cheminée und einen Kachelofen» zu bauen und «ein Haus darum herum».[15] Die Kacheln lässt die Bauherrin von Kindern der kinderpsychiatrischen Station *Stefansburg* des Burghölzli bemalen und fährt zu diesem Zweck mit ihren Schützlingen in die Fabrik nach Embrach. In der *Chronik des Ägerihüsli zum Holderbach* notiert sie dazu: «Die Kinder zeichneten diese Fahrt so.»[16]

Beim Bau des Hauses denkt Marie Meierhofer auch an Walter Corti, der noch immer an Tuberkulose leidet: «Im Sanatorium Adelheid in Unterägeri erholte er sich langsam von der Operation. Ich besuchte ihn regelmässig, wo er auch war, und brachte ihm die gewünschten Bücher. Er vermisste schmerzlich seine eigene Bibliothek, welche in Kisten zusammen mit der Haushaltseinrichtung bei seiner Mutter eingelagert war. Als ich in Oberägeri 1939 ein Ferienhaus baute, versprach ich ihm, seine Bücher aufzustellen, um sie ihm zugänglich zu machen. Zu unserer Überraschung und Freude erholte er sich dann im Sanatorium Adelheid in Unterägeri so weit, dass er selbst in

373
Marie Meierhofer zeigt stolz eine Frucht ihres Gartens.

374
Adolf Portmann mit Edgar bei der Gartenarbeit.

375
Auch Edgar übt die Anbauschlacht.

376
Zeichnung der Kinder der Stefansburg im Gästebuch, Ende 1939.

377

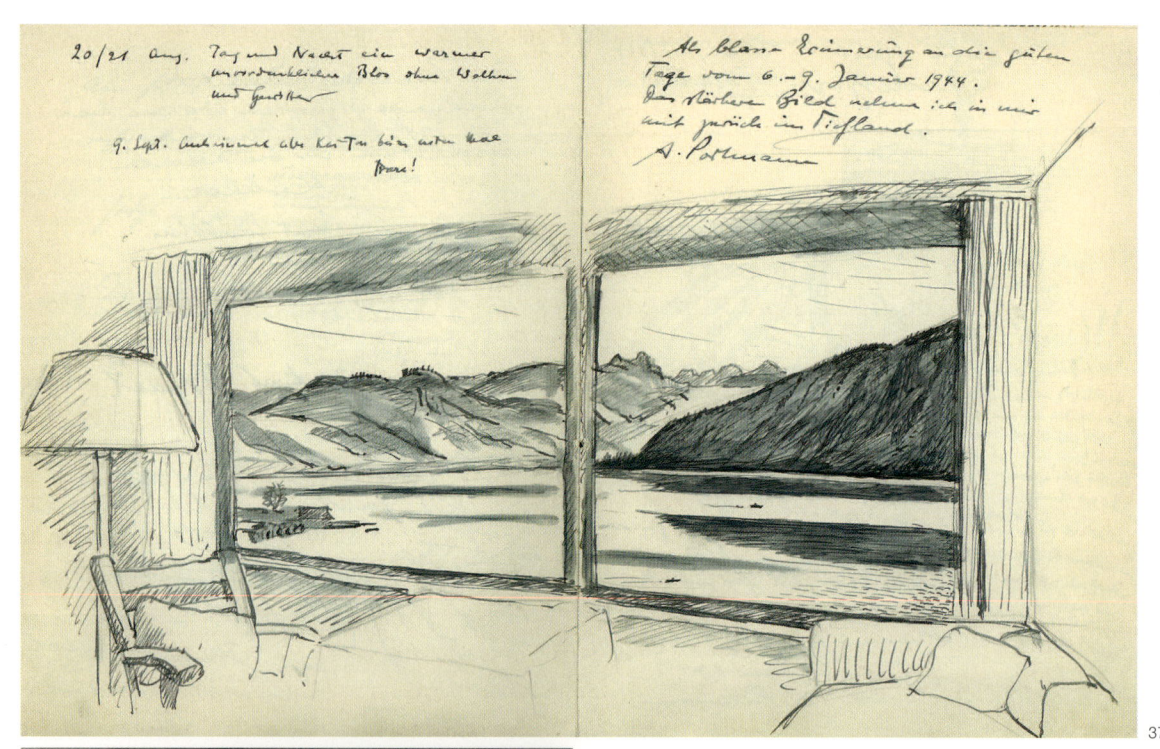

Blick aus dem grossen Fenster, kommentierte Zeichnung von Adolf Portmann.

378

Walter Robert Corti vor dem grossen Fenster kurz nach Fertigstellung des Hauses, 1939.

379

Zeichnung des vom Nebel verdeckten Ägerisees von Adrien Turel im Gästebuch, 30. November 1941.

380

Edgar hat als Kind Walter Robert Corti treffend mit Plakatfarben festgehalten.

381

Marie Meierhofer und Walter Robert Corti in Oberägeri im Gespräch, 1940.

382

Zur Gemeinschaft Meierhofer-Corti gehört auch Edgar.

DAS ÄGERITAL – WIEGE DES KINDERDORFES

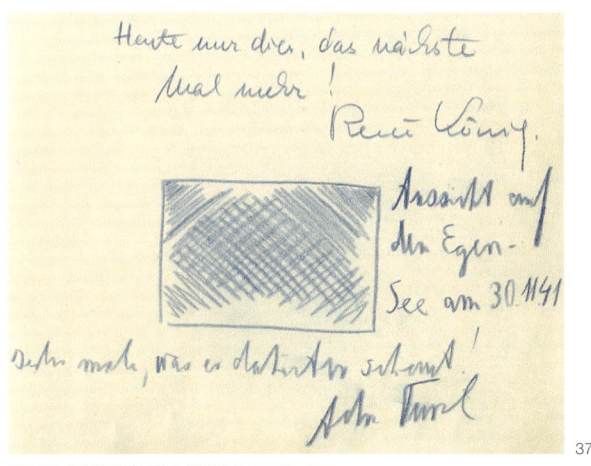

das neue Ferienhaus mitsamt seinen Büchern einziehen konnte. Mit Unterbrüchen ist er dort bis etwa 1945 geblieben und gesund geworden.»17

Das Haus in Oberägeri ist auch Begegnungsort mit Emigranten. So sind 1941 der Schriftsteller Adrien Turel (1890–1957) und der deutsche Soziologe René König (1906–1992) zu Gast. Turel hat die vom Nebel verdeckte Sicht auf den «Egeri-See» in einer ironischen Zeichnung im Gästebuch 1941 festgehalten.18

Von der Front zurück nach Oberägeri

Im März 1943 kehrt Marie Meierhofer von ihrem Rotkreuzeinsatz in Cruseilles zurück. Sie wohnt in dieser Zeit mit Edgar und Walter Robert Corti in ihrem Haus in Oberägeri. Im Mittelpunkt der Gespräche und Diskussionen, die Marie Meierhofer in dieser Zeit mit Walter Robert Corti führt, stehen die Erfahrungen und Erlebnisse, die sie in Cruseilles im Umgang mit kriegsgeschädigten Kindern gemacht hat: «Natürlich erzählte ich Walter von den Leiden und dem Hunger der Kinder im Kriege, aber auch von der Not der Bevölkerung in einem von fremden Truppen besetzten und völlig ausgeraubten Land.»19

Walter Robert Corti, dem es aufgrund seiner Krankheit nicht mehr möglich ist, das Medizinstudium abzuschliessen, beginnt zu schreiben. Wie es dazu kommt, schildert Corti in der Broschüre *Der Weg zum Kinderdorf Pestalozzi*. «Die Ärzte entliessen ihn der Obhut der Sanatorien, er versuchte seine Studien zu beenden, aber ein Rückfall zeigte ihm, dass er auf trügerischem Boden stand. Da begann er zu schreiben und suchte sich auf diesem Weg, ein neues Leben aufzubauen.»20 1942 erhält er von Arnold Kübler, dem Chefredaktor der Zeitschrift *Du,* eine Anfrage zur Mitarbeit. Corti ist einverstanden. Im November 1942 erscheint sein erster Beitrag mit dem Titel *Der Mensch vor dem Unbekannten.*21 In Oberägeri lernt Walter Robert Corti auch seine spätere Frau, Anuti Bonzo, kennen. Sie heiraten 1946. Marie Meierhofer bleibt mit der Familie Corti-Bonzo eng befreundet.

DAS ÄGERITAL – WIEGE DES KINDERDORFES

Aufbaugespräche zur Rettung kriegsgeschädigter Kinder

Im Sommer 1943 treffen sich Arnold Kübler, Emil Schulthess und Werner Bischof in Oberägeri zu Gesprächen über die Idee eines Dorfes für kriegsgeschädigte Kinder. Gastgeberin und Gastgeber sind Marie Meierhofer und Walter Robert Corti. In ähnlichem Rahmen wird auch der Plan zu einem Heft über Kriegskinder entstanden sein, in dem Walter Robert Corti seinen Aufruf «Ein Dorf für die leidenden Kinder» platziert.[22] Die eingehende grafische und fotografische Gestaltung des Heftes durch Emil Schulthess und Werner Bischof verweist ebenfalls auf eine langfristige Planung.

Marie Meierhofer übernahm bei der Umsetzung des Vorhabens eine wichtige Rolle: «Auch bei der Verwirklichung seiner Idee eines Kinderdorfes war ich von Anfang an am Aufbau und der Organisation beteiligt und habe einen grossen Teil Arbeit zur Realisation der Pläne geleistet. Buss erzählte mir immer von seinen Ideen und Plänen, und ich beurteilte sie dann von der Praxis her, und so diskutierten wir alles.»[23]

Die Idee, in der Schweiz ein Kinderdorf zu bauen, löst bei Marie Meierhofer die Frage aus, wie denn die Kinder in die Schweiz transportiert werden können. Notgelandete intakte alliierte Bomber, die auf dem Flugplatz Dübendorf herumstehen, bringen sie auf die Idee, die Kinder mit umgebauten Flugzeugen in die Schweiz zu fliegen. Sie schreibt ein Konzept und lässt sich von ihrem Onkel Damian Lang, der Flugzeugingenieur ist, beraten.[24] Ihr Anliegen begründet Marie Meierhofer in einem Arbeitspapier vom 12. Oktober 1944 wie folgt:

«Wenn es heute möglich ist, ganze Armeen mit voller Ausrüstung durch Flugzeuge zu transportieren, müssen wir anstreben, verhungernde Kinder durch Flugtransporte nach der Schweiz vor dem sicheren Tod zu retten. Hilfsaktionen in den betroffenen Ländern benötigen viel Zeit, bis sie funktionieren, um einigermassen die grösste Not zu lindern. Unterdessen sterben viele Kinder. Die Erwachsenen und grössere Kinder finden eher noch eine Möglichkeit, auf irgendeine Art durchzukommen. Die Kleineren dagegen, die keine Angehörigen mehr haben, sind ohne Hilfe dem sicheren Verderben anheimgegeben. Diese können wir nun zu uns holen, sie ärztlich, später erzieherisch betreuen, bis die Hilfsorganisationen im Lande selbst funktionieren und wir sie ihnen wieder zurückgeben können. Viele jedoch werden kein Zuhause mehr haben. Gerade für diese sind Kinderdörfer gedacht, wobei angeregt werden soll, dass auch in ihrem Heimatland solche Dörfer nach dem Muster der schweizerischen organisiert werden. Auf diese Weise würde es gelingen, viele Menschenleben zu retten. [...] Hilfe muss aber sofort einsetzen.»[25]

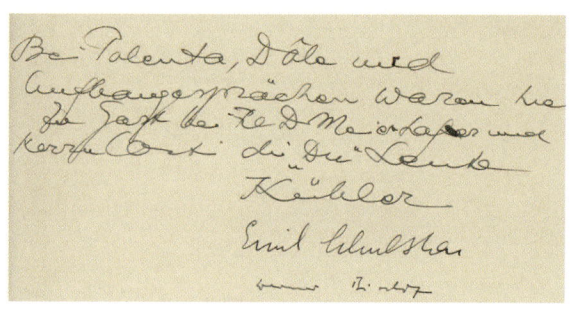

DAS ÄGERITAL – WIEGE DES KINDERDORFES

383
Widmung der Du-Redaktion im Gästebuch, Juni/Juli 1943.[26]

Die Idee von Marie Meierhofer stösst auf positives Echo. Die Kinderärzte der Stadt Zürich sichern ihre Hilfe zu. Baracken in Dübendorf dürfen als Notspital verwendet werden. Swissair-Direktor Groh lässt von seinen Ingenieuren ein Konzept erarbeiten, worin die wichtigen Flugdestinationen erwähnt und der Aufwand an Piloten und an Treibstoff berechnet wird.[27]

Das weltoffene Denken von Marie Meierhofer, wie es sich im Flugplan sehr schön spiegelt, stösst jedoch auf Widerstand. Der Rotkreuzmitarbeiter Hans Bachmann macht sie darauf aufmerksam, dass die Ausführung ihres Projektes ganz in den Tätigkeitsbereich des Schweizerischen Roten Kreuzes fällt. Sie müsse sich dazu mit Herrn Oberst Remund, Chefarzt des Roten Kreuzes, in Verbindung setzen.[28] In einem Brief vom 28. Dezember an Damian Lang berichtet Marie Meierhofer, dass Remund Bedenken geäussert habe:[29] «Aber dies kann mich nicht enttäuschen, denn in der Schweiz brauchen neue Ideen immer einige Zeit, bis sie reifen.» Sie sucht in der Folgezeit bei zahlreichen Persönlichkeiten Unterstützung für die Soforthilfe mit Flugzeugen. Die Ablehnung bleibt jedoch definitiv. «Die Pläne scheiterten am Direktor des Schweiz. Roten Kreuzes, der das Monopol für die Kinderhereinnahme aus dem Ausland hatte. Er fand es unmöglich, Kinder mit dem Flugzeug zu transportieren und es sei auch zu teuer.»[30]

Die Frage, wer Kinder aus Kriegsgebieten in die Schweiz bringen darf, ist nur ein Aspekt der Auseinandersetzung. Sowohl die Idee, ein Kinderdorf zu bauen, wie auch der damit eng verbundene Rettungsplan von Kindern sind zugleich eine deutliche Kritik an der Kinderhilfe des Schweizerischen Roten Kreuzes. Marie Meierhofer bemerkt, dass es nicht angehe, Kinder im Rahmen der SRK-Kinderhilfe für ein paar Monate in der Schweiz «anzufüttern», um sie dann wieder in ein ungewisses Schicksal in die Heimat zu entlassen. Ihrer Meinung nach sind Kinderdörfer eine geeignetere Form der Betreuung. Marie Meierhofer ist sich dabei der Kritik bewusst, dass man Kinder nicht aus ihrer Kultur und ihrer angestammten Umgebung herausreissen darf. Darum fordert sie, dass so rasch wie möglich im Herkunftsland geeignete Strukturen aufgebaut werden müssen. Dies könne darin bestehen, dass in der Heimat der Kinder ebenfalls Kinderdörfer eingerichtet würden.

«Das Schweizerische Rote Kreuz, Kinderhilfe platzierte Kinder aus den umliegenden Kriegsländern in Schweizerfamilien für 3–6 Monate, dann mussten sie wieder zurück in ihr Heimatland. Aber auch im umliegenden Ausland, vorwiegend in Frankreich, wurden Kinder (immer im Schulalter) in Kinderdörfern betreut und angefüttert und nach drei Monaten wieder entlassen. Was mit den Waisen geschah, war dann Sache der betreffenden Behörden, welchen nur wenige Möglichkeiten zur Verfügung standen.

DAS ÄGERITAL – WIEGE DES KINDERDORFES

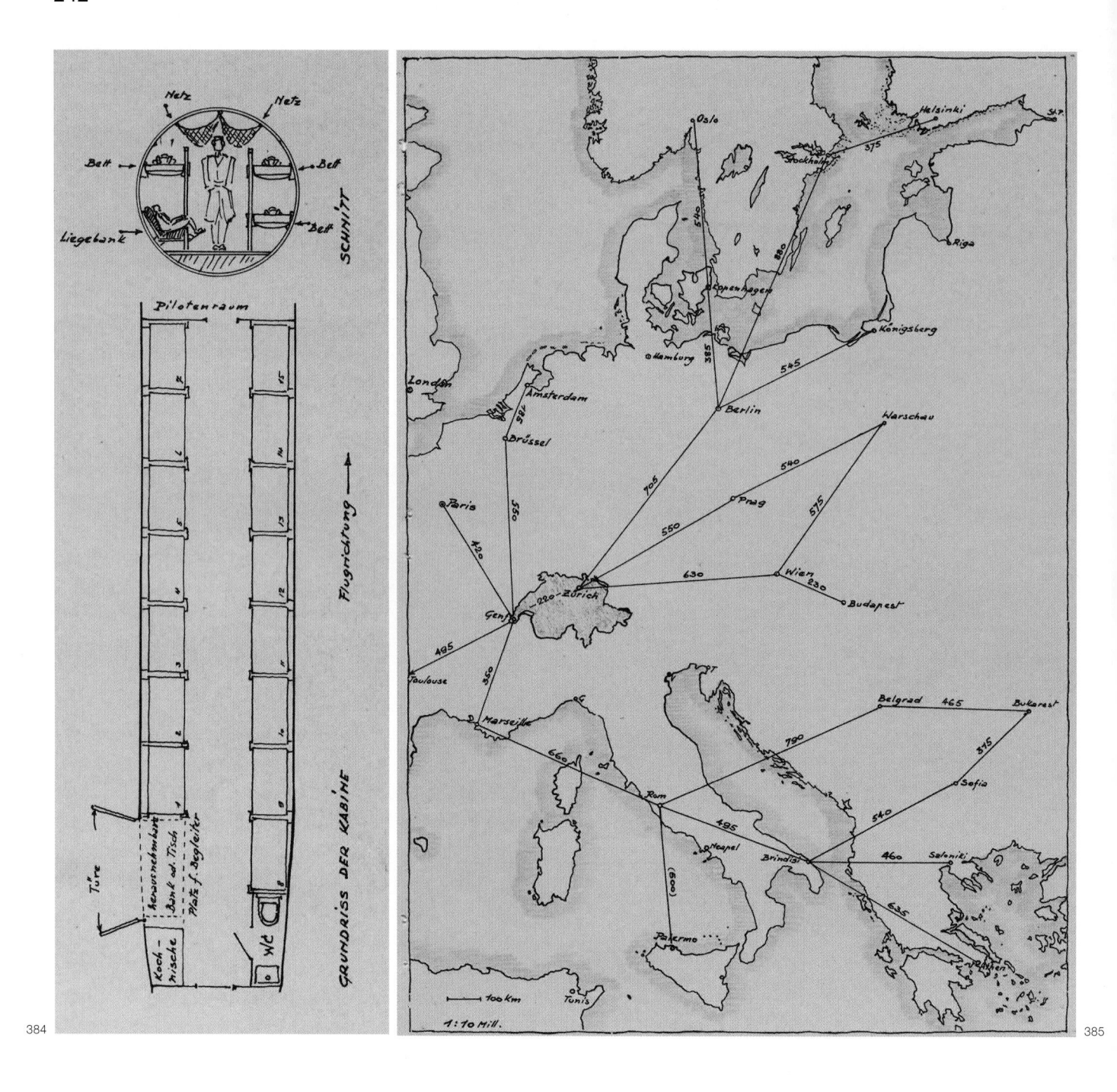

384

Zeichnung eines Quer- und eines Längsschnittes durch ein für Kindertransporte umgebautes Flugzeug der Swissair Typ C-47.[31]

385

Flughilfeplan mit den angestrebten Destinationen.[32]

Die Schweizerische Fremdenpolizei wollte damals verhindern, dass Ausländer bei uns blieben – Das Boot ist voll – und so war es nur in Ausnahmefällen möglich, dass ein Waisenkind in einer Schweizerfamilie bleiben konnte.»[33]

Noch schärfer formuliert Walter Robert Corti die gleiche Kritik an der Schweizer Kinderhilfe, ohne allerdings die Institution namentlich zu nennen. So schreibt er in seinem Aufruf: «Die Kinder sind [in den Kinderdörfern] unter sich; nicht erschütternde, mitleiderregende Ausnahmen unter Geborgenen, nicht in märchenhafte Verhältnisse hineingeschneite Notträger. So verwachsen sie auch nicht in ungesund-schmerzhafter Weise mit den Pflegeeltern, wo sie doch wieder später in harte und ganz und gar andere Verhältnisse zurück müssen.»[34]

Kommt das Pestalozzidorf nach Unterägeri?

Der Aufruf Walter Robert Cortis im *Du* löst ein grosses Echo in der Bevölkerung aus. Viele wollen helfen, andere spenden Geld. Erste Sitzungen des neugegründeten Aktionskomitees finden in Oberägeri statt: «Ich erinnere mich an eine Sitzung in meiner Wohnstube, an der vorerst alte Freunde, wie Lilian und Vera Zanolli, die Ärztin Charlotte Trefzer, aber auch schon anwesende Interessenten wie der Architekt Hans Fischli und Edwin Arnet teilnahmen.»[35]

Die Begeisterung erfasst auch die Initianten, und es überrascht nicht, dass sie bereits kurz nach der Gründungsversammlung der Vereinigung *Kinderdorf Pestalozzi* am 15. Januar 1945 im Ägerital nach einem geeigneten Standort suchen. Das Dorf soll ihrer Wunschvorstellung gemäss dort zu stehen kommen, wo die Idee zu einer wirksamen und raschen Hilfe für kriegsgeschädigte Kinder entstanden ist. Im Februar 1945 findet eine erste Besprechung mit den Behörden statt, welche sich einverstanden erklären. Das Ägerital wird von einer Welle der Begeisterung für das Kinderdorf erfasst. Zwei Standorte, das *Zittenbuch* (Bild 386) und das *Guggenhürli* stehen im Vordergrund. Doch das Ganze hat einen Nachteil: Die Gemeinde ist nicht bereit, das Land kostenlos abzugeben.

Damit beginnt ein Ringen um die nötigen finanziellen Mittel für den Aufbau des Dorfes, das letztlich auch die Wahl des Standortes bestimmt. Mehrere Gesuche an die *Schweizer Spende* werden abgelehnt. Das gesammelte Geld, so heisst es, dürfe nicht für Bauten in der Schweiz verwendet werden. Zugleich darf die Vereinigung *Kinderdorf Pestalozzi* nicht selbst Sammelaktionen durchführen, da sie damit die Schweizer Spende konkurrenzieren würde.

Am 21. Januar 1946 entscheidet der Vorstand der Vereinigung, auf eine sehr kostengünstige Offerte der Gemeinde Trogen einzutreten. «Walter und ich u. noch viele andere haben sehr bedauert, dass das Projekt in Unterägeri von der grosszügigen Offerte durch Trogen verdrängt wurde.»[36]

In der Weigerung der *Schweizer Spende,* dem Kinderdorf finanzielle Mittel zum Aufbau zu geben, spiegelt sich die Tatsache, dass die Hereinnahme ausländischer Kinder nicht zur schweizerischen Flüchtlingspolitik passt. Man will nur Kindern helfen, die man wieder zurückschicken kann.[37]

Im Jahr 1946 erhält die Vereinigung die Möglichkeit, selbst eine öffentliche Sammeltätigkeit zu entfalten. Der Vorstand des Kinderdorfes entscheidet, die Mittelbeschaffung der in dieser Hinsicht erfahrenen Pro Juventute zu übertragen. Ein Fehlentscheid, wie sich bald herausstellt. Marie Meierhofer fasst rückblickend zusammen:

«Wir hatten bis zu 2 Sitzungen in der Woche, mit langen Traktandenlisten und langer Dauer. (Ich war jeweils ganz ausgeräuchert von den Stumpen und Pfeifen der Männer). Da die Vorstellungen von Herrn Binder, Zentralsekretär der Pro Juventute, der die Mittelbeschaffung durchführte und Quästor war, mit denjenigen von uns übrigen (Walter Corti, Hans Fischli, Edwin Arnet u. mir) divergierten, gab es Diskussionen bis in den Abend hinein. Die Erfahrungen der Pro Juventute mit Ferienkolonien und -plazierungen und der autokratische Stil dieser Organisation beeinflusste deren Ziele für das Kinderdorf.»[38]

386
Zittenbuch als einer der beiden Standorte im Ägerital. Beitrag von Theo Frey in einer nicht näher bezeichneten schweizerischen Zeitschrift.[39]

387
Edgar assistiert Gustav Maurer beim Versenken des Aluminiumrohrs mit Dokumenten im Grundstein. Marie Meierhofer befindet sich in der zweiten Reihe der Zuschauer, neigt lachend den Kopf, um das Geschehen zu beobachten.

388
Edgar will Gustav Maurer und dem Architekten Hans Fischli beim Einmauern des Aluminiumrohrs helfen.

389
Walter Robert Corti mit Edgar anlässlich der Grundsteinlegung.

Die Grundsteinlegung in Trogen

Die Grundsteinlegung für das Kinderdorf findet am 28. April 1946 am Landsgemeindetag statt. Marie Meierhofer fährt mit Walter Robert Corti nach Trogen. Mit dabei ist auch der Pflegesohn Edgar, der aktiv ins Geschehen eingreift. Die Szene, die sich abspielt, wird Walter Robert Corti anlässlich der Beisetzung Edgars 1966 nochmals in Erinnerung rufen: «Er stand als Knirps im Kreis um die symbolische Handlung, wir Alten mit der Kelle in der Hand, viel Würde und Feierlichkeit, ein Programm abrollend, – als Kläusli aber sah, dass es etwas zu tun gab, zu mauern, rief er mit heller Stimme: ‹Mami, dörf ich au hälfe?› Natürlich durfte er, und so sah man den frohernsten kleinen Mann eifrig mit der Kelle hantieren, noch andere Kinder einbeziehend, kaum bewusst, an welchem Werke er sich da beteiligte, aber vorhanden wie nur einer. [...] Kläuslis Bild erschien in allen Zeitungen und kam auch gestern wieder im Fernsehen, und es zeigte sich einmal mehr, wie leicht er zu guten Legenden Anlass gab. In Kommentaren wurde er als das erste Waisenkind des kommenden Dorfes bezeichnet und anderes mehr.»[40]

Beim Festakt mauert der Vizepräsident der Kinderdorfvereinigung, Gustav Maurer, ein Aluminiumrohr ein, das verschiedene Dokumente zur Gründung des Kinderdorfes enthält. Edwin Arnet vermerkt in einem Artikel der *Neuen Zürcher Zeitung* ironisch, dass mit diesem «Bleisarg [...] die Pläne der ersten Bauetappe und dicht daneben jener Idealplan für ein Dorf von 2000 Kindern» versenkt werden. Realisiert wird später ein kleiner Bruchteil davon.[41]

Das Engagement von Marie Meierhofer beim Aufbau des Kinderdorfes

Der Bau des Kinderdorfes schreitet nach der Grundsteinlegung rasch voran. Dank Hunderten von freiwilligen Helfern können die ersten Häuser innert 70 Tagen aufgerichtet werden. Marie Meierhofer wirkt, trotz ständigen Kämpfen und herben Enttäuschungen, weiterhin beim Aufbau des Kinderdorfes mit. Dazu der folgende Überblick:

- Am 5. März 1946 wird Marie Meierhofer anstelle der Ärztin Charlotte Trefzer in den Vorstand gewählt.[42]
- Vom Arbeitsausschuss der Vereinigung wird Marie Meierhofer im April 1946 beauftragt, die Auswahl der Kinder für das Kinderdorf vorzunehmen.[43]
- Am 13. September 1946 übernimmt Marie Meierhofer die Leitung für den Arzt- und Sanitätsdienst im Kinderdorf.
- Vom 15. Mai bis 15. August 1947 wird Marie Meierhofer vorerst für drei Monate vollamtlich für das Kinderdorf zur Prüfung der ärztlichen, psychologischen und erzieherischen Aufgaben im Kinderdorf angestellt. Der Vertrag wird nachträglich um sechs Monate verlängert. Marie Meierhofer zieht für diese Zeit mit ihrem Pflegesohn nach Trogen um.
- Im Lauf des Jahres 1949 erfolgt die Trennung der Kinderdorfvereinigung von der Pro Juventute. Marie Meierhofer nimmt Einsitz in die neu gegründete Stiftung.[44]
- Vom 7. April bis 10. Juni 1953 übernimmt Marie Meierhofer noch einmal die Betreuung des psychologischen Dienstes und legt Vorschläge zu dessen Fortführung vor.[45]
- Marie Meierhofer bleibt bis 1972 Mitglied des Stiftungsrates des Kinderdorfes.[46]

390
Marie Meierhofer im Gespräch mit Beat Wieser, dem Leiter des Freiwilligeneinsatzes, ganz rechts Walter Robert Corti.

391
Die ersten aus Südfrankreich eingetroffenen Kinder helfen beim Aufbau des Dorfes.

392
Architekt Hans Fischli (ganz links) überwacht die mit Hilfe von vielen Freiwilligen geleisteten Bauarbeiten.

393
Im Jahr 1948 besucht Marie Meierhofer (Zweite von rechts) gemeinsam mit Elisabeth Rotten (Mitte) die Scuola-città Pestalozzi. Begleitet werden die beiden von Ernesto Codignola (1895–1965), dem Gründer und Leiter der Schule (Vierter von links).

Elisabeth Rotten und Marie Meierhofer

Am 19. März 1946 stösst die Reformpädagogin Elisabeth Rotten (1882–1964) zur Vereinigung Kinderdorf Pestalozzi. Im September macht Marie Meierhofer den Vorschlag, Frau Rotten in die Kinderdorfarbeit einzubeziehen. Die beiden befreunden sich und stützen einander gegenseitig in ihren Ideen zum Aufbau und zum Betrieb des Kinderdorfes.

Bernhard Drzewieski, der Leiter der Wiederaufbauabteilung der UNESCO, und Elisabeth Rotten regen eine internationale Föderation der Kinderdörfer an und gründen die FICE *(Fédération Internationale des Communautés d'Enfants)*. Elisabeth Rotten wird zur ehrenamtlichen Sekretärin ernannt, kann und will diese Aufgabe aber nicht erfüllen. Als sich niemand findet, der für diese Aufgabe geeignet ist, übernimmt Marie Meierhofer ad interim das Sekretariat. Sie stellt sich bis 1951 in den Dienst der FICE.[47]

In der Vereinigung sind Marie Meierhofer und Elisabeth Rotten mit ihren Ansichten isoliert, vor allem während der Zeit, als Walter Corti zwecks Mittelbeschaffung in die USA verreist. Marie Meierhofer und Elisabeth Rotten kämpfen dafür, dass der Geist des Gründerkreises erhalten bleibt oder dass zumindest jemand von ihnen in den wichtigen Gremien sitzt. Wichtig ist ihnen auch, dass die Frauen vertreten sind. Sie wehren sich über Jahre hinweg gegen den von der Pro Juventute geforderten streng hierarchisch paternalistischen Betrieb. Am 5. April 1948 fordert Marie Meierhofer den Arbeitsausschuss in einem längeren Schreiben auf, dem Dorf endlich mehr Selbständigkeit zuzugestehen: «Nach genauem Studium der neuen Vorschläge bin ich zutiefst beunruhigt. Die Tendenz, vom grünen Tisch und von finanziellen Gesichtspunkten aus das Dorf zu regieren, sind hier besonders deutlich geworden.»

Marie Meierhofer fordert eine selbständige Kinderdorfgemeinde, in der alle Personen über zehn Jahren stimmberechtigt sind: «Die Versammlung aller Gemeindebürger wählt für die Dauer eines Jahres einen Gemeindeobmann [...] und einen Vizeobmann, wobei einer der beiden das 25., der andere das 15. Altersjahr zurückgelegt haben soll. Der Gemeindeobmann und der Vizeobmann vertreten die Interessen der KDG [Kinderdorfgemeinschaft] nach aussen und nach innen und arbeiten eng mit dem Dorfleiter und dem Arbeitsausschuss zusammen.»[48]

Elisabeth Rotten ermuntert Marie Meierhofer in ihren Bemühungen: «Ich finde Deine Vorschläge zur stärkeren Beteiligung der Mitarbeiterschaft gar nicht zu kühn, sondern sehr gesund und eine gute Basis zur Abklärung dessen, was wir längst wünschen u. was notwenig ist, wenn das Werk ein Organismus werden soll. Vielleicht kann man die Divergenzen zw. PJ [Pro Juventute] und der Ur-Trägerschaft des KD [Kinderdorf], die viel tiefer liegen als alle persönlichen Differenzen, die aber immer wieder zu Reibereien führen müssen, so fassen:

PJ sucht einen gut geölten ‹Apparat› aufzubauen (von aussen, daher auch ihre Vertreter fast nie ins KD gingen u. keine menschlichen Kontakte mit ihm pflegten); wir, wenn ich so sagen darf, suchen einen ‹Organismus› wachsen zu lassen – von innen, aber natürlich mit allen Stützen von aussen, deren die jungen Pflanzen noch bedarf.»[49]

Marie Meierhofer kommt mit ihren Vorschlägen nicht durch. Sie fühlt sich unverstanden und verletzt: «Wir wehrten uns für ein viel demokratischeres Modell, ein föderalistisches Dorf wie ein Schweizerdorf, ein erzieherisches und völkerverbindendes Experiment, das seine Ausstrahlung haben sollte. Ich wollte noch Forschung resp. Auswertung hineinbringen, wurde jedoch abgekanzelt.»[50]

Gesundheitliche Probleme und finanzielle Sorgen bringen Marie Meierhofer an den Rand ihrer Kräfte. Nur Walter Corti gegenüber äussert sie sich offen: «Ich habe nur die Sorge, wie ich die Sache physisch weiter mache. Ich habe manchmal Erschöpfungszustände, da ich pausenlos arbeite. Marieli [Haushalthilfe] ist immer noch fort, sodass ich zum Beispiel Kläuslis Sachen für seine Ferien selbst richten musste und auch der Haushalt hängt an mir, nebst so vielem, an den Schultern. Ich muss die Praxis verkaufen, das Haus verkaufen, eine Wohnung suchen, das Sekretariat einrichten, die Kinder im Dorf untersuchen, vieles besprechen und beraten und meine Praxis läuft immer noch gut. Dazu kommt, dass mich die Angelegenheiten wie Deine jetzige und die mit Olgiati auch affektiv so hernehmen, ich kann nicht schlafen, weil mich so vieles beschäftigt. Am nächsten Freitag habe ich noch einen Radiovortrag [...] dann bin ich mit meinen Vorträgen zu Ende. Am 8.8. fahre ich nach Paris und am 10.8. nach London, wo ich bei Charlotte wohnen werde. Anfang September werden wir in Paris wieder eine Konferenz haben (Koordinationskomitee der Kinderdörfer), dann muss ich noch nach Griechenland, ich glaub, ich kann fast nicht mehr.»[51]

394

Postkarte des Kinderdorfs aus den 1940er-Jahren. Fahnenaufzug mit Schweizer Fahne: Symbol des «geölten Betriebs».

Welche Kinder dürfen ins Kinderdorf aufgenommen werden?

Im April 1946 erhält Marie Meierhofer von der Vereinigung die schwierige Aufgabe, die Auswahl der Kinder für das Kinderdorf vorzunehmen. Kriterien für die Aufnahme bestehen lange Zeit nicht. Walter Robert Corti dachte zunächst an «Waisenkinder, Krüppelkinder, Kinder, die der völligen Verwahrlosung und dem Tod entgegengehen».[52] Im Gegensatz zur «Auffütterungspraxis» von Ferienkindern im Rahmen der Kinderhilfe des Roten Kreuzes stehen im Kinderdorf Kinder, die zu Hause keine Chance haben, im Zentrum, das heisst vor allem Waisenkinder. Im Lauf der Zeit werden die Aufnahmekriterien enger: Das erwünschte Aufnahmealter beträgt sechs bis zehn Jahre, die Kinder sollten gut entwicklungsfähig, nicht allzu schwer verwahrlost, nicht schwachsinnig oder psychisch krank sein und nicht an einer ansteckenden Krankheit wie Tuberkulose oder anderen Lungenkrankheiten leiden. Für Letztere war in den ursprünglichen Plänen eine spezielle Siedlung in den Bergen vorgesehen. Aus Montana und Davos lagen bereits Zusagen vor, dass man diese Kinder gratis behandeln würde.[53]

Noch stärker eingeschränkt sieht Alfred Siegfried von der Pro Juventute die Aufnahmekriterien. In einem Brief vom 24. Juni 1947 an die Gesandtschaft der tschechoslowakischen Republik in Bern betont Siegfried, dass für das Kinderdorf «intelligente Kinder erwünscht seien». Siegfried leitet im Dienste des Zentralsekretariates der Pro Juventute von 1926 bis 1959 nicht nur das bekannte und später heftig kritisierte Hilfswerk *Kinder der Landstrasse,* sondern er sitzt längere Zeit auch in der von Marie Meierhofer geleiteten Gruppe zur Auswahl der Kinder für das Kinderdorf in Trogen.[54]

Die Praxis sieht ganz anders aus

Was theoretisch lang und breit diskutiert und ausführlich beschrieben wird, sieht in der Praxis ganz anders aus. Wichtig ist dabei zunächst die Feststellung, dass es sich bei der Auswahl der Kinder vor Ort nur um eine Auswahl innerhalb einer – zumeist von Mitarbeitern des Roten Kreuzes – bereits getroffenen Vorauswahl handelt.

Eine spontane Hilfsaktion ohne entsprechende Vorauswahl ist die Hereinnahme einer Gruppe von Polenkindern, die aufgrund der Kriegswirren in ein Lager in Meran verschleppt worden sind. Die Kinder, sogenannte «deutschstämmige Polenkinder», sind von den Deutschen für die «Rückgewinnung des Deutschtums» vorgesehen. Marie Meierhofer beschreibt die spontane Rettungsaktion wie folgt:

395

**Marie Meierhofer mit ihrem Topolino
an der Siegfriedlinie, 1947.**

«[...] in Meran warteten Kinder, welche Opfer dieses Wahns waren. Walter Corti und ich sind sofort mit meinem Topolino über das Unterengadin nach Meran gefahren. (Nov. 1946) Dort fanden wir das polnische Rote Kreuz im Aufbruch u. die Kinder in der Ungewissheit. Wir nahmen so viele wie möglich auf die Liste für das Kinderdorf, auch zwei über 12jährige Brüder, welche wie 10jährige entwickelt waren u. von der Truppe bereits für die RAF, die Royal Air Force, in England vorgesehen waren.»[55]

Die Kinderhereinnahme in Meran erfolgt ganz im Sinn der ursprünglichen Idee des Kinderdorfes als Hilfe für Kinder in der Not und nicht nach stark einschränkenden Regeln.

Im Spätsommer 1946 besucht die Erziehungsministerin Michalowska aus Warschau das Kinderdorf, um die Unterbringung von Waisenkindern in Trogen vorzubereiten.

Anfang November reist Marie Meierhofer mit dem als Hausvater und Lehrer vorgesehenen Anton Golas, selbst polnischer Herkunft, nach Warschau. Über ihren Warschauer Aufenthalt berichtet Marie Meierhofer ausführlich: «Ich kannte ja das elende Leben in einer kriegszerstörten Stadt von meiner Ärztemission (SRK) in der Stadt Caen, nahe der Invasionsküste der Normandie im Herbst 1945. Aber was ich in Warschau sah, übertraf alles Vorherige. Niemand, der es nicht selbst gesehen [oder] erlebt, kann sich eine Vorstellung vom Überleben in einem solchen Ruinengebiet machen.»[56]

Marie Meierhofer besichtigt zahlreiche Institutionen und führt Tagebuch. Dabei besucht sie auch die Barackensiedlung, die das Schweizerische Rote Kreuz in Otwock, ausserhalb von Warschau, eingerichtet hat. Die Einrichtung ist im Vergleich zu einer ähnlichen schwedischen Siedlung äusserst primitiv.

«Mit Tram und Zug nach Otwock. [...] Im Zug: Knaben verkaufen Zeitungen. Invalider mit einem Bein spielt Handorgel, etwa 16–18 Jahre. Junge ohne Beine fährt auf kl. Wägelchen u. bewegt sich mit Holzstücken vorwärts. [...] Zu Fuss durch Schnee und Wald ins Kinderdorf. Vor der Absperrung Frauen, die laut schreien, sie wollen ihre Kinder heraus haben, sie hätten Hunger. Baracken hübsch im Wald verstreut, [...] Kinder schlafen auf Pritschen zweistöckig, etwa 30 pro halbe Baracke. Alles macht primitiven, ferienkolonieähnlichen Eindruck, nicht wie Preventorium.[57] Auch Arztzimmer klein, zu wenig Isolierzimmer. [...] Besuch des Schwedischen Sanatoriums. Rote Baracken, ganz feudal u. komfortabel eingerichtet. Musterhafte Küche, Laboratorium, Röntgeneinrichtung, junge Ärzte.»[58]

396

Gruppenbild mit Marie Meierhofer und Walter Robert Corti (ganz rechts) mit den Kindern von Meran.

397

Die Kinder von Meran im Hintergrund mit dem Topolino von Marie Meierhofer vorne links.

398

Eine Gruppe der vom Schweizerischen Roten Kreuz betreuten Kinder in Otwock.

Die Kinder, die Marie Meierhofer in Warschau auswählt, sind von einheimischen Ärzten voruntersucht worden. Die Aufnahmekriterien für das Kinderdorf werden miteinander diskutiert. Es zeigt sich, dass es unumgänglich ist, Konzessionen zu machen: «Ich war mit ihnen einig, dass man Tuberkulosefälle nicht streng beurteilen konnte, da viele Kinder, besonders Waisen, davon betroffen waren. Ausserdem handelte es sich um Erstinfekte, die von selbst ausheilten.» Man kommt überein, dass die Kinder ein Jahr später nach Warschau in die Ferien gehen dürfen. Nach den Ferien dürfen die Kinder nicht mehr nach Trogen zurückkehren, da ein kommunistisches Regime an der Macht ist.[59]

Im Jahr 1947 holt Marie Meierhofer Kinder aus Hamburg und Budapest ins Kinderdorf. Immer wieder erfolgen auch Rückschläge, so fordert im September 1948 die ungarische Regierung die Kinder zurück. Walter Robert Corti will Bundesrat Petitpierre einschalten, und Marie Meierhofer schreibt einen entrüsteten Brief an den ungarischen Sozialminister Dr. Kuhn, den sie von einem Besuch im Kinderdorf her kennt.

«Ich schreibe Ihnen hier ganz von mir aus, da mir das Kinderdorf, besonders aber auch das ungarische Haus, das eines der glücklichsten ist, sehr am Herzen liegt. [...] Dieser Rückruf kommt in einer Zeit, wo sich das Kinderdorf in schönster Entwicklung befindet und wir gerade im Begriffe sind, weitere Aufgaben auszubauen. Ferner haben sich alle Kinder im Kinderdorf, die ich alle sehr gut kenne und mit deren Schicksal ich mich verbunden fühle, sehr gut entwickelt und haben sich nun richtig eingelebt. Wer sie aber näher kennt, kann feststellen, dass sie noch für lange Zeit eine sorgfältige Betreuung und Erziehung brauchen, um die körperlichen und seelischen Schäden, die der Krieg ihnen zugefügt hat, gänzlich auszuheilen. Ich könnte mir vorstellen, dass eine Ursache dieser plötzlichen Handlung unter anderem Bedenken sind, die Kinder könnten sich ihrem eigenen Lande entfremden. Wir haben von Theoretikern schon häufig solche Argumente gehört, aber ein Besuch im Kinderdorf würde sie bestimmt davon überzeugen, dass dem nicht so ist. Man muss sich sehr davor hüten, Erfahrungen mit den evakuierten Kindern, Flüchtlingskindern oder solchen, die vorübergehend in Familien fremder Länder untergebracht waren, auf das Kinderdorf anzuwenden. Die Art der Erziehung im Kinderdorf in nationalen Gruppen bei internationaler Kontaktnahme ist etwas ganz neues, ganz anderes und vorläufig noch einzigartiges. Die Kinder haben hier ein Heim gefunden und bewahren ausserdem ihre nationale Eigenart bis zu den Details des Dialektes, was sie aber nicht hindert, sich mit den Kindern anderer Nationen zu verstehen. Ich bin überzeugt, dass wir imstande sein werden, diese Kinder in einigen Jahren als gesunde, vollwertige, mit ihrer Heimat eng verbundene Bürger zurückzugeben und dass diese Kinder nicht nur sich gut einleben, sondern auch viele Erfahrung und Wissen mitbringen werden, das wiederum der Allgemeinheit zugutekommt, ganz abgesehen von den internationalen Verständigungs-Möglichkeiten. Es gibt noch ein weiteres Problem, das mir sehr wichtig erscheint. Die Kinder kamen hierher, mit der Sicherheit, hier bleiben zu dürfen und vorläufig nicht mehr weiter geschoben zu werden. Ich fürchte sehr, dass ein so kurz darauf folgender Wechsel sie in ihren Fortschritten wieder weit zurückbringen, ja sie vielleicht direkt schädigen wird. Ich würde sehr gerne einmal alle diese Fragen mit Ihnen und Ihren Fachleuten besprechen. Sowohl Sie als auch wir haben eine grosse Verantwortung übernommen. Wäre es nicht möglich – es ist dies ein ganz persönlicher Gedanke von mir – dass Sie mit Experten (Kinderarzt oder -Psychiater) vorbeikämen, damit wir diesen ganzen Fragenkomplex gemeinsam studieren um das beste für diese Kinder zu tun.»[60]

Der Brief erzielt die gewünschte Wirkung nicht. Im Juli 1949 werden die ungarischen Kinder wieder in ihr Herkunftsland zurückgeholt. Der Brief macht zugleich die grossen Bemühungen deutlich, doch etwas vom ursprünglichen Modell eines völkerverständigenden Friedensdorfes aufzubauen.

399
Teil des zerstörten Warschau.

Marie Meierhofer in Griechenland

Im Herbst 1948 weilt Marie Meierhofer einen ganzen Monat in Italien und Griechenland, um Kinder zu untersuchen. Am Beispiel Griechenlands zeigt sich, dass Aufnahmekriterien wenig bringen und letztlich die Behörden bestimmen, ob ein Kind ins Kinderdorf darf oder nicht.

«In Griechenland herrschte im Herbst 1948 noch immer Bürgerkrieg. Man konnte nicht frei im Lande umherfahren. Von Athen aus nach dem Norden musste man in gepanzerten Zügen reisen. Die Kommunisten schleppten die Kinder aus den Bergdörfern weg und evakuierten sie in andere kommunistische Länder. [...] Die griechische Regierung ihrerseits hat Kinder aus den Bergen evakuiert und in Lager am Meer platziert. Ich habe ein solches Lager besucht, und es fiel mir auf, wie die Kinder traurig und liebeshungrig uns anschauten. Einige dieser Kinder suchten den Kontakt, kamen zu mir und berührten mich und wollten plaudern. Im Massenbetrieb waren sie frustriert und bedauernswert, aber ich durfte keines von ihnen ins Kinderdorf einladen. Die meisten hatten noch Eltern in den Bergen.»[61]

«In Athen war alles unter der Leitung des Sozialministers vorbereitet. Die Kindergruppe war unter dem Auge des Sozialministers zusammengestellt worden. Dieser stammte von der Insel Kreta und wollte vor allem von dort Kinder aus den Waisenhäusern ins Kinderdorf schicken. Dieser persönliche Einsatz des Sozialministers liess mir wenig Spielraum. Ich konnte seine Entschlüsse nicht beeinflussen. Dies machte mir Sorge, hauptsächlich wegen des Hauselternpaares, die er vorgesehen hatte. Es war ein älterer Priester und seine Tochter. Ich zweifelte, ob er sich den Bedingungen des Kinderdorfes würde anpassen können und sein autoritäres Gehabe ablegen könnte. Aber es war nichts zu machen. Ebenso konnte ich die Dame

400
Marie Meierhofer in Griechenland am Meer, 1948.

nicht abschütteln, welche unbedingt mit in die Schweiz reisen wollte. Ich war unsicher, ob sie nicht etwas schmuggeln möchte. Die Kindergruppe war in Ordnung, allerdings altersmässig nicht ausgeglichen, denn der Sozialminister wollte relativ grosse Mädchen aus seiner Heimatinsel Kreta in die Schweiz schicken; er hoffte, sie würden sich als Sozialarbeiterinnen ausbilden. Die Kinder hatten im Krieg stark gelitten, und auch jetzt noch waren sie beeinträchtigt. Die Hungersnot unter der deutschen Besetzung raffte nicht wenige Elternpaare hinweg, wenn sie das Letzte noch an die Kinder gaben. Einige Eltern fanden den Tod bereits 1938 bei der Invasion der italienischen Truppen in Griechenland. Andere Kinder lebten schon lange in althergebrachten Waisenhäusern und waren entsprechend in ihrer Entwicklung beeinträchtigt.[62]

Im übrigen hat der Sozialminister mich wie eine offizielle Persönlichkeit empfangen und ein Dîner zu meinen Ehren veranstaltet. Ich realisierte dies erst, als der weiss behandschuhte Diener mir immer zuerst servierte.[63]

Die griechische Luftfahrtgesellschaft wollte die Gelegenheit ergreifen, ihre ‹Vögel› wieder einmal fliegen zu lassen. So flog ich mit den Kindern und den Hauseltern und der unerwünschten Dame zurück. Die alten Maschinen konnten nur tief über dem Boden fliegen, und wir wurden alle stark luftkrank.»[64]

Hausmutter und Forscherin im Dorf

Marie Meierhofer und Elisabeth Rotten kritisieren verschiedentlich, dass die Lenkung der Geschicke des Kinderdorfes aus der Ferne, am grünen Tisch erfolgen würde, ohne dass das Aufsichtsgremium engen Kontakt zum Dorf habe. Marie Meierhofer selbst wirkt dieser Entfremdung entgegen, indem sie selbst zeitweise im Kinderdorf wohnt und arbeitet. So etwa für jeweils mehrere Monate in den Jahren 1947 und 1953. Sie untersucht während dieser Zeit nicht nur die Kinder des Dorfes, sondern übernimmt 1953/54 auch die Stellvertretung der Hausmutter im Griechenhaus. In diesem Sinne steht sie mitten drin und ist mit den Problemen vertraut.[65]

Marie Meierhofer kann zudem ihr altes Postulat erfüllen und zumindest ansatzweise die von ihr immer geforderte Untersuchung der Kinder und wissenschaftliche Erforschung der Auswirkungen des Kinderdorfaufenthaltes auf die Entwicklung und das Verhalten der Kinder einführen. In ihrem ersten Bericht *Über die Kinderauswahl und die ersten medizinisch-psychologischen Erfahrungen im Kinderdorf Pestalozzi in Trogen* (1947) schreibt Marie Meierhofer zusammenfassend:

404

401
Waisenkinder beim Gesang in einem griechischen Kloster.

402
Gruppenaufnahme mit dem Sozialminister in der Mitte und den ausgewählten Kindern; Marie Meierhofer ganz rechts.

403
Die Kinder beim Einsteigen ins Flugzeug.

404
Kinder aus einem Lager in Griechenland.

DAS ÄGERITAL – WIEGE DES KINDERDORFES

«Wenn die Kinder auch sehr gute und erfreuliche Fortschritte zur Gesundung und Normalisierung gemacht haben, so ist es andererseits nicht zu übersehen, dass dies nur ein Anfang ist. [...] Die Schäden, die der Krieg den Kindern, insbesondere den Vollwaisen zugefügt hat, sind sehr schwer und in ihren Auswirkungen nicht zu übersehen. Ich glaube, dass es mehrere Jahre braucht, bis eine wirkliche Heilung eingetreten ist, das heisst die körperlichen Schäden ausgeglichen und die seelischen Traumen verarbeitet sind. Dabei sind der länger andauernde Mangel an Liebe, Pflege und Schulung, an Sicherheit und festen Lebenskreisen, schwerwiegender, als die, wenn auch im Moment schweren seelischen Erschütterungen durch Kriegserlebnisse.»[66]

Marie Meierhofer berichtet auch über Kindergruppen im Kinderdorf, die sich nicht integrieren können und die grundsätzliche Zweifel am Modell Trogen aufkommen lassen. In einem Beitrag in der *Schweizerischen Zeitschrift für Gemeinnützigkeit* beschreibt Marie Meierhofer zunächst begeistert die Erfolge zweier Experimente von «Kinderrepubliken» in Warschau und in Civitavecchia (Italien), wo die Kinder, unterstützt von Erwachsenen, selbst über ihren Alltag entscheiden.[67] Erst anschliessend berichtet sie über das Modell des Kinderdorfes Pestalozzi, das auf der «Wohnstubenatmosphäre» aufbaut. Letzteres hat, wie Marie Meierhofer in ihrem zweiten Bericht über ihre medizinisch-psychologische Arbeit im Kinderdorf aus dem Jahr 1953 schreibt, seine Grenzen.[68] Sie verweist auf eine Gruppe von englischen Kindern, die – bereits während des Kriegs zu grosser Selbständigkeit gezwungen – sich nun rebellisch gegen das Familienmodell wehren.

405
Seilziehende Kinder aus Südfrankreich.

406
Marie Meierhofer (ganz rechts) als Hausmutter mit ihrer *Familie* 1953 im Kinderdorf. Auch Edgar Meierhofer, unterdessen von Marie Meierhofer adoptiert, weilt in Trogen (zweite Reihe neben Marie Meierhofer).

DAS ÄGERITAL - WIEGE DES KINDERDORFES

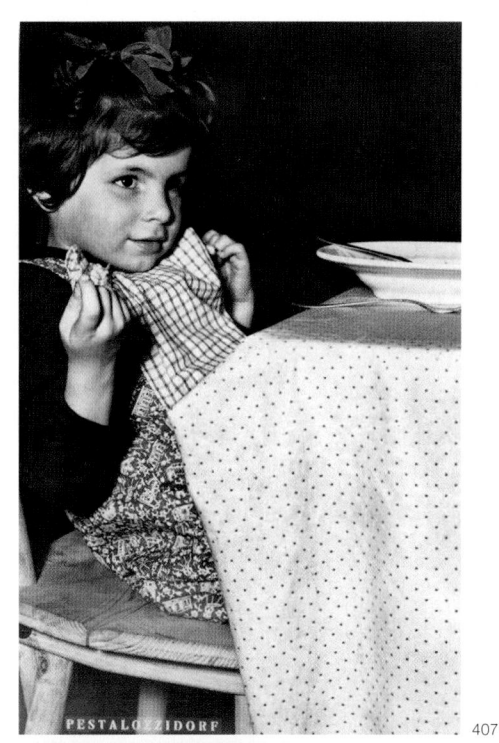

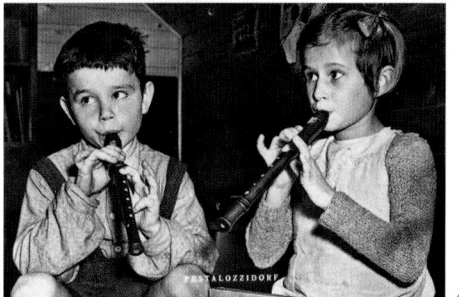

Es braucht, so lässt sich daraus folgern, Modelle, die den Kindern grosse Sicherheit und Geborgenheit vermitteln und zugleich intensiv auf die Art und Weise ihres Aufwachsens im Herkunftsland und insbesondere ihre Sozialisation während des Kriegs eingehen.

Der intensive und über viele Jahre andauernde Einsatz von Marie Meierhofer für das Kinderdorf Pestalozzi hinterlässt in ihr einen zwiespältigen Eindruck. Das unangenehme Seilziehen unter den Erwachsenen und der ewige Streit um das richtige Konzept wirken ermüdend, doch die Kinder im Dorf, die bei einer richtigen Betreuung aufblühen und im wörtlichen Sinne «schön werden», wiegen diese Mühen wieder auf.

«Man kann sich heute fragen, weshalb ich freiwillig so grosse Aufgaben im Kinderdorf übernahm und mich zu wenig um die eigene Existenz sorgte. Damals war dies keine Frage. Wir alle waren so erfüllt von dem grossen Staunen und vor tiefer Dankbarkeit für das Wunder, dass wir frei und unversehrt aus diesem Weltkrieg herauskamen. Ringsum war viel Zerstörung und Not – Grenzen wurden verschoben, überall waren fremde Besatzungstruppen, Menschen auf der Flucht und in Gefangenschaft – wir konnten nur unser Möglichstes tun. Auf der Baustelle des Kinderdorfes arbeiteten ebenfalls freiwillig junge Menschen meist Studenten und Lehrlinge – in den Häusern und der Gemeinschaftsküche junge Frauen und Mädchen –, die Hilfsbereitschaft war so gross, dass es auch Enttäuschungen gab, weil nicht alles angenommen werden konnte. Es war eine schöne Zeit im Kinderdorf. Es hat einen ganz besonderen Zauber. Ich war glücklich zu sehen, wie die Kinder aufblühten, schön wurden [...].»[69]

Das Seilziehen im Kinderdorf geht weiter: 1949 trennt sich das Kinderdorf von der Pro Juventute. Dazu Marie Meierhofer: «Gegen den Willen von Walter Robert Corti wollte die Pro Juventute die Vereinigung Kinderdorf Pestalozzi in eine Stiftung umwandeln. Dies gab die Möglichkeit, unangenehme Mitglieder, vor allem ‹Idealisten› wie Walter Robert Corti und mich loszuwerden. Walter machten sie zum Ehrenpräsidenten, der nichts mehr zu sagen hatte...»[70] Marie Meierhofer selbst bleibt bis 1975 Mitglied des Stiftungsrates. Sie zieht sich aber ebenfalls allmählich aus der aktiven Kinderdorfpolitik zurück.

407, 408
Die «schönen Kinder» werden für Werbezwecke auf Postkarten des Kinderdorfes festgehalten.

DAS ÄGERITAL – WIEGE DES KINDERDORFES

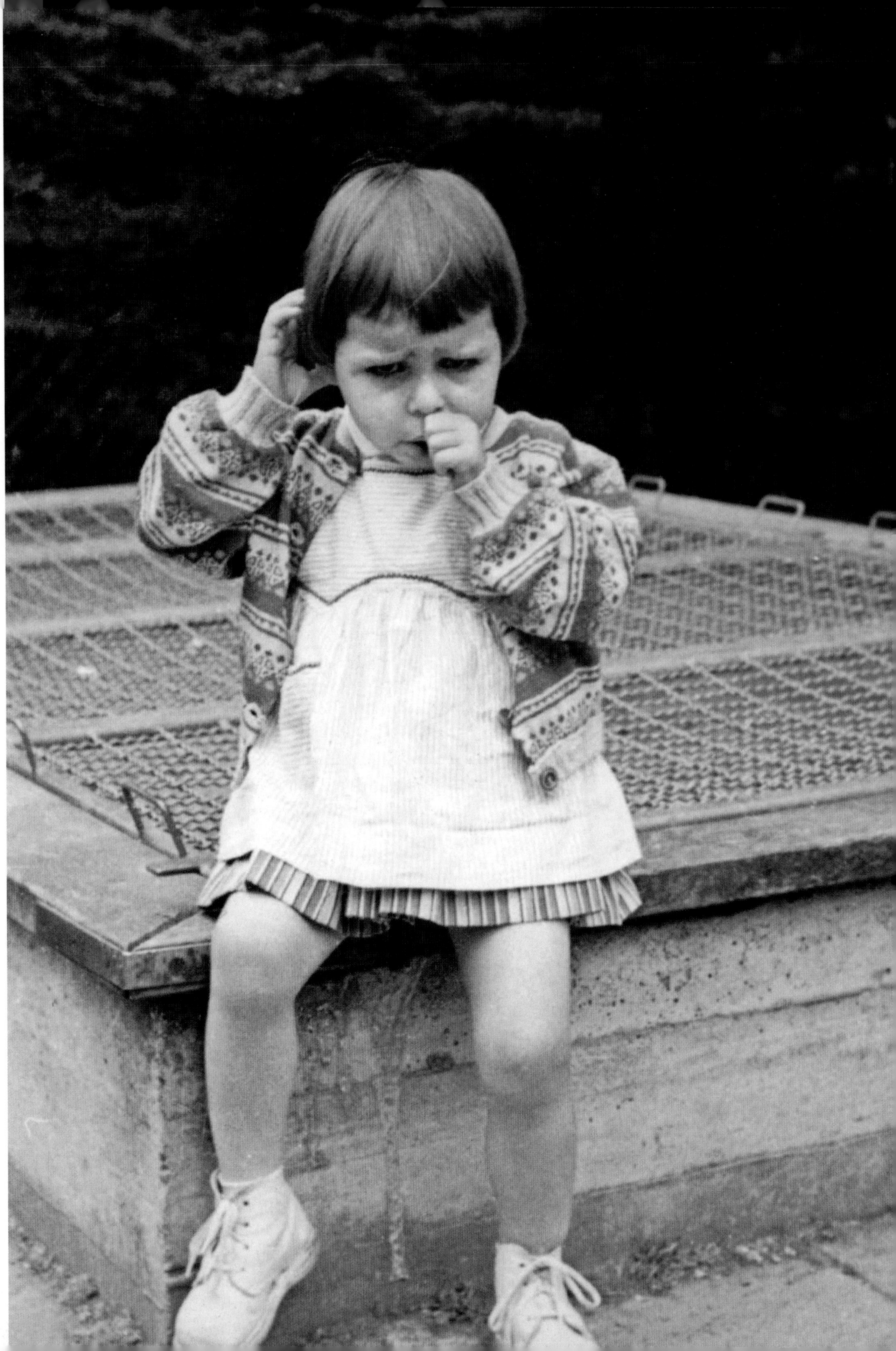

Ärztin und Forscherin

Die eigene Praxis

Vortrags- und Lehrtätigkeit

Der Aufbau einer psychotherapeutischen Praxis scheitert

Marie Meierhofer wird Stadtärztin in Zürich

Erste Versuche mit Familiengruppen

Weiterbildung in Paris

Studienaufenthalt in den USA

Die Idee eines eigenen Institutes

Das Institut entsteht auf Umwegen

Ein Institut inmitten von Kindern

Der Studienkindergarten

Die Mütterberatung

Die Untersuchungen in Heimen

Filme von Marie Meierhofer

Beratungsstelle für Heime und Krippen

Die eigene Praxis

Nach dem Abschluss ihrer Spezialausbildung will Marie Meierhofer selbständig werden: «Ich beabsichtigte im Herbst 1942 meine Praxis für ‹Kinderkrankheiten und nervöse Störungen im Kindesalter› zu eröffnen. Ich mietete an der Weinbergstrasse 22 in Zürich eine 5-Zimmerwohnung, die aber noch renoviert werden musste.»[1]

Etwa gleichzeitig mit der geplanten Eröffnung der Praxis erhält sie die Anfrage für einen Einsatz als Rotkreuzärztin in Cruseilles. Marie Meierhofer verschiebt die Praxiseröffnung.

«In der Wohnung der Weinbergstrasse 22 lebten Kläusli und ich zusammen mit Lisel Schatz und der unvergesslichen Bella (Mischung zw. Rauhaardackel und Schnauzer) fast ein Idyll. Meine Praxis liess sich gut an, war aber unrentabel, da die Krankenkassentarife niedrig waren und die Kosten hoch (1 Liter Benzin 1.90 Fr., 1 Konsultation 1.50). Zudem musste ich Kollegen vertreten, welche im Aktivdienst waren. Am strengsten waren die Hausbesuche bei der Verdunkelung. Nur durch einen schmalen Schlitz eines Deckels schien das Abblendlicht auf die Strasse. Am schlimmsten war es, wenn ich nachts zu Notfällen in unbekannte Quartiere gehen musste. War schon das Autofahren auf den verdunkelten Strassen mit gedrosseltem Abblendlicht ein Abenteuer, so war es erst recht schwierig, mit der blau abgeblendeten Handlampe die Strassennamen u. Hausnummern – und Eingänge zu finden. Die Leute durften aussen kein Licht brennen lassen u. die Fenster waren mit schwarzen Vorhängen verdunkelt. Wir hatten damals in den Kriegsjahren einige schwere Grippenepidemien. Ganze Familien lagen gleichzeitig im Bett und ich musste in allen Quartieren der Stadt treppauf und -ab zu den Kranken, es ging über meine Kräfte. Ich war viel krank, Grippen, Gallensteinkoliken etc. Einige Zeit konnte ich wegen Ischias, das heisst Bandscheibenschaden kaum laufen.»[2]

Marie Meierhofer bemüht sich, Chläusli eine gewisse Grundbildung zu vermitteln, und fördert seine Selbständigkeit. Dies trotz der immer deutlicher werdenden Behinderung: «Chläusli war inzwischen 3 Jahre alt geworden, aber noch immer sehr klein, konnte jetzt frei und sicher gehen. Seine geistige Behinderung wurde immer offensichtlicher. Besonders auffallend war die Schwierigkeit, korrekt zu sprechen. Dies hat er nie ganz gekonnt und wusste sich aber mit Humor und absichtlichen Versprechungen sein Selbstvertrauen zu retten. Chläusli ist deshalb bis zum Alter von acht Jahren von der Schulpflicht dispensiert worden. Er besuchte drei Jahre lang den katholischen Kindergarten der Liebfrauenkirche in Zürich.

409

Vorangehende Seite

Kind in einem Säuglingsheim. Es meidet den Kontakt mit anderen (vgl. Seite 292).

409

Marie Meierhofer mit Edgar und dem Rauhaardackel Bella auf der Terrasse an der Weinbergstrasse 22, Aufnahme aus dem Jahr 1943.

410

Edgar auf dem Heimweg von der Schule, 1948.

Dieser war ganz nahe, und die Überquerung der Leonhardstrasse war erleichtert durch Traminseln. So konnte er bald ohne Begleitung in den Kindergarten gehen, auch weil wegen des Kriegs wenig Verkehr war.»[3]

Vortrags- und Lehrtätigkeit

Erfahrungen, die Marie Meierhofer im Kinderspital gemacht hat, wiederholen sich: Das Verständnis der Mediziner für Kinder ist gering. Doch nicht nur dies, auch die Eltern haben wenig Wissen und Verständnis für die Bedürfnisse der Kinder. Marie Meierhofer beschliesst deshalb, sich vermehrt in der Mütterberatung zu engagieren, Vorträge zu halten und in der Ausbildung aktiv zu werden.

«Nachdem ich eingesehen hatte, dass ein Umdenken der Fachleute im Moment nicht möglich war, viel mehr Zeit brauchte, so beschloss ich, wenigstens alle Gelegenheiten zu ergreifen, um Eltern und Studenten aufzuklären und ihnen beizubringen, wie sensibel schon ein ganz kleines Kind ist und wie man ihnen helfen kann, sich gesund zu entwickeln. Ich nahm also wenn möglich jede Anfrage für Mütterabende, Vorlesungen und Kurse an. Ich konnte dies tun, weil ich bald in der Praxis fast nur noch psychiatrisch arbeitete und meine Zeit einteilen konnte.

ÄRZTIN UND FORSCHERIN

Übrigens waren ja die Elternversammlungen meistens am Abend. So bin ich eigentlich in der ganzen Schweiz herumgereist und habe an vielen Orten Aufklärungsarbeit geleistet. Ich habe dabei sehr viel Schönes erlebt, weil die Eltern so interessiert waren, mitmachten, diskutierten, Fragen stellten: eine sehr lebendige Sache.

Freude hatte ich an der Mütterberatung. Diese wurde damals von den Kinderärzten selbst abgehalten [...]. Es fiel mir auch hier wie vorher im Kinderspital auf, wie wenig die Mütter und selbst die Fachleute die Bedürfnisse der Babies erkannten. Ich empfand es als eine Rohheit, wenn man ohne Vorbereitung sie einfach spritzte und punktierte, als ob sie eine Puppe wären, wenn Babies hungern oder hilflos schreien gelassen wurden, ohne dass man sie befriedigt hätte.»[4]

Für die Ausbildung von Studenten am Institut für angewandte Psychologie führt Marie Meierhofer in den 1940er-Jahren einen Vorlesungszyklus zum Thema *Einheit von Körper und Seele* durch, und im Rahmen der Volkshochschule hält sie gut besuchte Vorträge am Polytechnikum. Von einzelnen Vorlesungen sind handschriftliche Notizen erhalten, in denen Marie Meierhofer eindringlich eine engere Zusammenarbeit zwischen medizinischen und psychologischen Erkenntnissen fordert: «Wir dürfen, wenn wir uns mit einem Menschen zu befassen haben, nie die Gesamtheit aus den Augen verlieren. Jede Forschungsausrichtung ist in ihrer Art wertvoll, wenn sie ihre Grenzen erkennt. Wer jedoch glaubt, nur aus den Organen oder nur aus der Schrift oder nur aus den Handlinien, aus einem Rorschachtest usw. das Ganze erfassen zu können, der befindet sich auf einem gefährlichen Irrweg. [...] Für uns Ärzte, die wir uns mit krankhaften Zuständen zu befassen haben, spielen die leib-seelischen Zusammenhänge eine hervorragende Rolle. Aber auch für Sie als Psychologen wird es wichtig sein, etwas davon zu erfahren. Leib und Seele sind ja nicht zwei getrennte Schichten, sondern diese Teilung haben wir willkürlich gemacht, um die einzelnen Faktoren besser studieren zu können.»[5]

Ein zweiter Aspekt, den Marie Meierhofer in einer weiteren Vorlesung hervorhebt, hat mit Adolf Portmann zu tun, dessen Arbeiten sie sehr schätzt und mit dem sie befreundet ist (siehe das Kapitel *Das Ägerital – Wiege des Kinderdorfes):* «Das junge Menschenwesen muss einen langen und komplizierten Weg gehen, bis es seine endgültige Form, das Erwachsensein erreicht. Sollen wir es einfach wachsen lassen oder sollen wir es erziehen? Dies ist eine pädagogische Grundfrage. Vom ärztlichen Standpunkt aus muss beides geschehen, d. h. die Erziehung muss eine Führung und Anleitung zur Aneignung der kulturellen Umwelt sein, ohne dass dabei wichtige Teile der Persönlichkeit unterdrückt werden. [...] Jeder, der mit Kindern zu tun hat, muss sich stets bewusst sein, dass er ein unfertiges, sich ständig wandelndes Wesen vor sich hat. Der reife Mensch wandelt sich nur noch wenig. Er erlebt die Tage, wie sie einander folgen, mehr oder weniger gleichmässig. [...] Ganz anders ein Tag im Kindesalter. Dieser ist zeitlos lang, angefüllt mit vielen bedeutungsvollen Dingen, mit Höhepunkten und Niederlagen, mit Neuem, noch nie Gesehenen.»[6]

411
Trauriges Kind, Aufnahme von Marie Meierhofer, 1942.

Der Aufbau einer psychotherapeutischen Praxis scheitert

Mit dem Ende des Kriegs hat Marie Meierhofer mehr Zeit, Kinder psychotherapeutisch zu betreuen. Doch nun kommt der Einsatz für das Kinderdorf dazwischen: «Für mich wurde die freiwillige Mitarbeit im Kinderdorf immer belastender und dazu strapaziös, da ich immer zwischen Zürich und Trogen mit einem Topolino hin- und herfahren musste. Anfänglich jeden Donnerstag und Sonntag, dann immer häufiger auch zwischendurch, und ich musste mich entscheiden, ob ich ganz nach Trogen ziehen und die Praxis reduzieren sollte.

Ich hatte eigentlich ganz andere Pläne gehabt. Der Krieg war vorüber, und die Kinderärzte von Zürich wieder in ihre Praxen zurückgekehrt. [...] So konnte ich die pädiatrische Praxis [...] allmählich abbauen und die Psychotherapie bei Kindern und Jugendlichen entwickeln. Mir fehlte aber in der Fünfzimmerwohnung an der Weinbergstr. 22 der Platz dazu. Deshalb kaufte ich ein günstiges Siebenzimmerhaus an der Schmelzbergstr. 59. Wegen dem Engagement im Kinderdorf kam ich leider nicht dazu, umzuziehen und vermietete das Haus an der Schmelzbergstrasse vorübergehend. Das Ferienhaus in Oberägeri verkaufte ich nun nicht, wie vorher als Anzahlung an das Zürcher Haus geplant war, sondern vermietete es ebenfalls 1948 an Prof. Henry van de Velde,[7] einen bekannten belgischen Architekt, der dort seine Memoiren schrieb.»[8]

Marie Meierhofer zieht vom 15. Mai bis 15. August 1947 mit Edgar und ihrer Haushalthilfe ins Pestalozzidorf, um die Kinder medizinisch-psychologisch zu betreuen. Das Haus, das sie in Trogen mieten kann, ist ungenügend beheizt und verfügt nur über primitive sanitäre Einrichtungen. Marie Meierhofer bezahlt diese Mängel mit gesundheitlichen Problemen: Sie leidet in dieser Zeit zunehmend an Gallenkoliken und muss deswegen 1947 operiert werden. Rückblickend meint sie: «Ich vermute, dass mir aber damals diese Zusammenhänge nicht klar waren, so sehr war ich von den Ereignissen im Kinderdorf in Anspruch genommen.»[9]

412–414
Letzte Tage im Haus in Oberägeri. Walter Robert Corti zeigt Edgar, wie man Holz sägt.

415
Die neuen Mieter des Hauses. Henry van de Velde mit seiner Tochter Nele.

Marie Meierhofer wird Stadtärztin in Zürich

Im Herbst 1948 besucht Marie Meierhofer noch Italien und Griechenland (siehe Seite 255f.), um Kinder für das Kinderdorf zu untersuchen und deren Überführung vorzubereiten. Die ganze Situation – weitgehend ehrenamtliche Tätigkeit für das Kinderdorf, eine eigene Wohnung und Praxis in Zürich, zwei vermietete Häuser, eines in Zürich und das zweite in Oberägeri – überfordert Marie Meierhofer finanziell und psychisch: «Ich hatte gar keine Zeit, diese groteske Situation zu überdenken u. etwas zu unternehmen.»[10] Nach ihrer Rückkehr aus Griechenland gibt Marie Meierhofer den medizinisch-psychologischen Dienst am Kinderdorf an eine Psychologin ab und bewirbt sich als Stadtärztin: «In der Zeit in der ich im Kinderdorf Pestalozzi in Trogen mehr und mehr engagiert war, ist meine Praxis in Zürich vernachlässigt worden, das heisst immer weniger Patienten konnte ich behandeln und zuletzt habe ich sie ganz geschlossen. Finanziell war ich aber dadurch in einen gewissen Engpass geraten und suchte eine Möglichkeit herauszukommen. Ich sah die Stadtarztstelle ausgeschrieben und meldete mich, nachdem ich mit Herrn Dr. Hans Pfister, Chefstadtarzt der Stadt Zürich [gesprochen hatte]. Ich dachte daran, eventuell an diesem stadtärztlichen Dienst einen Zweig zu entwickeln für Säuglinge und Kleinkinder und für die Prophylaxe psychischer Störungen im frühen Kindesalter. Herr Dr. Pfister war interessiert, obwohl er mir mitteilte, dass ich zuerst in seinem psychiatrischen Dienst mit Menschen aller Altersstufen und Kategorien arbeiten müsse. Und erst allmählich könne er mir dann auf meinen eigenen Zweig verhelfen. Ich wurde also als Stadtärztin gewählt mit einem fixen Gehalt, Pensionskasse usw.; aber auch mit einer fixen Arbeitszeit.»[11]

Die Mitarbeit von Marie Meierhofer im Ausschuss des Kinderdorfes Pestalozzi wird vom Stadtrat speziell geregelt: Sie darf nicht während der Arbeitszeit erfolgen. Marie Meierhofer findet unter den Stadtärztinnen und -ärzten gute Kollegen, die sich fachlich gut ergänzen. Man feiert auch gemeinsam oder unternimmt Skitouren.

416
Die Wahl zur Stadtärztin von Zürich: Auszug aus dem Protokoll des Stadtrates vom 6. August 1948.

417
Marie Meierhofer (rechts) mit Maria Pfister und Gretel Schatz (Mitte), der Schwester der langjährigen Haushalthilfe von Marie Meierhofer.

418
Marie Meierhofer mit den Stadtärzten Wolfgang Schwarz (links) und Jacques Schmied. Marie Meierhofer übernimmt später die Patenschaft von Ruedi, dem Sohn von Jacques Schmied.

ÄRZTIN UND FORSCHERIN

Erste Versuche mit Familiengruppen

Die Arbeit als Stadtärztin ist für Marie Meierhofer insofern wichtig, als sie in Säuglingsheimen der Stadt Zürich vieles vorfindet, was ihrer Meinung nach der Entwicklung der Kinder abträglich ist. In dieser Zeit macht Marie Meierhofer erste Versuche mit sogenannten Familiengruppen. Sie führt damit weiter, was sie im Kinderspital begonnen hat: Kinder, wenn immer möglich, in kleinen Gruppen zusammenzubringen.

In den Sommerferien 1951 übernimmt Marie Meierhofer stellvertretend für Dr. Pfister die ärztliche Leitung eines Kinderheimes.

«Und so bin ich in Berührung gekommen mit den Säuglingsheimen, was ja immer mein Wunsch war, weil ich wollte, dass man möglichst früh Entwicklungszustände, Entwicklungsstörungen erfasse und vorbeuge. In diesem Säuglingsheim waren die Kinder je nach Alter in verschiedenen Abteilungen. Sie mussten also während ihrer Entwicklung jeweils die Abteilung und die Schwester wechseln und sie waren in grossen Gruppen zusammen. Ich glaube so ungefähr zwischen 15 und 20, besonders die ganz Kleinen, da waren ziemlich grosse Säle damals. Die Schwestern zeigten mir vor allem die Kinder, die ihnen Sorgen machen. Es war da eines, das besonders in der Entwicklung zurückgeblieben war und auch den Kontakt ablehnte. Ich sah wohl, dass es unter dem Mangel an Beziehung leidet und schlug vor, mit dem Kind Turnübungen zu machen. Mit der Schwester habe ich ein Programm aufgestellt für dieses spezielle Kind. Und es war wunderbar zu sehen wie das Kind, nicht wegen der Massage und dem Turnen, sondern wegen des Kontaktes mit der betreffenden Schwester aufblühte, Kontakt suchte und fand und auch motorisch sich nachzuentwickeln anschickte.»[12]

Erfahrungen wie diese werden zum Impuls für den Versuch, sogenannte Familiengruppen zu bilden. Dabei geht es nicht darum, irgendwelche Familienideale in ein Heim zu projizieren, sondern primär darum, die Isolation der Kinder zu verhindern. Die Bildung kleinerer Gruppen schafft mehr Kontaktgelegenheiten und ermöglicht es, die Kinder in alltägliche Verrichtungen einzubeziehen.

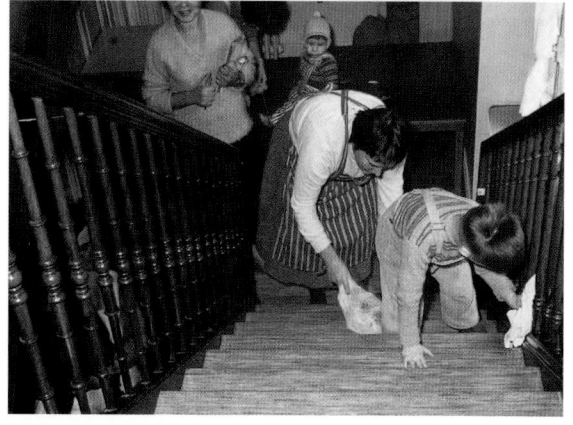

«Diese Erfahrung veranlasste uns, in dem betreffenden Heim eine Versuchsgruppe einzurichten, das heisst eine kleine Gruppe mit 3–4 Kindern, welche immer von derselben Schwester betreut wurde und welche viel mehr Freiheit hatte als die anderen Gruppen. Die Schwester konnte zum Beispiel auch weiter weg spazieren gehen mit dieser Gruppe oder sie konnte ein Kind mit nach Hause nehmen. Wir nannten dann diese Gruppe ‹Familie›, weil sie aus verschiedenen Altersstufen zusammen gesetzt war. [...] Ich habe diese Kinder getestet, [...], beobachtet und die Beobachtungen aufgeschrieben. Sie haben sich dann tatsächlich erholt respektive Fortschritte gemacht. Eine Praktikantin der Schule für Soziale Arbeit hat ihre Diplomarbeit über dieses erfolgreiche Experiment gemacht.»[13]

Die Erfahrungen in verschiedenen Heimen und Krippen bringen Marie Meierhofer auf die Idee, die Situation in diesen Institutionen genauer zu untersuchen, da sie vermutet, die beobachteten Defizite könnten mit der mangelhaften Organisation in der Betreuung zusammenhängen. «Ab und zu musste ich auch Säuglinge oder Kleinkinder wegen der Frage der Adoption begutachten und kam so noch in andere Säuglingsheime. Ich fand oft bei diesen Einzeluntersuchungen Entwicklungsrückstände und fragte mich, ob das nun ein individueller Fall sei oder ob allgemein die Bedingungen in diesen Heimen ungenügend für eine gesunde Entwicklung sein könnten.»[14]

Weiterbildung in Paris

Vom 3. März bis 31. Mai 1952 kann Marie Meierhofer auf Einladung der Weltgesundheitsorganisation den *Cours de Pédiatrie sociale* in Paris besuchen. Die Einladung erfolgt aufgrund ihrer Tätigkeit für das Kinderdorf Pestalozzi. Marie Meierhofer erhält dabei Gelegenheit, die verschiedenen Systeme der öffentlichen Unterstützung von Kindern und Eltern zu studieren und mit der Situation in der Schweiz zu vergleichen. Daneben stehen vor allem die Fragen der Betreuung der Kinder durch die Eltern oder Pflegeeltern sowie in Heimen und Krippen im Vordergrund.

419
Familiengruppe in einem Heim um 1959. Ein grösseres Kind hilft beim Abtrocknen.

420
Kleinere Kinder beobachten, wie eine Mahlzeit zubereitet wird.

421
Gemeinsam wird in einer Familiengruppe die Stiege gereinigt. Aufnahme um 1959.

422
Während des Kurses in Paris werden auch verschiedene Heime besucht. Die Kinder müssen vor den Besuchern ihre Fähigkeiten demonstrieren.

Im Bericht über den *Cours de Pédiatrie sociale 1952* fasst Marie Meierhofer ihre Erfahrungen zusammen.[15] Sie fordert für die Schweiz:
– die Einführung einer Mutterschaftsversicherung,
– unentgeltliche Untersuchungen und Beratungen während der Schwangerschaft,
– den Ausbau der Säuglingsberatung und der Frühgeburtstationen.
– Jede Siedlung sollte über eine gut erreichbare Krippe und über genügend Wohnungen für Alleinerziehende verfügen.
– Grosszügige Familienzulage, damit Mütter zu Hause bleiben können, bis die Kinder zwei Jahre alt sind.
– Gute Ausbildung und Unterstützung von Pflegeeltern.

«Im allgemeinen müssen Frauen, die arbeiten, zu früh an die Arbeit gehen, die Kinder aus dem Schlafe reissen und häufig einen mehr oder weniger weiten Weg bis zur Krippe zurücklegen. Sehr viele Frauen sind heute gezwungen, für den Lebensunterhalt der Familie mitzuverdienen und tagsüber zu arbeiten. Die Bedingungen sind aber noch für viele ungünstig in dem Sinne, dass sowohl die Arbeitszeit wie auch die sozialen Einrichtungen nicht entsprechend sind, um eine gute Entwicklung der Kinder trotzdem zu gewährleisten. Es wäre wünschenswert, in Siedlungen neben dem Kindergarten auch Krippen resp. Tageshorte für Kinder jeden Alters einzurichten. Das Ideale wäre, wenn Mütter, die Kinder im Alter unter 2 Jahren haben, soweit Familienzulagen bekämen (wie die sog. allocations familiales in Frankreich), dass sie ungesorgt zu Hause

423

Gruppe von Besucherinnen und Besuchern *des Cours de Pédiatrie sociale* in Paris vor dem Kleinwagen Marie Meierhofers (ganz links).

bleiben und sich der Pflege und Erziehung ihres Kleinkindes widmen könnten. [...] Eine solche Krippe in einer Siedlung könnte zugleich auch Hort sein, das heisst das Kind müsste auch im Schulalter das Milieu nicht wechseln, sondern könnte im Quartier bleiben und unter Aufsicht spielen oder Aufgaben machen.»[16]

Studienaufenthalt in den USA

Im Oktober 1950 findet in Zürich der Internationale Pädiaterkongress statt. Marie Meierhofer lernt die Amerikanerin Mary Huston kennen und erzählt ihr von ihren Prophylaxeplänen.

«Ohne dass ich es wusste, ist Mary Huston auf die amerikanische Gesandtschaft in Bern gegangen und hat dem Kulturattache vorgeschlagen, sie sollten mich im Rahmen ihrer Einladungen auswärtiger Wissenschaftler nach den USA einladen. Sie war nämlich so begeistert von meinen Plänen der psychischen Prophylaxe im frühen Kindesalter. Und so erhielt ich ohne dass ich wusste warum ein riesiges Bündel von Formularen, die es auszufüllen galt, und die mir unverbindlich zugeschickt worden waren. Und so habe ich mich bemüht, diese Formulare, die fast wie eine Doktorarbeit waren, auszufüllen und auch mein Englisch zu verbessern, um eine Prüfung abzulegen, die man brauchte, um nach den USA eingeladen zu werden. Ich hatte aber keine Hoffnung, dass dies gelingen würde und doch ist es dann Tatsache geworden.»[17]

Marie Meierhofer kündigt ihre Stelle beim stadtärztlichen Dienst. Sie begründet dies mit einem mangelhaften Vertrauensverhältnis zwischen Patient und Arzt: «Die Einladung aus den Vereinigten Staaten kam.[18] Grossartig, vier Monate wurde mir alles bezahlt und die Reise auch. Ich musste also zuerst in ein Zentrum nach Washington, wo wir vorbereitet wurden und unser Programm organisiert wurde. Ich hätte ja um Urlaub fragen können, aber ich wollte sowieso nicht beim stadtärztlichen Dienst bleiben. Die Arbeit war ja vielseitig, aber sie befriedigte mich nicht ganz, weil ich gewohnt war, dass die Patienten zu mir kamen voller Vertrauen, während sie dort zugeführt wurden durch die Polizei oder andere behördliche Instanzen und man gezwungenermassen aus ihnen Auskunft holen musste, das Vertrauensverhältnis wie in der Praxis war nicht herzustellen.»[19]

Marie Meierhofer besucht in diesen vier Monaten zahlreiche Institutionen, die sich mit Fragen der Entwicklung und Erziehung von Kleinkindern beschäftigen. Sie ist vor allem davon begeistert, wie direkt die Forschung in den Vereinigten Staaten an ihr Untersuchungsobjekt herangeht. Mit Fotografien und Filmen wird versucht, die Entwicklungsschritte des Kindes direkt

424
Ausflug mit dem Schiff anlässlich des Internationalen Pädiaterkongresses im Herbst 1950 in Zürich. Marie Meierhofer (mit Hut) in der Mitte des Bildes im Gespräch.

425
Marie Meierhofer (rechts) wird in den USA von Alice Chenoweth vom *National Children's Bureau* betreut.

ÄRZTIN UND FORSCHERIN

festzuhalten. Ein Pionier dieses Vorgehens ist Arnold Gesell, den Marie Meierhofer in Amerika ebenfalls besucht. Sie ist überrascht, wie umfassend die Forscher versuchen, unter Einbezug aller Betroffenen – Eltern, Erzieher und Spezialisten –, ihre Kenntnisse zu verbreiten und für die Ausbildung nützlich zu machen.

«Die modernen Forschungen der Psychiatrie und die Studien über die Entwicklung des Kindes bestätigen die bekannte Tatsache, dass die ersten Lebensjahre für die Bildung der Persönlichkeit ausschlaggebend sind. Seelische Fehlentwicklungen und Neurosen können in ihrer Entstehung meist ins frühe Kindesalter zurückverfolgt werden. [...] In den Vereinigten Staaten von Amerika werden schon seit Jahrzehnten genaue Forschungen über die gesamte Entwicklung des Kindes durchgeführt.»[20]

Nach längeren Zwischenhalten in Paris und New York trifft Marie Meierhofer am 29. September in Washington ein. Auf ihrer Reise durch zahlreiche Staaten trifft sie viele Forscherinnen und Forscher, die im Bereich der Kinderpsychiatrie und -psychologie arbeiten. Marie Meierhofer kann ihrerseits über die Situation in der Schweiz und die Arbeit im Kinderdorf Pestalozzi berichten.

Am stärksten beeindruckt Marie Meierhofer die enge Zusammenarbeit der Forscher und Spezialisten mit den Betroffenen, den Eltern, Erzieherinnen und Erziehern in sogenannten *Child Development Centers,* welche zumeist Kinderspitälern oder Universitäten angegliedert sind. Kurz nach ihrer Rückkehr beschreibt Marie Meierhofer in einem Vortrag am 13. Februar 1953 vor dem Psychiatrisch-Neurologischen Verein Zürich diejenige Institution, die sie als Vorbild betrachtet:

426

426

Marie Meierhofer (ganz rechts) neben dem bekannten Kinderforscher Benjamin Spock (1903–1998) und seinen Mitarbeiterinnen und Mitarbeitern.

«Ein solches für meine Begriffe musterhaft funktionierendes Child Development Center ist dem Children's Hospital of the East Bay in Oakland, California, angegliedert. Dieses Center besteht aus einem Kindergarten und einer ‹Well Baby-Clinic›, eine Art Mütterberatung. Im Kindergarten werden normale, vor allem aber nervöse Kleinkinder aufgenommen und behandelt. In der Mütterberatung werden nicht nur die Fragen der Ernährung und Pflege des Kindes mit den Eltern besprochen, sondern auch ganz nebenbei wird das Kind auch auf seinen Entwicklungsgrad geprüft. Die Mutter hält das Kind auf ihrem Schoss, das Wickelkissen auf dem Tisch wird zurückgeschlagen und dem Kleinen die Klötzchen, die Pille und Flasche, die Glocke usw. sachte über den Tisch hin geschoben. Die Mutter kann dann in aller Ruhe Fragen stellen, über Schwierigkeiten, die sie mit dem Kinde hat, über allgemeine Probleme. Auf diese Weise wird die Mutter unmerklich dazu erzogen, ihr Kind nicht nur richtig zu füttern, sondern es auch in seiner Entwicklung zu verstehen und richtig zu behandeln. Alle diese Räume haben nebenan dunkle Kammern und sind durch ein Spiegelfenster verbunden, durch das man hinein, aber nicht hinaussehen kann. [...] Der Unterricht mit den entsprechenden Demonstrationen und Beobachtungsmöglichkeiten wird hauptsächlich für Medizinstudenten und Schwestern gegeben, aber auch die Erziehung von Eltern in besonderen Elternklassen, von Fürsorgern, Lehrern und Kindergärtnerinnen wird nicht vernachlässigt.»[22]

Eine weitere Neuerung, die Marie Meierhofer in den USA beobachten kann, ist das *Rooming-In:* «Da man heute weiss, dass der Muttertrieb gleich nach der Geburt durch die Anwesenheit des Kindes und die ersten pflegerischen Handgriffe sich besser entwickelt, das heisst, die Beziehung von Mutter und Kind muss sich vom ersten Tag an richtig entfalten können, werden nun die Neugeborenen vom ersten Tag an der Mutter ins Zimmer und soweit sie will auch zur Pflege gegeben, wobei keine eigentlichen Säuglingsabteilungen mehr da sind. [...] An vielen Orten wird nun versucht, die positiven Erfahrungen dieser ersten «Rooming-In»-Experimente in die Praxis umzusetzen.»[23]

427

Rooming-In: Vor den Betten für die Mütter sind kleine Bettchen für die Säuglinge platziert. Abbildung aus der Zeitschrift *Childhood and Youth*.[21]

Die Idee eines eigenen Institutes

Bereits zu Beginn ihres Aufenthaltes beschreibt Marie Meierhofer in Briefen, was sie gesehen und erlebt hat. In der Absicht, in der Schweiz etwas zu bewegen, dokumentiert sie ihre Reise und sammelt Unterlagen zu einem wünschbaren Forschungsprojekt, das sie an Arnold Sauter, Chef des Eidgenössischen Gesundheitsamtes, und an Hans Oskar Pfister, Leiter des Stadtärztlichen Dienstes, schickt. Im Brief an Pfister heisst es: «In Washington haben sie das Glück, über Geld zu verfügen und damit die Staaten für besseren Gesundheitsdienst und vor allem für den Ausbau des Unterrichts an den Universitäten [...] zu gewinnen. Aber wahrscheinlich liessen sich auch bei uns bei richtiger Forschung und Propaganda Finanzen herbeischaffen. Ich glaube, dass Bundessubventionen für Gesundheit bei uns auch Erfolg hätten bei richtiger Aufklärung und vor allem Mitarbeit der praktischen Ärzte. So verstockt sind doch bei uns weder die Behörden, noch die Ärzte, noch die Bevölkerung.»[24]

Im Brief an Sauter sind ihre Ideen weitergesponnen. Sie stellt sich vor, wie viel getan werden könnte, wenn systematisch alle Aspekte, die die Gesundheit der Jugend betreffen, untersucht würden und die Ergebnisse zusammenfassend betrachtet würden. «Ich bin sicher, dass wenn einmal öffentlich bekannt wird, wie viele Kinder bei uns noch in der Not leben, dass dann auch die Mittel gefunden werden könnten, dem abzuhelfen. [...] Leider haben bei uns ja die Frauen im Staate nichts zu sagen, sonst hätten wir vielleicht früher schon mehr für die Kinder tun können. [...]» Marie Meierhofer macht hier eine Andeutung auf ihr künftiges Arbeitsfeld: «Bei uns leiden jedoch nicht nur die Heimkinder, sondern auch viele in der Familie, wo relativ leicht etwas zu machen wäre. Glauben Sie nicht auch? [...]»[25]

Am 25. Januar kehrt Marie Meierhofer von ihrem Bildungsurlaub zurück mit dem festen Willen, in der Schweiz ein Institut zu gründen, wie sie es in Oakland gesehen hat. Auf ihrem Notizblock hat sie ihre Ideen skizziert:

«Geistige Hygiene. Aufbau einer Arbeit für Mutter und Kind in Zürich:
1. Prophylaxe in der Familie: Erweiterung der Mutter- und Säuglingsberatung auf normale psychische Entwicklung. Erziehung bis 5 Jahre. Elterngruppen.
2. Behandlung von schweren Störungen im frühen Kindesalter in besonderen Kindergärten. Arbeit mit Eltern.
3. Reform der Heime, bes. Säuglingsheime.

Notwendig: Child Development Center:

1. Kindergarten,

2. zwei kleine Untersuchungszimmer, zwei grössere [Zimmer] mit Möglichkeit der Spieltherapie,

3. Büro; überall Fenster und Räume für Studenten.»[26]

Marie Meierhofer führt Gespräche mit Hans Oskar Pfister und Stadtrat Willy Spühler, Professor Guido Fanconi und Professor Moritz Tramer. Anlässlich eines Vortrages am 13. Februar berichtet Marie Meierhofer vor dem Psychiatrisch-Neurologischen Verein Zürich über ihre Erfahrungen in den Vereinigten Staaten und fordert eindringlich nach Massnahmen in der Schweiz. In einem zweiten Arbeitspapier fasst Marie Meierhofer ihre persönlichen Erfahrungen und ihren Wunsch zusammen:

«Wir haben in der Schweiz schon immer grosses Interesse für prophylaktische Massnahmen bekundet und zum Teil Pionierarbeit geleistet. In meiner Arbeit als Kinderärztin und Kinderpsychiaterin in der Privatpraxis, im Kinderdorf Pestalozzi und im stadtärztlichen Dienst von Zürich habe ich besonders auf dem Gebiet der Frühbehandlung psychischer Störungen beim Kind Erfahrungen sammeln können. Das grosse Interesse, das ich in Mütterabenden und andern Vorträgen immer wieder für die Entwicklung des Kindes und den damit verbundenen Problemen angetroffen habe, hat mir gezeigt, wie gross das Bedürfnis nach Aufklärung auf diesem Gebiet ist. Ich habe immer wieder erleben dürfen, dass Beratung der Eltern und rechtzeitige Behandlung der Kinder das Ausbrechen schwererer Störungen hat verhindern können. [...]

Ich habe dort [in den USA] mehrere solche ‹Child Development Centers›, die im Sinn des vorgeschlagenen Institutes für die gesunde Entwicklung des Kindes arbeiten, besucht und mich von ihrer Notwendigkeit und Wirksamkeit überzeugen können. Mein Vorschlag in diesen Ausführungen ist eine Kombination eigener Erfahrungen mit den Elementen, die mir von den in den Vereinigten Staaten studierten Einrichtungen für uns wertvoll und anwendbar scheinen. [...] Es wäre sehr verdienstvoll, wenn in Zürich und in der Schweiz in dieser Richtung wieder einmal Pionierarbeit geleistet werden könnte.»[27]

Die Reaktionen auf den Vorstoss, ein Institut zu gründen, fallen ernüchternd aus. Für Marie Meierhofer ist es wichtig, das geplante Institut einer bestehenden Institution anzugliedern, um so direkter in die Aus- und Weiterbildung der Ärztinnen und Ärzte einwirken zu können. Ihr Wunsch, es dem Kinderspital oder dem Kinderpsychiatrischen Dienst anzuschliessen, scheitert: «Prof. Fanconi fand, dass dies am Kinderspital nicht zu realisieren sei, Prof. Lutz meinte ebenfalls, es könnte nicht an sein Programm der kinderpsychiatrischen Arbeit angeschlossen werden.»[28]

Anlässlich der Landeskonferenz für Sozialarbeit informiert Marie Meierhofer auch den Stadtpräsidenten Emil Landolt über ihre Pläne. In einem ausführlichen Brief vom 10. März 1953 lehnt Landolt die Schaffung eines neuen Institutes mit folgenden Begründungen ab: «Wir haben bereits eine Mütterberatungsstelle, wir haben eine Schulpsychologin, die gerne bereit ist, den Eltern zu helfen, wir haben eine schulpsychiatrische Abteilung usw. [...] Das neue Institut hat, wenn ich richtig verstehe, zum Teil wissenschaftliche, zum Teil beratende Funktion. Wissenschaft aber gehört in den Zusammenhang mit der Universität [...].»[29]

Das Institut entsteht auf Umwegen

Beruflich befindet sich Marie Meierhofer in einer schwierigen Situation. Die Stelle als Stadtärztin hat sie vor ihrer Reise in die Vereinigten Staaten gekündigt. Sie hat allerdings Angebote für eine Stelle an einem *Child Development Center* in den Vereinigten Staaten erhalten und bewirbt sich bei der WHO für die Leitung eines Kinderhilfsprojektes in Indochina: «Die Pläne wegen Indochina und USA hatte ich gefasst, weil ich glaubte, dass meine Vision einer Prophylaxe nervöser Erkrankungen durch Früherfassung, Frühbehandlung und Prophylaxe in Form von Aufklärung, Forschung und Beratung in der Schweiz nicht möglich würde.»[30]

Das Projekt in Indochina kommt jedoch nicht zustande. Als Übergangslösung übernimmt Marie Meierhofer für zwei Monate die Betreuung des in der Zwischenzeit verwaisten psychologischen Dienstes im Kinderdorf. Anschliessend mietet sie eine Wohnung an der Hofstrasse 10 in Zürich, wo sie ihre private Praxis neu eröffnen kann. Marie Meierhofer ist zwischen den verschiedenen Optionen hin und her gerissen. Dem Angebot in den USA steht entgegen, dass sie ihren behinderten Adoptivsohn Edgar nicht mitnehmen darf. Zudem eröffnen sich in der Zwischenzeit neue Möglichkeiten für ein Institut in Zürich. Dessen Anfänge hat Marie Meierhofer in ihrer Autobiografie beschrieben:

«Nachdem ich bei meinen Vorstössen bei Prof. Guido Fanconi, Direktor des Kinderspitals Zürich, und bei Prof. Jakob Lutz, Leiter der Kinderpsychiatrischen Station und Poliklinik in Zürich, abgeblitzt war, war klar, dass in Zürich keine Abteilung für psychische Prophylaxe an einer bestehenden Institution möglich war. Da traf ich auf der Strasse Herrn Dr. Hermann Grob

[...].³¹ Dr. Grob hatte einen Sohn in Amerika und wollte ihn besuchen. Da er behindert war, bei einem Unfall hatte er beide Arme und Hände verloren, suchte er nach Methoden, um allein in den Vereinigten Staaten durchzukommen, und wollte sich etwas mehr über die Verhältnisse orientieren. So trafen wir uns im *Au Premier* in Zürich, und er erkundigte sich unter anderem, wie es mir gehe. Ich klagte ihm, dass ich keinen Erfolg hätte mit meinen Plänen, die in Amerika so Anklang fanden und die ich noch ausgebaut hatte. Ich sagte ihm, dass ich dort gute Stellen angetragen bekommen hatte, aber meinen Adoptivsohn nicht allein in Zürich zurücklassen könnte. Er sei geistig behindert und hätte in die USA nicht einreisen können. Dr. Grob ermunterte mich, doch selbst etwas anzufangen in Zürich und brachte mich in Verbindung mit Herrn Paul Nater, Präsident der Kreisschulpflege Uto. Andererseits hatte ich Prof. Wilhelm Keller kennen gelernt. [...] Er war damals Professor für Philosophie und Psychologie an der Universität Zürich. Ferner habe ich zufällig Fräulein Dr. iur. Margrit Schlatter getroffen, die Leiterin der Schule für Soziale Arbeit. Dort hatte ich während neun Jahren eine eigene Vorlesung gehalten, und als sie hörte, dass ich auswandern wollte, bemühte sie sich, mich hier zu behalten, weil sie mich als Dozentin nicht verlieren wollte. Sie schlug mir vor, die Leute, die sich für die Sache interessierten, zu versammeln. Dies tat sie dann auch, und wir gründeten die Arbeitsgemeinschaft für Psychohygiene im Kindesalter.

Herr Paul Nater [...] verfügte über viele Schulen, Schulhäuser, Kindergärten und ihre entsprechenden Häuser und über verschiedene Horte. Er war wie ein Kaiser in seinem Reich, konnte über viele Möglichkeiten verfügen und hat mir auch einen Kindergarten im Kreis Uto für meine Pläne bestimmt.³² [...] Im Studienkindergarten, wie wir ihn nannten, haben dann Praktikantinnen und Praktikanten aus der Schule für Soziale Arbeit und dem Institut für Angewandte Psychologie Praktikums absolviert und hatten als Aufgabe, einzelne Kinder zu beobachten und vollständige Verhaltensprotokolle zu erstellen.»³³

Ein Institut inmitten von Kindern

Margrit Schlatter lädt auf den 29. Mai 1954 eine Gruppe von Personen zu einer Besprechung ein. Eingeladen sind Paul Nater, Dr. med. Walter Trachsler als Kinderarzt sowie Vertreterinnen und Vertreter der Krippen und Heime, der Pro Juventute und der hauswirtschaftlichen Fortbildung. Alle sind sich einig, dass es ein Institut, wie es Marie Meierhofer seit längerer Zeit plant, nötig und wichtig ist. Erste Priorität hat dabei für Marie Meierhofer die Eröffnung eines Beobachtungskindergartens. Die übrigen Teilnehmer postulieren aber auch Aktivitäten im Bereich der Heime und Krippen sowie der Mütterberatung. In einer vierten Sitzung am 18. Juni 1954 wird beschlossen, eine Arbeitsgemeinschaft *Institut für gesunde Persönlichkeitsentwicklung* zu gründen, die später in einen Verein übergeführt werden soll. Nach zahlreichen weiteren Sitzungen wird am 28. Juni 1957 das *Institut für Psychohygiene im Kindesalter* gegründet.[34]

Der Gründungsprozess dauert lange, doch die Unmöglichkeit, das geplante Institut an eine bestehende Institution anzugliedern, wird zum Glücksfall: Es entsteht eine Institution nahe bei den Betroffenen, den Kindern und deren Eltern. Paul Nater, dem Präsidenten des Schulkreises Uto, gelingt es innert kurzer Frist, die Struktur eines seiner Kindergärten so zu ändern, dass er als Modell- respektive als Beobachtungskindergarten genutzt werden kann. Der Raum wird – ein grosser Wunsch von Marie Meierhofer – mit einer Beobachtungskabine ausgerüstet, die Kinderzahl wird auf 15 reduziert, und es können mit einem verkürzten Stundenplan bereits dreijährige Kinder in den Kindergarten eintreten. Für Marie Meierhofer und die Mitarbeiter und Mitarbeiterinnen steht ein separater Raum zur Verfügung. – Über viele Jahre hinweg wird das Institut im Kindergarten heranwachsen.[35]

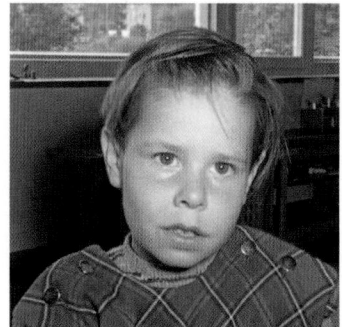

428
Der Kindergarten Küngenmatt, in dem das Institut die ersten Jahre heranwächst.

429, 430
Zwei Persönlichkeiten aus der Kindergruppe, 1955.

431–433

Im Kindergarten wird auch gefeiert. Am 6. Dezember 1956 kommt der St. Nikolaus, und anschliessend wird mit den Kindern ein kleines Festessen serviert. Auch Marie Meierhofer ist anwesend.

Der Modell- oder Experimentierkindergarten ist zunächst als Dienstleistung gedacht. Neben einer guten Betreuung der Kinder und einer intensiven Zusammenarbeit mit den Eltern sollen Studierende und Fachpersonen die Möglichkeit erhalten, das Verhalten drei- bis fünfjähriger Kinder direkt zu beobachten. So erhalten regelmässig Studenten der Schule für Soziale Arbeit Gelegenheit, während eines längeren Praktikums die Fortschritte und Probleme der Kinder zu studieren. Es werden Verhaltensprotokolle erstellt und Beobachtungen festgehalten, die für Forschungsarbeiten verwendet werden.

Ein Beispiel dafür, wie fruchtbar dieses Vorgehen ist, zeigt etwa die Dissertation von Marianne Stockert *Das Spiel als Spiegel der Persönlichkeit im vorschulpflichtigen Alter*. Aufgrund einer reichen Fülle an Beobachtungsmaterial gelingt es der Autorin aufzuzeigen, wie sich Veränderungen in der Persönlichkeitsentwicklung im Spiel spiegeln, oder umgekehrt, das Spiel positive Veränderungen fördert.

«Das Spiel», so schreibt die Autorin, «kann dem Kind im Kindergarten verhelfen, Konfliktsituationen zu verarbeiten und damit eine positive Auseinandersetzung mit Problemen bringen. [...] Das Kind kann, wenn die Konflikte nicht zu tief verwurzelt sind, ohne die führende und deutende Haltung eines Therapeuten mit Hilfe eines Spiels zu einer Verhaltensänderung gelangen. Das Spiel wirkt lösend und das Kind hat die Möglichkeit von seinen Problemen frei zu werden. Sein Erlebnishorizont erweitert sich und es kommt zu einer allgemeinen Nachreifung, denn es kann neue Erlebnisweisen und neue Einstellungen aufnehmen.»[36]

Der Aufbau des Institutes ist allerdings mit verschiedenen grossen Schwierigkeiten verbunden: Eine geplante umfangreiche Nachuntersuchung von 30 ehemaligen Kindern des Versuchskindergartens Küngenmatt muss aus finanziellen Gründen abgebrochen werden.[37]

Die von Anfang an angespannte Finanzierung des Instituts ist ein Dauerthema. So heisst es im Jahresbericht 1963/64: «Die unsichere und prekäre finanzielle Lage des Instituts zwang uns am Ende des Jahres 1963 zu Massnahmen äusserster Sparsamkeit. [...] Der freiwillige Verzicht der Leiterin und der an der Mütterberatung beteiligten Ärztin auf einen Teil ihrer Honorierung, die Reduktion der Assistenzarbeit auf drei Halbtage und die Ersetzung der ständigen Sekretärin durch gelegentliche Schreibhilfen haben bewirkt, dass für Anfang 1965 eine Minimalreserve zur Fortsetzung der Arbeit bleiben wird. Die erwähnten Opfer und die durch die Einsparungen bedingte zusätzliche Belastung der Leiterin durch Büroarbeiten [...] sind nicht länger zumutbar.»[38]

ÄRZTIN UND FORSCHERIN

Die Regelung, dass der Kindergarten Küngenmatt ausnahmsweise von einigen dreijährigen Kindern besucht werden darf, wird von der Kindergärtnerin allzu offen als allgemeines Modell propagiert. Es kommt zum Konflikt: «Die anderen Kindergärtnerinnen sind in eine helle Aufregung und Empörung geraten, dass man ihnen nun noch kleinere Kinder anvertrauen wolle, und das passe nicht zusammen. Sie müssten ja die grösseren Kinder zwischen fünf und sieben Jahren, wie sie in allen Kindergärten vorhanden waren, auf die Schule vorbereiten, und da könnten sie mit Dreijährigen nichts anfangen. Das war eine solche Empörung, dass Herr Nater gottlob einen anderen Kindergarten für mich bereithielt [...].»[39]

Der Studienkindergarten

Am 30. November 1964 entscheidet der Vorstand des Vereins, auf das Frühjahr 1965 die gesamte Institutstätigkeit in den Kindergarten auf der Egg in Wollishofen zu verlegen, wo bereits seit 1961 Mütterberatungen stattfinden. Der Kindergarten wird neu als *Studienkindergarten* bezeichnet. Das Hochbauamt baut zwischen zwei Räumen einen beidseitig nutzbaren Beobachtungsraum ein: Auf der einen Seite kann so von mehreren Studenten das Geschehen im Kindergarten beobachtet werden, auf der andern Seite der Ablauf einer Mütterberatung. Die Einweihung der neuen Räumlichkeiten findet am 4. Mai 1965 statt.

Die Beobachtungsmöglichkeiten im Kindergarten auf der Egg werden von Studenten für Übungen, Seminararbeiten und Dissertationen rege genutzt. Damit ist der Hauptzweck des Studienkindergartens erfüllt. Die Hoffnung, dass das Institut die grosse Fülle an Beobachtungsdaten in einem eigenen Forschungsprojekt auswerten kann, erfüllt sich nicht. Zu sehr kämpft das Institut mit den äusserst beschränkten finanziellen Möglichkeiten.

In den 1970er-Jahren wird im Studienkindergarten damit begonnen, das Geschehen auf Video aufzuzeichnen. Dies erweitert den Einsatz des Beobachtungsmaterials für den Unterricht und macht es gemeinsamen Diskussionen besser zugänglich.

«Das Kind verfügt über beinahe unbeschränkte Möglichkeiten, alles was es innerlich und äusserlich erlebt, durch Agieren darzustellen und sowohl Freude wie Schreck und andere Empfindungen darin auszuleben. Das Spiel des Kindes ist nicht nur ein ernsthaftes Tun, Lernen und Üben, sondern in erster Linie eine Möglichkeit, seine Affekte und seine emotionalen Erlebnisse in Tätigkeit umzusetzen. Dabei wird nicht nur das Geschaute reproduziert und das Empfundene unmittelbar primitiv geäussert, sondern es werden auch im Spiel ganze Handlungen

434
Begrüssung durch Marie Meierhofer anlässlich der Einweihung der umgebauten Räumlichkeiten in Wollishofen am 4. Mai 1965.

435
Blick aus dem Beobachtungsraum auf das Geschehen im Kindergarten auf der Egg, Aufnahme von 1974.

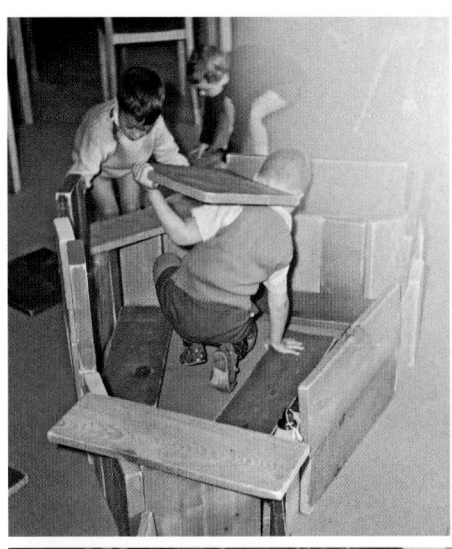

436–438
Kinder im Kindergarten auf der Egg bauen sich ein Haus, Aufnahmen von 1965.

ÄRZTIN UND FORSCHERIN

im Stegreif erfunden und abgewickelt. Die Einbildungskraft ist namentlich im Vorschulalter sehr intensiv und die Ausdrucksweise des Kindes stets schöpferisch.»[40]

Die Mütterberatung

Die Information und richtige Beratung der Mütter ist für Marie Meierhofer ein zentrales Problem. Bereits in ihren *Vorschlägen zur Errichtung eines Institutes zur Förderung der gesunden Entwicklung der Kinder* vom 28. Februar 1953 steht für sie fest, dass hier ein wichtiges Defizit besteht: «Die Erziehung der Kinder in der Familie ist in früheren Zeiten vorwiegend durch die Tradition bestimmt worden, wobei die jungen Eltern mehr oder weniger unbesehen die Methoden der eigenen Eltern übernommen haben. Heute ist diese Tradition zusammengebrochen und es besteht bei den meisten Eltern ein grosses Bedürfnis nach Information. [...] Es besteht [...] grösste Unsicherheit in Bezug auf die richtige Art der modernen Erziehung, zum Teil auch, weil die neueren Erkenntnisse über die Entwicklung des Kindes und seine Bedürfnisse für die meisten noch nicht zugänglich sind. Nirgends werden junge Menschen darüber unterrichtet, was für Phasen ihr Kind in seiner Entwicklung durchmachen wird und wie man diesen begegnen muss, um dem Kind zu einer gesunden Persönlichkeit zu verhelfen.»[41]

Die von Anfang an geplante Mütterberatungsstelle – Gesuche für ihre Finanzierung erfolgen bereits 1958 – kann jedoch erst 1961 eröffnet werden: «Am 11. November 1961 konnte im Kinderhaus Egg die ärztlich-psychologische Mütterberatungsstelle eröffnet werden. Nach jahrelanger Vorbereitung war es für das Institut eine grosse Genugtuung, diesen Plan nun verwirklichen zu können. [...] Da die Erfahrungen dieser Modellinstitution und die Untersuchungen an den Kindern wissenschaftlich ausgewertet werden, mussten Mittel und Wege gesucht werden, möglichst alle Gegebenheiten festzuhalten. [...] Bis zum Abschluss der Berichtsperiode wurden auf diese Weise neun Kinder, alle Erstgeborene, wohnhaft in Wollishofen, in die Betreuung aufgenommen. [...]

Diese Beratungen umfassen über die körperliche Pflege und Ernährung hinaus auch die erzieherischen und psychologischen Probleme, die im Lauf ihrer Entwicklung auftauchen. Es hat sich gezeigt, dass eine ganze Fülle von Fragen für fast alle jungen Mütter von Erstgeborenen Probleme bilden, während andere Fragen jeweils mit der individuellen Eigenart von Kindern oder mit bestimmten Gegebenheiten der Familie zusammenhängen. Die Abklärung und die geeigneten Ratschläge beim Auftauchen dieser Probleme hat sich als sehr dankbar und für das Gedeihen der Kinder als sehr förderlich erwiesen. In manchen Fällen konnte die Entwicklung einer Störung in den

439

Mütterberatung; Beratungsgespräch zu Hause.

440–442
Aus der Mütterberatung: Die Reaktionsfähigkeit von Säuglingen wird beobachtet.

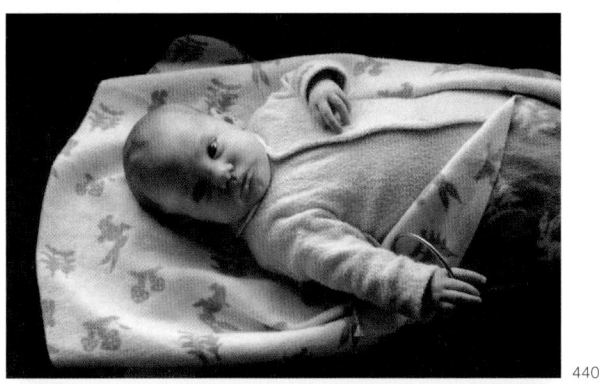

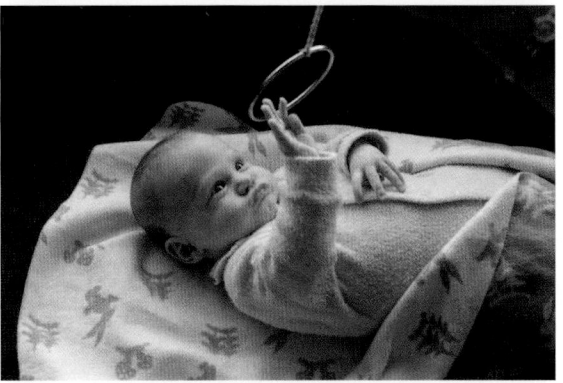

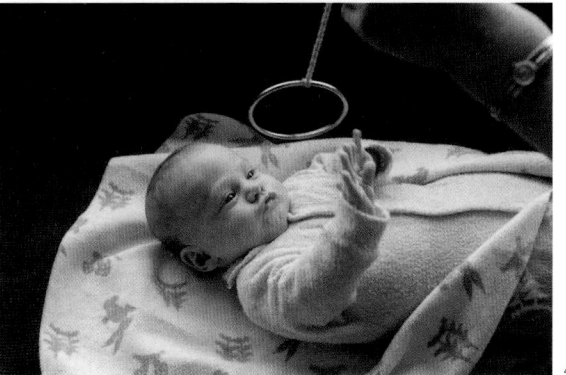

440

441

442

Anfängen unterbunden werden. Die Beratung wird von den Müttern sehr geschätzt, was auch in dem regelmässigen Besuch der Mütterberatung zum Ausdruck kommt.»[42]

Die Gespräche mit den Müttern werden auf Tonband aufgenommen und nach wissenschaftlichen Kriterien schriftlich festgehalten. Mit dem Einbau der Beobachtungskabine im Jahr 1965 eröffnet sich die Möglichkeit, dass angehende Mütterberaterinnen, Studenten und Fachleute Beratungen live mitverfolgen können: «In diesem Sinne soll die erste ärztlich-psychologische Mütterberatungsstelle als Lernstätte und als Keimzelle für den Ausbau anderer Mütterberatungsstellen im Sinn eines psychohygienischen Beratungsdienstes werden.»[43]

Die Protokolle aus den Mütterberatungen werden für verschiedene wissenschaftliche Arbeiten genutzt. So untersuchen in ihren Dissertationen Silvia Schäppi-Freuler die Entwicklung frühkindlicher Ängste (Zürich 1976)[44] und Esther Savioz die Anfänge der Geschwisterbeziehungen (Bern 1968).[45] Marie Meierhofer verfasst aufgrund ihrer Erfahrungen in den Beratungsgesprächen den Elternratgeber *Frühe Prägung der Persönlichkeit* (1971), der mehrfach aufgelegt und in andere Sprachen übersetzt wird.[46] Von einer geplanten umfangreichen Längsschnittstudie, in der die Entwicklungskrisen und Konfliktsituationen der Kinder in den ersten vier Lebensjahren festgehalten werden sollten, kann nur ein Teil veröffentlicht werden.[47] Der Grund dafür ist einmal mehr die fehlende finanzielle Unterstützung des Institutes.

20 Jahre nach der Gründung der Arbeitsgruppe zur *Förderung der gesunden Persönlichkeitsentwicklung bei Kindern* zieht Marie Meierhofer Bilanz: «Über 50 Praktikanten und einige Doktoranden verdanken einen Teil ihrer Ausbildung und das Material für ihre Diplom- und Doktorarbeiten den Einrichtungen des Instituts [...]. Die begleitende Längsschnittuntersuchung ermöglichte es, Erfahrungen zu sammeln, auszuwerten und die Entwicklung der Kinder festzuhalten. Dieses weitläufige Material ist bisher nur teilweise ausgeschöpft und wird hauptsächlich für die Aus- und Weiterbildung der Fachleute benutzt.»[48]

Die Untersuchungen in Heimen

Als ehemalige Stadtärztin kennt Marie Meierhofer die Situation in Säuglingsheimen recht gut. Spitalerlebnisse in der eigenen Kindheit und Erfahrungen während der Assistenzzeit als Ärztin am Kinderspital haben dazu geführt, dass sich Marie Meierhofer der Gefahren der Isolation von Kindern bewusst ist. Bereits als Stadtärztin hat sie sich gefragt, ob Säuglingsheime der Entwicklung nicht abträglich seien, und sie hat erste Versuche mit einer Familiengruppe in einem Heim unternommen (siehe Seite 268).

Es überrascht deshalb nicht, dass im ersten Entwurf zum Forschungsprogramm des noch nicht gegründeten Instituts vom 28. Februar 1953 Marie Meierhofer an zweiter Stelle die «Erforschung der Entwicklung der Kinder in den Säuglingsheimen» und an dritter Stelle die «Überwachung und Auswertung der Versuche von ‹Familiengruppen› innerhalb der Säuglingsheime» anführt. Die Arbeitsgruppe formuliert in den ersten Sitzungen (29. Mai und 18. Juni 1954) ihre Wünsche. Die Untersuchungen sollen, wie dies von der Präsidentin des Krippenverbandes des Kantons Zürich und einem weiteren Vertreter der Krippen ausdrücklich gewünscht wird, auf ausserfamiliäre Institutionen ausgeweitet werden. Es wird gefragt, «ob man mit der Verwirklichung unserer Pläne nicht zunächst bei den Kinderkrippen einsetzen sollte». Trotz dem Vorbehalt, dass «die Kinder in den Krippen meist aus nicht normalen Verhältnissen stammen und ihr Milieu besonders schwer zu bearbeiten ist», werden diese Pläne weiterverfolgt.[49]

1956, ein Jahr vor der Gründung des Instituts, beginnen die Untersuchungen in drei unterschiedlichen Säuglingsheimen, einem mit traditioneller und einem mit individueller Betreuung sowie einem Heim mit angegliederter Krippe.

Die Untersuchungen in Säuglingsheimen gewinnen in der Folge ein immer grösseres Gewicht. Dies nicht zuletzt dank finanziellen Mitteln, die vom Nationalfonds an Marie Meierhofer gesprochen werden. Die Frage der Betreuung von Säuglingen und Kleinkindern in Heimen wird zum zentralen Thema des Instituts. Dazu folgende Übersicht:

1. **Voruntersuchung in drei Kinderheimen 1956 bis 1958**
2. **Untersuchung aller Heimkinder in der Stadt Zürich 1958 bis 1960**
3. **Nachuntersuchung der Zürcher Heimkinder 1970 bis 1975**

Zu den verschiedenen Untersuchungen liegen zahlreiche Publikationen vor, auf die hier im Einzelnen nicht eingegangen werden kann.[50]

Filme von Marie Meierhofer

Die Tradition in der eigenen Familie, Ereignisse fotografisch und zum Teil auch filmisch zu dokumentieren, sowie ihre Erfahrungen in den USA führen dazu, dass Marie Meierhofer die Mittel der Fotografie und des Films für berufliche Zwecke nutzt und gezielt einsetzt.

Ihr erster Film entsteht 1960 im Rahmen der Heimuntersuchung. Er trägt den Titel *Frustration im frühen Kindesalter*. Die *Téléproduction* von Reni Mertens und Walter Marti unterstützt Marie Meierhofer bei der Bearbeitung des filmischen Materials. Marie Meierhofer zeigt ihren Film in einer noch unfertigen Fassung erstmals während eines längeren Aufenthaltes in Berlin im Juli 1959, wo er einen starken Eindruck hinterlässt.[51] Ebenfalls in Zusammenarbeit mit der *Téléproduction* entsteht 1961 für die *Hyspa* in Bern der mehrteilige Film *Das Kleinkind*. Dieser besteht aus fünf Kurzfilmen: *Mein Kind ist böse, Ich bin in Not, Es schreit nicht mehr, Das Rad umdrehen* und *Beim Säugling fängt es an*. Der fünfteilige Film wird in der Folge unter dem Titel *Unsere Kleinsten* (1962) zu einem Lehrfilm für Elternschulen überarbeitet.

Im Auftrag des Senders Freies Berlin gestalten Reni Mertens und Walter Marti unter Verwendung von Aufnahmen von Marie Meierhofer den Film *Im Schatten des Wohlstandes*. Der Film wird am 9. Oktober 1962 mit einer anschliessenden Diskussion auch im Schweizer Fernsehen gezeigt. Die Betroffenen werden beim Vorstand des Wohlfahrtsamtes, Stadtrat August Ziegler, vorstellig. Dieser richtet einen empörten Brief an Wilhelm Keller, den Präsidenten des Vereins *Institut für Psychohygiene im Kindesalter*. Die Tendenz, psychohygienische Mängel aufzuzeigen, und die irreführenden Beispiele würden bewirken, dass der Film einen niederschmetternden Eindruck hinterlasse. «Ganz offensichtlich müsse der Aussenstehende entgegen den objektiven Tatsachen zur Auffassung gelangen, die Heime hätten versagt und trügen den kindlichen Bedürfnissen keine Rechnung. [...] Dazu komme, dass der Film den Namen Zürich insofern in ein bedenkliches Licht vor der deutschen und schweizerischen Fernsehöffentlichkeit gezogen habe, als dass er nicht nur die in Heimen untergebrachten Kinder, sondern die gesamte Bevölkerung als frustriert erscheinen lasse.» Ziegler fordert, dass «der von der Téléproduction Zürich erstellte Fernsehfilm [gemeint ist *Im Schatten des Wohlstandes*] mitsamt den Kopien sichergestellt werden muss und nicht mehr aufgeführt werden darf» und «dass der Film *Frustration im Kindesalter* ausschliesslich und allein in Fachkreisen vorgeführt werden darf und nicht für die weitere Öffentlichkeit Verwendung finden soll».[52] Marie Meierhofer ist von der Kritik betroffen und verteidigt in einem ausführlichen Schreiben die positive Rolle des Institutes gegenüber Heimen.[53]

Im Jahresbericht 1961/62 wird besänftigend zu den heftigen Reaktionen Stellung genommen: «Insbesondere hat natürlich die Fernsehsendung ein starkes Echo gefunden. Wenn auch kritische Stimmen nicht fehlten, so ist die Ausstrahlung im ganzen doch überraschend positiv.»[54]

Die Heimuntersuchungen von Marie Meierhofer und ihrem Team haben Auswirkungen in ganz Europa und letztlich auch in der Schweiz. Sie sind darauf zurückzuführen, dass Marie Meierhofer die Kinder nicht nur beobachtet und untersucht, sondern wichtige Erkenntnisse auch in Fotografien und Filmen festgehalten hat. Die dabei entstandenen Bilder sind nach wie vor beeindruckend, auch wenn sich in der Zwischenzeit, nicht zuletzt dank dem Einsatz von Marie Meierhofer und ihren Mitarbeitern, die Situation der ausserfamiliären Betreuung der Kinder grundlegend verändert hat.

Die auf den folgenden Seiten ausgewählten Bilder stammen aus verschiedenen Heimen. Die Namen der Heime werden nicht genannt (Die verschiedenen Auslassungen enthalten Hinweise auf Namen und Kodierungen). Ergänzt werden die Bilder durch Texte aus dem Buch *Frustration im frühen Kindesalter* von Marie Meierhofer und Wilhelm Keller.[55]

443

Kind im Laufgitter.

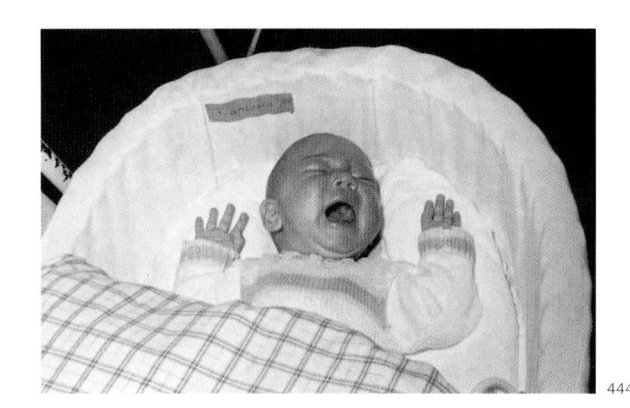

Schreien und Aggressionen: Meierhofer und Keller[56] bezeichnen Schreien und Aggressionen als wichtige vitale Äusserung bei Säuglingen und Kleinkindern. In den Heimen wird Schreien hingegen zumeist negativ bewertet. Dazu ein Ausschnitt aus dem Protokoll in einer Säuglingsabteilung: «Schreiende Kinder versucht man vorerst einmal durch beruhigende Worte zum Schweigen zu bringen, wenn das nichts nützt, wird es in seiner Lage verändert [zum Beispiel auf den Rücken gelegt]. Nur einmal sahen wir eine Schwester [...] ein Kind aus dem Bett und auf den Arm nehmen. [...] Wenn ein Kind auch nach Veränderung der Lage [...], immer noch heftig schreit, wird es als böse und Zwängi bezeichnet und sich selbst überlassen.[...] Ferner wurde uns [...] erklärt, die Kinder hätten manchmal so Schreiperioden, in denen sie eben etwa eine Stunde schreien müssten. Sie hörten dann schon wieder auf.»[57]

444
Schreiender Säugling im Bett.

445
Aggressionen beim Streit um Spielsachen.

ÄRZTIN UND FORSCHERIN

Füttern: «Diejenigen Säuglinge, die ausschliesslich Flaschenmahlzeiten bekamen, erhielten in allen Heimen (mit Ausnahme von [zweien]) die Flasche ins Bett hineingelegt. Den Kleinen wurde der Sauger in den Mund gesteckt, die Flasche wurde dabei auf eine Unterlage gelegt und mit einem Tüchlein zugedeckt. Dieses Procedere benötigte, inklusive Wegnahme der ausgetrunkenen Flasche, je durchschnittlich zwischen 15 und 43 Sekunden.»[58] Dieses Vorgehen führt, wie die Autoren schreiben, bei vielen Kindern zu einem schlechten Trinkverhalten, was die Pflegerinnen verärgert und zu unkontrollierten Reaktionen verleiten kann.

«Die 12 bis 24 Monate alten Kinder wurden in den meisten Heimen entweder auf ein Stühlchen oder reihenweise auf eine Bank, manchmal auch auf den Topf oder die Hafenbank gesetzt und da gefüttert. Die Pflegerin [...] achtet, während sie ihm so den Brei einlöffelt darauf, dass es mit seinen Händchen nicht zum Teller gelangen kann. [...] Die Mahlzeiten dieser Stufe benötigten in allen Heimen durchschnittlich zwischen viereinhalb und sechseinhalb Minuten.»[59]

Es geht auch anders: «In [zwei Krippen] wurden die Kinder bereits in diesem Alter [12–24 Mt.] auf Stühlchen an kleine Tische gesetzt und durften selbst einen Löffel handhaben. Man liess sie einige Zeit selbst essen und gab ihnen daraufhin den Rest noch ein.»[60]

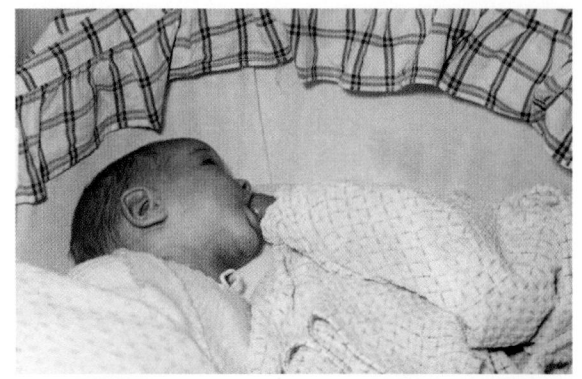

446
Säugling mit Flasche im Bett.
447
Schwestern beim Füttern von Kleinkindern.
448, 449
Selbständig essende Kleinkinder im Heim.

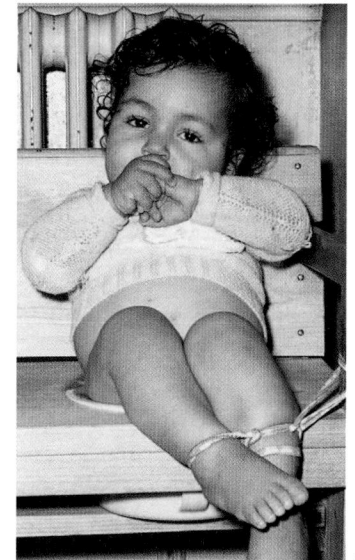

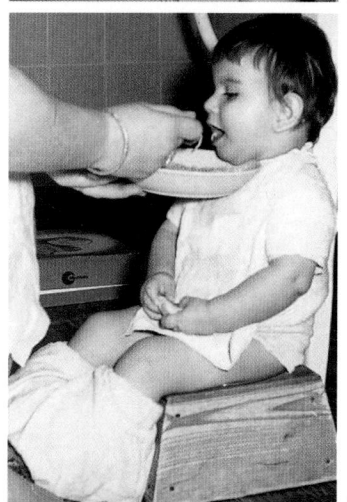

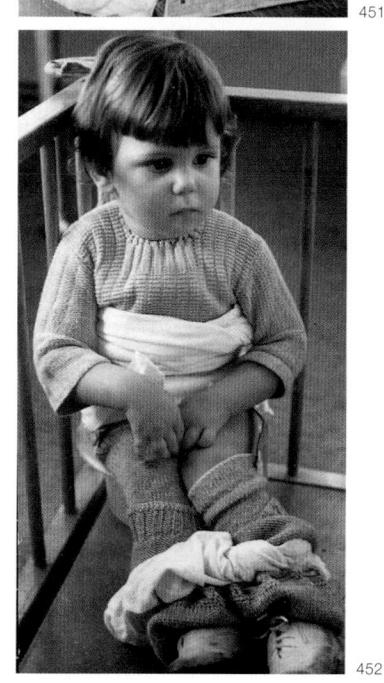

Auf dem Topf: Die etwas grösseren Kinder verbringen bis zu eineinhalb Stunden auf dem Topf: «Mit Ausnahme von [einem Säuglingsheim], wo die Kleinen aller Altersstufen nicht länger als etwa fünf bis zehn Minuten auf den Töpfen belassen wurden, sassen in allen andern Heimen besonders die grösseren Kinder im Alter von neun Monaten an aufwärts während zwanzig Minuten bis zu eineinhalb Stunden auf dem Topf. In [einem andern Heim] bekamen sie, in einer Ecke des Bettchens auf dem Topf sitzend, ihr Frühstück verabreicht. [...] Nur in wenigen Pflegeeinheiten verschiedener Heime [...] bekamen die Kinder Spielsachen, während sie auf dem Topf sassen. In [einem Heim] durften die fünf bis acht Monate alten Kinder, in einem Halbkreis auf ihren Stühlchen sitzend sich gegenseitig berühren. Im allgemeinen aber wurde es von den Pflegepersonen nicht gerne gesehen, wenn die Kinder während dieses langwierigen Geschäfts miteinander Kontakt aufnahmen, spielten oder stritten. Man wünschte allgemein, dass sie möglichst ruhig ausharren sollten, bis sie aufgenommen wurden. Nur ausnahmsweise durften sie auf ihren Töpfen sitzend sogar im Zimmer herumrutschen.»[61]

«Auch auf den so genannten Häfistühlchen, das sind Töpfe mit Holzverschalungen und Rückenlehen, wurden die Kleineren an der Rückenlehen meist mit einer Windel angebunden. In [zwei Säuglingsheimen] wurden ausserdem noch längere Bänder verwendet, welche die Pflegerinnen kreuzweise um die Ober- und Unterschenkel schlangen. Diese Massnahme sollte verhindern, dass die Kinder in den Topf und an die Genitalien greifen konnten.»[62]

450
Kind auf dem Topf, an den Füssen angebunden.
451
Kind wird auf dem Topf gefüttert.
452
Kind auf dem Topf, um den Bauch am Laufgitter angebunden.

ÄRZTIN UND FORSCHERIN

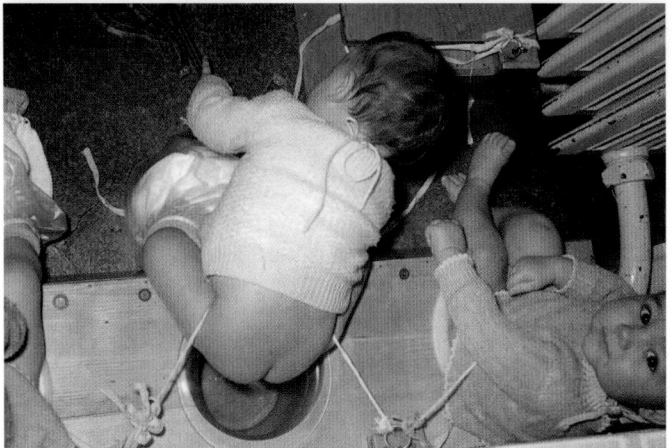

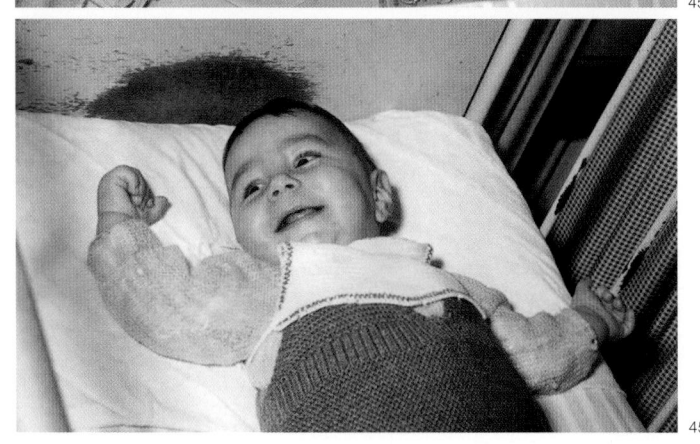

453, 454
Eine Gruppe von Kindern im Heim auf dem Topf. Alle sind angebunden. Eines der Kinder versucht, eine Büchse vom Boden aufzuheben, was nur mit Mühe gelingt.

Bilder aus verschiedenen Säuglingsheimen:

455
Auf der metallenen Einfassung des Bettes hat sich am Kopfende von der stereotypen Kopfbewegung ein schwarzer Fleck gebildet.

456
Säugling in seinem rundum mit Stoff abgeschirmten Bett.

457
Etwas grössere Kinder, die – mit der Bettdecke festgebunden – mühsam versuchen, den Kopf zu heben, um über den Bettrand hinaus festzustellen, wer ins Zimmer gekommen ist.

458
Ein «Lieblingskind».

ÄRZTIN UND FORSCHERIN

456

457

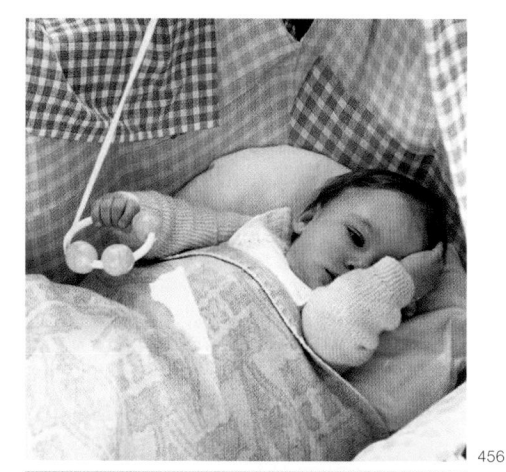

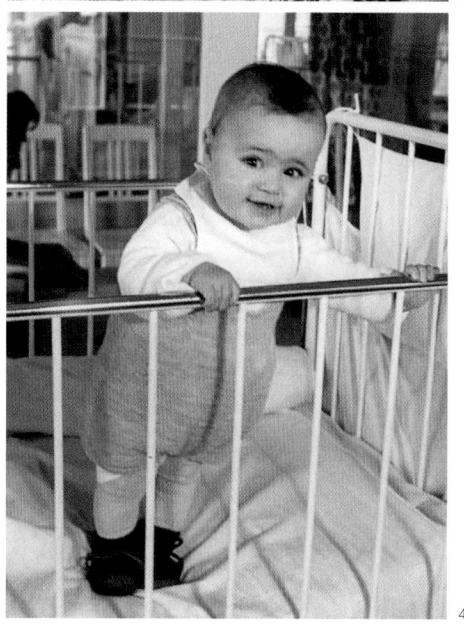

458

Die Isolation und ihre Folgen: Die Kinder im Heim, insbesondere die Säuglinge, verbringen einen grossen Teil des Tages in ihren Betten. Nur in einem Heim sind die Betten nicht mit Stoffbezügen ausgekleidet: «Wo solche Stoffbezüge im Gebrauch waren, bestanden sie überall aus waschbarem Stoff und waren vermutlich in der Absicht angebracht, dass das Kind ruhig für sich sein und ungestört durch die Umwelt sollte schlafen können. Teilweise mögen ästhetische Momente eine Rolle gespielt haben. Diese Auskleidungen hinderten jedoch das noch hilflos im Bett liegende Kind, seine weitere Umgebung wahrzunehmen, und engten seinen Ausblick über dem Bettrand ein.»[63]

Nach unseren Berechnungen bleibt in den meisten Heimen der kleine Säugling unter drei Monaten mehr als 23 von 24 Stunden sich selbst überlassen. Rechnet man von diesen 23 Stunden die für diese Altersstufe normale Schlafenszeit (etwa 15 Stunden) ab, so bleiben immer noch acht Stunden, in denen das Kleine wach und allein in seinem Bettchen liegt. Dieses Alleinsein mit seiner Lange-Weile sowie der Mangel an Beziehungsmöglichkeiten und Befriedigungen muss das noch hilflose kleine Menschenwesen schwer ‹frustrieren›.»[64]

Eine typische Folge dieser andauernden Isolation im Bett sind stereotype Bewegungen, insbesondere des Kopfes. Fehlt die Auskleidung des Bettes am oberen Bettladen, so zeichnen sich die Bewegungen dort halbmondförmig ab. «Entsprechend dem Entwicklungsstand der motorischen Funktionen konnte man bei den kleinen Säuglingen ab drei Monaten ein Hin- und Herrollen des Kopfes in Rückenlage beobachten. Diese Bewegung wurde oft mit erschreckender Geschwindigkeit ausgeführt.»[65]

Was vermehrte Zuwendung bewirkt: «Lieblingskinder» in Heimen haben es einfacher. Es gelingt ihnen, durch ihr freundliches Verhalten die Aufmerksamkeit des Betreuungspersonals auf sich zu lenken. Sie werden entsprechend vermehrt aufgenommen und herumgetragen und haben insgesamt die besseren Einwicklungschancen.

Doch auch sich absondernde und resignierte Kinder können bei intensiver Zuwendung aus ihrer Isolation heraustreten. Im Zusammenhang mit stereotypen Bewegungen schreiben Meierhofer und Keller, dass diese meist dann auftreten, «wenn die Kinder unbeschäftigt waren, im Bett lagen, warten mussten, sich müde und enttäuscht fühlten. [...] Bei Kindern, die in ein Spiel vertieft waren, kamen Stereotypien seltener vor. Die meisten Kinder unterbrachen sie auch, wenn man mit ihnen Kontakt aufnahm.»[66]

459, 460

Ein Kind zieht sich zurück, wirkt depressiv.

461

Marie Meierhofer mit dem gleichen Kind.

462

Auch auf die Zuwendung einer anderen Mitarbeiterin des Instituts wird das Kind zugänglich.

ÄRZTIN UND FORSCHERIN

Resignation: Das wichtigste Ergebnis der von Marie Meierhofer durchgeführten grossen Heimstudie liegt in der Erkenntnis und der differenzierten Beschreibung eines Prozesses, der nicht nur für Heimkinder seine Gültigkeit hat. Lebt ein Kind als Säugling und als Kleinkind in einer Situation, in der es kaum Anregungen und Zuwendung erhält, zieht es sich mit der Zeit zurück und resigniert:

«Soeben wurde hervorgehoben, dass beim gesunden Kind in den ersten Jahren ein intensives Streben und Begehren im Vordergrund steht, wogegen unsere Untersuchungen gezeigt hatten, dass dieses beim Heimkind allmählich versandet. Sollte dieser Verzicht auch das Interesse an neuen Bewegungen gelähmt und damit den Entwicklungsprozess gehemmt haben?

Tatsächlich stellt der Prozess der Resignation, der sich bei den meisten Heimkindern, teils als Anpassungserscheinungen an den Heimbetrieb, teils als Reaktion auf gewisse Frustrationssituationen, im Verlaufe der ersten Lebensjahre einstellt, eine Einschränkung des vitalen Geschehens dar. Die Kinder scheinen in den Zustand eines ‹psychischen Sparganges›, in eine ‹vita minima mentis› verfallen zu sein.[67]

Wir kommen zum Schluss, dass es der Zustand der Resignation ist, der ein Nachlassen der Interessen und Antriebe bewirkt, wodurch die Initiative und Aktivität für das Ausprobieren und Üben der an sich wohl reifen motorischen Funktionen gelähmt wird.»[68]

Die Nachuntersuchung: Marie Meierhofer ist zutiefst überzeugt, dass man Kindern helfen kann, auch wenn sie im Heim über längere Zeit stark benachteiligt waren. Allerdings besteht die grosse Gefahr, dass beim Ausbleiben adäquater Hilfe im Jugendalter noch deutliche Spuren der negativen frühen Entwicklung feststellbar sind. Sie unternimmt deshalb in den Jahren 1970 bis 1975 die *Zürcher Nachuntersuchung ehemaliger Heimsäuglinge.* Im Schlussbericht an den Nationalfonds stellt das Untersuchungsteam bei den Jugendlichen verschiedene Störungen fest, die auf den Heimaufenthalt zurückgeführt werden müssen. Marie Meierhofer will den Forschungsbericht für eine Buchpublikation durch eine Wissenschaftsjournalistin bearbeiten lassen, was jedoch misslingt.[69]

463

Kinder in Säuglingsheimen suchen nach Zuwendung: Sie stehen dafür «Schlange».

Beratungsstelle für Heime und Krippen

Die feste Überzeugung, dass man Kindern in Heimen helfen und ihre Entwicklungschancen verbessern kann, führt 1968 zur Gründung der *Beratungsstelle für Säuglings- und Kleinkindheime*. Dank der Unterstützung durch das Bezirkssekretariat von Pro Juventute kann dieses Projekt 1971 in die *Beratungsstelle für Heime und Krippen* ausgebaut werden. In dieser Beratungsstelle sollen die Erfahrungen, die Marie Meierhofer im Rahmen der Heimstudie gemacht hat, in die Praxis umgesetzt werden. Die Beratung betrifft sowohl Fragen der Planung und des Baus wie auch erzieherische und personelle Fragen bei der Einrichtung und dem Betrieb von Heimen und Krippen und die Weiterbildung der Angestellten. Eines der grösseren Beratungsprojekte, für die eine spezielle Begleitstudie bewilligt wird, betrifft die Krippe Berghalden in Horgen. In enger Zusammenarbeit mit Elisabeth Feller, Direktorin der *Feller AG* in Horgen, einer Freundin von Marie Meierhofer, gelingt es, die Krippe architektonisch so zu gestalten, dass sie mit Kleingruppen, das heisst im «Familiensystem», geführt werden kann.

Die Krippe Berghalden verdeutlicht die grundlegenden Veränderungen, die in der ausserfamiliären Betreuung kleiner Kinder in den 1970er-Jahren einsetzen. Allmählich verschwinden die Säuglingsheime und werden durch eine Betreuung in altersgemischten Gruppen abgelöst. Die breite Berichterstattung über diese neue Form der Kinderbetreuung in den Medien verdeutlicht, dass Marie Meierhofer mit ihrem Vorstoss eine als kleine Revolution empfundene Veränderung eingeleitet hat. Marie Meierhofer umreisst diese anlässlich der Eröffnung der Krippe Berghalden wie folgt: «Nur die Betreuung in altersgemischten Gruppen [...] ergibt die besten Voraussetzungen für eine Umwelt, die den Bedürfnissen der Kinder entspricht. [...] Die heute eingeweihte Krippe [...] entspricht weitgehend diesen Erfordernissen. Es ist deshalb zu erwarten, dass die verglichen mit einer traditionell geführten Krippe vermehrten Anforderungen sich später lohnen werden. Der Öffentlichkeit können Kosten für Sonderschulung, heilpädagogische, soziale und andere therapeutische Massnahmen erspart werden, sollte es gelingen, die meisten Kinder vor einem Entwicklungsschaden zu bewahren.»[70]

464

Marie Meierhofer anlässlich der Eröffnung der Krippe Berghalden in Horgen im Januar 1973.

ÄRZTIN UND FORSCHERIN

296

465

466

467

468

469

470

Bilder aus der Krippe Berghalden:
465
Beim Geschichtenerzählen kuscheln sich die Kinder auf dem Sofa zusammen.
466, 467
Gross und Klein in familiärem Rahmen beim gemeinsamen Essen.
468
Schlafen kann man auch auf dem Boden mit seinem Kuscheltier.
469, 470
Die von den Kindern geformten Figuren (oben ein Kind auf einem Sofa, unten ein Tier) werden getrocknet und anschliessend von den Kindern bemalt.

ÄRZTIN UND FORSCHERIN

471
Eine Gruppe von Kindern unterschiedlichen Alters in der Krippe Berghalden beim Arbeiten mit Ton.

ÄRZTIN UND FORSCHERIN

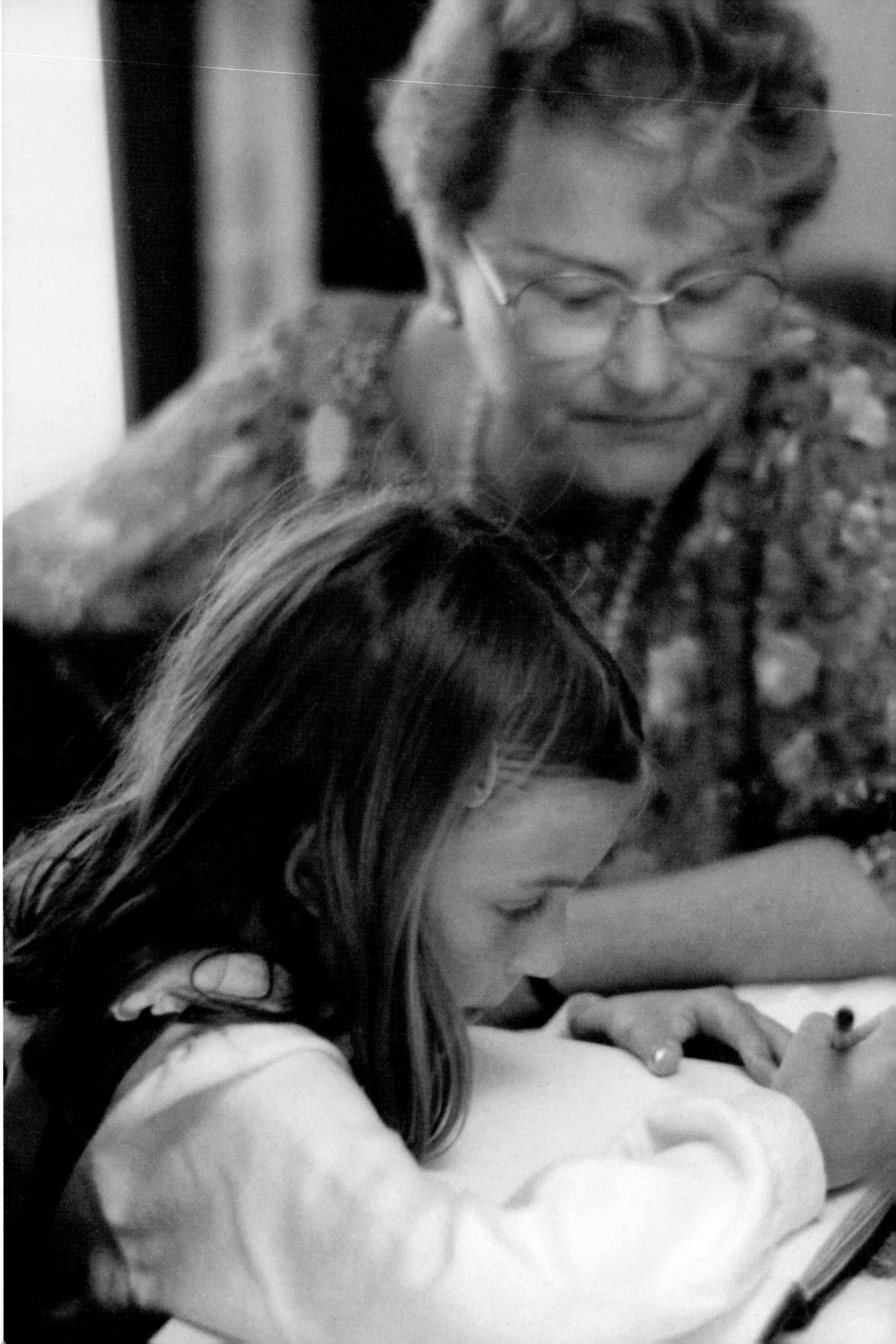

Heimkehr und Rückblick

Heimkehr ins Ägerital

Hunde als Tröster und Therapeuten

Pro Ägerital und Wegzug

Späte Ehrungen

«Gedanken über Leben und Tod»

Der Tod als Stachel

Auseinandersetzung mit dem eigenen Tod

Heimkehr ins Ägerital

Nach Abschluss ihres Einsatzes für Kriegskinder in Caen und im Kinderdorf Pestalozzi findet Marie Meierhofer mehr Zeit für Edgar. Als Stadtärztin wohnt sie mit ihm in einer Wohnung in Zürich. Das grosse Haus an der Schmelzbergstrasse, welches sie nie bewohnt hat, muss sie 1950 wieder verkaufen. Die finanzielle Belastung, zwei Häuser zu halten, ist zu gross. Das Haus in Oberägeri hat sie an den Architekten und Gestalter Henry van de Velde vermietet, und diesem will sie den Mietvertrag nicht kündigen. Van de Velde ist über 80 Jahre alt, und Marie Meierhofer befürchtet, dass er bei einer Kündigung «irgendwie einen Schaden erleidet».[1]

Marie Meierhofer freundet sich mit Henry und seiner Tochter Nele van de Velde an. Verschiedentlich weilt sie in Oberägeri. Mit dabei ist auch Edgar, der sich seinerseits mit Nele van de Velde befreundet. In den Jahren 1951 bis 1953 lebt Edgar im Kinderheim Katharina in Unterägeri. Während sich Marie Meierhofer in den USA aufhält, wird er dort von Nele van de Velde besucht.

Edgar wächst kräftig heran. Marie Meierhofer unternimmt mit ihm verschiedene Reisen. 1956 fahren beide zusammen mit der Familie Többen auf die Insel Jüst. Auf einem Ausflug auf die Insel Helgoland werden alle seekrank. Gemeinsam mit Edgar besucht Marie Meierhofer auch das Wellenbad Dolder.

«Im Jünglingsalter wuchs Chläusli, wir nannten ihn nun Edgar, rasch und wurde kräftiger. In seiner Krankengeschichte finde ich als letzte Messung 1957 eine Länge von 179 cm. Wenn wir Arm in Arm spazierten, blieb Edgar plötzlich stehen, hob sich auf die Zehenspitzen und blickte auf mich hinunter. Wenn ich ihn dann von unten herauf ‹Du Frechdachs› zurief, freute er sich spitzbübisch. In jener Zeit lebten wir in Zürich, wo wir im Hause von Frau Martha Münsterberg, Hofstr. 140, gemietete Zimmer bewohnten.»[2]

Die Gründung des Instituts verlangt von Marie Meierhofer eine Neuorientierung. Das Haus in Oberägeri wird wieder frei. Alfred Roth hat für van de Velde und seine Tochter ganz in der Nähe ein neues Haus gebaut. Marie Meierhofer und auch Edgar wünschen sich schon lange, wieder über das Haus in Oberägeri verfügen zu können. Sie planen, ganz dorthin umzuziehen.

«Aber auch meine Lage war prekär geworden. Ich verdiente zu wenig, weil ich wegen des Anwachsens der Aufgaben im Institut für Psychohygiene im Kindesalter meine Praxis reduzieren musste, vor allem wegen der neuen Forschungsarbeit in den Säuglingsheimen. Das Leben in gemieteten Räumen (ein Dachzimmer für mich, ein kleines im ersten Stock für Edgar, zugleich Büro des Instituts und ein grosser Raum für die Praxis

472

473

Vorangehende Seite

Marie Meierhofer mit Lea Nufer anlässlich ihres 75. Geburtstages.

472

Edgar, Marie Meierhofer und ihr Patenkind Elisabeth Többen auf dem Schiff nach Helgoland.

473

Edgar in der badenden Menge im Wellenbad Dolder, 1957.

HEIMKEHR UND RÜCKBLICK

474

Edgar mit Nele van de Velde.

475

Marie Meierhofer und Henry
van de Velde in Oberägeri.

476

Marie Meierhofer mit Henry van
de Velde und Käthi Schmied,
Tochter ihres Stadtarztkollegen
Jacques Schmied.

477

Briefmarke der belgischen Post in
Erinnerung an Henry van de Velde.

478

Holzschnitt von Nele van de Velde
«Vogelenzang» im Gästebuch
(Abschiedswidmung).[3]

HEIMKEHR UND RÜCKBLICK

im Parterre) wurde immer teurer. Mein Häuschen in Ägeri war jetzt wieder frei […]. Ich beschloss, nach Ägeri umzuziehen. Vorher mussten noch ein paar Renovationen und Änderungen vorgenommen werden. Es war eine gute Fügung für uns beide. Edgar musste wieder eine Arbeit finden. Ich wusste, dass bei der Firma Landis & Gyr in Zug neben den regulären Mitarbeitern auch einige Infirme angestellt werden. Reibungslos bewilligte mir der Personalchef der Firma eine Stelle für Edgar. Er arbeitete gerne dort und hatte eine gute Beziehung zu den Kollegen, vor allem zu den Frauen.»[4]

Ende der 1950er-Jahre lernt Marie Meierhofer ihren Halbbruder Albert kennen. Er ist ein Sohn ihres Vaters, der 1926 geboren wurde und bei einer Adoptivfamilie aufgewachsen ist.

Das *Ägerihüsli* wird renoviert, und Freunde von Marie Meierhofer verbringen dort wie früher ihre Ferien. Marie Meierhofer und Edgar ziehen erst 1962 wieder nach Oberägeri. Gleichzeitig eröffnet Marie Meierhofer im Dorf eine eigene kinderpsychiatrische Praxis.

Am 11. April 1965 wird Edgar konfirmiert: «Edgar nahm religiöse Fragen sehr ernst. Das Konfirmationsfest im Frühling 1965 freute ihn ganz besonders.»[5]

Die unbeschwerte Zeit mit Edgar neigt sich jedoch dem Ende zu. Marie Meierhofer weiss, dass Edgar aufgrund seines Nierenleidens ein früher Tod droht:

«Die Krankheit von Edgar schritt aber unaufhaltsam voran. Er klagte über Krämpfe in den Händen, welche ihn bei der Arbeit sehr störten. Der Neurologe in Zürich fand nichts besonderes. Später stellte sich dann heraus, dass es tetanische Krämpfe waren, weil die Calzium-Werte im Blut infolge des Nierenversagens nicht in Ordnung waren. Auch sonst klagte er viel über Müdigkeit, war aber trotzdem stets aktiv. Aber die regelmässige Arbeit in der Fabrik schien mir zu streng. Ich sprach mit seinem Obermeister, ob er ihm eventuell Heimarbeit geben könnte. Das war leider nicht möglich, und wir suchten nach anderen Lösungen. Mein Schwager in Zürich, Dr. Gerhard Maier, der ihn untersuchte, fand alarmierende Befunde und schickte ihn ins Kreisspital Männedorf, wo sein Bruder, Prof. Konrad Maier, Chefarzt war. Dies war Anfang März 1966. Seinen 26. Geburtstag am 21. März feierte Edgar im Spital mit Frau Münsterberg, denn ich war zur Kur in Leukerbad. Aber als es ihm schlechter ging, unterbrach ich die Kur, damit ich ihn häufig besuchen konnte. Trotz aller ärztlichen Kunst war er nicht mehr zu retten. Ich bin die letzten acht Tage bei ihm geblieben, und er war trotz des Präkomas lange noch präsent und ging auf die Besucher ein. Er musste viele Schmerzen leiden, aber man konnte ihm immer wieder durch eine Spritze helfen. Er war zufrieden, dass ich bei ihm war, bis er für ganz einschlief.»[6]

Marie Meierhofer hat die Äusserungen und Regungen Edgars während der letzten Tage in ihrer Agenda notiert. Unter den protokollähnlichen Notizen sind noch die verschiedenen Termine sichtbar. Auf den ersten Seiten hat Marie Meierhofer die Termine durchgestrichen, mit der zunehmenden Verschlechterung des Zustandes von Edgar einfach überschrieben.

«17. April: E. abgeliefert, sieht sehr schlecht aus, aber sehr tapfer. Isst gut zu Mittag, Suppe Spargeln u. Blumenkohl
18. April: E. hat Husten... rasselnde Atmung. Nach Spritze besser. Ich bleibe und übernachte auf Liegebett
19. April: In der Nacht erwacht... russende Atmung... Coraminspritze um Mitternacht und O_2 in die Nase. Schläft er ruhig bis 5½ Uhr. Frischer, steht auf u. will sich waschen... Will Spiel machen, nickt zwischendurch wieder ein. Emmi, Elisabeth, Vreni und Leo kommen. Er freut sich, plaudert u. lacht.
20. April: Käthi, Elsi u. Käthi zu Edgar. War nachts ziemlich ruhig, freut sich über Besuch und plaudert, dazwischen Sopor.[7] Elsi und Emmarie hüten, ich gehe zum Mittagessen nach

479

Marie Meierhofer mit Edgar nach der Rückkehr nach Ägeri, 1962.

HEIMKEHR UND RÜCKBLICK

Aegeri. Erledige Post mit Bitta, um 17 Uhr zurück. Nachtessen bei Verena. In der Nacht unruhig. Grosse Atempausen, Hitzgi, klagt über Schmerzen in den Beinen. Sagt 2× Entschuldigung, dass er mich herumjage. Tröstet mich, ‹es goht scho verbi›. Meint zärtlich einmal, ‹d'Sunne schient›.

21. April: … will Brille u. Postkarte von Brigittli und Frau L. selbst lesen. Will Radio abstellen. Halluziniert mehrmals. Musik. Sagt ‹im Bahnhofbuffet isst man gut›. Dazwischen tiefer Sopor. Freut sich über Telefon … sieht wachsen aus, Blick ins Leere. Augen meist zu … Galle erbrechen, es ist ihm sehr mies. Er isst ein wenig. Trocknet tapfer die Tränen. Spritzen sind schmerzhaft, Immer stärkeren Hitzgi.

22. April: In der Nacht ziemlich ruhig … Will trinken, sagt, ich soll nicht aufstehen. Morgens plaudert er munter mit mir. Sr. Emmi kommt vor 8h. Erzählt, dass er an der Dörflistrasse ganze Beigen von Geschirr abwaschen musste … Dazwischen Sopor, halluziniert manchmal, … fragt mich, ob ich Brei aufessen wolle. Eingefallene Augen, blickt oft ins Leere … öffnet stark zitternd einen Brief v. Christiane.

24. April: Edgar im Koma

25. April: Edgar 01.10 gestorben»[8]

Agenda 1966.[9]

Hunde als Tröster und Therapeuten

Allein im Haus in Ägeri sucht Marie Meierhofer Trost bei ihren Hunden. Hunde hatten im Leben von Marie Meierhofer schon immer eine grosse Bedeutung. Später setzt sie ihre Hunde als «Therapeuten» für die Kinder ein.

«Die Trauer um Edgar und das Zurückbleiben und Alleinsein in meinem abgelegenen Häuschen in Ägeri [war] schwer zu ertragen, besonders, da ich vorher Tag und Nacht über eine Woche mit ihm im Sterbezimmer des Spitals zusammen war. Da meine schöne und liebe, aber empfindliche Dalmatinerhündin Peggy es nicht ertrug, tagsüber allein im Ägerihäuschen zu bleiben, musste ich sie Freunden geben. Sie war schon mehrmals bei diesen Freunden in den Ferien gewesen und konnte dort auch frei und viel rennen, was sie brauchte. Ihr Nachfolger, der kleine Rauhaardackel Hanno, war leicht zu gewöhnen und machte mir Freude. Ich nahm Hanno mit in die Ferien auf die Insel Ibiza. Wenn ich in der untiefen Bucht weit draussen badete, tauchte plötzlich auf den Wellen ein kleines Hundeköpfchen auf und ab. Hanno war dann jeweils so erschöpft, dass ich ihn einige Zeit tragen musste. Im Alter von zwei Jahren bekam der kleine Hund an einem Pfötchen eine Geschwulst. Es war ein bösartiges Sarkom, ein Jugendkrebs. Ich war tief traurig und empört, weil ich wusste, er bekommt Metastasen und lebt nicht mehr lange. [...]

Damit ich nicht allein bleiben würde, nahm ich einen zweiten Hund, die kleine Senta mit ihrem blonden Fell und braunen Augen und Krallen. Sie hatte ein feines Gemüt. Wenn ich abends todmüde auf der Couch sass, links und rechts ein Hund, und Senta an mich drückte, seufzte sie tief vor Glück. Sie bemutterte Hanno, schleckte ihm die Ohren und die Schnauze und pützelte sonst an ihm herum, was er sehr schätzte. Ich konnte die Hunde einen halben Tag allein zufrieden zu Hause lassen oder sie ins Institut mitnehmen. So bin ich dann lange Zeit mit zwei Hunden angerückt. Nach dem Tod von Hanno trauerte Senta so sehr und wollte auch sterben und wollte nicht mehr fressen, sodass sie fast auch gestorben wäre. Ich gab ihr einen jungen Hund, den ich geschenkt bekommen hatte, und die beiden begleiteten mich fortan [...].

Die Hunde sind eben ‹bessere Menschen›. Sie sind wunderbare Therapeuten, und sie halfen mir oft, auch in der Praxis mit den Kindern.»[10]

481
Die Dalmatinerhündin Peggy.

482
Marie Meierhofer mit Hanno.

483
Hanno und Senta, Bilder von 1966 bis etwa 1968.

Pro Ägerital und Wegzug

Marie Meierhofer schätzt und liebt das Ägerital, mit dem seit ihrer Kindheit positive Erinnerungen verbunden sind und das zu ihrer Heimat geworden ist. Trotzdem: 1972 verkauft sie ihr Haus in Oberägeri. Sie will, wie sie sagt, «nicht mehr allein im Ägerihaus wohnen». Der Tod von Edgar hat sie in die Isolation geführt. In Zürich, wo ihr Arbeitsplatz ist, laufen verschiedene Forschungsprojekte, und das *Institut für Psychohygiene im Kindesalter* verlangt den vollen Einsatz. Die Praxis und Wohnung an der Albisstrasse in Zürich wird jedoch bereits 1973 zu Büroräumen umfunktioniert, und Marie Meierhofer wohnt in der Folge an der Nidelbadstrasse 75 und eröffnet auch dort ihre Praxis.

Bevor Marie Meierhofer von Oberägeri wegzieht, findet allerdings noch eine heftige Auseinandersetzung mit dem Kanton und der Gemeinde statt. Ob der Streit ebenfalls zum Wegzug beiträgt, ist offen. Er zeigt jedoch, wie sehr Marie Meierhofer dem Ägerital verbunden ist.

Kanton und Gemeinde planen eine Umfahrungsstrasse für die beiden Dorfzentren Ober- und Unterägeri. Diese hat allerdings den Nachteil, dass sie mitten durch bewohntes Gebiet führt. Die Betroffenen, verschiedene Erholungsheime, Sanatorien, Kinderheime, Sprachheilschulen, Pensionen und Kurhäuser schliessen sich zusammen. Marie Meierhofer stellt sich an deren Spitze, gründet den Verein *Pro Ägerital* und bekämpft das Projekt. Ein erstes Gespräch mit Regierungsrat Alois Hürlimann und Kantonsingenieur Schwegler vom 29. März 1972 verläuft erfolglos. In einem Brief an die Einwohnerversammlung vom 24. August 1971 und einem Leserbrief vom 5. Mai 1972 im *Zuger Tagblatt* nimmt Marie Meierhofer Stellung. Sie wirft dem

484, 485

Marie Meierhofer ist fasziniert vom Ägerital und hat bis ins hohe Alter in zahlreichen Fotografien die Schönheiten der Gegend festgehalten.

HEIMKEHR UND RÜCKBLICK

486
Überreichung des Dr. h. c. durch Professor Kurt von Fischer, 1974.

487
Professor Theodor Hellbrügge ehrt Marie Meierhofer mit der Sonnenscheinmedaille, 1989.

Kanton und der Gemeinde vor, dass sie ein traditionsreiches Kur- und Erholungsgebiet zerstören wollen. Ein übertriebenes Bevölkerungswachstum werde forciert und damit die regionalen Kulturwerte und die Integration der Neuzuzüger verunmöglicht. Das Dorf werde durch die Umfahrung zweigeteilt und die Schulwege für Kinder gefährdet. Hinzu komme viel Lärm und Umweltverschmutzung. Es kommt zu Presseorientierungen und heftigen Auseinandersetzungen. Die Umfahrungsstrasse wird letztendlich nie gebaut.[11]

Späte Ehrungen

Im Jahr 1974 feiert das *Institut für Psychohygiene* das 20-jährige Bestehen. Bei diesem Anlass erhält die «unermüdliche Forscherin der seelischen Grundbedürfnisse des Kleinkindes, die unentwegte Pionierin einer praktischen und wirksamen Prävention den Doctor honoris causa» der philosophischen Fakultät der Universität Zürich.[12] Es folgen weitere Auszeichnungen: 1983 wird Marie Meierhofer von der Stiftung für Abendländische Gesinnung geehrt, 1989 erhält sie von Professor Theodor Hellbrügge die «Sonnenscheinmedaille», und 1989 wird sie durch die Steo-Stiftung geehrt.

Marie Meierhofer nimmt die Preise in aller Bescheidenheit entgegen. Besondere Freude bereitet ihr eine schriftliche Würdigung durch ihren alten Freund Walter Robert Corti, die sie in ihre autobiografischen Notizen aufnimmt: «Buss freute sich sehr darüber und schrieb in einem Gedenkbüchlein, das die Mitarbeiter zirkulieren liessen, folgende Zeilen: ‹Die Feier im Stadtspital Triemli war so beglückend und schön, dass sie allen, die teilnehmen durften, unvergesslich sein wird. [...] Du hast, liebes Maiti, in Deinem Berufe Deine Berufung durchgehalten, mit dem Zähen des Vatererbes alle die Stunden der Anfechtung, der Müdigkeit, des Unwillens, – die Durstzeiten, die jedem Werke verhängt sind, gemeistert; aus der Mutter das Künstlerische, Anteilnehmende, Freundliche und Frohsinnige, das Mitsorgliche, Einfühlende, Dein Ja zum Leben in seinem Helldunkel – all das hast Du in eine auch objektive Leistung gebracht, die in ihrer Reife ganz Du selbst bist. [...] Die Überraschung des wohlverdienten Ehrendoktorates gelang vollkommen. Es war ja rührend zu sehen, mit welcher Naivität Du den akademischen Donnerschlag aufnahmst [...] diese grossangemessene Anerkennung, sinnbildliche Erfüllung für das Gelingen Deiner Vision, Deines Mutes, Intelligenz, Liebe und Fleisses.› »[13]

Zum 75. Geburtstag würdigt auch Reinhart Lempp, Professor für Kinder- und Jugendpsychiatrie der Universität Heidelberg, die Tätigkeit von Marie Meierhofer: «Das Thema der Verbesserung der zwischenmenschlichen Beziehung als eine wesentliche psychohygienische Aufgabe trat [...] erst nach

HEIMKEHR UND RÜCKBLICK

dem zweiten Weltkrieg in den Vordergrund. [...] In diese Untersuchungen hat sich frühzeitig Frau Marie Meierhofer eingeschaltet und hat in eindrucksvollen, durch Filme belegten Untersuchungen in Säuglingsheimen zeigen können, wie es bei diesen Kleinkindern zu charakteristischen, schweren, depressiven Reaktionen kommen muss, wenn sie zeitlich zu kurz oder von ständig wechselnden Betreuungspersonen gepflegt werden. [...]

Wie sehr neben der körperlichen Betreuung und Versorgung auch die psychischen Umweltbedingungen weit über das Säuglingsalter hinaus eine Rolle spielen, konnte Frau Meierhofer beispielsweise bei der Darstellung eines Falles von Anorexia nervosa (Magersucht) bei einem dreizehnjährigen Mädchen zeigen. Frau Meierhofer gelang die Heilung der Magersucht insbesondere durch die Therapie der Mutter des Mädchens. Dies zu einem Zeitpunkt als noch niemand von Familientherapie sprach.»[14]

«Gedanken über Leben und Tod»

Am 17. August 1976 kündet Marie Meierhofer ihren Rücktritt von der Leitung des Institutes an, erklärt sich jedoch bereit, bis zur endgültigen Regelung der Nachfolge die Aufgabe in reduziertem Ausmass weiterzuführen. Der definitive Rücktritt erfolgt im September 1977. Ein Jahr später erhält das Institut zu ihren Ehren den Namen *Marie Meierhofer-Institut für das Kind.* Nach dem Rücktritt von der Institutsleitung arbeitet Marie Meierhofer weiter an der Nachuntersuchung der Zürcher Heimkinder, die jedoch unvollendet bleibt. Sie unternimmt verschiedene Reisen in die Südsee, nach Ostafrika, Japan, Australien, Zentral- und Südasien.

Am Aidstag 1992 sieht Marie Meierhofer eine Fernsehsendung über die Immunschwächekrankheit Aids in Afrika, in der gezeigt wird, wie die erwachsene Bevölkerung ganzer Dörfer ausstirbt, die gesunden Kinder allein zurückbleiben und zu verhungern drohen. Man rechne in den nächsten Jahren mit gegen 15 Millionen Waisenkindern. Marie Meierhofer entwirft im Alter von 83 Jahren ein Konzept für die Rettung der Kinder in Afrika. Das Konzept, das sie auch an die UNICEF weiterleitet, wird im Rahmen des Projektes Co-operaid teilweise realisiert. Das Projekt beruht auf folgenden Grundpfeilern:

– Die Ernährung und medizinische Versorgung der Kinder muss sichergestellt werden.
– Die Kinder sollen in ihren Häusern oder Hütten gelassen werden und eine autonome Gruppe bilden, die von einem Familienrat gelenkt wird.

- Die Interessen der Kinder und ihre Besitztümer müssen gesichert werden. Fachpersonen leiten die Kinder zum selbständigen Handeln an und schulen die Kinder.
- Die Kinder werden dazu angeleitet, sich mit der Zeit selbst zu versorgen.
- Die Sitten und Gebräuche des Stammes werden beibehalten, sofern sie mit einer demokratischen Haltung und den Menschenrechten vereinbar sind.
- Die gesammelten Erfahrungen werden ausgewertet. Die fachliche Betreuung soll wenn immer möglich durch geschulte Mitglieder des gleichen Stammes erfolgen.[15]

In diesen Vorschlägen klingen Auseinandersetzungen nach, die Marie Meierhofer bereits beim Aufbau des Kinderdorfes Pestalozzi mit dem Leitungsgremium ausgetragen hat. Die Kinderhereinnahme aus andern Kulturen ist für Marie Meierhofer nur eine Notlösung, die zum Zug kommt, wenn im Land selbst keine Lösung gefunden wird. Auch um mehr Selbstbestimmung für die Kinder hat sie bereits im Kinderdorf gekämpft.

Noch ein Weiteres wird hier wirksam: Marie Meierhofer hat bereits als Jugendliche, als sie und ihre beiden Schwestern verwaist und weitgehend mittellos dastanden, die Kraft des Zusammenhaltes unter Geschwistern sowie die grosse Unterstützung durch Freunde erfahren.

Im Alter von 86 Jahren schreibt Marie Meierhofer den Bericht *Gedanken über Leben und Tod,* den sie an ihre Freunde und Bekannten verschickt. Sie blickt darin auf ihr Leben zurück. Im Zentrum des Berichtes steht dabei die Erinnerung an die vielen, oft schon in jungen Jahren verstorbenen Freunde. Dabei knüpft sie an die Zeit nach dem Tod des Vaters an, in der die drei Schwestern, völlig auf sich gestellt, miteinander die Schwierigkeiten des Alltags meistern:

«Wir drei total verwaisten Mädchen, wollten zusammenbleiben und unser Studium fortsetzen. Die schöne Wohnung am Zürichberg, welche Papa mit uns vor Jahresfrist bezogen hatte, war durch seinen Tod bereits gekündigt. Ich fand eine billige, aber hübsche Mansardenwohnung im 5. Stock eines Hauses in der Nähe der Nordbrücke, und wir zogen um. Da wir jung waren, lernten wir rasch äusserst zu sparen. Es half uns, dass wir alle drei in der Mensa der Uni für 60 Rappen oder 1 Franken pro Mittagsmahlzeit essen konnten. Alles Übrige machten wir selbst, auch die Kleider habe ich nach Schnittmustern und Abschätzungen selbst genäht. Emmi war tapfer, gab die Privatschule für die Maturität auf und belegte eine Ausbildung an der Handelsschule Räber.»[16]

Marie Meierhofer baut ihr Leben auf Beziehungen und intensiven Kontakten auf nicht nur zu ihren Schwestern und Verwandten, sondern auch zu vielen Freunden und Bekannten. Die Gruppe von Gleichaltrigen ist für sie und ihre Schwestern insbesondere während des Studiums von sehr grosser Bedeutung. Man trägt einander durch Krisen hindurch seelisch und materiell. So überrascht es nicht, dass Marie Meierhofer auch nach ihrer Pensionierung und insbesondere nach ihrer Rückkehr ins Ägerital, wo sie sich 1979 eine Eigentumswohnung kauft, intensiv Kontakte pflegt und Zusammenkünfte organisiert. Das Gästebuch, das Marie Meierhofer im neuen Haus in Oberägeri weiterführt, ist voller Namen von Freunden, die aus aller Welt – auch aus den Vereinigten Staaten – anreisen, um alte Beziehungen wieder zu beleben.

«Ich liebe die Gesellschaft mit anderen Menschen, mit guten Freunden, nur bin ich im Anfang immer etwas scheu und muss angewärmt werden. Ich hatte auch viele Jahre wenig Zeit für Gesellschaftliches. Am wohlsten war mir immer mit den Kindern und ihren Eltern, meinem eigentlichen Fachgebiet. Freude machten mir auch immer die Feste, die wir gerne feierten, meistens ein Sommerfest in der Nähe meines Geburtstages Ende Juni oder anfang Juli, häufig im Ägerihüsli, und das Klausfest im Winter.»[17]

Die grosse Bedeutung intensiver Beziehungen und Kontakte zu andern Menschen, wie sie Marie Meierhofer im eigenen Leben erfahren hat, überträgt sich auf ihre berufliche Tätigkeit als Psychotherapeutin und Erforscherin der Situation der Kinder in Heimen. Man muss die Kontakt- und Beziehungssituation als eigentlichen Kern der therapeutischen Tätigkeit und ihrer wissenschaftlichen Tätigkeit bezeichnen. Wichtig ist allerdings auch, dass Marie Meierhofer weiss, dass gute Kontakte nur möglich sind, wenn die Strukturen und das weitere Umfeld stimmen. So bezieht sie bei Einzeltherapien die Situation der Kinder zu Hause, Mutter und Vater, ja selbst Haustiere mit ein. In Heimen geht es Marie Meierhofer zunächst einmal darum, den Betreuerinnen genügend Zeit für die Kinder zu geben und auch geeignete räumliche Strukturen zu schaffen.

488

489

HEIMKEHR UND RÜCKBLICK

In ihrem Rückblick *Gedanken über Leben und Tod* fasst Marie Meierhofer wichtige Erkenntnisse zusammen:

«Ich habe in meinem Leben viel geliebt, nicht nur erotisch, sondern vor allem auch Kinder, welche in meiner Obhut standen. In erster Linie natürlich Edgar und die schon erwähnten Patenkinder und dann die Kinder meiner Schwester und meines Bruders, aber ich möchte sagen, dass ich eigentlich noch alle mir anvertrauten Kinder, sei es in Kinderkolonien, Kinderheimen oder in der Praxis geliebt habe. Das heisst, ich bin auch von ihnen zurück geliebt worden. Jedes kleine Kind ist ein grosses Wunder. Es besitzt ein einzigartiges Potential, das es zu fördern gilt. [...]

Bei meiner Behandlung der Kleinkinder mit Essstörungen, Schlafstörungen, Bettnässen und allen möglichen, hauptsächlich vegetativen, Symptomen war ja eine intensive Zusammenarbeit mit den Eltern notwendig und eine Art Umerziehung. Das habe ich überhaupt immer in der Praxis getan, ich habe immer mit den Eltern gearbeitet, die ja tatsächlich die Hauptleidtragenden der Störungen waren. Sie mussten diese Kinder erziehen oder betreuen, und doch litten sie unter den Symptomen. Das war meine Hauptaufgabe, immer diese Eltern aufzuklären und zu stützen, wobei ja vor allem die Mutter vorbeikam. Die Gelegenheiten, den Vater zu sehen und zu beeinflussen, waren knapper, aber ich habe immer versucht, auch den Vater zu erwischen und eher abgelehnt, eine Behandlung zu übernehmen, wenn der Vater nicht mitmachen wollte. Hilfreich waren dabei auch die Hausbesuche, wobei ich meist zum Nachtessen eingeladen war.»[18]

Was für Kinder in der Familie gilt, hat in noch grösserem Ausmass auch für die Kinder in Heimen seine Geltung:

«Die Pädiatrie stand damals unter der Fuchtel der Infektionskrankheiten, gegen welche es kaum Impfungen und noch keine Antibiotika gab. [...] Da lag es nahe, Säuglinge und Kleinkinder zu beschützen und keine fremden Kontakte zuzulassen. [...] Wenn ich in gewissen Heimen grosse Säle mit kleinen Kindern unter einem Jahr sah, wunderte ich mich nicht. Im sauberen Bettlein mit weiss ausgekleideten Wänden, eventuell gar Zwischenwänden (gegen den Durchzug), konnten sie nur nach oben an die weisse Decke blicken. Da die Reinigung am laufenden Band geschah, ging dies schnell vor sich, und die Flaschen wurden ins Bett gelegt, um wieder in den Mund gestossen zu werden, wenn sie verloren gingen.»[19]

488–490
Im Jahr 1984 treffen sich Freunde sowie alte und neue Mitarbeiterinnen und Mitarbeiter des Instituts mit ihren Familien bei Marie Meierhofer zum 75. Geburtstag. Die Kinder schreiben und zeichnen Widmungen ins Gästebuch. Darunter ist auch Lea Nufer, sie zeichnet ins Gästebuch.

HEIMKEHR UND RÜCKBLICK

Der Tod als Stachel

Wer liebt und gute Beziehungen hat, wird auch den Tod seiner Bezugspersonen als äusserst schmerzhaft empfinden. Marie Meierhofer verliert kaum im Schulalter ihren kleinen Bruder Robert, mit 16 Jahren die Mutter, mit 22 Jahren den Vater und mit 24 Jahren die Schwester Albertine. Die Erfahrung des Todes hat das Leben von Marie Meierhofer geprägt. Marie Meierhofer ist sich dessen bewusst: «Mich aber hat der Tod schon in der Kindheit plötzlich überfallen und hat mir das Liebste geraubt und mich in die Tiefen erschüttert und meine Entwicklung beeinflusst. So hat in meiner Kindheit und Jugendzeit der Tod vorzeitig, jäh und gewaltsam vier unserer sechs Familienmitglieder aus dem Leben gerissen. Dieser wiederholte schlagartige Verlust einer jeweiligen intensiven Beziehungsperson hat in meiner Entwicklung als Älteste der Kinder schwere Folgen gehabt.»[20]

Die wiederholte und frühe Erfahrung des Todes wird für Marie Meierhofer, wie sie selbst schreibt, zur «Triebfeder für mein Handeln im späteren Leben».[21] Sehr eindrücklich wird dies bereits bei der siebenjährigen Marie. Man mag es als unbedeutende kindliche Fantasie abtun, wenn sie nach dem Tod ihres Bruders davon träumt, ein «Haus für Kinder» zu bauen. Rückblickend auf das ganze Leben muss man jedoch festhalten, dass der kindliche Wunschtraum Wirklichkeit geworden ist. «Nach dem Tode meines Brüderchens beschäftigten mich auch immer wieder Phantasien, wie man durch die Errichtung eines Heimes oder einer sonstigen Stätte Kinder, welche keine Eltern hatten oder in schlechten Verhältnissen leben, retten könnte.»[22]

Die einschneidendste Erfahrung macht Marie Meierhofer beim Tod ihrer Schwester Albertine. So schreibt sie noch 1972 an Walter Robert Corti: «Überhaupt ist alles gut, so wie es gekommen ist. Nur die Tragödie mit Tineli habe ich noch nicht überwunden.»[23] Erschwerend hierbei war, dass es kein Unfall war, der die Schwester aus dem Leben riss, sondern eine Krankheit, welche durch eine gestörte Beziehung zur Umwelt, auch zur Schwester Marie, verstärkt wird. Marie Meierhofer ist sich dessen bewusst.

«Meine grosse Sorge war die Vereinsamung und neuerliche Depression von Tineli nach dem Tode von Papa. Sie war noch zu jung und zu sensibel, um selbständig zu leben. Zwar nahm ich meine Schwestern immer mit in den Freundeskreis, und meine Freunde und ihre Familien waren auch immer ihre Freunde. [...] Emmi und ich beschlossen, sie in einer befreundeten Familie zu platzieren. Tineli war einverstanden. Ohne uns zu konsultieren hat aber diese Familie aus Angst vor Suizidgefahr Tineli

491

491

Marie Meierhofer macht kurz nach dem Tod ihres Bruders in der Agenda der Mutter zwei Zeichnungen.[24] Auf der einen sieht man einen kleinen Knaben auf dem Stuhl am Tisch sitzen, auf der folgenden Seite wird das Bild, diesmal ohne Kind, wiederholt (vgl. Seite 62).

HEIMKEHR UND RÜCKBLICK

in die psychiatrische Klinik des Ortes gebracht. Dies war ein Schock für Tineli, und sie hat mir nachher immer wieder Vorwürfe gemacht, ja, sie wollte nichts mehr von mir wissen. Ihre Anschuldigungen waren ungerechtfertigt, das wusste ich schon. Trotzdem plagten mich Schuldgefühle und erregten in mir den Wunsch, in dieser hilflosen Situation etwas zu unternehmen und Wege zu möglichst frühzeitiger Behandlung solcher Zustände zu finden.»[25]

Auseinandersetzung mit dem eigenen Tod

Wer bereits so viel Erfahrungen mit dem Sterben gemacht hat, fürchtet den eigenen Tod nicht mehr: So die Ansicht von Marie Meierhofer in ihrer letzten Schrift *Gedanken über Leben und Tod.* Darin steht neben der Erinnerung an viele verstorbene Freunde der eigene nahe Tod im Zentrum. Tatsächlich hat Marie Meierhofer nicht nur über den Tod geschrieben, sondern auch auf ihn hingelebt und gehandelt.

1979 kehrt Marie Meierhofer erneut ins Ägerital zurück. Zunächst wohnt sie in einer Eigentumswohnung in Oberägeri, ab 1982 in einer Mietwohnung in Unterägeri, und 1988 bezieht sie eine Alterswohnung. In der Nacht vom 22. November 1996 stürzt Marie Meierhofer und erleidet einen Trümmerbruch am linken Arm. Sie wird in der Folge in die Pflegeabteilung des Alters- und Pflegeheims St. Anna in Unterägeri aufgenommen. Marie Meierhofer stirbt am 15. August 1998.

Anlässlich von Besuchen in den letzten Lebensjahren hat Marie Meierhofer verschiedentlich darüber berichtet, dass sie ihre Aufenthalte genau geplant und sich auch frühzeitig für eine Alterswohnung angemeldet habe. Dabei habe sie Wert darauf gelegt, dass die Möglichkeit bestehe, in eine Pflegeabteilung aufgenommen zu werden. Der eigene Tod wird von Marie Meierhofer bewusst in die Planung einbezogen und klaglos akzeptiert.[26]

«Am 21. Juni 1995 wurde ich 86 Jahre alt. Ich hätte nie gedacht, dass ich ein so hohes Alter erreichen würde. Meine blöden Krankheiten und Zwischenfälle haben mir das Leben immer erschwert, waren jedoch nicht so schlimm, dass ich hätte lange aussetzen müssen. […]

In diesem Alter muss man ja damit rechnen, dass der Tod in den nächsten Jahren eintreten wird. Deshalb ist es sicher nicht abwegig, sich Gedanken darüber zu machen, ich meine nicht so sehr über die Art des Todes, natürlich wünscht man sich einen Herzschlag und eine kurze Zeit der Pflegebedürftigkeit, aber dies alles steht in den Sternen, und es lohnt sich nicht, darüber nachzudenken, höchstens vorbereitungsweise.

Das Leben ist kostbar und einzig auf der Erde vorhanden. Es ist auch ständig vom Tode bedroht, was es noch wertvoller macht. Leben und Tod gehören zusammen. Wo das Leben endgültig erlischt, tritt der Tod ein. Die Lebensprozesse sind schwierig und Störungen häufig. [...]

Wir aber leben meistens so daher, als gäbe es den Tod nicht und als wäre das Leben eine Selbstverständlichkeit mit dauernder Garantie.»[27]

Den Schluss ihres Berichtes widmet Marie Meierhofer dem eigenen Tod, der Religion und der Musik, welche für sie ins Jenseits weist, sowie ihrem Adoptivsohn Edgar:

«Auf diese Weise war ich immer wieder gezwungen, mich mit dem Tod zu beschäftigen. Und jetzt bin ich nicht mehr weit von meinem eigenen Tod entfernt. Ich habe gar keine Angst davor. [...] Fragen kann man sich indessen, was nach dem Tode geschieht. Die meisten Menschen glauben an einen Himmel, in den man aufgenommen wird. Ich glaube nicht, dass jemand, ausser scherzweise, wirklich glaubt, dass er in die Hölle kommt. Das sind Vorstellungen aus der Religion und aus Mythen. Ich glaube nicht daran, obwohl ich das einen schönen Gedanken finde, dass man seine Lieben im Himmel wieder finden könnte. Wie gerne würde ich mein Adoptivkind Edgar, meine Patenkinder Ernstli und Ruedi und andere Menschen, die ich geliebt habe und die vor mir starben, wieder sehen. Nicht zu vergessen die Hunde, von denen ich im Lauf der Jahrzehnte doch mehrere hatte und an denen ich sehr hing. Man müsste dann aber ganz andere Kräfte haben als im Leben, damit man der Fülle der geliebten Menschen gerecht würde. Gerne würde ich auch in den himmlischen Chören mitsingen wie einstmals im gemischten Chor Zürich, als wir in der Tonhalle Passionen von Johannes Sebastian Bach aufführten.

Damals war ich dabei oft durchströmt von einem gehobenen und entrückten Gefühl, aber ich kann nicht an den Himmel glauben. Für mich ist er eine Wunschvorstellung des Menschen nach Erhöhung, Verklärung und Befreiung vom irdischen Makel. Überhaupt gehört die Musik für mich in die himmlische Kategorie. Jetzt im Alter, wo die Seh- und das [sic] Hörfähigkeit abnehmen, bin ich dankbar, dass ich noch Musik hören kann, aber das passive Aufnehmen ist nicht vergleichbar mit dem aktiven Musizieren. [...]

Ich glaube nicht nur nicht an den Himmel, sondern ich habe auch meine Probleme mit der Religion, das heisst mit Gott. Ich gehöre zwar der evangelisch-reformierten Kirche in der Schweiz an, bezahle auch immer meine Kirchensteuer, und habe sogar vereinbart, dass die Abdankung im üblichen Ge-

492

Marie Meierhofer im Gespräch, 1994 (Ausschnitt).

brauch veranstaltet wird. Aber ich glaube nicht an den jüdisch-christlichen Gott Jehova und auch an keine anderen Götter. Ich glaube zwar, dass es etwas Göttliches gibt, auf jeden Fall eine schöpferische Kraft, die diese wunderbaren lebenden Dinge erfunden hat. [...]

Ich habe lange gelebt, geliebt und gelitten. So vielfältig wie der Mensch selbst, so ist auch sein Leben voll Schönheit, Liebe, Freuden, Gelingen und Befriedigung. Gleichzeitig ist es voll Unzulänglichkeiten, wie Schmerzen, Trauer, Unfriede, Versagen, Schuld und anderes. Alles hat einmal ein Ende. Ich glaube, dass gerade diese Widersprüchlichkeiten den Reiz des Lebens ausmachen. Man muss das Leben nehmen wie es ist, und auch mit sich selbst Geduld haben. Mein Blatt am Baume im Walde ist bunt geworden. Bald wird es ‹vom Winde verweht› werden.

Wenn ich jetzt auf mein Leben zurückblicke, dann leuchtet hell das Bild von Edgar, meinem *Chläusli*, hervor, jenem kleinen, verlorenen Büblein aus dem Kinderspital, welcher mir bei der Arztvisite seine mageren Ärmchen entgegenstreckte. Wenn ich an sein Bettchen trat, nahm er meine Hand, legte sein Gesichtlein hinein und lachte. [...] Es leuchten ferner auf die Bilder der Verwandten und der Freunde, welche Edgar gerne hatten und uns wenn nötig beistanden. Wenn diese bei uns im *Ägerihüsli* beim Besuch oder in den Ferien waren, konnte Edgar ans Klavier sitzen, improvisieren und ganze Geschichten singen über die Anwesenden und über seine Mami. Edgar war im Sterben ebenso tapfer wie im Leben. Seine Asche ruht seit bald 30 Jahren im Familiengrab der Meierhofer in Turgi. Trotz allen Hindernissen hatte Edgar ein glückliches Leben und hinterlässt uns unvergessliche Erinnerungen.»[28]

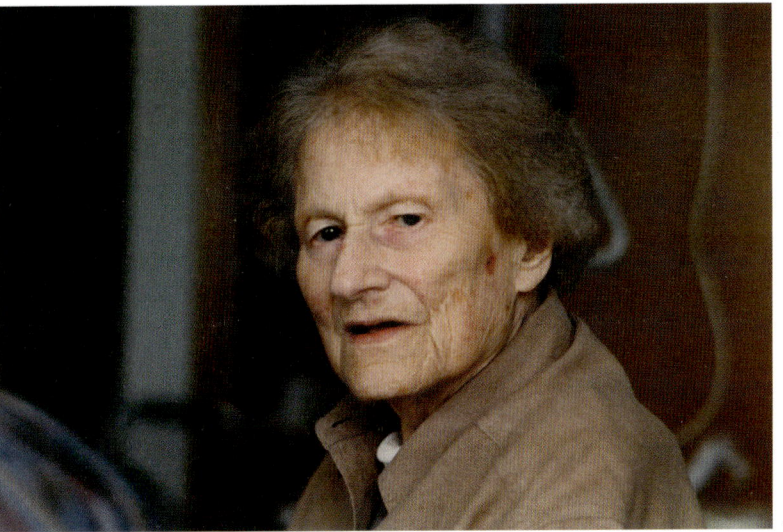

493

Wenige Wochen vor ihrem Tod äusserte Marie Meierhofer den Wunsch nach einer Fotografie. Dabei entstand dieses Porträt.

HEIMKEHR UND RÜCKBLICK

Anhang

Zeittafel

Anmerkungen

Bibliografie

Personenregister

Die Stiftung Archiv Marie Meierhofer

Die Autoren

Die Stiftung Archiv Marie Meierhofer dankt

Bildnachweis

Zeittafel

Jahr	Datum	Ereignis
1863	10. September	Geburt von Albert Meierhofer in Weiach (Zürcher Unterland)
1884	23. Mai	Geburt von Maria (genannt Marie) Verena Lang in Baden
1887	10. Oktober	Heirat von Albert Meierhofer und Emma Brodbeck in Luzern
1891		Aufnahme der Pflegekinder Eduard Furrer (geboren 1888) und Adèle (genannt Delli) Furrer (geboren 1891)
1900	18. April	Geburt von Johann Albert Hermann (genannt Hans oder Hansli) in Zürich
1904	15. Oktober	Tod von Emma Meierhofer-Brodbeck in Turgi
1906		Bau des Öpfelbäumli in Turgi
1908	27. Juli	Heirat von Albert Meierhofer und Marie Lang
1908		Gründung der Schweizerischen Broncewarenfabrik AG in Turgi durch Hermann Gaiser, Albert Meierhofer und Wilhelm Egloff
1909	21. Juni	Geburt von Maria Berta Magdalena (genannt Maiti) in Zürich
1911	6. März	Geburt von Emma Adèle Margaretha (genannt Emmi) in Zürich
1913	10. Dezember	Geburt von Albertina Lina Verena (genannt Tineli oder Tini) in Turgi
1913		Anstellung des Kindermädchens Germaine Borgeaud
1915	21. August	Geburt von Robert Albert Damian (genannt Bubi oder Bubeli) in Turgi
1916	1. Mai	Eintritt von Marie Meierhofer in die Schule in Turgi
1917	4. Mai	Robert (Bubi) Meierhofer ertrinkt im Gartenteich
1921		Marie Meierhofer-Lang geht nach Paris, um sich künstlerisch weiterzubilden, und nimmt Tochter Tineli mit
1924/25		Marie Meierhofer besucht die Schule in Paris
1925	26. Juni	Tod von Marie Meierhofer-Lang bei einem Flugzeugabsturz in Birsfelden
1925	Juni	Marie Meierhofer kehrt nach Turgi zurück
1926		Eintritt von Marie Meierhofer in die Höhere Töchterschule in Zürich
1926		Englandaufenthalt
1926–1929		Marie Meierhofer wohnt in der Pension Bossard in Zürich
1928		Heirat von Germaine Borgeaud und Ernst Märki
1929		Eidgenössische Maturität in Bern
1929		Beginn des Medizinstudiums an der Universität Zürich
1930		Bekanntschaft mit Walter Robert Corti
1930		Erstes Propädeutikum
1931		Umzug der Familie Meierhofer von Turgi nach Zürich
1931		Zweites Propädeutikum
1931	9. Juli	Tod von Albert Meierhofer durch Ertrinken bei einem Paddelbootunglück im Tessin
1932/33		Auslandsemester Marie Meierhofers in Wien zusammen mit Walter Robert Corti
1933/34		Auslandsemester in Rom
1934	15. Januar	Tod von Albertine (Tineli) Meierhofer in der psychiatrischen Klinik Waldau, Bern

Jahr	Datum	Ereignis
1935		Eidgenössisches Staatsexamen
1935 bis 1938		Assistenzzeit an der Psychiatrischen Universitätsklinik Burghölzli (mit Unterbruch Mai bis September 1937)
1937	8. Mai bis 26. Juli	Hospitantin an der Psychiatrischen und Nervenklinik der Universität (Charité) in Berlin
1937		Dissertation «Über atypische Psychosen in einer Chorea-Huntington-Familie»
1939	2. Januar bis 28. April	Hirnforschungsinstitut Neustadt im Schwarzwald
1939	1. Mai	Eintritt ins Kinderspital Zürich (bis 1. August 1942)
1939		Baubeginn des Ägerihüsli
1940	21. März	Geburt von Edgar Hensler in Einsiedeln
1941		Begegnung mit Edgar Hensler (genannt Kläusli) im Kinderspital Zürich
1942	28. September	(bis 25. Februar 1943) Einsatz als Rotkreuzärztin in der Kinderkolonie in Cruseilles (Haute-Savoye)
1943		Eröffnung der Praxis für Kinderheilkunde an der Weinbergstrasse 22 in Zürich
1944	August	Aufruf zur Gründung eines Kinderdorfes (Ein Dorf für die leidenden Kinder) von Walter Robert Corti in der Zeitschrift «Du»
1944	12. Oktober	Flughilfeplan des Kinderdorfes
1944		Kauf des Hauses an der Schmelzbergstrasse in Zürich
1945	15. Januar	Gründungsversammlung der Vereinigung Kinderdorf Pestalozzi
1945	12. September bis 13. November	Einsatz als Rotkreuzärztin in der Station médicale in Caen (Normandie)
1946	28. April	Grundsteinlegung für das Kinderdorf Pestalozzi in Trogen
1946/47		Kinderauswahl für das Kinderdorf Pestalozzi in Südfrankreich, Italien und Polen
1947		Aufbau des medizinisch-psychologischen Dienstes des Kinderdorfes
1948		Kinderauswahl für das Kinderdorf Pestalozzi in Griechenland
1948		Wahl zur Stadtärztin von Zürich (Stellenantritt 1. Oktober)
1948		(bis 1950) Vorstand der FICE (Fédération internationale des communautés d'Enfants)
1950	21. Juli	internationaler Kongress für Pädiatrie in Zürich (bis 31. Juli)
1950		Verkauf des Hauses an der Schmelzbergstrasse
1950	1. Dezember	Umzug an die Dörflistrasse 31 in Zürich
1952	März bis Mai	Kurs in sozialer Pädiatrie am Centre international de l'Enfance in Paris
1952	1. Oktober	Kündigung der Stelle als Stadtärztin
1952/53	September	(bis Mai 1953) Studienaufenthalt in den USA
1953	24. April	Adoption von Edgar Hensler
1953		Wiederaufbau des medizinisch-psychologischen Dienstes im Kinderdorf
1954	18. Juni	Gründung der Arbeitsgemeinschaft zur Förderung des Institutes
1955/56		(Eröffnung im Frühjahr) Versuchskindergarten Küngenmatt in Zürich
1955		(bis 1958) Vorstudien zur Zürcher Heimstudie in zwei Säuglingsheimen
1957	28. Juni	Gründung des Vereins Institut für Psychohygiene im Kindesalter
1958		Beginn der Zürcher Heimstudie
1960		Film «Frustration im frühen Kindesalter»
1961		Film «Unsere Kleinsten» und Fernsehfilm «Im Schatten des Wohlstandes»
1960		Gastvorlesungen in Berlin
1960		Kurs in medizinischer Statistik in Paris
1961		Eröffnung der Mütterberatungsstelle im Pavillon Egg
1961		Beginn der Nachuntersuchung von 30 Kindern des Versuchskindergartens Küngenmatt (1962 aus finanziellen Gründen abgebrochen)
1962	6. April	Einbürgerung in Zürich
1962		Umzug nach Ägeri
1963		Abschluss der Auswertungen der Heimstudie
1965		Veröffentlichung von «Frustration im frühen Kindesalter»

Jahr	Datum	Ereignis
1966	25. April	Tod von Edgar Meierhofer
1968		Das Institut erhält Subventionen von Stadt und Kanton Zürich
1969		Vorbereitungen zur Nachuntersuchung
1970		Finanzierung der Nachuntersuchung durch den Schweizerischen Nationalfonds
1970		Verkauf des Ägerihüsli
1971		Gründung der Beratungsstelle für Heime und Krippen
1973		Abschluss der Studien zur Nachuntersuchung
1973	6. Juni	Eröffnung der Kinderkrippe Berghalden in Horgen
1974	18. Juni	Verleihung der Ehrendoktorwürde der Philosophischen Fakultät I der Universität Zürich
1975		Schlussbericht der Nachuntersuchung an den Schweizerischen Nationalfonds
1977		Rücktritt aus der Institutsleitung
1978		Umbenennung des Instituts in Marie Meierhofer-Institut für das Kind
1979	8. Juni	Kauf einer Eigentumswohnung an der alten Landstrasse 42 in Unterägeri
1979		Wiedereröffnung der Praxis für Psychotherapie in Ägeri
1980		Umzug ins Altersheim in Ägeri
1983	19. November	STAB-Preis (Stiftung für abendländische Besinnung)
1989	1. Juni	«Sonnenschein-Medaille – miteinander wachsen» der Aktion Sonnenschein
1989	3. November	Ehrung der Steo-Stiftung
1990		Tod von Walter Robert Corti
1992	22. März	Tod von Emmi Maier-Meierhofer
1992	Dezember	Konzept für afrikanische Kinderdörfer
1998	15. August	Tod von Marie Meierhofer in Unterägeri

Anmerkungen

Herkunft und Geburt

1 Family History, S. 26. StAAG NL.A-0266/0001/02.
2 Ebd.
3 Ebd.
4 StAAG NL.A-0266/0054/02.
5 Brief von Hans Meierhofer an Albert Meierhofer, 3.2.1907. StAAG NL.A-0266/0030/06.
6 StAAG NL.A-2066/0006a/25.
7 StAAG NL.A-0266/0057/01.
8 StAAG NL.A-0266/0057/04.
9 Ebd.
10 Ebd.
11 Agenda von Marie Lang, 1906. StAAG NL.A-0266/0006a/19.
12 StAAG NL.A-0266/0032/13/01.
13 StAAG NL.A-0266/0022/15/05.
14 StAAG NL.A-0266/0022/16.
15 StAAG NL.A-0266/0022/16.
16 StAAG NL.A-0266/0022/15/01.
17 StAAG NL.A-0266/0022/16.
18 StAAG NL.A-0266/0022/15/05.
19 Kleiner, Zwischen Normen und Selbstverwirklichung, S. 39.
20 StAAG NL.A-0266/0031/11/03.
21 StAAG NL.A-0266/0022/16.
22 Ebd.
23 Ebd.
24 Einsatz für das Kind, S. 25f. StAAG NL.A-0266/0007/03.
25 Agenda von Marie Meierhofer-Lang, 1908. StAAG NL.A-0266/0006a/19.
26 Brief von Albert Meierhofer an Lehrer Hitz, 9.11.1908. StAAG NL.A-0266/0032/11/04.
27 Einsatz für das Kind, S. 25. StAAG NL.A-0266/0007/03.
28 Brief von Marie Meierhofer-Lang an Albert Meierhofer, 30.3.1909. StAAG NL.A-0266/0030/12.
29 Dr. med. Hans Hoppeler galt damals als einer der führenden Ärzte, was die Geburtshilfe und Pflege der Säuglinge betrifft. Hoppeler hat später verschiedene Bücher geschrieben, die sich mit Kinderpflege und Kindererziehung beschäftigen. Die Bücher wurden bis in die 1950er-Jahre immer wieder in grossen Auflagen gedruckt. Am bekanntesten ist das umfangreiche Werk «Dr. Hoppeler's Hausarzt», das 1923 erstmals erschienen ist. Hoppeler war praktizierender Arzt in Zürich und ärztlicher Leiter des Kinderheims Zürichberg.
30 StAAG NL.A-0266/0006a/18.
31 StAAG NL.A-0266/0002/02.
32 Klencke, Hermann: Die Mutter als Erzieherin ihrer Töchter und Söhne zur physischen und sittlichen Gesundheit vom ersten Kindesalter bis zur Reife. (Auch dieses Buch war ein beliebter Erziehungsratgeber. Es erschien 1895 bereits in der 10. Auflage.) – Dr. med. Anna Fischer-Dückelmann: Das goldene Familienbuch. Die Frau als Hausärztin. Das Buch erreichte schon 1913 eine Millionenauflage.
33 StAAG NL.A-0266/0006a/18.
34 Einsatz für das Kind, S. 13. StAAG NL.A-0266/0007/03.
35 StAAG NL.A-0266/0009/12.
36 StAAG NL.A-0266/0009/08.
37 Einsatz für das Kind, S. 3. StAAG NL.A-0266/0007/03.
38 StAAG NL.A-0266/0006a/19.

Aufwachsen in Turgi

1 Haller, Chronik von Turgi, S. 51.
2 Ebd., S. 63.
3 Einsatz für das Kind, S. 1. StAAG NL.A-0266/0007/03.
4 StAAG NL.A-0266/0024/03.
5 StAAG NL.A-0266/0004/20.
6 StAAG NL.A-0266/0023b.
7 Family History, S. 7. StAAG NL.A-0266/0001/02.
8 StAAG NL.A-0266/0024/19.
9 Einsatz für das Kind, S. 23. StAAG NL.A-0266/0007/03
10 StAAG NL.A-0266/0009/08.
11 Ebd.
12 Aus einem Gespräch mit Marie Meierhofer 1989, in: Und Kinder Nr. 36, Festgabe zum Geburtstag von Marie Meierhofer, S. 2f. StAAG NL.A-0266/0019/01.
13 Agenda von Marie Meierhofer-Lang, 1912. StAAG NL.A-0266/0006a/19.
14 Einsatz für das Kind, S. 3. StAAG NL.A-0266/0007/03.
15 Ebd., S. 3f.
16 Brief von Marie Meierhofer-Lang an Marie Meierhofer, 25.2.1911. StAAG NL.A-0266/0035/04.
17 Ebd.
18 Aus einem Gespräch mit Marie Meierhofer 1989, in: Und Kinder Nr. 36, Festgabe zum Geburtstag von Marie Meierhofer, S. 3. StAAG NL.A-0266/0019/01.
19 Einsatz für das Kind, S. 3. StAAG NL.A-0266/0007/03.
20 Brief von Hans Meierhofer an Albert Meierhofer, März 1910. StAAG NL.A-0266/0030/06.
21 Brief von Hans Meierhofer an Albert Meierhofer, 8.3.1910. StAAG NL.A-0266/0030/06.
22 Brief von Albert Meierhofer an Hans Meierhofer, 31.5.1911. StAAG NL.A-0266/0030/05.
23 Brief von Albert Meierhofer an Hans Meierhofer, 5.12.1911. StAAG NL.A-0266/0030/05.
24 Brief von Albert Meierhofer an Hans Meierhofer, 31.5.1911. StAAG NL.A-0266/0030/05.
25 Brief von Albert Meierhofer an Hans Meierhofer, 5.12.1911. StAAG NL.A-0266/0030/05.
26 Einsatz für das Kind, S. 4. StAAG NL.A-0266/0007/03.
27 Ebd.
28 Aus einem Gespräch mit Marie Meierhofer 1989, in: Und Kinder Nr. 36, Festgabe zum Geburtstag von Marie Meierhofer, S. 4. StAAG NL.A-0266/0019/01.
29 Ebd, S. 4f.
30 Agenda von Marie Meierhofer-Lang, 1912. StAAG NL.A-0266/0006a/19.
31 StAAG NL.A-0266/0021/09.
32 Einsatz für das Kind, S. 4. StAAG NL.A-0266/0007/03.
33 Auftragsbuch von Albert Meierhofer 1913. StAAG NL.A-0266/0003/01.
34 Einsatz für das Kind, S. 4. StAAG NL.A-0266/0007/03.
35 StAAG NL.A-0266/0021/09.
36 Zöliakie (Herter'sche Krankheit): Erkrankung der Dünndarmschleimhaut im Säuglings- und Kleinkindalter.
37 Einsatz für das Kind, S. 4f. StAAG NL.A-0266/0007/03.
38 Agenda von Marie Meierhofer-Lang, 1914. StAAG NL.A-0266/0006a/19.
39 Einsatz für das Kind, S. 10. StAAG NL.A-0266/0007/03.
40 Ebd., S. 9.
41 StAAG NL.A.0266/0006a/23.
42 StAAG NL.A-0266/0069/05.
43 Agenda von Marie Meierhofer-Lang, Eintrag vom 18. Mai. StAAG NL.A-0266/0006a/19.

[44] Agenda von Marie Meierhofer-Lang, 1912. StAAG NL.A-0266/0006a/19.
[45] Aus einem Gespräch mit Marie Meierhofer 1989, in: Und Kinder Nr. 36, Festgabe zum Geburtstag von Marie Meierhofer, S. 10. StAAG NL.A-0266/0019/01.
[46] Ebd, S. 10f.
[47] Auftragsbuch von Albert Meierhofer 1914. StAAG NL.A-0266/0003/01.
[48] Ebd.
[49] Auftragsbuch von Albert Meierhofer 1915. StAAG NL.A-0266/0003/01.
[50] StAAG NL.A-0266/0017/01.
[51] Agenda von Marie Meierhofer-Lang, 1914. StAAG NL.A-0266/0006a/19.
[52] Agenda von Marie Meierhofer-Lang, 1916. StAAG NL.A-0266/0006a/19.
[53] Agenda von Marie Meierhofer-Lang, 1914. StAAG NL.A-0266/0006a/19.
[54] Brief von Marie Meierhofer-Lang, 27.7.1915. StAAG NL.A-0266/0030/12.
[55] Privatbesitz Hüttenmoser.
[56] Agenda von Marie Meierhofer-Lang, 1915. StAAG NL.A-0266/0006a/19.
[57] Aus einem Gespräch mit Marie Meierhofer 1989, in: Und Kinder Nr. 36, Festgabe zum Geburtstag von Marie Meierhofer, S. 5. 1989. StAAG NL.A-0266/0019/01.
[58] Einsatz für das Kind, S. 5. StAAG NL.A-0266/0007/03.
[59] StAAG NL.A-0266/0022/02.
[60] Agenda von Marie Meierhofer-Lang, 1916. StAAG NL.A-0266/0006a/19.
[61] Einsatz für das Kind, S. 4. StAAG NL.A-0266/0007/03.
[62] StAAG NL.A-0266/0022/05.
[63] Aus einem Gespräch mit Marie Meierhofer 1989, in: Und Kinder Nr. 36, Festgabe zum Geburtstag von Marie Meierhofer, S. 6. StAAG NL.A-0266/0019/01.
[64] Ebd.
[65] Agenda von Marie Meierhofer-Lang, 1917. StAAG NL.A-0266/0006a/19.
[66] Aufsatz von Marie Meierhofer 1925. StAAG NL.A-0266/0010/04.
[67] StAAG NL.A-0266/0010/04.
[68] Agenda von Marie Meierhofer-Lang, 1917. StAAG NL.A-0266/0006a/19.
[69] Einsatz für das Kind, S. 9. StAAG NL.A-0266/0007/03.
[70] Ebd.
[71] Ebd., S. 10.
[72] Agenden von Marie Meierhofer-Lang. StAAG NL.A-0266/0006a/19.
[73] Nachruf auf Adèle Furrer. StAAG NL.A-0266/0006a/05.
[74] Agenda von Marie Meierhofer-Lang, 1917. StAAG NL.A-0266/0006a/19.
[75] Aus einem Gespräch mit Marie Meierhofer 1989, in: Und Kinder Nr. 36, Festgabe zum Geburtstag von Marie Meierhofer, S. 8. StAAG NL.A-0266/0019/01.
[76] Ebd.
[77] StAAG NL.A-0266/0020.
[78] Aus einem Gespräch mit Marie Meierhofer 1989, in: Und Kinder Nr. 36, Festgabe zum Geburtstag von Marie Meierhofer, S. 9. StAAG NL.A-0266/0019/01.
[79] Ebd., S. 17.
[80] Einsatz für das Kind, S. 8. StAAG NL.A-0266/0007/03.
[81] Ebd., S. 8f.
[82] Ebd., S. 9.
[83] Ebd., S. 6.
[84] Ebd., S. 11f.
[85] Ebd., S. 11.
[86] Aus einem Gespräch mit Marie Meierhofer 1989, in: Und Kinder Nr. 36, Festgabe zum Geburtstag von Marie Meierhofer, S. 14. StAAG NL.A-0266/0019/01.
[87] Brief von Marie Meierhofer an Marie Meierhofer-Lang, 3.10.1921. StAAG NL.A-0266/0035/05.
[88] Einsatz für das Kind, S. 11. StAAG NL.A-0266/0007/03.
[89] StAAG NL.A-0266/0069/03.
[90] Brief von Marie Meierhofer an Marie Meierhofer-Lang, 3.10.1921. StAAG NL.A-0266/0035/05.
[91] StAAG NL.A-0266/0058/02.
[92] StAAG NL.A-0266/0059/02.
[93] Ebd.
[94] StAAG NL.A-0266/0057/06.
[95] Ebd.
[96] StAAG NL A-0266/0069/08.
[97] Ebd.
[98] Ebd.
[99] Ebd.
[100] Haller, Chronik von Turgi, S. 102.
[101] StAAG NL.A-0266/0069/09.
[102] Einsatz für das Kind, S. 10. StAAG NL.A-0266/0007/03.
[103] Ebd., S. 11.
[104] StAAG NL.A-0266/0069/12.
[105] StAAG NL.A-0266/0069/07.
[106] Aus einem Gespräch mit Marie Meierhofer 1989, in: Und Kinder Nr. 36, Festgabe zum Geburtstag von Marie Meierhofer, S. 10. StAAG NL.A-0266/0019/01.
[107] StAAG NL.A-0266/0020.
[108] Joris/Witzig, Brave Frauen, Brave Frauen – aufmüpfige Weiber, S. 85.
[109] Einsatz für das Kind, S. 12. StAAG NL.A-0266/0007/03.
[110] Aus einem Gespräch mit Marie Meierhofer 1989, in: Und Kinder Nr. 36, Festgabe zum Geburtstag von Marie Meierhofer, S. 18. StAAG NL.A-0266/0019/01.
[111] Einsatz für das Kind, S. 15. StAAG NL.A-0266/0007/03.
[112] Agenda von Hans Meierhofer, Eintrag vom 21.6.1924. StAAG NL A-0266/0005/01.
[113] Einsatz für das Kind, S. 15. StAAG NL.A-0266/0007/03.
[114] Ebd., S. 14f.
[115] Aufsatz von Marie Meierhofer 1925. StAAG NL.A-0266/0010/04.
[116] Ebd.
[117] Anklageschrift eingereicht von Dr. A. Keller i. A. Albert Meierhofer an die Staatsanwaltschaft des Kantons Basel-Landschaft, Abschrift. StAAG NL.A-0266/0006b.
[118] Ebd.
[119] StAAG NL.A-0266/0006b.
[120] StAAG NL.A-0266/0006b.
[121] Aufsatz von Marie Meierhofer 1925. StAAG NL.A-0266/0010/04.

Faszination Natur und Technik

[1] Brief von Albert Meierhofer an Marie Meierhofer-Lang, 19.8.1921. StAAG NL A-0266/0030/12.
[2] StAAG NL.A-0266/0127/10.
[3] Wagner, Der Künstler Karl Wilhelm Diefenbach.
[4] Wolbert, Die Lebensreform, S. 10.
[5] Brief von Albert Meierhofer an Emma Meierhofer-Brodbeck, 4.6.1904. StAAG NL.A-0266/0030/04.
[6] Vgl. S. 40.
[7] Brief von Hans Meierhofer an Albert Meierhofer, 26.4.1914. StAAG NL.A.0266/0030/06.
[8] Mogge, Jugendbewegung und Wandervogel.
[9] Einsatz für das Kind, S. 25. StAAG NL.A-0266/0007/03.
[10] Brief von Marie Meierhofer an Walter R. Corti, 19.11.1981. StAAG NL.A-0266/0039a/01/01.
[11] Krabbe, Naturheilbewegung.
[12] Einsatz für das Kind, S. 9. StAAG NL.A-0266/0007/03.
[13] Brief von Marie Meierhofer an Walter R. Corti, 19.11.1981. StAAG NL.A-0266/0039a/01/01.
[14] Just, Kehrt zur Natur zurück!
[15] Einsatz für das Kind, S. 23. StAAG NL.A-0266/0007/03.
[16] Family History von Emmi Maier-Meierhofer. StAAG NL.A-0266/0001/02.
[17] Brief von Marie Meierhofer-Lang an Marie Meierhofer, 12.8.1924. StAAG NL.A-0266/0035/04.
[18] Brief von Marie Meierhofer-Lang an Marie Meierhofer, StAAG NL.A-0266/0035/04.
[19] Bericht des Tages-Anzeigers vom 15.8.1979.
[20] Ulmer, Naturheilkunde und Sanatorien, S. 519.
[21] www.zeit.de/1978/53/EinNackterinderSonne?page=all.
[22] StAAG NL.A-0266/0019/05.
[23] Einsatz für das Kind, S. 23. StAAG NL.A-0266/0007/03.
[24] StAAG NL.A-0266/0021/08.
[25] Brief von Albert Meierhofer an Max Bircher, 28.8.1930. StAAG NL.A-0266/0032/09/03.
[26] Einsatz für das Kind, S. 19. StAAG NL.A-0266/0007/03.
[27] Brief von Marie Meierhofer an Germaine Borgeaud, 28.2.1928. StAAG NL.A-0266/0049/30.
[28] Einsatz für das Kind, S. 2. StAAG NL.A-0266/0007/03.
[29] Ebd., S. 26.
[30] Ebd., S. 14.
[31] Ebd., S. 15.
[32] Ebd., S. 18.
[33] Ebd., S. 28.
[34] Ebd., S. 27.
[35] Briefe von Marie Meierhofer-Lang an Marie Meierhofer. StAAG NL.A-0266/0035/04.
[36] Einsatz für das Kind, S. 48. StAAG NL.A-0266/0007/03.

Wilde, traurige Jahre

1 Einsatz für das Kind, S. 16. StAAG NL.A-0266/0007/03.
2 Ebd.
3 Brief von Albert Meierhofer an Prof. Dr. Wyss, Direktor der Höheren Töchterschule in Zürich. StAAG NL.A-0266/0010/03.
4 Ebd.
5 Auszug aus dem Protokoll der Aufsichtskommission der Höheren Töchterschule. StAAG NL.A-0266/0010/03
6 Einsatz für das Kind, S. 16f. StAAG NL.A-0266/0007/03.
7 Ebd., S. 17.
8 Ebd.
9 StAAG NL.A-0266/0025/05.
10 Brief von Marie Meierhofer an Marie Meierhofer-Lang, 1925. StAAG NL.A-0266/0035/05.
11 Einsatz für das Kind, S. 16. StAAG NL.A-0266/0007/03.
12 Brief von Marie Meierhofer-Lang an Marie Meierhofer, 24.9.1928, StAAG NL.A-0266/0035/04.
13 StAAG NL.A-0266/0057/06.
14 Brief von Germaine Borgeaud, 30.12.1927. StAAG NL.A-0266/0049/30.
15 Haushälterin der Familie Meierhofer.
16 Brief von Ernst Märki an Germaine Borgeaud. StAAG NL.A-0266/0049/36.
17 Brief von Marie Meierhofer an Germaine Borgeaud. StAAG NL.A-0266/0049/30.
18 Ebd.
19 Brief von Marie Meierhofer an Germaine Borgeaud, 9.3.1928. StAAG NL.A-0266/0049/30.
20 Brief von Emmi Meierhofer an Germaine Borgeaud, 7.2.1928. StAAG NL.A-0266/0049/31.
21 Brief von Emmi Meierhofer an Germaine Borgeaud, 11.3.1928. StAAG NL.A-0266/0049/31.
22 Brief von Albert Meierhofer an Marie Meierhofer. StAAG NL.A-0266/0030/13.
23 Brief von Albert Meierhofer an Albertine Meierhofer. StAAG NL.A-0266/0030/15.
24 Brief von Albert Meierhofer an Emmi Meierhofer. StAAG NL.A-0266/0030/14.
25 Agenda von Hans Meierhofer 1928. StAAG NL.A-0266/0005/01.
26 Einsatz für das Kind, S. 18. StAAG NL.A-0266/0007/03.
27 StAAG NL.A-0266/0010/05.
28 Einsatz für das Kind, S. 18. StAAG NL.A-0266/0007/03.
29 Ebd., S. 30f.
30 Brief von Marie Meierhofer-Lang an Marie Meierhofer. StAAG NL.A-0266/0035/04.
31 StAAG NL.A-0266/0010/07.
32 Einsatz für das Kind, S. 21f. StAAG NL.A-0266/0007/03.
33 Hausbuch der Familie Meierhofer, Notiz von Dora Schütz. StAAG NL.A-0266/0022/12.
34 Einsatz für das Kind, S. 23f. StAAG NL.A-0266/0007/03.
35 Brief von Albert Meierhofer an Emmi Meierhofer, 29.6.1930. StAAG NL.A-0266/0030/14.
36 Brief von Albert Meierhofer an Marie Meierhofer, 24.7.1929. StAAG NL.A-0266/0030/13.
37 Einsatz für das Kind, S. 30. StAAG NL.A-0266/0007/03.
38 Ebd., S. 31.
39 Ebd.
40 StAAG NL.A-0266/0018/04.
41 Ebd.
42 Agenda von Marie Meierhofer 1931. StAAG NL.A-0266/0014.
43 Einsatz für das Kind, S. 32. StAAG NL.A-0266/0007/03.
44 Ebd., S. 1.
45 Ebd., S. 24.
46 Brief von Albert Meierhofer an seine Töchter. StAAG NL.A-0266/0030/19.
47 Nachruf in: Des Canaux! Des Bateaux! November 1931. STAAG NL.A-0266/0001/09.
48 Agenda von Marie Meierhofer 1931. StAAG NL.A-0266/0014.
49 StAAG NL.A-0266/0001/09.
50 Einsatz für das Kind, S. 24f. StAAG NL.A-0266/0007/03.
51 Ebd.
52 Ebd., S. 29.
53 Privatbesitz Hüttenmoser.
54 StAAG NL.A-0266/0008/03.
55 Einsatz für das Kind, S. 32f. StAAG NL.A-0266/0007/03.
56 Ebd., S. 34.
57 Brief von Walter R. Corti an Marie Meierhofer, 23.5.1931. StAAG NL.A0039a/01/02.
58 Brief von Marie Meierhofer an Walter R. Corti, 22.6.1931. StAAG NL.A-0266/0038/01/05.
59 Brief von Marie Meierhofer an Walter R. Corti, 14.7.1931. StAAG NL.A-0266/0038/01/05.
60 Brief von Marie Meierhofer an Walter R. Corti, 26.7.1931. StAAG NL.A-0266/0038/01/05.
61 Brief von Marie Meierhofer an Walter R. Corti, 13.12.1932. StAAG NL.A-0266/0038/01/05.
62 Brief von Marie Meierhofer an Walter R. Corti, 1932, ohne genaues Datum. StAAG NL.A-0266/0038/01/05.
63 Brief von Marie Meierhofer an Walter R. Corti, 15.12.1932. StAAG NL.A-0266/0038/01/05.
64 Einsatz für das Kind, S. 35. StAAG NL.A-0266/0007/03.
65 Ebd., S. 37.
66 Ebd., S. 38.
67 Ebd.
68 Ebd., S. 39f.
69 Ebd., S. 40f.
70 Ebd., S. 41.
71 Ebd., S. 42.
72 Ebd.
73 Ebd.
74 Ebd., S. 30.
75 Briefentwurf von Marie Meierhofer, 1934. StAAG NL.A-0266/0038/01/06.
76 Brief von Marie Meierhofer an Walter R. Corti, 19.11.1981. StAAG NL.A-0266/0039a/01/01.
77 Einsatz für das Kind, S. 4. StAAG NL.A-0266/0007/03.
78 Brief von Germaine Borgeaud an Marie Meierhofer, 25.8.1925. STAAG NL.A-0266/0049/30.
79 Einsatz für das Kind, S. 5. StAAG NL.A-0266/0007/03.
80 Lebenslauf, Juni 1933. StAAG NL.A-0266/0021/08.
81 Ebd.
82 Ebd.
83 Brief von Albert Meierhofer an Marie Meierhofer-Lang, 13.7.1921. STAAG NL.A-0266/0030/12.
84 Brief von Marie Meierhofer an Marie Meierhofer-Lang, 3.10.1921, StAAG NL.A-0266/0035/05.
85 Lebenslauf März 1933. StAAG NL.A-0266/0021/08.
86 Ebd.
87 Ebd.
88 Einsatz für das Kind, S. 18f. StAAG NL.A-0266/0007/03.
89 Ebd.
90 Lebenslauf, März 1933. StAAG NL.A-0266/0021/08.
91 Vgl. Kapitel «Faszination Natur und Technik».
92 Lebenslauf Albertine, 17.12.1933. StAAG NL.A-0266/0021/08.
93 Hausbuch der Familie Meierhofer, S. 17. StAAG NL.A-0266/0022/12.
94 Brief von Domenico Russo an Albert Meierhofer, 9.8.1930. StAAG NL.A-0266/0032/02/04.
95 Hausbuch der Familie Meierhofer. StAAG NL.A-0266/0022/12.
96 Lebenslauf, März 1933. StAAG NL.A-0266/0021/08.
97 Brief von Albertine Meierhofer an Damian Lang, 17.7.1932. StAAG NL.A-0266/0049/11.
98 Brief von Marie Meierhofer an Walter R. Corti, 26.12.1932. StAAG NL.A-0266/0038/01/05.
99 Einsatz für das Kind, S. 29. StAAG NL.A-0266/0007/03.
100 Ebd.
101 Brief von Ruth Moppert an Emmi Meierhofer, 28.8.1932. StAAG NL.A-0266/0049/01.
102 Lebenslauf, März 1933. StAAG NL.A-0266/0021/08.
103 Ebd.
104 Ebd.
105 Ebd.
106 Einsatz für das Kind, S. 29. StAAG NL.A-0266/0007/03.
107 Brief von Damian Lang an Albertine Meierhofer, 5.9.1932, StAAG NL.A-0266/0049/11.
108 Lebenslauf, März 1933. StAAG NL.A-0266/0021/08.
109 Einsatz für das Kind, S. 29. StAAG NL.A-0266/0007/03.
110 Brief von Emmi Meierhofer an Marie Meierhofer, 10.10.1932. StAAG NL.A-0266/0036a/06.
111 Brief von Emmi Meierhofer an Marie Meierhofer, 16.10.1932, StAAG NL.A-0266/0036a/06.
112 Einsatz für das Kind, S. 29. StAAG NL.A-0266/0007/03.
113 Lebenslauf, Juni 1933. StAAG NL.A-0266/0021/08.
114 Briefe von Cäsar Tauber an Marie Meierhofer, 23.3. und 15.4.1933. StAAG NL.A-0266/0045/12/01.
115 Brief von Marie Meierhofer an Walter R. Corti, 24.4.1933. StAAG NL.A-0266/0038/01/05.
116 Brief von Damian Lang an Marie Meierhofer, 22.6.1933. StAAG, NL.A-0266/0036a/03.

117 Agenda von Albertine Meierhofer, 1933. StAAG NL.A-0266/0021/19.
118 Einsatz für das Kind, S. 29/30. StAAG NL.A-0266/0007/03.
119 Ebd., S. 44.
120 Ebd., S. 30.
121 Lebenslauf, Dezember 1933. StAAG NL.A-0266/0021/08.
122 Einsatz für das Kind, S. 44f. StAAG NL.A-0266/0007/03.
123 Brief von Dr. med. Josef Sachs, 25.8.2008.
124 Einsatz für das Kind, S. 19. StAAG NL.A-0266/0007/03.
125 Ebd., S. 45f.

Sterile, weisse Welt

1 Agenda von Marie Meierhofer, 1931. StAAG NL.A-0266/0014.
2 Einsatz für das Kind, S. 37. StAAG NL.A-0266/0007/03.
3 Ebd., S. 39.
4 Brief von Marie Meierhofer an Walter R. Corti, 16.11.1933. StAAG NL.A-0266/0038/01/05.
5 Brief von Marie Meierhofer an Walter R. Corti, 4.7.1934. StAAG NL.A-0266/0038/01/06.
6 Brief von Marie Meierhofer an Walter R. Corti, 10.7.1934, StAAG NL.A-0266/0038/01/06.
7 Einsatz für das Kind, S. 46. StAAG NL.A-0266/0007/03.
8 Ebd., S. 48.
9 Ebd.
10 Brief von Marie Meierhofer an Walter R. Corti, 5.11.1935, StAAG NL.A-0266/0038/01/06.
11 Brief von Marie Meierhofer an Walter R. Corti, 11.11.1935, StAAG NL.A-0266/0038/01/06.
12 Brief von Marie Meierhofer an Walter R. Corti, 13.1.1936, StAAG NL.A-0266/0038/01/07.
13 Einsatz für das Kind, S. 47. StAAG NL.A-0266/0007/03.
14 Ebd., S. 47f. StAAG NL.A-0266/0007/03.
15 Ebd., S. 46.
16 Ebd., S. 49.
17 Ebd.
18 Ebd., S. 50.
19 Ebd., S. 50f.
20 Ebd., S. 51f.
21 Ebd., S. 53.
22 Gedanken über Leben und Tod, StAAG NL.A-0266/0123/09.
23 Einsatz für das Kind, S. 58. StAAG NL.A-0266/0007/03.
24 Einsatz für das Kind, S. 62. StAAG NL.A-0266/0007/03.
25 Kinderspital Zürich. «Zum Schutze der uns anvertrauten Kinder». Ohne Datum [um 1940].
26 Ebd., S. 62–64.
27 Ebd., S. 71.
28 Ebd., S. 71f.
29 Ebd., S. 70.
30 Ebd., S. 72f.
31 Brief von Delli Furrer an Marie Meierhofer. StAAG NL.A-0266/0035/46.

Einsätze für kriegsgeschädigte Kinder

1 Schmidlin, Eine andere Schweiz, S. 143ff.
2 StAAG NL.A-0266/0070/08.
3 StAAG NL.A-0266/0070/03.
4 Brief von Marie Meierhofer an Charlotte Trefzer, 15.10.1942. StAAG NL.A-0266/0070/02/05.
5 StAAG NL.A-0266/0070/08.
6 StAAG NL.A-0266/0070/08.
7 Krätze (Scabies) ist eine stark juckende Hautkrankheit.
8 Impetigo ist ein Hautausschlag (Eiterflechte, Grindflechte).
9 StAAG NL.A-0266/0070/08.
10 Ebd.
11 Kanyar-Becker, Die humanitäre Schweiz 1933–1945, S. 77.
12 Ebd., S. 31.
13 Ebd., S. 32.
14 Schmidlin, Eine andere Schweiz, S. 259.
15 Ebd., S. 293.
16 StAAG NL.A-0266/0007/02.
17 Kanyar-Becker, Die humanitäre Schweiz 1933–1945, S. 77.
18 StAAG NL.A-0266/0070/08.
19 Ebd.
20 StAAG NL.A-0266/0070/09.
21 Schmidlin, Eine andere Schweiz, S. 296.
22 StAAG NL.A-0266/0070/14.
23 StAAG NL.A-0266/0070/15.
24 Kopie: NL.A-0266/0077/02. Original im Schweizerischen Bundesarchiv in Bern.
25 Brief von Henriette Burckhardt an Marie Meierhofer, 24.11.1945. StAAG NL.A-0266/0070/13/03.

Das Ägerital – Wiege des Kinderdorfes

1 Einsatz für das Kind, S. 54. StAAG NL.A-0266/0007/03
2 Ebd., S. 55.
3 Ebd., S. 59.
4 StAAG NL.A-0266/0008/05.
5 Einsatz für das Kind, S. 59. StAAG NL.A-0266/0007/03.
6 Die Firma von Evariste Mertens wurde von 1907 bis 1944 von seinen Söhnen (Walter und Oskar Mertens) weitergeführt. Die Gebrüder Mertens waren in den ersten Jahrzehnten des 20. Jahrhunderts für die Gestaltung vieler herrschaftlicher Villengärten vom Bodensee bis nach Bern verantwortlich. Sie wurden von namhaften Architekten, u.a. von Karl Moser, für die Gartengestaltung der damaligen Repräsentationsbauten wie der Universität Zürich beigezogen. (Archiv für die Geschichte der Landschaftsarchitektur, Hochschule Rapperswil).
7 Einsatz für das Kind, S. 60. StAAG NL.A-0266/0007/03.
8 Ebd., S. 67.
9 Ebd., S. 25.
10 StAAG NL.A-0266/0017/01. (Marie Meierhofer schreibt in dieser Dokumentation von sich in der dritten Person).
11 1942.
12 Einsatz für das Kind, S. 69. StAAG NL.A-0266/0007/03.
13 Der Kontakt zum Biologen Adolf Portmann (1897–1982) ist für Marie Meierhofer wichtig. Wie Portmann betont Meierhofer die grosse Bedeutung der ersten Lebensjahre beim Menschen (Marie Meierhofer: Frühe Prägung der Persönlichkeit, Bern 1971, S. 13). Portmann geht davon aus, dass der Mensch ein unzureichend ausgestattetes Mängelwesen sei, das von der Umwelt stark geprägt werde. – Wichtig sind in diesem Zusammenhang auch die Kontakte zum Psychiater Gustav Bally (1893–1966), der, vergleichbar mit Portmann, die relative Freiheit des Menschen von Instinkten betont. Auch Bally ist verschiedentlich in Ägeri zu Gast, und Marie Meierhofer besucht regelmässig seine Vorträge.
14 Brief von Adolf Portmann an Marie Meierhofer, 8.4.1944. StAAG NL.A-0266/0046a/08/02.
15 Einsatz für das Kind, S. 60. StAAG NL.A-0266/0007/03.
16 StAAG NL.A-0266/0017/01.
17 Einsatz für das Kind, S. 35f. StAAG NL.A-0266/0007/03.
18 Kopie des Gästebuches vom Ägerihüsli. StAAG NL.A-0266/0017/02.
19 StAAG NL.A-0266/0075/02.
20 Corti, Der Weg zum Kinderdorf Pestalozzi, S. 18f.
21 Der Mensch vor dem Unbekannten, in: «Du» Nr. 11, November 1942.
22 Ein Dorf für die leidenden Kinder, in: «Du» Nr. 8, August 1944.
23 Einsatz für das Kind, S. 36. StAAG NL.A-0266/0007/03.
24 StAAG NL.A-0266/0074/11/09.
25 StAAG NLA-0266/0074/05.
26 Kopie des Gästebuches vom Ägerihüsli. StAAG NL.A-0266/0017/02.
27 15.11.1944. StAAG NL.A-0266/0074/09.
28 Brief von Hans Bachmann an Marie Meierhofer. StAAG NL.A-026670074/11/07.
29 Brief von Marie Meierhofer an Damian Lang, 28.12.1944. StAAG NL.A-0266/0074/11/09.
30 StAAG NL.A-0266/0075/02.
31 StAAG NL.A-0266/0074/09.
32 StAAG NL.A-0266/0074/09.
33 StAAG NL.A-0266/0075/01.
34 Ein Dorf für die leidenden Kinder, in: «Du» 1944, Nr. 8, August 1944.
35 StAAG NL.A-0266/0075/02.
36 Ebd.
37 Nur zögerlich werden von der Schweizer Spende dem Kinderdorf kleinere Betriebsbeiträge, die nicht für den Bau von Häusern verwendet werden dürfen, gesprochen.
38 StAAG NL.A-0266/0075/02
39 Ebd.
40 StAAG NL.A-0266/0028/06.
41 StAAG NL.A-0266/0075/02.
42 Ebd.
43 StAAG NL.A-0266/0075/03.
44 Kaufmann: Marie Meierhofer und das Kinderdorf, S. 95. StAAG NL.A-0266/0077/06.
45 Ebd., S. 55f.
46 Ebd., S. 95.
48 StAAG NL.A-0266/0071/03.

⁴⁹ Brief von Elisabeth Rotten an Marie Meierhofer, 14.1.1949. StAAG NL.A-0266/0072/04/01.
⁵⁰ StAAG NL.A-0266/0075/02.
⁵¹ Brief von Marie Meierhofer an Walter R. Corti, 19.7.1948, StAAG NL.A-0266/0038/01/07.
⁵² Ein Dorf für die leidenden Kinder, in: «Du» 1944, Nr. 8, August 1944, S. 50.
⁵³ Brief von Marie Meierhofer an Max Zehnder, 17.5.1945. StAAG NL.A-0266/0072/10/01.
⁵⁴ Kaufmann: Marie Meierhofer und das Kinderdorf, S. 66. StAAG NL.A-0266/0077/06.
⁵⁵ StAAG NL.A-0266/0075/03.
⁵⁶ Ebd.
⁵⁷ Spezielle Einrichtung für tuberkulosegefährdete Kinder.
⁵⁸ StAAG NL.A-0266/0075/03.
⁵⁹ Ebd.
⁶⁰ Brief Marie Meierhofer an das ungarische Sozialministerium, 15.9.1948. StAAG NL.A-0266/0072/05/11.
⁶¹ StAAG NL.A-0266/0007/04, S. 101.
⁶² Ebd., S. 101f.
⁶³ Ebd., S. 102.
⁶⁴ Ebd.
⁶⁵ StAAG NL.A-0266/0028/01.
⁶⁶ StAAG NL.A-0266/0073/24.
⁶⁷ Seelische Hilfe für Kriegskinder, in: Schweizerische Zeitschrift für Gemeinnützigkeit, Heft 5, 1947, S. 124f.
⁶⁸ StAAG NL.A-02666/0073/34.
⁶⁹ StAAG NL.A-0266/0074/29.
⁷⁰ Wohnverhältnisse. StAAG NL.A-0266/0007/02.

Ärztin und Forscherin

¹ StAAG NL.A-0266/0075/02.
² Ebd.
³ Einsatz für das Kind, S. 73. StAAG NL.A-0266/0007/03.
⁴ StAAG NL.A-0266/0007/04.
⁵ Notizen zu Vorlesungen vom 26.10.1944, in: Und Kinder Nr. 15, 1983, S. 5.
⁶ Notizen zu Vorlesung vom 27.4.1945, in: Und Kinder Nr. 15, 1983, S. 6.
⁷ Die Anfrage, das Haus an van de Velde zu vermieten, erfolgt durch den Erbauer des Hauses Alfred Roth, einen Freund von van de Velde.
⁸ StAAG NL.A-0266/0007/04, S. 97.
⁹ Ebd., S. 98.
¹⁰ StAAG NL.A-0266/0075/02.
¹¹ Stadtärztin der Stadt Zürich 1949–1952, S. 1. StAAG NL.A-0266/0007/02.
¹² Ebd., S. 12f.
¹³ Stadtärztin der Stadt Zürich 1949–1952, S. 13f. StAAG NL.A-0266/0007/02. Bei der erwähnten Diplomarbeit handelt es sich um Bütikofer: Erste Erfahrungen mit dem «Familiensystem» in einem Säuglings- und Kleinkinderheim.
¹⁴ Ebd., S. 14.
¹⁵ StAAG NL.A-0266/0117/09.
¹⁶ Bericht über den Cours de Pédiatrie sociale 1952 in: Gesundheit und Wohlfahrt, 1953, Heft 7.
¹⁷ Stadtärztin der Stadt Zürich 1949–1952, S. 9f. StAAG NL.A-0266/0007/02.
¹⁸ Stipendium aufgrund des «SmithMundt Acts for Leader and Specialists».
¹⁹ Stadtärztin der Stadt Zürich 1949–1952, S. 14. StAAG NL.A-0266/0007/02.
²⁰ Psychohygienische Eindrücke aus den Vereinigten Staaten von Amerika, 1953. StAAG NL.A-0266/122/01.
²¹ Childhood and Youth, 1948, 1/3.
²² Vorbilder und erste Skizzen für ein eigenes Institut in Zürich, in: Und Kinder Nr. 15, 1983, S. 49f.
²³ Ebd., S. 50.
²⁴ StAAG NL.A-0266/0081/09.
²⁵ Ebd.
²⁶ StAAG NL.A-0266/0081/20.
²⁷ StAAG NL.A-0266/0083/02.
²⁸ Einsatz für das Kind, S. 85. StAAG NL.A-0266/0007/03.
²⁹ Brief von Emil Landolt an Marie Meierhofer, 10.3.1953. StAAG NL.A-0266/0046b/01/30.
³⁰ Einsatz für das Kind, S. 85. StAAG NL.A-0266/0007/03.
³¹ Gemeint ist mit grosser Wahrscheinlichkeit Dr. iur. Hans Grob. Er war von 1911 bis 1929 Amtsvormund in der Stadt Zürich und wurde 1929 zum Jugendsekretär gewählt.
³² Kindergarten Küngenmatt.
³³ Anfänge des Instituts, Transkription ab Tonband.
³⁴ StAAG NL.A-0266/0083/02.
³⁵ Ebd.
³⁶ Stockert, Das Spiel als Spiegel der Persönlichkeit im vorschulpflichtigen Alter, S. 85.
³⁷ Jahresbericht 1961/62. StAAG NL.A-0266/0083/09.
³⁸ Ebd.
³⁹ Institut. Transkription ab Tonband.
⁴⁰ Meierhofer: Frühe Prägung der Persönlichkeit, Bern 1971, zit. nach der 6. Auflage 1989, S. 108.
⁴¹ StAAG NL.A-0266/0083/02.
⁴² Jahresbericht 1961/62. StAAG NL.A-0266/0083/09.
⁴³ Ebd.
⁴⁴ Schäppi-Freuler, Zur Entwicklung frühkindlicher Ängste.
⁴⁵ Savioz, Die Anfänge der Geschwisterbeziehung.
⁴⁶ Meierhofer, Frühe Prägung der Persönlichkeit.
⁴⁷ Meierhofer/Spinner, Entwicklungskrisen und Konfliktsituationen im Säuglings- und Kleinkindalter, in: Praxis der Psychotherapie, Bd. XV, Dezember 1969, Heft 6, S. 266–274.
⁴⁸ Institut für Psychologie im Kindesalter. Anfänge und heutige Aufgaben. Referat von Marie Meierhofer 1974. Privatbesitz Hüttenmoser.
⁴⁹ StAAG NL.A-0266/0083/02.
⁵⁰ Meierhofer/Keller, Frustration im frühen Kindesalter, Bern 1966; Wyss-Wanner: Ein Leben für Kinder. Leben und Werk von Marie Meierhofer 1909–1998. (Diese Dissertation bietet eine ausführliche Auseinandersetzung mit allen Heimuntersuchungen).
⁵¹ Jahresbericht 1960. StAAG NL.A-0266/0083/09.
⁵² StAAG NL.A-0266/0117/18.
⁵³ Ebd.
⁵⁴ Jahresbericht 1961/62. StAAG NL.A-0266/0083/09.
⁵⁵ Meierhofer/Keller, Frustration im frühen Kindesalter.
⁵⁶ Ebd., S. 212.
⁵⁷ StAAG NL.A-0266/0086a/09.
⁵⁸ Meierhofer/Keller, Frustration im frühen Kindesalter, S. 175.
⁵⁹ Ebd., S. 177.
⁶⁰ Ebd.
⁶¹ Ebd., S. 182f.
⁶² Ebd., S. 182.
⁶³ Ebd., S. 192.
⁶⁴ Ebd., S. 204.
⁶⁵ Ebd., S. 117.
⁶⁶ Ebd., S. 119.
⁶⁷ Ebd., S. 212.
⁶⁸ Ebd., S. 213.
⁶⁹ Über die Ergebnissen der Nachuntersuchung und den Streit um die Inhalte der Buchpublikation, an dem sich Marie Meierhofer selbst nicht mehr beteiligt, berichtet Maja Wyss-Wanner (2000) ausführlich in ihrer Dissertation.
⁷⁰ Der Sihltaler, 13.6.1973.

Heimkehr und Rückblick

¹ Stadtärztin der Stadt Zürich. StAAG NL.A-0266/0007/02.
² Einsatz für das Kind, S. 76. StAAG NL.A-0266/0007/03.
³ Kopie des Gästebuches vom Ägerihüsli. StAAG NL.A-0266/0017/02.
⁴ Einsatz für das Kind, S. 78. StAAG NL.A-0266/0007/03.
⁵ Einsatz für das Kind, S. 80. StAAG NL.A-0266/0007/03.
⁶ Ebd.
⁷ Sopor: Ausdruck für tiefen Schlaf, nahe der Bewusstlosigkeit.
⁸ Agenda von Marie Meierhofer, 1966. StAAG NL.A-0266/0015.
⁹ Ebd.
¹⁰ Gedanken über Leben und Tod. Unterägeri, im Herbst 1995. StAAG NL.A-0266/0123/09/04.
¹¹ Tages-Anzeiger, 26.7.1972. StAAG NL.A-0266/0124/03.
¹² StAAG NL.A-0266/0013/11.
¹³ Einsatz für das Kind, S. 36. StAAG NL.A-0266/0007/03.
¹⁴ Lempp, Reinhart: Die Bedeutung der Psychohygienebewegung, in: Und Kinder Nr. 15, 1983, S. 3.
¹⁵ StAAG NL.A-0266/0118/06.
¹⁶ Gedanken über Leben und Tod. Unterägeri, im Herbst 1995. StAAG NL.A-0266/0123/09/04.
¹⁷ Ebd.
¹⁸ Ebd.
¹⁹ Ebd.
²⁰ Ebd.
²¹ Ebd.
²² Ebd.
²³ Brief von Marie Meierhofer an Walter R. Corti, 22.5.1972. StAAG NL.A-0266/0039a/01/01.
²⁴ Agenda von Marie Meierhofer-Lang, 1917. StAAG NL.A-0266/0006a/19.
²⁵ Gedanken über Leben und Tod. Unterägeri, im Herbst 1995. StAAG NL.A-0266/0123/09/04.
²⁶ Persönliche Mitteilungen.
²⁷ Gedanken über Leben und Tod. Unterägeri, im Herbst 1995. StAAG NL.A-0266/0123/09/04.
²⁸ Ebd.

Bibliografie

Ein umfassendes Werkverzeichnis von Marie Meierhofer befindet sich in der Dissertation «Ein Leben für Kinder» von Maja Wyss, die auch im Internet zugänglich ist: http://www.steinwies.ch/de/dissertation. Wir beschränken uns hier auf die Erwähnung der im vorliegenden Buch zitierten Publikationen.

Buchholz, Kai; Latocha, Rita; Peckmann, Hilke; Wolbert, Klaus (Hg.): Die Lebensreform. Entwürfe zur Neugestaltung von Leben und Kunst um 1900, Band 2. Darmstadt 2001.

Bütikofer, Elsbeth: Die Erfahrungen mit dem «Familiensystem» in einem Säuglings- und Kleinkinderheim. Diplomarbeit Schule für soziale Arbeit. Zürich 1954.

Corti, Walter Robert: Ein Dorf für die leidenden Kinder, in: «Du» 1944, Nr. 8, August 1944. S. 50.

Corti, Walter Robert: Der Weg zum Kinderdorf Pestalozzi. Zürich 1955.

Fischer-Dückelmann, Anna: (Umschlag: Das goldene Familienbuch). Die Frau als Hausärztin: ein ärztliches Nachschlagebuch der Gesundheitspflege und Heilkunde in der Familie mit besonderer Berücksichtigung der Frauen- und Kinderkrankheiten, Geburtshilfe und Kinderpflege. Stuttgart [ca. 1910–1913].

Haller, Adolf und Jürg: Chronik von Turgi. Festschrift zum hundertjährigen Bestehen der Gemeinde Turgi. Turgi 1984.

Hoppeler, Hans: Dr. Hoppeler's Hausarzt. Lehr- und Nachschlagebuch der Familie, enthaltend Ratschläge für die Pflege der wichtigsten Krankheiten. Luzern/Meiringen/Leipzig 1923[1].

Hüttenmoser [et al.] (Hg.): Festgabe zum Geburtstag von Marie Meierhofer. Zürich: Marie Meierhofer-Institut für das Kind, 1989, in: Und Kinder Nr. 36 (1989).

Joris, Elisabeth; Witzig, Heidi: Brave Frauen, aufmüpfige Weiber: wie sich die Industrialisierung auf Alltag und Lebenszusammenhänge von Frauen auswirkte (1820–1940). Zürich 1992.

Just, Adolf: Kehrt zur Natur zurück! Die naturgemässe Lebensweise als einziges Mittel zur Heilung aller Krankheiten des Leibes, Geistes und der Seele; Das naturgemässe Bad; Licht und Luft in ihrer Anwendung im vollen Sinne der Natur; Die Erdkraft als wichtiges Heilmittel der Natur; Naturgemässe Ernährung. Braunschweig 1896.

Kanyar-Becker, Helena (Hg.): Die humanitäre Schweiz 1933–1945. Kinder auf der Flucht. Basel und Bern 2004.

Kaufmann, Roger: Marie Meierhofer und das Kinderdorf: die Biografie Marie Meierhofers unter besonderer Berücksichtigung der Gründung und Pionierphase (1944–1950) des Kinderdorfes Pestalozzi in Trogen. Lizentiatsarbeit. Zürich 1992.

Kerbs, Diethart; Reulecke, Jürgen (Hg.): Handbuch der deutschen Reformbewegungen, 1880–1933. Wupperthal 1998.

Kleiner, Sabine: Zwischen Normen und Selbstverwirklichung: Formen bürgerlicher Eheschliessung um 1900 am Beispiel von Albert Meierhofer, Bauernsohn und Industrieller. Lizentiatsarbeit. Zürich 2005.

Klencke, Hermann: Die Mutter als Erzieherin ihrer Töchter und Söhne: zur physischen und sittlichen Gesundheit vom ersten Kindesalter bis zur Reife: ein praktisches Buch für deutsche Frauen. Leipzig 1870.

Krabbe, Wolfgang R.: Naturheilbewegung, in: Kerbs/Reulecke (Hg.): Handbuch der deutschen Reformbewegungen, 1880–1933. S. 77–86.

Meierhofer, Marie: Atypische Psychosen in einer Chorea-Huntington-Familie. Dissertation Universität Zürich 1937.

Meierhofer, Marie: Bericht über den «Cours de pédiatrie sociale 1952» im Centre international de l'enfance in Paris und Vorschläge für eine Anwendung der neueren Erkenntnisse im Gesundheitsdienst der Stadt Zürich, in: Gesundheit und Wohlfahrt 33 (1953), Heft 7, S. 341–363.

Meierhofer, Marie: Frühe Prägung der Persönlichkeit. Psychohygiene im Kindesalter. Bern 1989[6].

Meierhofer, Marie; Keller, Wilhelm: Frustration im frühen Kindesalter. Bern 1966.

Meierhofer, Marie; Spinner, Regula: Entwicklungskrisen und Konfliktsituationen im Säuglings- und Kleinkindalter, in: Praxis der Psychotherapie, Bd. XV, Dezember 1969, Heft 6, S. 266–274.

Mogge, Winfried: Jugendbewegung und Wandervogel, in: Buchholz et al.: Die Lebensreform. Bd. 2. S. 307–321.

Savioz, Esther: Die Anfänge der Geschwisterbeziehung: Verhaltensbeobachtung in Zweikinderfamilien. Bern 1968.

Schäppi-Freuler, Silvia: Zur Entwicklung frühkindlicher Ängste. Dissertation Universität Zürich 1976.

Schmidlin, Antonia: Eine andere Schweiz. Helferinnen, Kriegskinder und humanitäre Politik 1933–1942. Zürich 1999.

Stockert, Marianne: Das Spiel als Spiegel der Persönlichkeit im vorschulpflichtigen Alter. Dissertation Universität Zürich 1961.

Ulmer, Renate: Naturheilkunde und Sanatorien, in: Buchholz et al.: Die Lebensreform. Bd. 2. S. 519–527.

Wagner, Claudia: Der Künstler Karl Wilhelm Diefenbach (1851–1913) Meister und Mission. Dissertation Freie Universität Berlin 2007.

Wolbert, Klaus: Natur. Fluchtziel, Ursprungsquell und sensualistischer Projektionsraum. In: Buchholz et al.: Die Lebensreform. Bd. 2, S. 185–187.

Wyss-Wanner, Maja: Ein Leben für Kinder. Leben und Werk von Marie Meierhofer 1909–1998. Dissertation Universität Zürich. Dietikon 2000.

Zimmermann, Werner: Lichtwärts: ein Buch erlösender Erziehung. Bern 1922.

Personenregister

Das Register führt in alphabetischer Folge die Personen auf, die im Text vorkommen, nicht aber die Namen, die nur in einer Aufzählung oder Bildlegende figurieren. Ebenfalls nichts ins Register aufgenommen wurden die Personennamen in den Anhängen.

Name	Lebensdaten	Biografische Angaben, Beziehung zu Marie Meierhofer	Seite
Altherr, Franz		Studienkollege	133
Andreae, Ruth		Freundin, Tochter von Volkmar Andreae	138, 139, 169, 234, 235
Andreae, Volkmar	1879–1962	Dirigent, Direktor des Zürcher Konservatoriums	138
Andreae (Familie)			138, 234
Anner, Emil	1870–1925	Künstler	80
Arnet, Edwin	1901–1962	Schriftsteller und Journalist, Redaktor der NZZ und der Zeitschrift «Du»	243–245
Attenhofer, Elsie	1909–1999	Kabarettistin und Schauspielerin, Mitschülerin an der höheren Töchterschule	125
Bachmann, Hans		Mitarbeiter des Roten Kreuzes	241
Bally, Gustav	1893–1966	Professor der Psychotherapie an der Universität Zürich	236
Baltensberger (Gebrüder)		Zürcher Juweliere	22
Bamert, Herta	1909–1996	Tänzerin, Gründerin der Ballettakademie Zürich, Freundin	113, 126, 127, 184, 185
Bär, Johann		Onkel	20, 21
Baumann, Hedi		Studienkollegin	133, 136
Binder, Otto		Zentralsekretär der Pro Juventute	244
Bircher, Max Edwin		Arzt	106, 107, 109, 131
Bircher-Benner, Maximilian Oskar	1867–1939	Arzt	40, 106–109, 131, 161
Bischof, Werner	1916–1954	Fotograf, Mitarbeiter der Zeitschrift «Du»	240
Bohny-Reiter, Friedel	1912–2001	Rotkreuzschwester	214
Bonhoeffer, Karl	1868–1948	Professor für Psychiatrie und Neurologie, Chefarzt der Charité Berlin	188
Bonhoeffer, Dietrich	1906–1945	Theologe	188
Bonner, Mary	1887–1935	Amerikanische Künstlerin, befreundete sich in Paris mit Marie Meierhofer-Lang	75, 78
Bonzo, Anuti			siehe Corti-Bonzo, Anuti
Borgeaud, Germaine			siehe Märki-Borgeaud, Germaine
Bossard, Hulda		Pensionshalterin	126, 127, 133
Büchi, Helen (Leni)		Schulfreundin	125, 127, 131, 133, 136, 143
Burckhardt, Carl		Minister, Mitglied der Schweizer Gesandtschaft in Paris	222
Burckhardt, Henriette		Ärztin	229
Burnat		Bureau des Missions médicales, SRK	228
Caflisch, Idy			siehe Meierhofer-Caflisch, Idy
Chenoweth, Alice	1903–1998	Mitglied des National Children's Bureau der USA	271
Codignola, Ernesto	1885–1965	Gründer und Leiter der Scuola Città Pestalozzi in Florenz	247
Corti, Helen		Mutter von Walter Robert Corti	234

Name	Lebensdaten	Biografische Angaben, Beziehung zu Marie Meierhofer	Seite
Corti, Walter Robert (Buss)	1910–1990	Philosoph und Publizist, Redaktor der Zeitschrift «Du», Freund seit Studienzeiten	8, 99, 100, 113, 115, 143, 144, 146–155, 166, 169, 172, 177, 180, 192, 234–240, 243–247, 249, 250, 252, 253, 259, 266, 307, 312
Corti, Willi		Bruder von Walter Robert Corti	182
Corti-Bonzo, Anuti		Ehefrau von Walter Robert Corti	239
Denzler-Spinner, Carl Wilhelm	1837–1917	Bahningenieur, Freund der Familie Meierhofer-Brodbeck	23
Diefenbach, Karl Wilhelm	1851–1913	Maler und Sozialreformer	94
Drzewieski, Bernard		Chef der Sektion der Leiter der UNESCO für den Wiederaufbau des Erziehungswesens in Europa	247
Duse, Eleonore	1858–1924	Schauspielerin	86
Egli, Christian		Kaufmann, Mitbegründer der Association Suisse pour la Navigation du Rhône au Rhin	140
Eichenberger, R.		Dr., Bezirksschullehrer	72, 118
Elsener, Paola		Bekannte von Albert Meierhofer	140
Eppinger, Hans	1879–1946	Professor für Medizin in Wien	180
Fanconi, Guido	1892–1979	Professor für Pädiatrie, Direktor des Kinderspitals Zürich	194, 195, 275, 276
Fellenberg, Friedrich		Lebensreformer	94
Feller, Elisabeth	1910–1973	Unternehmerin	295
Fischer-Dückelmann, Anna	1856–1917	Ärztin, Buchautorin	99, 100
Fischli, Hans	1909–1989	Architekt	243, 244, 246
Furrer Adèle (Delli)	1891–1968	Pflegeschwester von Marie Meierhofer, Diakonissin	14–16, 28, 29, 32, 35, 40, 44–47, 52, 59, 64, 157, 202–205, 214
Furrer, Eduard	1888–1966	Pflegebruder von Marie Meierhofer	14–16, 28, 29, 43, 44, 48, 54, 64, 157
Furrer, Erica		Cousine von Hans Meierhofer	24
Gaiser, Hermann		Industrieller, Partner von Albert Meierhofer und Mitbegründer der BAG Turgi	13
Gesell, Arnold	1880–1961	Amerikanischer Kinderarzt und Entwicklungspsychologe	272
Glutz, Anny		Studienfreundin	134, 147
Golas, Anton		Hausvater und -Lehrer im Kinderdorf	252
Goldinger, Pauline		Diakonissin, Haushälterin von Albert Meierhofer	14–17, 30, 39
Grob, Hans		Jugendsekretär der Stadt Zürich	276, 277
Grob, Hermann			siehe Grob, Hans
Groh, Eugen	1899–1987	Direktor der Swissair	241
Haller, Adolf		Bezirkslehrer in Turgi	72
Hartmann, Nicolai	1882–1950	Philosophieprofessor	152
Heer, Heini		Ingenieur, Kollege	180
Heer, Joseph		Hausarzt der Familie Meierhofer	45, 52
Heim, Albert	1849–1937	Geologieprofessor	40
Hensler, Edgar (Kläusli, Chläusli)			siehe Meierhofer, Edgar (Kläusli, Chläusli)
Hindemith, Paul	1895–1963	Musiker, Komponist	138, 139
Hoppeler, Hans	1879–1945	Arzt, Leiter des Kinderheims Zürichberg	34
Höppener, Hugo (genannt Fidus)	1868–1948	Deutscher Maler und Illustrator	94, 100, 104
Hürlimann, Alois	1916–2003	Regierungsrat des Kantons Zug	306
Hellbrügge, Theodor	1919–	Kinderarzt, Professor für soziale Pädiatrie und Jugendmedizin in München	307
Huston, Mary		Amerikanische Krankenschwester	271
Irniger, Gustav		Bankier	13
Jung, Carl Gustav	1875–1961	Psychologe	236
Käser, Oskar		Flugpionier	104

ANHANG

Name	Lebensdaten	Biografische Angaben, Beziehung zu Marie Meierhofer	Seite
Kay (Familie)		Gastfamilie in England	119
Kay, Ivy		Freundin	118, 119
Keller, Wilhelm	1909–1987	Professor für Philosophie und Psychologie	277, 285–287, 291
Klencke-Mannhart, Hermann	1852–1904	Dresdner Arzt	34, 99
König, René	1906–1992	Professor für Soziologe	239
Kreuzfeld, Harald		Lehrer von Herta Bamert	185
Kübler, Arnold	1890–1983	Chefredaktor der Zeitschrift «Du»	239, 240
Kuhn		Ungarischer Sozialminister	253
Landolt, Emil	1895–1995	Stadtrat von Zürich	276
Lang, Alice		Cousine	111, 167
Lang, Damian	1850–1909	Wirt, Grossvater	17, 18, 22
Lang, Damian	1882–	Oberst, Onkel	18, 28, 44, 54, 57, 59, 90, 102, 110, 111, 140, 142, 166, 167, 168, 170, 174, 240, 241
Lang, Marie			siehe Meierhofer-Lang, Marie
Lang, Willy	1885–	Onkel	18
Lang-Béguin, Berthe		Tante, Patin	28, 47, 167, 168
Lang-Blum, Marie	–1910	Grossmutter	18
Lempp, Reinhart		Professor für Kinder- und Jugendpsychiatrie der Universität Heidelberg	307
Léon, Edouard		Künstler, Lehrer von Marie Meierhofer-Lang in der Radierkunst	73, 75
Letter, Albert	1841–1912	Dr. med., Hauptmann, Lokalhistoriker, Bekannter der Familie Meierhofer	58
Lüscher, Kurt		Pilot	104
Lutz, Jakob	1903–1998	Professor, Leiter der Stefansburg	193, 276
Maier, Gerhard	–1988	Psychiater, Schwager von Marie Meierhofer	172, 234, 302
Maier, Hans Wolfgang		Professor, Leiter der Klinik Burghölzli	166, 188
Maier, Konrad		Professor, Leiter des Kreisspitals Männedorf	302
Maier-Meierhofer, Emma (Emmi)	1911–1992	Schwester	12, 37, 39, 47–53, 56, 58, 60, 65, 70, 72, 83, 107, 116, 117, 121–123, 130, 133, 140, 142, 147, 155, 156, 159–161, 166, 168, 169, 172, 174, 175, 180, 182, 189, 234, 303, 304, 309, 312
Märki, Ernst		Musiker, Klavierlehrer der Familie Meierhofer	116, 120, 121, 138
Märki, Ernst Roland (Ernstli)		Patenkind	138, 139, 314
Märki-Borgeaud, Germaine	1897–	Kindermädchen der Familie Meierhofer	37, 40, 50, 52, 53, 58–60, 65, 73, 79, 84, 89–91, 107, 111, 115, 117, 120–122, 138, 139, 156, 174
Marti, Walter		Filmemacher	285
Maurer, Gustav		Vizepräsident der Kinderdorfvereinigung	244, 245
Meier, Max		Studienkollege	132, 182, 183
Meier, Walter		Studienkollege	133, 235
Meierhofer, Albert	1863–1931	Vater	11–17, 22–26, 28–30, 32, 34, 39–41, 43, 44, 46–48, 50, 52, 54–57, 59, 64–66, 73, 79, 90, 93–96, 99–102, 104–107, 109, 111–113, 117, 120, 123, 128–131, 139–141, 144, 158, 161–165, 167
Meierhofer Albertine (Tineli, Tini)	1913–1934	Schwester	7, 8, 37, 40, 50, 52, 53, 56, 63, 65, 68, 72–74, 76, 79, 80, 83, 90, 105, 107, 111, 115–117, 120–123, 130, 131, 133, 134, 140, 153–175, 182, 188, 192, 312, 313

Name	Lebensdaten	Biografische Angaben, Beziehung zu Marie Meierhofer	Seite
Meierhofer Edgar (Kläusli, Chläusli)	1940–1966	Sohn	177, 200, 202, 204, 205, 236–239, 244, 245, 258, 262, 263, 266, 276, 300–306, 311, 314, 315
Meierhofer, Emma (Emmi)			siehe Maier-Meierhofer, Emma (Emmi)
Meierhofer, Hans (Hansli)		Halbbruder	14–17, 23, 24, 28–31, 35, 43, 45, 47–49, 51, 54, 56, 58, 59, 64, 65, 70, 86, 89, 96, 98, 107, 108, 110, 112, 113, 118, 120, 122, 123, 127, 130, 142, 169, 200, 204, 234
Meierhofer, Robert (Bubi)	1915–1917	Bruder	37, 59–63, 73, 312
Meierhofer-Brodbeck, Emma	1861–1904	Erste Frau von Albert Meierhofer, Mutter von Hans Meierhofer	11, 14, 15, 95
Meierhofer-Caflisch, Idy		Schwägerin	130
Meierhofer-Lang, Marie	1884–1925	Mutter	11, 12, 17–22, 25, 28, 29, 31, 32, 34, 35, 41, 43–47, 52, 54, 55, 57–61, 64, 65, 73, 75, 76, 78–81, 83–86, 89, 98–100, 102, 111–113, 120, 121, 127, 129, 158, 159, 167
Menuhin, Yehudi	1916–1999	Violinist und Dirigent	139, 175
Mertens, Walter	1885–1943	Gartenarchitekt, Planer des Gartens des Ägerihüsli	235
Mertens, Reni	1918–2000	Filmemacherin	285
Merz, Ernst	1896–1977	Pfarrer	116
Mettauer, Klärli		Spielkameradin	55, 69
Meyer, Marieli		Haushalthilfe	249
Michalowska		polnische Erziehungsministerin	252
Moor, Robert		Ingenieur, Mitbegründer der Association Suisse pour la Navigation du Rhône au Rhin	140
Moppert, (Familie)		Parrfamilie	166, 170
Möschlin, Sven		Studienkollege	133, 134, 136
Müller, Hansli		Pianist von Herta Bamert	185
Müller, Elise		Hebamme	52, 59
Münsterberg, Martha		Vermieterin	300, 302
Nater, Paul		Präsident der Kreisschulpflege Uto	277, 278, 280
Niederberger, Arnold		Bauer in Oberägeri	234, 235
Nonnenbruch, Wilhelm	1887–1955	Professor, Chefarzt der Klinik für innere Medizin in Prag	149, 150
Nufer, Lea		Tochter von Heinrich Nufer, Nachfolger von Marie Meierhofer in der Leitung des Instituts	311
Olgiati, Rodolfo		Sekretär der Schweizer Spende	249
Opitz, Erich		Freund	189
Opitz-Schneider, Elisabeth		Befreundete Ärztin	189–191
Pfister, Hans Oskar		Chefstadtarzt von Zürich	267, 268, 274, 275
Pfister, Oskar	1873–1956	Pfarrer	161, 174
Portmann, Adolf	1897–1982	Biologe, Zoologe, Anthropologe und Naturphilosoph	236–238, 264
Remund, Hugo		Chefarzt des Roten Kreuzes	241
Riggenbach, Eduard	–1945	Pfarrer, traute Marie Lang und Albert Meierhofer	23
Rivoire, Renée		eines der Kinder, welches Marie Meierhofer in Cruseilles betreute	218, 129
Rosenberger		Bezirksschullehrer	72
Roth, Alfred		Architekt	234, 235, 300
Rotten, Elisabeth	1882–1964	Reformpädagogin, arbeitete mit Marie Meierhofer für das Kinderdorf Pestalozzi und die FICE	233, 247, 248, 256
Russo, Domenico		Gastvater von Albertine Meierhofer in Mailand	163
Ruth, Elsa		Rotkreuzschwester, leitete die Kinderkolonie in Cruseilles	209, 214, 216, 219
Rutishauser, Fritz	1875–	Psychiater, betreute Albertine Meierhofer	167, 169

Name	Lebensdaten	Biografische Angaben, Beziehung zu Marie Meierhofer	Seite
Sachs, Josef		Gerichtspsychiater	174
Sauerbruch, Ernst Ferdinand	1875–1951	Chirurg	189
Sauter, Arnold		Chef des eidgenössischen Gesundheitsamtes	274
Schatz, Alice (Lisel)		Haushälterin von Marie Meierhofer	204, 262
Scherrer, Paul	1862–1935	Präsident des Ständerats	22
Schlatter, Margrit	1895–1992	Jugendanwältin, Leiterin der Schule für Soziale Arbeit Zürich	277, 278
Schlatter, E. H.		Kaufmann, Mitbegründer der Association Suisse pour la Navigation du Rhône au Rhin	140
Schmied, Jacques	1915–1968	Stadtarzt von Zürich, Kollege	267, 301
Schmied, Käthi		Tochter von Kollege Jacques Schmied	301
Schmied, Rudolf (Ruedi)	1949–1968	Patenkind, Sohn von Kollege Jacques Schmied	267, 314
Schneider, Elisabeth			siehe Opitz-Schneider, Elisabeth
Schulthess, Emil	1913–1996	Fotograf, Mitarbeiter der Zeitschrift «Du»	240
Schütz, Dora		Haushälterin von Albert Meierhofer	107, 121, 122, 129–131, 159, 161–164, 174
Schwegler, Hans		Kantonsingenieur des Kantons Zug	306
Schweizer		Lehrer	70
Siegfried, Alfred	1890–1972	Mitglied des Zentralsekretariats der Pro Juventute	250
Spelterini, Eduard	1852–1931	Luftfahrtpionier	102
Spühler, Willy	1902–1990	Stadtrat von Zürich	275
Stähelin		Professor	172
Stössel, Johannes	1837–1919	Regierungsrat Kanton Zürich	22
Straub, Lotte		Mitschülerin an der Höheren Töchterschule	125
Suter, Albert	1926–	Halbbruder	302
Tauber, Auguste		Studienkollegin	133
Tauber, Cäsar		Psychiater, Betreuer von Albertine Meierhofer	153, 169, 170, 172, 174
Tauber, Herbert		Studienkollege	236
Tauber, Ignaz		Studienkollege	169
Többen (Familie)		Befreundete Arztfamilie	300
Trachsler, Walter		Arzt	278
Tramer, Moritz	1882–1963	Kinderpsychiater	275
Trefzer, Charlotte		Ärztin, Kollegin	209, 211, 218, 243, 246, 249
Turel, Adrien	1890–1957	Schriftsteller	238, 239
Vogt, Cécile	1875–1962	Neurologin und Hirnforscherin	194
Vogt, Oskar	1870–1959	Neurologe und Hirnforscher	194, 195
Vogt, Walter		Anatomieprofessor	149, 178, 180
van de Velde, Henry	1863–1957	Belgischer Architekt und Designer	113, 266, 300, 301
van de Velde, Nele		Tochter von Henry van de Velde	266, 300, 301
von Monakow, Constantin	1853–1930	Professor für Neurologie und Neuropathologie	188
von Wurstenberger, Kunrad		Studienkollege	133, 136
Wick, Walter		Chauffeur von Albert Meierhofer	125
Wigmann, Marie		Tänzerin	113
Wolfskehl, Karl	1869–1948	Deutscher Schriftsteller	154
Wuithier, Charles		Ehemann von Louise Wuithier	86, 88
Wuithier, Louise	1870–1951	Lehrerin in Paris, Freundin der Mutter	73, 74, 76, 86, 88–90, 110
Zanolli, Lilian			243
Zanolli, Vera			243
Zellweger, Jakob		Arzt	59
Ziegler, August		Stadtrat von Zürich	285
Zimmermann, Werner	1893–1982	Lebensreformer, Buchautor	100

Die Stiftung Archiv Marie Meierhofer

Die Stiftung und ihre Ziele

Die Stiftung «Archiv Marie Meierhofer» mit Sitz in Muri (AG) wurde 2003 von Marco Hüttenmoser gegründet. In freundschaftlicher Verbundenheit und als langjährigem Mitarbeiter hat ihm Marie Meierhofer den gesamten Nachlass an schriftlichen und fotografischen Dokumenten testamentarisch überlassen. Die Verwandten von Marie Meierhofer ergänzten den Nachlass durch zahlreiche Dokumente zur Familie.

Zweck der Stiftung ist «die Aufbewahrung und Auswertung des Nachlasses». Die Stiftung fördert «Aktivitäten, die das Leben und Werk von Marie Meierhofer einer breiteren Öffentlichkeit zugänglich machen». Die Aufarbeitung des Archivs ist in der Zwischenzeit weitgehend abgeschlossen. Im Sommer 2009 werden mit der vorliegenden Publikation und einer gleichzeitig eröffneten Ausstellung wichtige Teile des Nachlasses einer breiteren Öffentlichkeit gezeigt. Das Archiv wird per 1. Januar 2010 in die Bestände des Staatsarchivs des Kantons Aargau integriert.

Der Nachlass

Der Nachlass der Familie Meierhofer ist ausserordentlich reich an schriftlichen und fotografischen sowie filmischen Dokumenten. Zeitlich gehen die ältesten Schriftstücke und Fotografien auf die letzten Jahrzehnte des 19. Jahrhunderts zurück und reichen bis ins Todesjahr von Marie Meierhofer 1998.

Bereits die Eltern von Marie Meierhofer haben Dokumente über den Familienalltag und ihre vielfältigen Beziehungen aufbewahrt. Die wichtigsten Quellen für das vorliegende Buch sind die autobiografischen Notizen, Briefe und Agenden von Marie Meierhofer und die Fotografien.

Schriftliche Dokumente

Der schriftliche Nachlass von Marie Meierhofer besteht in der Hauptsache aus Material, welches ihr berufliches Schaffen dokumentiert. Darunter fallen die Manuskripte von Vorträgen und Referaten aus mehreren Jahrzehnten, die Unterlagen zum Aufbau des Institutes für Psychohygiene im Kindesalter und das Daten- und Auswertungsmaterial der Forschungsarbeiten von Marie Meierhofer.

In der Autobiografie hat Marie Meierhofer ihre Kindheit und ihren beruflichen Werdegang ausführlich beschrieben. Da die «Lebenserinnerungen», wie die Autorin das Schriftstück nannte, nie fertig gestellt wurden, oft sprunghaft sind und das in ihnen beschriebene Geschehen in ein vielfältiges Netz von Beziehungen und Freundschaften verwoben wird, haben wir auf einen Nachdruck der Autobiografie verzichtet.

Die Dokumente zum beruflichen Schaffen werden begleitet von privaten Korrespondenzen, Erinnerungsstücken und Papieren, die die Lebensführung dokumentieren. Dies vertieft und erweitert das Bild von Marie Meierhofer. Im Besonderen sind die privaten Briefe zu erwähnen, die sehr zahlreich vorhanden sind und teilweise Beziehungen über Jahre hinweg dokumentieren.

Für die Biografie von Marie Meierhofer, die stark vom Schicksal ihrer Familie geprägt ist, stellt es einen eigentlichen Glücksfall dar, dass der Nachlass auch Schriften der Familie umfasst. Briefe und Memoiren von Eltern, Schwestern oder dem Kindermädchen bieten die Chance, zusätzliche Perspektiven einzunehmen, Fragen zu klären und neue zu stellen.

Fotografien, Radierungen und Zeichnungen, Filme

Eine Besonderheit des Nachlasses von Marie Meierhofer und ihrer Familie bilden die zahlreich überlieferten Fotografien. Auch viele Zeichnungen der Kinder sind erhalten geblieben. Eine zusätzliche Bereicherung stellen zudem die Zeichnungen und Radierungen von Marie Meierhofer-Lang dar, die ein professionelles Niveau erreichen.

Viele Ereignisse sind sowohl schriftlich dokumentiert wie auch fotografisch festgehalten worden. In den Aufnahmen werden nicht nur spezielle Anlässe wie Geburtstage, Familienfeste oder Hochzeiten abgebildet, sondern es werden auch Krisen und Konflikte im Familienalltag sichtbar.

Bereits Albert Meierhofer, der Vater von Marie Meierhofer, war an neuen technischen Entwicklungen sehr interessiert. Die ersten, technisch noch unvollkommenen Fotografien von ihm entstanden im Jahr 1905. Albert Meierhofer hat die Fotografie nicht nur als Privatmann eingesetzt, sondern auch für seine Arbeit als Direktor der Bronzewarenfabrik Turgi. Er machte Architekturaufnahmen, fotografierte Räume, die er mit Bronzeleuchtern ausstatten musste und erstellte Porträts von Auftraggebern, denen er später Abzüge seiner Bilder zuschickte. Das heisst, die Fotografie erfüllte auch soziale Zwecke und sie trug zum grossen geschäftlichen Erfolg von Albert Meierhofer bei. Als Direktoreiner grossen Fabrik war Albert Meierhofer nur wenig zu Hause, was auch zu grossen innerfamiliären Konflikten führte. Wenn er zu Hause war, so hielt er – zumindest in den ersten Jahren – das Familienleben fotografisch fest. In diesen Bildern werden die grossen Spannungen innerhalb der Familie spürbar. Später fotografierte Albert Meierhofer nur noch selten, und seine Frau lud professionelle Fotografen nach Turgi ein, um von den verschiedenen Familienmitgliedern – in Abwesenheit des Vaters – Aufnahmen zu erstellen.

Während Marie Meierhofer-Lang, die Mutter von Marie Meierhofer, eher selten fotografiert hat, haben alle Töchter oft zur Kamera gegriffen. Im Nachhinein ist es deshalb oft nicht möglich festzustellen, wer eine Aufnahme gemacht hat.

Aus dieser Tradition heraus wird verständlich, wieso Marie Meierhofer später ihr eigenes Leben ausführlich dokumentiert hat und wichtige Erlebnisse und Erkenntnisse in ihrer beruflichen Tätigkeit immer wieder in Bildern festgehalten hat.

Eine lange Tradition hat in der Familie Meierhofer auch der Film. Die ältesten Filme gehen auf das Jahr 1924 zurück und stammen von Marie Meierhofer-Lang. Sehr viele Filme über seine Familie hat Hans Meierhofer, der Stiefbruder von Marie Meierhofer, gemacht. Marie Meierhofer selbst hat später den Film und die Fotografie für Forschungs- und Schulungszwecke eingesetzt.

STIFTUNG MARIE MEIERHOFER archiv

Die Autoren

Marco Hüttenmoser, Dr. phil., 1942, Erziehungswissenschaftler, leitet die Dokumentationsstelle Kind und Umwelt in Muri AG und die Stiftung Archiv Marie Meierhofer.

Sabine Kleiner, lic. phil., 1972, Historikerin aus Horgen, hat den Nachlass der Familie Meierhofer erschlossen und arbeitet im Stadtarchiv Zürich.

Die Stiftung Archiv Marie Meierhofer dankt

Ein Blick zurück auf die Gründung der *Stiftung Archiv Marie Meierhofer* macht deutlich, dass Marie Meierhofer nicht nur ein nach wie vor höchst aktives Institut gegründet hat, sondern uns auch einen an schriftlichen und fotografischen Dokumenten reichen Nachlass geschenkt hat. Dieser erlaubt es, das Leben und Wirken dieser ausserordentlichen Persönlichkeit detailliert nachzuzeichnen. Ein grosser Gewinn für alle, die am Aufbau unserer Gesellschaft mitwirken wollen.

Die *Stiftung Archiv Marie Meierhofer* möchte an dieser Stelle allen, die mitgeholfen haben, zum 100. Geburtstag von Marie Meierhofer ein Buch zu veröffentlichen und eine Ausstellung zu organisieren, herzlich danken. Ein erster Dank geht dabei an die Verwandten von Marie Meierhofer, die offen waren für unser Vorhaben und aus eigenen Beständen den persönlichen Nachlass von Marie Meierhofer ergänzt haben.

Ein weiterer Dank geht an das Patronatskomitee, das zur besseren Erreichung der Stiftungsziele gegründet wurde. Es sind dies: Doris Leuthard (Bundesrätin), Regine Aeppli (Regierungsrätin Kanton Zürich), Kurt Wernli (alt Regierungsrat Kanton Aargau), Prof. Dr. med. Remo Largo, Jacqueline Fehr (Nationalrätin) und Lucrezia Meier-Schatz (Nationalrätin). Ein besonderer Dank geht an das Staatsarchiv des Kantons Aargau, welches den Nachlass durch Konservierung und detaillierte Erschliessung sichert und öffentlich zugänglich macht. Für diese Grundlagenarbeit sei den Mitarbeitern Marcel Giger, Sabine Kleiner, Andreas Rein und Simon Hächler herzlich gedankt.

Die Realisierung des Buchprojektes und der Ausstellung wurde massgeblich durch zahlreiche Spenden aus öffentlicher Hand und von privaten Stiftungen und Spendern unterstützt. – Allen voran möchten wir aber dem Initianten und Autor, Dr. phil. Marco Hüttenmoser, danken, welchem Marie Meierhofer ihren Nachlass und den ihrer Familie anvertraut hatte und der in der Folge keine Mühe gescheut hat, das überaus vielfältige Material zu ergänzen und wissenschaftlich auszuwerten. Zugleich hat er die Geschäftsstelle der Stiftung betreut und in dieser Funktion eine umfassende ehrenamtliche Arbeit geleistet. Er und seine Mitarbeiterin und Co-Autorin lic. phil. Sabine Kleiner haben in enger Zusammenarbeit mit dem Verlag hier + jetzt bei der Ausarbeitung des sehr originell gestalteten Buches hohen Verdienst erworben.

Der Stiftungsrat der Stiftung Archiv Marie Meierhofer:
Dr. iur. Marco Hauser, Präsident, lic. phil. Sabine Birker-Meierhofer, lic. phil. Andrea Voellmin, Staatsarchivarin Kanton Aargau, Maja Dettling, Marie Meierhofer-Institut für das Kind

Bildnachweis

Die fotografischen Dokumente stammen alle aus dem Nachlass Meierhofer im Staatsarchiv Aargau (StAAG NL.A-0266, Ausnahme Nr. 18). Sie sind überaus vielfältig. Neben alten Negativen und Abzügen seit dem Ende des 19. Jahrhunderts enthält der Bestand auch Postkarten sowie von Marie Meierhofer gesammeltes Pressematerial. Alle nicht fotografischen Dokumente sind in den Anmerkungen vermerkt.

Im Bildnachweis aufgezählt werden ausschliesslich Fotografien, die nicht von Mitgliedern der Familie Meierhofer gemacht wurden und bei denen der Name des Fotografen bekannt ist. Fast alle frühen Aufnahmen können Albert Meierhofer zugeschrieben werden, wobei es häufig so war, dass Albert Meierhofer die Aufnahme zwar eingerichtet hat, deren Auslösung aber anderen überliess. Nach 1915 wird die Familie Meierhofer vermehrt vom Fotograf Zipser aus Baden in Turgi aufgesucht. Nach 1925 beginnen auch die Töchter zu fotografieren.

4 Foto: Burkhart, Luzern
6 Privatbesitz (Foto: M. Hüttenmoser)
7 Foto: E. Lynnberg, Luzern
16, 19 Fotos: Rob. Rüegg, Baden
18 Foto: Verkehrsarchiv, Verkehrshaus der Schweiz
43, 72, 85, 107, 110, 111, 260, 261, 263 Fotos: Zipser, Baden
Umschlag vorne/hinten, 465–471, 488, 490, 492, 493 Fotos: M. Hüttenmoser

Das Buch wurde unterstützt von:
Stiftung Landis & Gyr, Zug
Anna Barbara Züst, Zürich
Stiftung Pro Helvetia
Migros Kulturprozent

Der Aufbau des Archivs erfolgte in Zusammenarbeit mit dem Staatsarchiv Aargau.
Er wurde unterstützt von:
Bundesamt für Kultur
Pfirsichblüten-Stiftung, Meilen

Die verschiedenen Aktivitäten der Stiftung wurden unterstützt:
Swisslos Kanton Aargau
Aargauische Kantonalbank
Paul Schiller Stiftung
Ernst Göhner Stiftung, Zug
Cassinelli-Vogel-Stiftung
NOE Aarau, Spezialist für Schalplatten
Erben: Luzius Züst, Lachen; Anna Barbara Züst, Brigitta Züst, Suzanna Züst, Mara Züst und Sebastian Züst
Esther Meierhofer Ezeibe und weitere Personen, die nicht genannt werden möchten.

Das Projekt steht unter dem Patronat der Schweizerischen UNESCO-Kommission

Dieses Buch ist nach den neuen Rechtschreibregeln verfasst.
Quellenzitate werden jedoch in originaler Schreibweise wiedergegeben.
Auslassungen in Zitaten sind mit [...] gekennzeichnet.

Lektorat: Bruno Meier, hier + jetzt
Gestaltung und Satz: Sara Glauser, hier + jetzt
Bildverarbeitung: Humm dtp, Matzingen

Dieses Werk ist auf www.libreka.de auch als E-Book erhältlich:
ISBN E-Book 978-3-03919-762-0

© 2009 hier + jetzt, Verlag für Kultur und Geschichte GmbH, Baden
www.hierundjetzt.ch
ISBN Druckausgabe 978-3-03919-114-7